7 52
b 18.
B.

HISTOIRE
DE LA
RÉVOLUTION
DE 1848

PARIS. — IMPRIMÉ PAR J. CLAYE ET Cᶜ
RUE SAINT-BENOÎT, 7.

HISTOIRE

DE LA

RÉVOLUTION

DE 1848

PAR

A. DE LAMARTINE

Quilibet nautarum, rectorumque tranquillo mari gubernare
potest ; ubi sæva orta tempestas est, ac turbato mari, vento
rapitur navis, tùm viris opus est.

(Discours de Fabius au Sénat.)

TROISIÈME ÉDITION

TOME SECOND

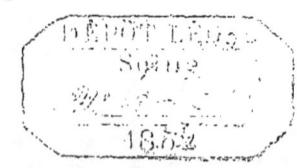

PARIS

PERROTIN, LIBRAIRE-ÉDITEUR

RUE FONTAINE-MOLIÈRE, 41

1852

HISTOIRE

DE LA

RÉVOLUTION DE 1848

LIVRE NEUVIÈME.

Unanimité d'acceptation de la République. — Lamartine au ministère des affaires étrangères. — Situation diplomatique de l'Europe. — Éloignement de Lamartine pour la guerre. — Son danger pour la République. — Rappel des ambassadeurs de la monarchie. — Envoi d'agents secrets. — Instructions diplomatiques de Lamartine. — Bienveillance des ambassadeurs étrangers pour la République. — Manifeste à l'Europe. — Le gouvernement décrète la formation de l'armée des Pyrénées, de l'armée des Alpes et de l'armée du Rhin. — Création d'un comité de défense. — État de l'armée. — La garde mobile et son commandant le général Duvivier. — La marine et les finances. — Crise. — Démission de M. Goudchaux. — Garnier-Pagès accepte le portefeuille des finances.

I.

L'enthousiasme avait saisi le peuple tout entier depuis que le gouvernement avait arrêté le sang, protégé les personnes, sauvé les propriétés, proclamé la république et repoussé les symboles de la terreur et de l'anarchie. La concorde était rentrée à sa voix dans le cœur des citoyens ; la joie jaillissait des physionomies ; la fraternité des paroles se traduisait en actes ;

la révolution ressemblait à une fête plutôt qu'à une catastrophe.

Le gouvernement était secondé dans ses mesures par les trois plus puissantes passions du cœur de l'homme, la peur, l'espérance et l'enthousiasme. Les classes riches, aisées, bourgeoises, propriétaires, industrielles, commerçantes, avaient justement tremblé que l'écroulement du trône et le nom de république ne fussent le signal des spoliations, des massacres, des échafauds, dont le souvenir s'était confondu depuis cinquante ans avec l'image des institutions républicaines : ces classes s'étonnaient jusqu'à l'attendrissement, de voir et d'entendre des programmes et des décrets qui répudiaient hautement cette analogie et cette parenté entre les deux républiques. Elles oubliaient pour un moment les avantages, les monopoles, les emplois publics, les émoluments, les faveurs qu'elles perdaient à la chute de la royauté de Juillet; elles ne pensaient qu'à la sécurité que le gouvernement leur assurait pour leurs titres et pour leurs fortunes. Elles se ralliaient, elles se pressaient autour du gouvernement nouveau, comme les naufragés sur un débris. Elles affluaient à l'Hôtel de Ville; elles offraient leurs bourses, leurs bras, leurs cœurs aux hommes qui s'étaient jetés au timon pour sauver la société de l'abîme; elles se résignaient à la république, pourvu que la république fût le salut de tous.

Le peuple propriétaire ou industriel qui vit d'ordre, de crédit, d'échange, de travail, avait eu les mêmes craintes et partageait les mêmes sentiments. Les prolétaires, les ouvriers, les travailleurs, qui n'ont pour capital que leurs bras, pour revenus que leur salaire, pour patrimoine social que leur moralité et leur économie, étaient fanatisés de reconnaissance et d'espérance pour une révolution qui les élevait au rang de citoyens, qui leur restituait leur juste part de droit social et de souveraineté politique. Ils sentaient que leur sort était désormais dans leurs mains. La République, en faisant asseoir dans ses conseils des représentants choisis par eux, et quelquefois choisis parmi eux, leur promettait une ère d'égalité, de justice et de providence pour une classe immense et déshéritée longtemps de toute participation aux lois. Ils n'exagéraient néanmoins alors ni leurs griefs, ni leurs parts, ni leurs exigences. Ils proclamaient hautement le respect des propriétés, l'inviolabilité des capitaux, la libre appréciation des salaires entre le travailleur et le fabricant qui les proportionne à son bénéfice. On peut dire que la société avait l'intelligence d'elle-même. Une masse incalculable de raison, de lumière, de modération dans les désirs, et de moralité religieuse était entrée depuis un demi-siècle par tous les pores dans ce fond de la population. Non-seulement elle se calmait, se résignait, se reclassait à la voix d'un gouvernement sans armes ; mais elle prenait les armes pour lui, elle lui donnait du temps, elle lui attestait sa patience, elle se contentait d'un demi-salaire dans ses ateliers libres ou d'un faible secours alimentaire dans les ateliers nationaux ouverts par les mairies de Paris. Quelques-uns même refusaient avec désintéressement ce salaire de détresse pour ne pas aggraver les charges de la république. D'autres allaient plus loin ; ils se réunissaient par corps de métiers, sous la seule impulsion du patriotisme ; ils se cotisaient eux-mêmes et apportaient d'heure en heure au gouvernement l'impôt volontaire retranché sur leur pain, la dîme de leurs sueurs. Ils le faisaient sans ostentation, avec vertu, avec larmes. Quiconque les a vus alors, ne désespérera jamais d'un pareil peuple. C'est le cœur du pays ; il suffit de le toucher pour qu'il en sorte des trésors de désintéressement, de résignation et de courage. L'espérance les gouvernait.

II.

Enfin l'audace avec laquelle quelques hommes désintéressés d'ambition avaient joué leur vie en se précipitant à la tête du peuple à l'Hôtel de Ville pour prévenir l'anarchie et pour sauver à la fois la révolution et la société ; la résistance désespérée et victorieuse de ces hommes au drapeau rouge, à la terreur, aux excès, aux démences qu'on était venu leur commander; tout cela avait inspiré une véritable déférence pour eux à toutes les parties saines de la population. Les scènes dramatiques de l'Hôtel de Ville, dont cent mille témoins avaient répandu et exagéré les récits dans Paris et dans les départements, avaient montré à la nation qu'elle n'avait pas à sa tête de faibles jouets des séditions, mais des hommes capables de les affronter et de les vaincre. Ces journées où quelques hommes luttaient contre des masses armées sans fléchir, avaient inspiré confiance et donné une immense autorité au gouvernement provisoire. Il avait consolidé sa popularité en la jouant; elle n'était qu'un souffle, elle était devenue à l'Hôtel de Ville un pouvoir. Le nom de Lamartine même s'était profondément imprimé dans l'imagination publique par ses actes et par ses paroles. Sa popularité gagnait, au lieu de s'user à la résistance; elle devenait pour le peuple qui le voyait et qui l'entendait sans cesse une sorte d'inviolabilité. La faveur publique qui aplanit tout soutenait le gouvernement sur tant d'abîmes. Tout semblait rentrer de soi-même dans la légalité, dans la raison, dans la mesure, dans l'ordre, par cette force occulte qui porte les nations à se relever aussitôt qu'elles sont tombées. L'instinct organisateur des agrégations humaines que les matérialistes appellent l'habitude de la société, que l'histoire appelle civilisation, et que le philosophe appelle de son vrai nom : Loi divine de notre nature, doigt de Dieu, ne fut jamais plus visible à l'esprit et presque à l'œil de l'homme religieux que dans cette crise où un peuple sans gouvernement fut à lui-même son propre maître, sa propre force et sa propre loi.

III.

Mais pendant que l'ancien gouvernement se retirait du sol et que le gouvernement nouveau s'installait à l'intérieur, l'Europe entière pesait par la pensée sur le gouvernement provisoire, il était temps de s'en occuper. Jusque-là la révolution, la république, les mesures contre la guerre civile, l'acceptation du régime nouveau par les départements, par la flotte, par l'armée, par l'Algérie; le rétablissement laborieux de l'ordre dans Paris, l'alimentation de cette capitale, la création d'ateliers, l'organisation de secours pour un million de bouches sans pain, la réorganisation du ministère, les mesures préparatoires pour la formation de la nouvelle garde nationale devant encadrer tout le peuple domicilié, enfin le réseau tout entier de l'administration à renouer et à étendre sur un pays de tant de millions d'âmes; le Trésor à vider et à remplir tous les jours, l'armée à compléter, les frontières à couvrir, les ports à surveiller, les harangues, les conseils, les députations tumultueuses, les assauts séditieux à recevoir, à repousser, au foyer sans cesse encombré, sans cesse dévorant de l'Hôtel de Ville, avaient absorbé le gouvernement le jour et la nuit.

IV.

Ce ne fut que le sixième jour dans la soirée que

Lamartine put quitter l'Hôtel de Ville pour aller prendre possession du ministère des affaires étrangères. Le ministre de l'intérieur et les autres ministres qui étaient à la fois membres du gouvernement, chargés des immenses détails de l'administration et de leurs diverses attributions plus urgentes, avaient pris dès le 24 au soir la direction de leurs départements. Les affaires étrangères pouvaient attendre sans inconvénient que la France fût rassise. La présence du ministre en contact plus perpétuel avec le peuple avait été plus nécessaire au foyer de la révolution que dans le cabinet de son hôtel.

Le 27 il avait nommé M. Bastide sous-secrétaire d'État de son ministère. Il l'avait prié d'aller en son nom faire évacuer l'hôtel occupé par les combattants et préservé par un détachement de gardes nationaux de la 1re légion. Le zèle volontaire de ces citoyens, et le respect spontané du peuple pour les ressorts principaux de son organisation nationale avaient prévalu sur la colère contre l'habitation du ministre fugitif. L'hôtel avait été envahi, mais l'intérieur respecté ; le personnel, le cabinet, les archives, étaient intacts. M. Bastide était un homme de sang-froid et de résolution ; son nom était popularisé par une longue opposition républicaine dans *le National ;* il avait une réputation de probité ; il la méritait. Le peuple connaissait M. Bastide ; Lamartine ne le connaissait pas avant le 24 février. Pendant les premiers tumultes de la première nuit, et les assauts du second jour, il avait été frappé du bon sens, de l'impassibilité d'un homme à la haute stature, au visage sévère, à l'attitude du soldat qui se donne à lui-même une consigne. Il avait pensé que cet homme serait un auxiliaire précieux dans une révolution qui allait être un combat de tous les jours et de plusieurs mois contre la démagogie et dont les chefs voulaient rester purs ou mourir. Il avait calculé de plus que le nom de Bastide républicain d'ancienne date par sa notoriété dans son parti couvrirait le nom de Lamartine dont le républicanisme purement philosophique jusque-là serait promptement suspect à la multitude. Sous les yeux de Bastide, aucune trahison de la République n'était à craindre. Le ministre pourrait modérer la révolution dans ses rapports avec l'Europe, retenir la guerre, sauver le sang de la France et de l'humanité sans être accusé de livrer la révolution. Bastide avait accepté avec modestie un poste qui lui paraissait au-dessus de ses forces. Quant à son ambition il n'en avait d'autre que celle de servir sa cause et de lui sacrifier sa paix et son sang. Ses paroles, son caractère touchèrent Lamartine comme s'il eût retrouvé la statue un peu fruste de l'incorruptibilité dans un temps d'intrigue, de mollesse et de corruption.

V.

Lamartine prit sur le champ de bataille le chef de son cabinet particulier. C'était Payer, qui n'avait pas quitté l'Hôtel de Ville, la table du conseil, ou les pas de Lamartine aux moments les plus critiques depuis le 24 au soir. Jeune, actif, honnête, intrépide, dévoué, Lamartine le choisit sans le connaître autrement que de vue. Il ne s'en repentit pas. Dans une pareille mêlée, les heures comptent pour des années; un éclair vous révèle une aptitude; quand on met la main sur un homme, on se trompe rarement parce qu'on prend le caractère en action.

En entrant au ministère des affaires étrangères, il trouva l'hôtel occupé par des détachements de gardes nationaux et de combattants. Bastide avait établi un ordre militaire dans le service. C'était une place de guerre plus qu'un hôtel de ministre. On bivouaquait dans les cours, dans les antichambres, dans les salles, sur les escaliers.

On ouvrit au nouveau ministre le cabinet et la chambre de M. Guizot; son ombre y était encore. La chambre, le lit, les tables, les meubles, les papiers épars, dans l'état où l'homme de la monarchie les avait laissés dans la nuit du 23, attestaient le départ précipité d'un ministre qui croit être sorti pour un instant et qui est sorti pour jamais. Une femme amie de l'ancien ministre accompagnait Lamartine dans cette première inspection de l'appartement. Elle réclama, au nom de la mère et des enfants du proscrit, les papiers intimes, les reliques chères à l'époux ou au père, les objets qui appartenaient personnellement au ministre et le peu d'or qu'il avait laissé. Lamartine fit remettre avec une respectueuse inviolabilité ces propriétés du cœur à la personne qui représentait la famille de M. Guizot ; il se hâta de quitter cette chambre où deux gouvernements se rencontraient et se surprenaient, pour ainsi dire, en si peu d'heures. Sans haine contre la famille détrônée, sans animosité contre un homme éminent dont la chute même aurait attendri l'inimitié, s'il en avait eu, Lamartine ne voyait dans cet inventaire qu'un jeu triste des vicissitudes politiques ; la versatilité d'un peuple, l'éclipse d'une haute fortune et d'un grand talent, le deuil d'une famille, le vide d'une maison pleine et heureuse la veille. Il répugna à prendre pour lui-même un appartement qui venait de porter malheur à ses hôtes. Il n'était pas superstitieux, mais il était sensible ; il ne craignait pas les présages, mais les souvenirs que ces murs lui retraceraient. Il fit étendre des matelas dans les chambres sombres et nues du rez-de-chaussée, et résolut de camper lui-même, plutôt que de s'installer dans un palais qui dévorait ses possesseurs.

VI.

En examinant les papiers politiques oubliés par le ministre de la monarchie sur la table du cabinet de travail, il aperçut son propre nom. La curiosité attira ses yeux : c'était une note prise par M. Guizot pour son dernier discours à la Chambre des députés ! Elle contenait ces mots : « Plus j'écoute M. de Lamartine,

« plus je sens que nous ne pourrons jamais nous
« entendre. » La révolution avait interrompu la discussion et submergé la tribune avant la réplique.
Étrange jeu du hasard qui avait fait jeter cette note
par M. Guizot sur la table, et qui la faisait retrouver
par son successeur. Lamartine n'en triompha pas ; il
ne voyait pas, dans ce ministère où il entrait jeté par
le flot d'une révolution, une dépouille, il y voyait une
vicissitude, un labeur et un dévouement. Il passa une
partie de la nuit à réfléchir à l'attitude qu'il ferait
prendre à la République au dehors.

VII.

La république, telle que l'entendait Lamartine,
n'était point un bouleversement à tout hasard de la
France et du monde ; c'était un avénement révolutionnaire, accidentel, soudain dans la forme, mais régulier dans son développement de la démocratie ; un
progrès dans les voies de la philosophie et de l'humanité ; une seconde et plus heureuse tentative d'un
grand peuple pour se tirer de la tutelle des dynasties
et pour apprendre à se gouverner lui-même.

La guerre, bien loin d'être un progrès dans l'humanité, est un meurtre en masse, qui la retarde, l'afflige,
la décime, la déshonore. Les peuples qui jouent avec
le sang sont des instruments de ruine, et non des instruments de vie dans le monde. Ils grandissent, mais
ils grandissent contre les desseins de Dieu et finissent

par perdre en un jour de justice tout ce qu'ils ont conquis par des années de violence. Le meurtre illégitime n'est pas moins crime dans une nation que dans un individu. La conquête et la gloire le décorent, mais ne l'innocentent pas. Or, tout crime national est un fondement faux qui ne porte pas, mais qui engloutit la civilisation. Sous ce point de vue philosophique, moral et religieux, et le point de vue le plus haut est toujours le plus juste en politique, Lamartine ne voulait donc pas donner la guerre pour tendance, ni même pour diversion à la nouvelle république. Une diversion de sang ne convient qu'aux ambitieux ou aux tyrans.

Sous le point de vue républicain, Lamartine ne répugnait pas moins à la guerre. Il prévoyait trop l'instabilité du peuple dont il avait écrit l'histoire pour ne pas comprendre que la république, avant que le temps et les mœurs l'eussent enracinée, périrait sous la première victoire éclatante qu'elle remporterait. Un général victorieux, revenant à Paris escorté de la popularité de son nom et appuyé de l'attachement d'une armée nombreuse, devait y trouver ou l'ostracisme ou la dictature. L'ostracisme serait la honte; la dictature serait la fin de la liberté. Enfin, au point de vue politique et national, Lamartine considérait la guerre offensive comme funeste à l'institution de la république elle-même et comme fatale à la nation.

VIII.

La situation de l'Europe était celle-ci : Les traités de 1815, base du droit public européen, avaient refoulé la France dans des limites territoriales trop étroites pour son orgueil et peut-être pour son activité. Ces traités l'avaient séquestrée aussi dans un isolement diplomatique et dans un dénuement d'alliances qui la rendaient perpétuellement ombrageuse et inquiète. La Restauration, gouvernement imposé autant qu'accepté, aurait pu renouer ces alliances et créer sur le continent et sur les mers un système français, soit en s'alliant avec l'Allemagne contre la Russie et l'Angleterre, soit en se coalisant avec la Russie contre l'Angleterre et l'Autriche. Dans le premier cas, la France aurait obtenu des développements en Savoie, en Suisse et dans les provinces prussiennes rhénanes par des concessions accordées à l'Autriche en Italie et dans le bas Danube, et sur le littoral de l'Adriatique.

Dans le second cas, la France aurait étouffé l'Autriche entre elle et la Russie. Elle aurait débordé librement en Italie, repris la Belgique et les frontières du Rhin, influé en Espagne. Constantinople, la mer Noire, les Dardanelles, l'Adriatique, concédés à l'ambition russe, lui auraient assuré ces accroissements. L'alliance russe, c'est le cri de la nature, c'est la révélation des géographies, c'est l'alliance de guerre pour les éventualités de l'avenir de deux grandes races, c'est l'équilibre de paix par deux grands poids aux extrémités du continent contenant le milieu et reléguant l'Angleterre comme une puissance satellite sur l'Océan et en Asie. La Restauration, par sa nature monarchique et anti-révolutionnaire, donnait des gages à l'une ou à l'autre de ces alliances. Elle était de la famille légitime des rois ; elle avait la parenté des trônes, elle ne pouvait pas les menacer sans renverser sa propre nature.

IX.

La dynastie d'Orléans aurait bien voulu porter en elle ces conditions de sécurité morale pour les maisons régnantes et se naturaliser vite dans les familles souveraines; mais elle avait deux taches qui la faisaient reconnaître et qui la faisaient craindre : une apparence d'usurpation dans son avénement au trône et une nature semi-révolutionnaire dans son élection populaire de 1830. La Russie repoussait ses avances; l'Autriche faisait payer cher sa tolérance; la Prusse l'observait; l'Angleterre seule l'acceptait; mais à des conditions de subalternité et quelquefois de complicité humiliante avec la politique britannique. Odieuse à la révolution qu'elle avait dérobée, suspecte aux peuples qui n'espéraient rien d'elle, inquiétante pour les rois qui lui reprochaient un trône usurpé, elle ne pouvait avoir qu'une politique isolée, personnelle, temporaire, des trèves avec tout le monde, des alliances avec personne. Sa chute, même en alarmant les rois, leur causait une sorte de satisfaction secrète en contradiction avec leur intérêt, mais en concordance avec leur nature. Il y avait de la vengeance dans cette joie des maisons régnantes. La révolution de Février était à leurs yeux comme une expiation. Leur politique souffrait, leur cœur se dilatait.

La Russie, qui n'avait aucun contact avec la France, ne se troublait pas beaucoup d'une révolution à Paris. Elle était trop convaincue de l'impossibilité matérielle d'une intervention de la France en Pologne, tant que l'Allemagne n'ouvrirait pas la route et ne serait pas l'auxiliaire de l'indépendance des Polonais.

L'Autriche devait s'alarmer ; mais l'homme d'État éminent qui gouvernait depuis trente-trois ans la monarchie autrichienne, le prince de Metternich, avait depuis longtemps une politique sénile qui assoupissait tout autour de lui et qui laissait la fatalité monarchique gouverner à sa place. Homme expérimenté, mais lassé, il avait vu si souvent fuir et revenir la fortune de l'Autriche qu'il ne s'occupait plus de ses mouvements. Aussi la Hongrie, la Croatie, la Gallicie, la Bohême et l'Italie se décomposaient-elles rapidement sous sa main, et l'influence de la maison d'Autriche touchait-elle à sa décadence. La République agitait sans la dissiper cette somnolence.

La Prusse était le point sensible, vivant et actif de ce côté. C'est sur le cabinet prussien que l'Angleterre appuyait le levier de sa diplomatie continentale ; c'est aussi par cette cour que la Russie agissait sur l'Allemagne; mais les populations prussiennes inquiètes de l'ascendant britannique chez elles, humiliées de l'omnipotence russe, travaillées de l'ambition de gouverner l'Allemagne, et pénétrées par leur province rhénane de la contagion des idées libérales et constitutionnelles, penchaient vers la France : elles entraînaient de ce côté leurs hommes d'État. La République leur paraissait l'avénement d'une double destinée pour la Prusse : le système constitutionnel au lieu de la monarchie militaire, l'ascendant sur l'Autriche au lieu d'un rôle secondaire peu en rapport avec leur armée et leur civilisation. L'inquiétude que la Prusse pouvait concevoir sur les provinces du Rhin ne l'emportait pas sur ces joies de l'ambition nationale. Dût-elle perdre ses provinces rattachées au centre français, elle entrevoyait des compensations en Allemagne, dans le Hanovre, dans le Holstein et ailleurs.

X.

Quant à l'Angleterre, elle avait été favorable d'abord à la dynastie d'Orléans, parce que cette dynastie mal assise devait faire longtemps osciller la France, et tenir l'Europe dans un système d'indécision et d'ombrage dont le cabinet britannique aurait à profiter pour sa puissance; mais le ministère de M. Thiers en 1840, en menaçant vainement l'Angleterre de lui disputer sa route naturelle aux Indes, et son ascendant nécessaire en Égypte, avait aliéné l'Angleterre, irrité l'esprit national des deux peuples, fait revivre d'anciens préjugés, et jaillir d'anciennes colères mal éteintes. Ce ministère, il est vrai, avait sagement reculé devant la guerre au dernier moment, et fini la querelle par la note humiliée du 8 octobre. Mais la défiance était restée dans la réconciliation.

L'Angleterre avait vu le roi élever ses fortifications de Paris et encourager de la voix et du geste le chant de la *Marseillaise*, ce tocsin des guerres extrêmes ; elle s'était rejetée davantage vers la Russie. Le ministère de M. Guizot lui avait fait d'abord toutes les concessions pour regagner sa confiance. Ce ministre, cher d'abord à l'Angleterre parce qu'il semblait avoir été formé sur le modèle des hommes d'État de la Grande-Bretagne, et parce qu'il prenait avec une hauteur d'attitude et de talent le rôle d'un tory de la révolution, avait perdu aussi dans l'esprit des Anglais.

Ambassadeur à Londres pendant le ministère guerroyant de M. Thiers, M. Guizot avait été dans la situation éminemment fausse d'un homme qui veut la paix et qui menace de la guerre ses amis pour une mauvaise cause. Rappelé en France par le roi et par les conservateurs, pour réparer les fautes dont il avait été lui-même le complice comme membre de la coalition parlementaire à Paris et comme ambassadeur de M. Thiers à Londres, sa situation était fausse en France et plus fausse encore à Londres. Il lui fallait à la fois maintenir et répudier jusqu'à un certain point ce qu'il avait dit à la tribune dans l'opposition, et ce qu'il avait fait à Londres comme agent du ministère de 1840 ; et il lui fallait en même temps rassurer, caresser, pacifier le parti conservateur dont il était redevenu le chef. Il n'y a pas de génie humain qui soit à la hauteur d'une fausse situation. M. Guizot donnant pleine raison à l'Angleterre maintenant sur la question d'Égypte, était poussé par le besoin de reconquérir une certaine popularité contre l'Angleterre ailleurs, à l'inquiéter par une lutte d'influence en Espagne. Il servait ou il flattait par là aussi l'ambition de famille du roi ; il lui laissait entrevoir une couronne de plus à Madrid pour sa maison.

Le mariage impolitique du duc de Montpensier avec la sœur de la reine d'Espagne, préparé comme une intrigue, découvert tout à coup comme un piége, proclamé ensuite comme une victoire, avait vivement offensé l'Angleterre. Ce refroidissement de l'Angleterre avait poussé le cabinet des Tuileries à se rapprocher de l'Autriche en lui faisant, dans les affaires de la Suisse, des concessions contraires à la sécurité de la France, à l'indépendance des peuples, et encore plus à l'esprit de la révolution. Le mariage du duc de Montpensier avec la princesse espagnole devait inévitablement aboutir à une rupture avec l'Angleterre et à une guerre de succession, où la France aurait à prodiguer ses trésors et son sang pour un intérêt purement dynastique. Ce mariage portait en soi de tels germes de destruction pour la politique et pour le trône même de Louis-Philippe, qu'ils frappaient tous les diplomates. Le jour où l'on apprit ce prétendu triomphe de la dynastie d'Orléans, Lamartine s'écria devant plusieurs hommes politiques : « La maison d'Orléans « aura cessé de régner en France pour avoir voulu « régner aussi en Espagne. Avant deux ans la révolu- « tion sera faite à Paris. »

XI.

L'Angleterre devait donc voir sans peine s'écrouler une dynastie qui, après l'avoir flattée longtemps, l'avait menacée une fois en Égypte et trompée une autre fois en Espagne. La République fut reçue sans répugnance à Londres. Les hommes d'État de l'Angleterre étaient assez impartiaux, assez sensés et assez versés dans l'histoire pour comprendre que cinquante ans de révolution, d'expérience, de liberté et de progrès dans la raison publique mettraient entre la nouvelle République et la République de 1793 la différence qu'il y a entre la raison et la colère, entre une explosion et une institution. Une nation comme la France ne porte dans sa révolution que ce qu'elle a dans sa nature. La République du 24 février ne pouvait être que la France de la veille passée dans ses institutions du lendemain.

Or, toute la question de paix ou de guerre pour la République se trouvait contenue dans les dispositions de l'Angleterre. Aucune coalition n'est possible, si l'Angleterre ne la fomente pas. Elle tient à sa solde le continent dès qu'il est armé. Sans l'Angleterre, toute guerre continentale n'est que partielle. Aucune guerre partielle ne peut inquiéter la France : la paix était donc possible. Mais pour qu'elle fût certaine, il fallait deux choses : respecter la Belgique dont l'indépendance était à la fois un intérêt anglais et un intérêt prussien, et respecter l'Allemagne dont la violation par nous aurait armé l'Autriche alliée à l'Angleterre et adossée à la Russie.

Quant à l'Espagne, la chute de la dynastie d'Orléans désintéressait à la fois la France et l'Angleterre de leurs prétentions rivales au delà des Pyrénées.

L'Italie ne remuait pas encore. Elle commençait seulement à demander à ses princes le premier degré de la liberté dans des institutions constitutionnelles, et le premier degré de l'indépendance italique dans une fédération de ces tronçons de nationalités entre eux.

Mais s'il était facile à des hommes d'État de comprendre cette situation de l'Europe et cette heureuse coïncidence de la République avec des circonstances européennes qui permettaient de conserver la paix au continent, il était plus difficile de faire comprendre à une révolution jeune et bouillante de quelques jours qu'il fallait se contenir, se renfermer dans son foyer intérieur et briller de là sur l'horizon des peuples sans déborder et sans incendier à l'instant les autres États. Les traités de 1815 pesaient sur les souvenirs de la

France. Les désastres de l'invasion étaient accumulés comme des remords de gloire dans le cœur des populations. La France, si essentiellement militaire, était non-seulement lasse, mais humiliée de paix. La révolution semblait rouvrir d'elle-même les portes de la guerre; l'armée l'aspirait, le peuple la chantait, la surabondance de population oisive et active la motivait, la fraternité même pour la délivrance des nations opprimées semblait la sanctifier; la haine des républicains irréfléchis contre les trônes la passionnait; les hommes d'État violents la lançaient de leurs lèvres et de leurs gestes à la multitude; enfin les hommes d'État empiriques voyaient dans la guerre un expédient précieux à saisir pour élaguer la population alliée révolutionnaire des villes, pour faire une heureuse diversion aux agitations intérieures, et pour rejeter sur les frontières les brandons de ce foyer qui se dévoreraient eux-mêmes à l'intérieur, si on ne les déversait pas sur le continent. Les révolutions n'ont qu'une heure, disaient-ils, il faut les saisir pendant qu'elles brûlent; quand elles sont éteintes on les étouffe du pied. Les révolutions folles n'ont qu'une heure en effet, leur répondaient les hommes sensés du parti de la paix : mais les révolutions humaines, modérées et réfléchies, ont des années et des siècles devant elles. Elles ne jouent pas le sort de la liberté et des progrès des peuples sur une carte, dans un accès d'énergie souvent immorale, elles ne jouent qu'à coup sûr, et elles mettent de leur côté le droit, la raison, la justice de la cause, les peuples et Dieu.

XII.

Lamartine était convaincu de ces vérités. Il était convaincu de plus que si la France attaquait la première, cette agression serait le prétexte et le signal inévitable d'une coalition des armées et d'une ligue de rois contre la République. Il ne doutait pas que l'énergie accumulée de la France ne triomphât longtemps de cette coalition; mais l'histoire et le bon sens lui disaient que la guerre offensive d'un peuple contre tous les autres finissait tôt ou tard par une invasion, même quand ce peuple avait les soldats de Napoléon pour armée, et la tête de Napoléon pour les conduire. La République amenant l'invasion de la France reculait de cinquante ans la liberté. De plus (et c'était là surtout sa pensée), Lamartine savait par l'histoire et par la nature que toute guerre d'un seul peuple contre tous les autres est une guerre extrême et désespérée; que toute guerre extrême et désespérée exige dans la nation qui la supporte des efforts et des moyens de convulsion aussi extrêmes et aussi désespérés que cette guerre elle-même; que des efforts et des moyens de cette nature ne peuvent être employés que par un gouvernement extrême et désespéré aussi; et que ces moyens sont les impôts excessifs d'or et de sang, les emprunts forcés, les papiers-monnaies, les proscriptions, les tribunaux révolutionnaires et les échafauds. Inaugurer la République par un tel gouvernement, c'était inaugurer la tyrannie au lieu de la liberté, le crime au lieu de la vertu publique, la ruine du peuple au lieu de son salut. Lamartine et ses collègues auraient plutôt donné leur tête à la révolution que de lui donner une goutte de sang.

Lamartine avait de plus une foi absolue dans la puissance de l'honnêteté et du droit en politique. Il savait que presque toutes les guerres n'étaient que des expiations des injustices des peuples entre eux. Il avait la persuasion que la justice et le respect de la République envers ses voisins seraient pour la France deux armées qui couvriraient mieux les frontières que deux millions d'hommes, et qui propageraient plus l'idée démocratique que la flamme du canon. La France est aimée des peuples. L'attrait qu'elle inspire par son intelligence, son caractère et son génie est une de ses grandes forces dans le monde. La France désarmée est encore l'amour de l'univers. Changer ce prestige national d'amour et d'attraction en crainte et en horreur de ses armes, c'est défigurer la nation. La peur qu'elle inspire un moment ne vaut pas pour elle la puissance de sympathie dont Dieu l'a armée.

Il en est de même de la démocratie, qui allait faire une nouvelle épreuve de la puissance de contagion morale sur l'esprit des peuples. Lamartine avait le juste pressentiment que si la démocratie française était agressive, et que si elle se laissait dès le premier jour dénaturer par l'esprit de conquête ou confondre avec l'ambition nationale, elle repousserait au lieu d'attirer. Le principe de nationalité domine chez les hommes le principe de liberté intérieure. Plutôt que de perdre leur nom et leur sol, les peuples perdraient leurs institutions libérales. Les trônes les rallieraient contre la France à l'instant où les souverains pourraient leur montrer une baïonnette française envahissant sans droit leur territoire. D'ailleurs quelle était la nature de la révolution de Février? Était-ce une révolution territoriale ou une révolution d'idées? C'était évidemment une révolution d'idées, une question de régime intérieur. La changer en révolution territoriale, militaire et conquérante, c'était l'affaiblir dans son principe, la dénaturer et la trahir. Cent lieues de sol ne l'auraient pas élargie d'une idée. Il fallait donc la déclarer fraternelle et non offensive aux nations, quel que fût le gouvernement, despotique, monarchique, mixte ou républicain, de ces nations.

Mais ces pensées étaient trop philosophiques pour pénétrer d'elles-mêmes les masses soulevées et impatientes de débordement sur l'Europe, si ces pensées n'eussent été présentées que par la voix d'un ministre des affaires étrangères et d'un gouvernement. Elles furent heureusement secondées par les hommes influents de tous les partis philosophiques et même socialistes auxquels l'histoire doit cette justice, qu'ils servirent loyalement et puissamment alors les idées de fraternité et de paix. Les ouvriers eux-mêmes, prédisposés à la guerre par leur ardeur et leur courage, furent ramenés par leurs doctrines et leurs théories à l'intelligence et à la moralité de la paix. L'idée de l'organisation du travail amortit l'idée de guerre dans les masses ; le socialisme étouffa la conquête ; le peuple comprit la raison.

XIII.

Avant de soumettre ces pensées au gouvernement provisoire, Lamartine écrivit à tous les agents diplomatiques une lettre courte et vague pour leur ordonner de notifier l'avénement de la République française aux différentes cours auprès desquelles ils résidaient.

« La République, disait-il à ses agents, n'a pas « changé la place de la France en Europe. Elle est « prête à renouer les rapports avec les autres nations. »

Ce mot était jeté, dans cette première communication, comme un symptôme propre à rassurer les gouvernements et les peuples sur le caractère civilisé que la nouvelle République voulait donner à la politique étrangère. Lamartine réunit tous les employés du ministère. « Rassurez-vous, leur dit-il, je suis une révolution, mais je suis une révolution paternelle. Ceux d'entre vous qui voudront servir loyalement la République seront conservés dans leurs fonctions. La patrie n'a pas disparu avec la royauté. Les diplomates sont comme les soldats ; ils ont pour ralliement le drapeau, et pour devoir permanent la défense et la grandeur de la nation au dehors. »

Cependant, une révolution, au moment où elle s'accomplit, ne peut pas confier ses secrets et son salut à ceux qui devaient la redouter et la combattre la veille. Elle se trahirait elle-même. Lamartine ne voulait pas briser le mécanisme et le personnel de cette administration centrale des affaires étrangères que le temps avait organisée et qui compte dans son sein des hommes sûrs, spéciaux, expérimentés, éminents. Il les laissa à leurs postes, inactifs, ou employés seulement à des travaux de simple formalité. Il retira à son cabinet particulier ou à lui seul tout l'esprit, tout le secret et toute la conduite de la diplomatie de la République.

Mais ces hommes, d'autant plus patriotes de cœur qu'ils ont l'esprit plus exclusivement appliqué aux intérêts permanents du pays, ne tardèrent pas à adhérer de tout leur patriotisme à la République comme représentation de l'ordre et de la France. Ceux-là même qui s'étaient retirés par un scrupule volontaire d'honneur, tels que le directeur de la partie politique, M. *Desages*, homme consommé, donnèrent au gouvernement les traditions et les lumières qu'ils portaient en eux. MM. de Viel Castel, Brennier, Cintra, Lesseps, restèrent à la tête des différentes parties du travail. Ils rendirent à la République d'infatigables services pendant ce long tumulte d'événements et d'assauts où l'hôtel du ministre était à la fois un conseil et un camp.

XIV.

A l'étranger, au contraire, Lamartine rappela successivement tous les ambassadeurs et presque tous les ministres plénipotentiaires. Leur présence dans les différentes cours avait un double inconvénient. La République n'était pas reconnue ; il y avait danger à ce que leur résidence auprès des gouvernements indécis ou hostiles fût l'occasion de froissements nuisibles à l'établissement des nouveaux rapports. De plus, ces ambassadeurs étaient en général des hommes politiques, d'anciens ministres personnellement attachés par leur sentiment et par leurs regrets à la royauté déchue. Leur confier les négociations de la République, au moment même où elle luttait contre la royauté, c'était l'exposer à être desservie. Le ministre envoya à la place de ces agents officiels des agents secrets ou confidentiels choisis parmi les hommes d'opinions républicaines ou sans liens avec la dynastie fugitive. Il leur donna verbalement à chacun les instructions propres au pays où il les envoyait. Ces instructions se résumaient en ces mots : « observez, informez et donnez dans vos conversations avec les souverains, les ministres et les peuples, son véritable sens à la nouvelle République ; pacifique si on la comprend, terrible si on la provoque. »

Il confia de plus à chacun de ces agents à l'extérieur le plan de diplomatie qu'il se proposait de suivre, afin que chacun de ces envoyés, dans le vague obligé de ses instructions et dans les éventualités incertaines et soudaines de sa mission, fût d'avance initié à la pensée extérieure de la République et fît concorder chacune de ses paroles et chacun de ses actes au plan général.

Attendre avec dignité l'Angleterre, rechercher la Prusse, observer la Russie, calmer la Pologne, caresser l'Allemagne, éviter l'Autriche, sourire à l'Italie sans l'exciter, rassurer la Turquie, abandonner l'Espagne à elle-même, ne tromper personne ni par de vaines craintes ni par de vaines espérances, ne pas lancer un mot qu'on eût à retirer un jour ; faire de la probité républicaine l'âme d'une diplomatie sans ambition comme sans faiblesse : telles étaient ces instructions confidentielles. Quels que fussent les événements à survenir, Lamartine voulait que la République eût raison partout.

Il tint le même langage aux ambassadeurs, ministres, et chargés d'affaires qui représentaient à Paris les différentes cours. La rapidité de la révolution, l'enthousiasme avec lequel elle était unanimement acceptée dans toute la France sans qu'un geste protestât contre une telle démocratie ; la magnanimité du peuple, intrépide dans l'action, modéré, clément, cordial après sa victoire ; le spectacle de cette capitale où quelques hommes gouvernaient trente-six millions de citoyens avec le seul frein de la parole ; l'abolition de la peine de mort ; la répudiation de l'esprit de guerre ;

l'ordre volontaire rétabli en si peu de jours dans les rues ; l'inviolabilité des religions, le respect pour les étrangers, les adhésions, les députations de tous les départements, de toutes les communes et de tous les peuples, qui affluaient à l'Hôtel de Ville comme des explosions continues de la raison nationale, le ton ferme, mais respectueux pour les peuples et pour les gouvernements, des discours que Lamartine et ses collègues répondaient à ces déclarations des peuples ; tous ces prodiges avaient fait une puissante et heureuse impression sur les yeux et sur l'esprit des ambassadeurs. L'enthousiasme pour la France avait gagné jusqu'aux ennemis de la République.

Ces diplomates, sans reconnaître encore le nouveau gouvernement, avaient des entretiens officieux avec le ministre des affaires étrangères. Les ombrages que leurs cours avaient pu concevoir tombaient dans ces entretiens cœur à cœur entre des hommes qui désiraient également éviter des malheurs au monde et sauver du sang à l'humanité. Ce fut un bonheur pour la civilisation que ce concert préexistant de bonnes intentions, de lumières et de sagesse entre le gouvernement provisoire et les représentants de l'Europe à Paris. Lord Normanby, ambassadeur d'Angleterre, le baron d'Arnim, ministre de Prusse, M. de Kisselef, ministre de Russie, M. d'Appony, ministre d'Autriche, M. de Brignole, ministre de Sardaigne, le prince de Ligne, ministre de Belgique, le nonce du pape et tous les principaux membres du corps diplomatique à

Paris à cette époque étaient heureusement des hommes de large intelligence, de prévoyance et de paix. Le caractère des hommes d'État peut autant sur les événements que leurs idées. Leur caractère est le commentaire de leurs instructions ; ils prédisposent leurs cours à la justice et à la paix.

Des relations sourdes mais bienveillantes ne tardèrent pas à s'établir ainsi entre le cabinet de Paris et les cabinets étrangers.

Le premier symptôme du désir d'établir des rapports pacifiques avec le nouveau gouvernement français fut un mot du duc de Wellington à Lamartine, en réponse à une ouverture indirecte et verbale que Lamartine lui avait fait faire par un neveu de cet homme d'État. Lamartine répliqua par écrit à ce mot comme il convenait, en glorifiant la pensée de paix dans la bouche de l'homme de guerre. La première impression de l'Angleterre exprimée par son premier citoyen était un augure qui faisait bien espérer le monde. Quand la France et l'Angleterre s'entendent pour donner la paix à l'Europe, aucune puissance ne peut impunément la troubler.

XV.

C'était la France qui venait d'agir, c'était sur la France qu'on avait les yeux, c'était à la France de parler la première. L'Europe et la France elle-même attendaient avec anxiété ce premier mot de la République au monde. Il était prudent et digne de le faire attendre quelques jours. La République ne devait pas se précipiter vers la paix comme une puissance timide qui craint la guerre ; elle devait la déclarer possible et non l'implorer comme nécessaire. Elle devait de plus s'assurer secrètement, avant de proférer les dogmes de la paix, que ces dogmes ne seraient pas désavoués avec insulte par les autres puissances. Elle se serait exposée à voir ses avances au principe pacifique dénaturées ; elle aurait eu à recueillir, au lieu des sympathies qu'elle méritait, des défis qu'elle aurait été dans la nécessité de relever ou de venger. Lamartine ne se pressa donc pas. Il rédigea dans les courts intervalles de nuit que lui laissaient les tumultes de la place publique le manifeste de la République : il le soumit le 4 mars à la délibération de ses collègues, des ministres et de quelques hommes politiques éminents de l'opinion républicaine qui assistèrent ce jour-là à la délibération.

La séance était solennelle. Des hommes sortis, quelques jours auparavant, d'une tempête tenaient dans leurs mains la paix ou la guerre. D'un mot ils allaient armer et faire s'entre-choquer les principes et les hommes sur toute la terre, ou rasséréner l'horizon du globe. Lamartine était décidé à faire de la déclaration de la paix la condition absolue de sa présence au gouvernement. La généralité de ses collègues ainsi que les ministres n'y étaient pas moins décidés que lui. Le manifeste ne subit aucune discussion de fond. On était d'accord sans s'être entendu. Tout se borna à quelques expressions contestées et modifiées, mais d'un accord presque unanime sur la manière dont la République déclarait entendre les traités de 1815. Louis Blanc lui-même applaudit à l'ère fraternelle ouverte par ce manifeste à l'humanité. Les partis arriérés ou impatients que mécontentait en secret la résolution pacifique du gouvernement, se croyaient tellement sûrs que ces paroles étaient des mots jetés au vent, et que le peuple déborderait bientôt de lui-même sur l'Europe, qu'ils ne prenaient pas la peine de contester le manifeste. Les conciliabules belges, allemands, polonais, s'agitaient déjà autour de quelques meneurs occultes. Ce parti de la propagande armée se préparait à déchirer cette page de philosophie nationale et à en bourrer le fusil de l'invasion.

Le lendemain ce manifeste parut.

MANIFESTE A L'EUROPE.

« Vous connaissez les événements de Paris, la victoire du peuple, son héroïsme, sa modération, son apaisement, l'ordre rétabli par le concours de tous les citoyens, comme si, dans cet interrègne des pouvoirs visibles, la raison générale était à elle seule le Gouvernement de la France.

« La révolution française vient d'entrer ainsi dans sa période définitive. La France est République : la République française n'a pas besoin d'être reconnue pour exister. Elle est de droit naturel, elle est de droit national. Elle est la volonté d'un grand peuple qui ne demande son titre qu'à lui-même. Cependant, la

vernements institués comme une puissance régulière, et non comme un phénomène perturbateur de l'ordre européen, il est convenable que vous fassiez promptement connaître au gouvernement près duquel vous êtes accrédité les principes et les tendances qui dirigeront désormais la politique extérieure du Gouvernement français.

« La proclamation de la République française n'est un acte d'agression contre aucune forme de gouvernement dans le monde. Les formes de gouvernement ont des diversités aussi légitimes que les diversités de caractère, de situation géographique et de développement intellectuel, moral et matériel chez les peuples. Les nations ont, comme les individus, des âges différents. Les principes qui les régissent ont des phases successives. Les gouvernements monarchiques, aristocratiques, constitutionnels, républicains, sont l'expression de ces différents degrés de maturité du génie des peuples. Ils demandent plus de liberté à mesure qu'ils se sentent capables d'en supporter davantage; ils demandent plus d'égalité et de démocratie à mesure qu'ils sont inspirés par plus de justice et d'amour pour le peuple. Question de temps. Un peuple se perd en devançant l'heure de cette maturité, comme il se déshonore en la laissant échapper sans la saisir. La monarchie et la république ne sont pas, aux yeux des véritables hommes d'État, des principes absolus qui se combattent à mort; ce sont des faits qui se contrastent et qui peuvent vivre face à face, en se comprenant et en se respectant.

« La guerre n'est donc pas le principe de la République française, comme elle en devint la fatale et glorieuse nécessité en 1792. Entre 1792 et 1848, il y a un demi-siècle. Revenir, après un demi-siècle, au principe de 1792 ou au principe de conquête de l'Empire, ce ne serait pas avancer, ce serait rétrograder dans le temps. La révolution d'hier est un pas en avant, non en arrière. Le monde et nous, nous voulons marcher à la fraternité et à la paix.

« Si la situation de la République française, en 1792, expliquait la guerre, les différences qui existent entre cette époque de notre histoire et l'époque où nous sommes expliquent la paix.

ces différences, appliquez-vous à les comprendre et à les faire comprendre autour de vous.

« En 1792, la nation n'était pas une ; deux peuples existaient sur un même sol. Une lutte terrible se prolongeait encore entre les classes dépossédées de leurs privilèges et les classes qui venaient de conquérir l'égalité et la liberté. Les classes dépossédées s'unissaient avec la royauté captive et avec l'étranger jaloux pour nier sa révolution à la France, et pour lui réimposer la monarchie, l'aristocratie et la théocratie par l'invasion. Il n'y a plus de classes distinctes et inégales aujourd'hui. La liberté a tout affranchi. L'égalité devant la loi a tout nivelé. La fraternité, dont nous proclamons l'application et dont l'Assemblée nationale doit organiser les bienfaits, va tout unir. Il n'y a pas un seul citoyen en France, à quelque opinion qu'il appartienne, qui ne se rallie au principe de la patrie avant tout, et qui ne la rende, par cette union même, inexpugnable aux tentatives et aux inquiétudes d'invasion.

« En 1792, ce n'était pas le peuple tout entier qui était entré en possession de son gouvernement; c'était la classe moyenne seulement qui voulait exercer la liberté et en jouir. Le triomphe de la classe moyenne alors était égoïste, comme le triomphe de toute oligarchie. Elle voulait retenir pour elle seule les droits conquis par tous. Il lui fallait pour cela opérer une diversion forte à l'avénement du peuple, en le précipitant sur les champs de bataille, pour l'empêcher d'entrer dans son propre gouvernement. Cette diversion, c'était la guerre. La guerre fut la pensée des *monarchiens* et des *Girondins* ; ce ne fut pas la pensée des démocrates plus avancés, qui voulaient, comme nous, le règne sincère, complet et régulier du peuple lui-même, en comprenant dans ce nom toutes les classes, sans exclusion et sans préférence, dont se compose la nation.

« En 1792, le peuple n'était que l'instrument de la révolution, il n'en était pas l'objet. Aujourd'hui la révolution s'est faite par lui et pour lui. Il est la révolution elle-même. En y entrant, il y apporte ses besoins nouveaux de travail, d'industrie, d'instruction, d'agriculture, de commerce, de moralité, de bien-être, de propriété, de vie à bon marché, de navigation, de civilisation enfin, qui sont tous des besoins de paix! Le peuple et la paix, c'est un même mot.

« En 1792, les idées de la France et de l'Europe n'étaient pas préparées à comprendre et à accepter la grande harmonie des nations entre elles, au bénéfice du genre humain. La pensée du siècle qui finissait n'était que dans la tête de quelques philosophes. La philosophie est populaire aujourd'hui. Cinquante années de liberté de penser, de parler et d'écrire, ont produit leur résultat. Les livres, les journaux, les tribunes ont opéré l'apostolat de l'intelligence européenne. La raison rayonnant de partout, par-dessus les frontières des peuples, a créé entre les esprits cette grande nationalité intellectuelle qui sera l'achèvement de la révolution française et la constitution de la fraternité internationale sur le globe.

« Enfin, en 1792, la liberté était une nouveauté, l'égalité était un scandale, la République était un problème. Le titre des peuples, à peine découvert par Fénelon, Montesquieu, Rousseau, était tellement oublié, enfoui, profané par les vieilles traditions féodales, dynastiques, sacerdotales, que l'intervention la plus légitime du peuple dans ses affaires paraissait une monstruosité aux hommes d'État de l'ancienne école. La démocratie faisait trembler à la fois les trônes et les fondements des sociétés. Aujourd'hui les trônes et les peuples se sont habitués au mot, aux formes, aux agitations régulières de la liberté exercée dans des proportions diverses presque dans tous les États, même monarchiques. Ils s'habitueront à la République, qui est sa forme complète chez les nations les plus mûres. Ils reconnaîtront qu'il y a une liberté conservatrice ; ils reconnaîtront qu'il peut y avoir dans la République, non-seulement un ordre meilleur, mais qu'il peut y avoir plus d'ordre véritable dans ce gouvernement de tous pour tous, que dans le gouvernement de quelques-uns pour quelques-uns.

« Mais en dehors de ces considérations désintéressées, l'intérêt seul de la consolidation et de la durée de la République inspirerait aux hommes d'État de la France des pensées de paix. Ce n'est pas la patrie qui court les plus grands dangers dans la guerre, c'est la liberté. La guerre est presque toujours une dictature. Les soldats oublient les institutions pour les hommes. Les trônes tentent les ambitieux. La gloire éblouit le patriotisme. Le prestige d'un nom victorieux voile l'attentat contre la souveraineté nationale. La République veut de la gloire, sans doute, mais elle la veut pour elle-même, et non pour des César ou des Napoléon!

« Ne vous y trompez pas, néanmoins; ces idées que le Gouvernement provisoire vous charge de présenter aux puissances comme gage de sécurité européenne, n'ont pas pour objet de faire pardonner à la République l'audace qu'elle a eue de naître; encore moins de demander humblement la place d'un grand droit et d'un grand peuple en Europe; elles ont un plus noble objet : faire réfléchir les souverains et les peuples, ne pas leur permettre de se tromper involontairement sur le caractère de notre révolution; donner son vrai jour et sa physionomie juste à l'événement, donner des gages à l'humanité enfin, avant d'en donner à nos droits et à notre honneur, s'ils étaient méconnus ou menacés.

« La République française n'intentera donc la guerre à personne. Elle n'a pas besoin de dire qu'elle l'acceptera, si on pose des conditions de guerre au peuple français. La pensée des hommes qui gouvernent en ce moment la France est celle-ci : Heureuse la France si on lui déclare la guerre, et si on la contraint ainsi à grandir en force et en gloire, malgré sa modération! Responsabilité terrible à la France si la République déclare elle-même la guerre sans y être provoquée! Dans le premier cas, son génie martial, son impatience d'action, sa force accumulée pendant tant d'années de paix, la rendraient invincible chez elle, redoutable peut-être au delà de ses frontières. Dans le second cas, elle tournerait contre elle les souvenirs de ses conquêtes, qui désaffectionnent les nationalités, et elle compromettrait sa première et sa plus universelle alliance : l'esprit des peuples et le génie de la civilisation.

« D'après ces principes, monsieur, qui sont les principes de la France de sang-froid, principes qu'elle peut présenter sans crainte comme sans défi à ses amis et à ses ennemis, vous voudrez bien vous pénétrer des déclarations suivantes :

« Les traités de 1815 n'existent plus en droit aux yeux de la République française; toutefois, les circonscriptions territoriales de ces traités sont un fait qu'elle admet comme base et comme point de départ dans ses rapports avec les autres nations.

« Mais, si les traités de 1815 n'existent plus que comme faits à modifier d'un accord commun, et si la République déclare hautement qu'elle a pour droit et pour mission d'arriver régulièrement et pacifiquement à ces modifications, le bon sens, la modération, la conscience, la prudence de la République existent, et sont pour l'Europe une meilleure et plus honorable garantie que les lettres de ces traités si souvent violés ou modifiés par elle.

« Attachez-vous, monsieur, à faire comprendre et admettre de bonne foi cette émancipation de la République des traités de 1815, et à montrer que cette franchise n'a rien d'inconciliable avec le repos de l'Europe.

« Ainsi, nous le disons hautement : si l'heure de la reconstruction de quelques nationalités opprimées en Europe, ou ailleurs, nous paraissait avoir sonné dans les décrets de la Providence; si la Suisse, notre fidèle alliée depuis François Ier, était contrainte ou menacée dans le mouvement de croissance qu'elle opère chez elle pour prêter une force de plus au faisceau des gouvernements démocratiques; si les États indépendants de l'Italie étaient envahis; si l'on imposait des limites ou des obstacles à leurs transformations intérieures; si on leur contestait à main armée le droit de s'allier entre eux pour consolider une patrie italienne, la République française se croirait en droit d'armer elle-même pour protéger ces mouvements légitimes de croissance et de nationalité des peuples.

« La République, vous le voyez, a traversé du premier pas l'ère des proscriptions et des dictatures. Elle est décidée à ne jamais voiler la liberté en dedans. Elle est décidée également à ne jamais voiler son principe démocratique au dehors. Elle ne laissera mettre la main de personne entre le rayonnement pacifique de sa liberté et le regard des peuples. Elle se proclame l'alliée intellectuelle et cordiale de tous les droits, de tous les progrès, de tous développements légitimes d'institutions des nations qui veulent vivre du même principe que le sien. Elle ne fera point de propagande sourde ou incendiaire chez ses voisins. Elle sait qu'il n'y a de libertés durables que celles qui naissent d'elles-mêmes sur leur propre sol. Mais elle exercera, par la lueur de ces idées, par le spectacle d'ordre et de paix qu'elle espère donner au monde, le seul et honnête prosélytisme, le prosélytisme de l'estime et de la sympathie. Ce n'est point là la guerre, c'est la nature. Ce n'est point là l'agitation de l'Europe, c'est la vie. Ce n'est point là incendier le monde, c'est briller de sa place sur l'horizon des peuples pour les devancer et les guider à la fois.

« Nous désirons, pour l'humanité, que la paix soit conservée. Nous l'espérons même. Une seule question de guerre avait été posée, il y a un an, entre la France et l'Angleterre. Cette question de guerre, ce n'était pas la France républicaine qui l'avait posée, c'était la dynastie. La dynastie emporte avec elle ce danger de guerre qu'elle avait suscité pour l'Europe par l'ambition toute personnelle de ses alliances de famille en Espagne. Ainsi cette politique domestique de la dynastie déchue, qui pesait depuis dix-sept ans sur notre dignité nationale, pesait en même temps, par ses prétentions à une couronne de plus à Madrid, sur nos alliances libérales et sur la paix. La République n'a point d'ambition ; la République n'a point de népotisme. Elle n'hérite pas des prétentions d'une famille. Que l'Espagne se régisse elle-même ; que l'Espagne soit indépendante et libre. La France, pour la solidité de cette alliance naturelle, compte plus sur la conformité de principes que sur les successions de la maison de Bourbon !

« Tel est, monsieur, l'esprit des conseils de la République ; tel sera invariablement le caractère de la politique franche, forte et modérée que vous aurez à représenter.

« La République a prononcé en naissant, et au milieu de la chaleur d'une lutte non provoquée par le peuple, trois mots qui ont révélé son âme et qui appelleront sur son berceau les bénédictions de Dieu et des hommes : *Liberté, égalité, fraternité.* Elle a donné le lendemain, par l'abolition de la peine de mort en matière politique, le véritable commentaire de ces trois mots au dedans; donnez-leur aussi leur véritable commentaire au dehors. Le sens de ces trois mots appliqués à nos relations extérieures est celui-ci : affranchissement de la France des chaînes qui pesaient sur son principe et sur sa dignité; récupération du rang qu'elle doit occuper au niveau des grandes puissances européennes; enfin, déclaration d'alliance et d'amitié à tous les peuples. Si la France a la conscience de sa part de mission libérale et civilisatrice dans le siècle, il n'y a pas un de ces mots qui signifie *guerre*. Si l'Europe est prudente et juste, il n'y a pas un de ces mots qui ne signifie *paix*.

« LAMARTINE. »

XVI.

Ce manifeste fut reçu de la France entière avec applaudissement, de l'Europe avec respect. Il donnait à la république son attitude, à la démocratie son verbe, à la guerre sa signification, si elle devait naître, à la paix sa dignité, si elle devait subsister. Il faisait de la démocratie une partie diverse, mais intégrante, du système européen qui, sans menacer violemment les gouvernements fondés sur un autre principe, rallierait successivement au principe français les peuples parvenus à différents degrés de liberté. C'était la raison de la Révolution se posant et s'exprimant en face du monde, au lieu de sa colère secouant l'Europe en 1793. Le manifeste ne créait pas un seul cas de guerre en dehors du droit des gens; il en abolissait plusieurs. Il abolissait surtout l'ambition et les conquêtes.

L'effet que Lamartine attendait de cette attitude et

les résultats qu'il avait promis au gouvernement ne tardèrent pas à se produire partout en Europe. Nous les parcourrons bientôt.

XVII.

Mais cette attitude diplomatique du gouvernement nécessitait une attitude armée correspondant aux éventualités qui pouvaient survenir. Le ministre des affaires étrangères demanda les armements de sûreté mesurés sur les dangers possibles ou sur les prudences commandées par la situation.

L'Espagne ne s'expliquait point encore. Les informations secrètes révélaient des dispositions peu bienveillantes à Madrid. Des rassemblements de troupes de l'autre côté des Pyrénées, à proximité de la frontière française, étaient signalés. Le mariage récent du duc de Montpensier avec la sœur de la reine d'Espagne avait dû établir entre la dynastie proscrite de France et le gouvernement espagnol une solidarité et une intimité qui pouvaient se traduire en hostilités. On annonçait que les princes de la maison d'Orléans allaient chercher un asile en Espagne. Leur présence annonçait quelques idées confuses de restauration armée de ce côté. Le ministre réclama la formation immédiate d'une armée d'observation des Pyrénées de quinze à vingt mille hommes. Cette armée fut décrétée.

L'Italie, déjà agitée à son extrémité par la révolution de Sicile, qui avait précédé la révolution de Paris, allait probablement ressentir le contre-coup de la République. Le pape avait, par ses paroles et par ses actes, réveillé l'esprit d'indépendance et de haine contre l'Autriche. Ce pontife bien intentionné, mais à la fois téméraire et timide, contenait déjà avec peine le mouvement qu'il avait imprimé. Il n'avait voulu que ranimer la chaleur dans le corps engourdi de l'Italie centrale; il y avait jeté l'étincelle. Le souffle que les événements de Paris déchaînaient sur le monde allait donner de l'air au foyer que le pape avait allumé.

La Toscane en ressentirait inévitablement l'influence. Quoique libre et heureuse de fait sous le gouvernement municipal et paternel du descendant de Léopold, elle voudrait changer ce fait en droit et ces habitudes de libertés en institutions.

Venise et Gênes frémissaient au nom de république, qui leur rappelait leur antique gloire.

Enfin, le Piémont, seule puissance militaire de l'Italie, était préparé depuis longtemps à la guerre. L'ambition de son roi rêvait pour lui deux titres : celui de libérateur et celui de protecteur de l'Italie. Flottant depuis des années entre l'alliance autrichienne, qui faisait de lui un satellite de la servitude, et l'alliance française, qui pouvait faire de lui un dominateur de la Péninsule; tiraillé en sens contraire par l'influence sacerdotale, qui avait fait de lui le proscripteur et le geôlier du libéralisme, et par l'esprit libéral de ses peuples, qui voulait faire de lui un novateur et un prince constitutionnel, de quel côté pencherait-il? S'il se déclarait hostile à la République et qu'il voulût faire de son armée de cent mille hommes une avant-garde de l'Autriche contre nous, il fallait l'attendre aux débouchés de la Savoie et du littoral des Alpes. S'il voulait lever de lui-même l'étendard de l'indépendance italienne, il fallait prévoir également le cas de sa défaite et le cas de sa victoire ; l'un et l'autre pouvaient également nous entraîner involontairement en Italie. Une armée d'observation appelée armée des Alpes, prête à toute éventualité, soit à couvrir les Alpes depuis le Var jusqu'à Grenoble, soit à les franchir, était commandée par la prudence autant que par l'énergie de la République. Le ministre demanda la formation immédiate de cette armée de soixante-deux mille hommes. Le gouvernement n'hésita pas.

La présence de cette armée au pied des Alpes et dans la vallée du Rhône avait aussi son motif à l'intérieur. La République pouvait être menacée soit par des tentatives de restauration monarchique au profit de la branche aînée des Bourbons dans le Midi ; soit par des détachements de l'armée d'Alger entraînés par leur affection pour les princes et débarquant avec eux sur les côtes méridionales ; soit par les agitations anarchiques dont Toulon, Marseille, Avignon et Arles, villes du Midi, avaient contristé la première République ; soit enfin et surtout par des mouvements socialistes semblables à ceux qui avaient éclaté dans la capitale de l'industrie, à Lyon, en 1830 et 1832. Une force armée mobile, disciplinée, imposante, faisait face ainsi au dehors et au dedans tout à la fois.

Enfin, il demanda une armée de cent mille hommes distribuée sur le Rhin et destinée à observer l'Allemagne et à se relier à l'armée du Nord de trente mille hommes, pour couvrir nos frontières ou pour les franchir, selon que les mouvements de la Belgique, de la Prusse ou de l'Autriche nous indiqueraient des précautions ou des actes.

XVIII.

Le gouvernement provisoire adopta toutes ces mesures. Il créa un comité de défense composé des généraux les plus éminents, sans acception d'opinion. L'armée française était au-dessus du soupçon. Le sentiment de reconnaissance que quelques-uns de ses chefs pouvaient garder envers les princes s'effaçait devant le sentiment de la patrie. Le gouvernement ne leur demanda pas s'ils étaient républicains; il savait qu'ils étaient Français.

Le maréchal Bugeaud avait écrit dès les premiers jours à Lamartine en termes dignes de son caractère et de son rang pour adhérer à la République. Lamartine lui avait répondu que la République était la France; qu'elle était fière et forte de tous ses enfants; qu'elle espérait n'avoir pas à tirer l'épée, mais que si on la tirait contre elle, elle confierait le point le plus important, c'est-à-dire le Rhin, à un général dont le nom, la bravoure et les talents étaient chers à l'armée et imposant pour l'Europe. Le maréchal comprenait de lui-même que son rôle dans le gouvernement actuel ne pouvait être justifié que par la guerre. L'attachement récent qu'il avait montré à la royauté bannie, les services qu'il lui avait rendus, la franchise militaire de ses regrets, enfin la susceptibilité du peuple, et la réserve obligée du gouvernement lui-même, commandaient au maréchal Bugeaud un éloignement temporaire jusqu'au jour où la République, ratifiée par l'Assemblée nationale, ne tenterait plus un général du rôle décrédité de Monck. Mais le général Lamoricière, le général Oudinot, le général Bedeau furent appelés à ce comité du gouvernement. Ces trois généraux n'avaient pas hésité un instant à se rallier à la République, après avoir satisfait à leur devoir d'honneur envers la royauté.

Le gouvernement assista plusieurs fois aux délibérations de ce comité de la guerre pour lui imprimer ses pensées, ses inspirations, son énergie. L'opinion de Lamartine était de rappeler instantanément quarante ou cinquante mille hommes de l'armée d'Afrique, forte alors de cent mille hommes. Il pensait que cent mille hommes en Afrique, pour couvrir une colonie encore peu habitée contre quelques tribus sans chef, sans gouvernement, sans armée, étaient au moins, en temps de crise, en Europe, un luxe inutile et onéreux; que cinquante mille hommes suffiraient pour contenir cette région : que si nous avions la guerre avec l'Angleterre, ces cent mille hommes, coupés de la mère-patrie, finiraient comme finit l'armée d'Égypte après Bonaparte ; que si nous avions la paix, cette paix, encore armée sur le continent, pèserait sur le Trésor du poids des cinquante mille soldats qu'il faudrait lever, armer, équiper pour tenir lieu des cinquante mille hommes dont il demandait le retour ; enfin, que les troupes d'Afrique déjà disciplinées et aguerries équivaudraient, sur les Alpes ou sur le Rhin, à une force double de jeunes soldats de nouvelles recrues.

Les généraux d'Afrique opposaient à cette réduction de nos forces actives en Algérie une invincible résistance. Lamartine s'irritait d'une prédilection qui lui paraissait une paralysie systématique d'une partie des forces que la prudence et la politique devaient concentrer sur le sol même de la République. Une bataille en Belgique, sur le Rhin ou en Piémont, perdue par l'absence de cinquante mille hommes, perdait la République : quelques escarmouches plus ou moins heureuses en Algérie ne perdaient qu'un désert facilement reconquis après la paix. Des discussions obstinées se renouvelèrent et se prolongèrent; des paroles vives, des objections furent échangées entre le général Lamoricière et Lamartine. Lamartine se défiait alors de ce jeune général. Il suspectait non sa franchise, mais ses relations. Il lui croyait des intimités avec le parti implacable dans son ressentiment contre la Révolution Il reconnut depuis qu'il se trompait, et que ce général, aussi brave à l'action que capable au conseil, n'épargnait pas plus son sang que sa parole et sa popularité pour le salut du gouvernement.

Le général Bedeau et le général Oudinot, tous deux dignes des commandements les plus élevés, s'efforcèrent vainement alors de justifier leur frère d'armes et de détruire dans l'esprit de Lamartine d'injustes préventions. Le gouvernement, donnant à demi raison au ministre des affaires étrangères, décréta que vingt mille hommes d'abord, puis dix mille ensuite, seraient rappelés d'Alger et remplacés sur le sol d'Afrique par des soldats de nouvelles levées.

Le ministre de la guerre, le général Subervie, était président de ce comité de défense nationale. Un jeune colonel d'état-major, M. Charras, en était le secrétaire. Les mesures de ce comité furent non seulement acceptées, mais provoquées et pressées avec une ardeur qui ressemblait à l'impatience par l'unanimité du gouvernement. La réorganisation de nos forces était urgente. L'Algérie avait tout absorbé; le gouvernement précédent était construit pour la paix : nous ne l'en accusions pas. La République, à sa naissance, devait reconstruire la France militaire dans la double prévision de la paix ou de la guerre. Pour qu'elle fût à la fois debout comme la France de 1792 et laborieuse comme la France de 1847, il fallait que sa force active et soldée ne fût que l'avant-garde de sa population armée. Lamartine provoquait déjà, dans ce sens, la création de trois cents bataillons de gardes mobiles des départements, encadrés, disciplinés, armés dans leurs foyers et prêts à servir de réserve sur nos frontières ou de force modératrice de la République au dedans. Il finit par réaliser cette idée plus tard. Votée par l'Assemblée nationale et abandonnée momentanément par les gouvernements qui succédèrent au gouvernement provisoire, cette idée eût donné à la République une force d'ordre partout présente au dedans, une force défensive promptement active au dehors. C'était, dans la pensée de Lamartine, la fédération perpétuelle des départements, de la propriété et de la société contre les factions antisociales et contre les coalitions antifrançaises.

XIX.

L'armée, au 1ᵉʳ mars, se composait en effectif immatriculé de trois cent soixante-dix mille hommes, dont quatre-vingt-dix mille étaient en Algérie, sans compter les forces indigènes. Le nombre des combattants n'était que de trois cent trente-six mille hommes, dont quatre-vingt-deux mille en Algérie. Ce nombre paraissait suffisant pour les nécessités purement éventuelles d'un gouvernement qui était résolu à ne pas attaquer. Mais quand le gouvernement demandait aux généraux sur quelles forces immédiatement actives il pouvait compter soit pour une campagne sur le Rhin, soit pour une expédition au delà des Alpes, le chiffre était tellement réduit par les garnisons, la défense des côtes, les colonies, les non-valeurs, que le ministre des affaires étrangères et ses collègues frémissaient de l'impuissance du pays, s'ils avaient été devancés par les événements. Gagner du temps, quoi qu'en disent les partisans de la guerre agressive, c'était donc gagner des forces; c'était sauver à la fois le sang de la France et les destinées de la République.

Le gouvernement, tout en gagnant du temps contre l'Europe, n'en perdit pas pour lui-même. Il résolut de porter l'armée à cinq cent quatre-vingt mille hommes. Tous ses ordres, tous ses appels, tous ses achats de chevaux, tous les travaux des comités de défense, toutes les veilles des deux ministres de la guerre qui se succédèrent, le général Subervie et M. Arago, tendirent à ce chiffre. Chaque semaine, chaque mois nous en rapprochèrent. Le 1er avril, nous comptions trois cent trente-huit mille combattants; le 1er mai, trois cent quarante-huit mille; le 1er juin, quatre cent mille. L'exécution aussi rapide que possible des mesures décrétées par le gouvernement provisoire, exécutées successivement par M. Arago, par M. Charras, par le général Cavaignac, par le général Lamoricière, portèrent ce chiffre, avant la fin de l'année, au delà de cinq cent mille hommes; le nombre des chevaux, qui était de quarante-six mille le 1er mars, était de soixante mille en juillet et de soixante-quinze mille en novembre. La garde mobile et la garde républicaine, corps de circonstance, mais improvisés, armés, disciplinés, intrépides avant le temps, montés, équipés, composaient en outre à Paris environ vingt mille hommes, sortis excellents soldats des pavés et des émotions populaires.

Le général Duvivier, militaire philosophe et républicain, avait été chargé par le gouvernement d'organiser et de commander cette garde mobile. Jamais général n'eut à former l'armée de l'ordre dans une capitale en révolution avec des éléments plus confus, plus insaisissables et plus turbulents ; jamais, en si peu de temps et si peu de semaines, il n'accomplit plus merveilleusement une tâche plus difficile. Ses bataillons, composés en majorité d'enfants du peuple de Paris, sortaient heure par heure, de ses mains, encore en haillons, déjà soldats. Le général Duvivier les prenait par le cœur, le gouvernement par la confiance. Ils sauvaient Paris tous les jours de lui-même. Paris les admirait et les adorait. C'étaient les pupilles héroïques de la République ; ils furent plus tard les héros et les sauveurs de l'ordre social. Leurs généraux Duvivier et Damesme moururent à leur tête. Ils portèrent seuls le poids des trois premiers mois de la sédition réprimée ou contenue partout ; ils firent un rempart de leurs bataillons au gouvernement le 16 avril ; ils entourèrent l'Assemblée à son arrivée ; ils la reconquirent le 15 mai avec la garde nationale ; ils prodiguèrent leur sang pour elle le 23 juin ; ils rouvrirent à l'armée les portes de Paris et se glorifièrent de se subordonner à leurs aînés dans la famille des camps. Ils méritaient d'être adoptés par l'Assemblée nationale au lieu de subir le licenciement et l'oubli. Mais si le moment oublie, l'histoire se souvient. La page de la garde mobile sera écrite dans ses services et avec les gouttes de son sang.

XX.

Pendant que le général Subervie, le général Duvivier, et les généraux des comités de défense, secondaient ainsi les efforts du gouvernement pour réorganiser nos forces de terre, M. Arago, dont le nom flattait l'orgueil de la marine, maintenait d'une main ferme la discipline sur nos flottes, fortifiait nos escadres, armait nos ports, donnait la confiance sans réserve du gouvernement à tous les officiers de cette armée d'élite chez qui l'honneur garantissait la fidélité à la République. Il faisait dans des vues à la fois patriotiques et pacifiques flotter la flamme de nos vaisseaux sur les côtes de la Méditerranée.

XXI.

Mais de si grands développements donnés à nos forces nationales pour prévenir toute surprise sur terre et sur mer, tout hasard d'invasion et tout affront à la République, exigeaient du Trésor des efforts correspondants.

Le gouvernement avait trouvé les finances dans une situation qui eût été lourde déjà en temps ordi-

prunt de six cents millions. L'emprunt exige le crédit. Les révolutions sont les éclipses du crédit parce qu'elles ébranlent, non-seulement les intérêts, mais les imaginations. Les imaginations ébranlées font resserrer les mains qui tiennent l'or dans une nation industrielle. Les hommes sages du gouvernement se préoccupaient avant tout de la question financière. Ils savaient que toute la révolution allait se caractériser en violence ou en modération par les premières mesures financières que le gouvernement prendrait en débutant.

Ils disaient hautement qu'il n'y avait que deux moyens de faire franchir à la République cet abîme d'une révolution imprévue sans y précipiter la fortune publique : la dictature armée de l'instrument des supplices ou le crédit.

La dictature armée de l'instrument des supplices pouvait faire la banqueroute, les assignats, les maximum, et soutenir ces mesures désespérées contre les fortunes par un appel aux pauvres contre les riches. Les forces d'exécution ne manquaient pas. Le seul fait de la révolution soudaine et complète accomplie sans résistance par le bras des prolétaires; deux cent mille ouvriers dans Paris qu'on pouvait fanatiser quelque temps contre les fortunes comme on les enthousiasmait pour la vertu; deux millions de travailleurs déclassés sur la surface de la République demandant du pain dans nos villes manufacturières où les ateliers allaient se rétrécir et se fermer; c'étaient là des éléments de terreur pour les classes possédantes et de compression irrésistible pour un gouvernement désespéré. Il n'y a rien qu'un pareil gouvernement ne se sentît la force de faire pendant ces deux premiers mois de la République : il avait derrière lui l'impulsion et le poids d'une révolution qui l'aurait poussé vers des abîmes, mais qui le poussait sans que rien pût lui résister. S'il ne prit pas la tyrannie, c'est qu'il fut assez sage pour la mépriser, assez politique pour la craindre. Il eut tous les jours plus de peine à la refuser qu'à la prendre. Un mot de lui faisait courber en ce moment la France entière. « Nous avons assez « de force pour faire tout le mal qu'on peut rêver », disait Lamartine à Dupont de l'Eure : « quant au bien, « c'est différent, il se fait lentement, avec règle et me- « sure. » Ce n'étaient donc pas les moyens d'exécution sur les fortunes qui inquiétaient le gouvernement provisoire : ces moyens surabondaient.

Mais tous ces moyens, banqueroute, assignats, emprunts forcés, taxe sur les riches, décimation des capitaux, séquestres, confiscations, prolétaires imposés comme garnisaires aux propriétaires, exigeaient la violence contre les choses. Les membres sages et modérés du gouvernement savaient que de la violence contre les choses à la violence contre les personnes il n'y avait que l'espace de la veille au lendemain. Chacune de ces mesures aurait fait enfouir l'or, tari l'impôt, tué le crédit, anéanti le travail. Pour retrouver l'or, l'impôt, le crédit, le travail, il fallait sévir. Les sévices de la loi auraient amené les résistances des contribuables ; les résistances auraient nécessité les délations, les condamnations, les amendes, les incarcérations. De là aux échafauds il n'y avait qu'un pas. Ce pas franchi, le sang coulait. La première goutte versée par la Révolution au nom de la République rouvrait les écluses de sang. L'humanité était sacrifiée, la Révolution pervertie, la liberté déshonorée, la France livrée au crime, le riche à la terreur, le pauvre aux guerres civiles, la République à l'exécration de l'avenir.

Ces idées sans cesse présentes à l'esprit des membres du gouvernement, et fortement reproduites dans le conseil par les hommes politiques et par les hommes de finances ne laissaient pas d'hésitation possible à la majorité du conseil. A la première mesure de cette nature qui aurait été décrétée, les hommes sages se seraient retirés pour en décliner le crime et la honte. Se retirer c'était livrer la République au hasard, Paris aux déchirements instantanés, la France aux licteurs. Nul n'y pensait sans frémir.

Cependant le trésor était sinistre à sonder. Il ne pouvait se remplir à mesure qu'il se vidait que par des sources quotidiennes aussi abondantes et aussi intarissables que les pressantes nécessités qui le vidaient. Il y avait en caisse le 25 février 190 millions. C'était une somme très-inférieure à celle que le Trésor contient ordinairement dans ce mois qui précède le mois de mars, où l'on paie la rente et sur lequel on accumule ordinairement les recettes. Si le Trésor eût montré la moindre hésitation à accomplir ses engagements, le mot de banqueroute, synonyme de celui de ruine dans le peuple, aurait à l'instant couru sur toutes les bouches, glacé toutes les imaginations, resserré tous les capitaux, fait fermer toutes les caisses, décimé tous les impôts. Nous touchions l'écueil dans peu de jours. Il fallait montrer de la confiance pour en inspirer. Le nom du ministre des finances en donnait aux capitalistes et aux banquiers de Paris. M. Goudchaux avait la probité, l'obstination de scrupules, la droiture d'intention, l'expérience de crédit et l'intrépidité de résistance à toutes les aventures de système et d'idée, propres à rassurer tout ce qui pouvait et devait être rassuré dans la région des affaires. Il était ce qu'il fallait être en un pareil moment, la régularité financière au milieu de la révolution politique. Mais il avait le défaut de ses qualités, le crédit timoré comme l'âme. Il s'alarmait trop vivement des doctrines lancées témérairement par ceux qui, autour du gouvernement, voyaient dans la tyrannie imposée aux capitaux ce qu'ils appelaient l'organisation du travail. Les discours du socialisme industriel au Luxembourg, discours qui s'évaporaient dans l'atmosphère du bon sens de la France et des ouvriers eux-mêmes, lui causaient, comme surveillant du Trésor, d'incessantes insomnies.

Ces discours, en effet, avaient un fatal retentissement sur les affaires. Les ouvriers s'y enivraient les

naire et qui aurait exigé avant peu de mois un em-
premiers jours des paroles sonores qui paraissaient
contenir des tempêtes aux capitalistes. Les fabricants
inquiétés par ces théories des salaires fixés souverai-
nement par l'État, leur croyaient au commencement
plus de danger qu'elles n'en avaient. La panique fermait les manufactures ; la production et la consommation se ralentissaient, et cependant, ainsi que les
membres éclairés du gouvernement l'avaient prévu,
les ouvriers en masse commençaient déjà à sentir
l'inanité des théories du Luxembourg. L'égalité des
salaires distribués entre des ouvriers inégaux de forces, d'habileté, de conduite, de travail, scandalisait
leur équité. L'assujettissement du capital forcé à se
dépenser en travail sans y trouver son intérêt et sans
écouler ses produits, inquiétait leur bon sens. L'éloquence de leur jeune tribun Louis Blanc les attirait,
mais en sortant de son cours, ils s'interrogeaient
entre eux sur ce qu'il y avait d'applicable à leur condition dans cet Évangile des salariés. Ils pressaient les
mots, ils n'y trouvaient que du son. Ils allaient aux
conséquences, elles ne les menaient qu'à l'impossible.
Ils hochaient la tête et se disaient :

« Ce Luxembourg est un passe-temps que la révo-
« lution a donné aux oisifs. On nous endort avec de
« belles paroles pour que nous ne sentions pas la
« faim. Revenons au simple bon sens. Il n'y a ni
« capital, ni salaire, ni travail sans liberté ; si nous
« enlevons la liberté au fabricant et le capital au

« riche, nous serons tous également misérables.
« Ce qu'on nous prône, c'est l'égalité de la faim. »

Les problèmes de Louis Blanc, des socialistes et des économistes se heurtaient au Luxembourg comme les langues dans Babel. Le cœur de Louis Blanc éclatait en sentiments fraternels, sa parole en images, mais son système en ténèbres. C'était l'orateur des travailleurs, faisant luire les problèmes, promettant l'impossible et ajournant les résultats à ceux qui ne pouvaient pas ajourner leurs besoins.

Quelques membres de la majorité du gouvernement se réunirent chez M. Crémieux, ministre de la justice, pour sonder entre eux la situation et pour entendre les tristesses de M. Goudchaux. Là, devant MM. Marie, Bethmont, Crémieux, Garnier-Pagès, Duclerc, Pagnerre, Carnot, Lamartine, M. Goudchaux annonça l'irrévocable résolution de se retirer. Les membres présents du gouvernement et les ministres furent consternés. Ils sentaient quelle atteinte profonde allait porter au peu de crédit qui restait encore, la retraite d'un ministre estimé, et qui avait la confiance des capitalistes. C'était une déclaration de détresse aux yeux de l'opinion. Dupont de l'Eure, Garnier-Pagès, Lamartine, tous les membres de la conférence supplièrent M. Goudchaux de renoncer à sa résolution. Ils lui représentèrent pathétiquement les déplorables conséquences qui allaient en découler : les calomnies des hommes d'argent, l'effroi des contribuables, la panique des écus, la fermeture d'un plus grand nombre d'ateliers, l'inondation de Paris par des masses d'ouvriers sans travail.

M. Gouchaux ne céda pas. Un morne silence s'établit. Chacun sentait que dans un moment aussi critique où les finances étaient tout, où une banqueroute pouvait résulter d'une disparition du numéraire, et où le numéraire allait peut-être disparaître avec M. Goudchaux, la démission du ministre des finances était le coup le plus terrible qui pût frapper le gouvernement.

Ce furent des minutes d'angoisses dont l'impression dut rester poignante dans l'âme de ceux qui comprenaient la portée de cette catastrophe des affaires, à si peu de distance de la proclamation de la République.

Lamartine surtout en frémissait. Il était convaincu que la banqueroute, la terreur et la guerre étaient un même mot. Mais il était convaincu aussi, que le gouvernement ne devait s'avouer vaincu par les difficultés financières qu'en succombant tout entier.

« — Nous avouer vaincus ou impuissants devant
« les périls du trésor, faire dire aux ennemis de la
« France que la République a commencé sa carrière
« par la banqueroute ! plutôt mourir tous à la peine »,
s'écria-t-il en se levant avec désespoir. « Le départ
« du ministre des finances nous consterne, mais il ne
« nous découragera pas. A présent que nous avons
« tout fait pour prévenir ce malheur, faisons tout pour
« le réparer. »

Le même élan souleva tous les hommes qui assistaient à la conférence. Garnier-Pagès, quoique expirant de faiblesse, de lassitude et de maladie, retrouva dans son cœur ce courage de l'honnête homme qui ne faiblit jamais. Il accepta le fardeau dont mieux qu'un autre il mesurait le poids, mais auquel son patriotisme religieux égalait en ce moment son dévouement. Son acceptation sauva le trésor, et en sauvant les finances des mesures extrêmes et acerbes que l'imprudence conseillait au désespoir, il sauva réellement la République.

LIVRE DIXIÈME.

Fuite du roi. — Son arrivée à Dreux. — Ses illusions. — Il apprend la proclamation de la République. — Séparation de la famille royale. — Le roi se cache dans les environs d'Évreux. — Son embarquement pour l'Angleterre. — Évasion de la duchesse d'Orléans de la Chambre des députés. — Sa retraite au château de Ligny. — Son passage à Lille. — Son arrivée en Allemagne. — La duchesse de Montpensier chez madame de Lasteyrie. — Incidents de sa fuite. — Sauvegarde de la fortune de la famille royale par le Gouvernement provisoire. — Départ du duc d'Aumale de l'Algérie. — Le congrès des travailleurs au Luxembourg. — Crise financière. — Charges du Trésor. — La Banque de France. — L'impôt des 45 centimes. — Projet de rachat des chemins de fer. — Insurrection des invalides. — Enlèvement du général Petit. — Répression énergique de cet attentat. — Intrigue contre le général Subervie. — Ils est remplacé par M. Arago. — Les ateliers nationaux. — Leur danger et leur fatalité. — M. Carnot au ministère de l'instruction publique. — Envoi de commissaires dans les départements. — Circulaire imprudente du ministère de l'intérieur. — Caussidière. — Entrevue de madame Sand et de Lamartine. — Les élections fixées au 23 avril.

I.

Cependant le gouvernement n'avait encore aucun renseignement précis sur le sort du roi, de la reine, de la famille royale. Les commissaires désignés par Lamartine pour aller protéger leur fuite attendaient vainement l'ordre du départ. On a vu que le gouvernement désirait faciliter la sortie du roi, des princes et des ministres, au lieu d'y mettre obstacle; il n'avait donc employé que des moyens officieux pour être instruit de leurs diverses directions. C'était à l'insu du gouvernement, et par une mesure spontanée de la justice, qu'un mandat signé du procureur général ordonnait l'arrestation des ministres fugitifs et leur jugement. Le gouvernement fut étonné et affligé de cet acte; ce procès contrariait toutes ses pensées; il préparait à la capitale des émotions pénibles; il dénaturait le caractère de mansuétude et de magnanimité que les membres du gouvernement voulaient donner à la révolution. Lamartine appela le procureur général au ministère des affaires étrangères pour lui exprimer ces sentiments. Ils parurent être aussi les sentiments de ce magistrat, qui n'avait fait qu'obéir, dit-il, à un ordre supérieur. M. Portalis promit à Lamartine que le mandat serait considéré comme une simple formalité et qu'on le laisserait éteindre dans l'oubli.

Il en fut de même d'un décret du gouvernement qui supprimait les titres. Cette question, délibérée le 27 février à l'Hôtel de Ville, avait été écartée dédaigneusement par le conseil. « Ne commençons pas la République par un ridicule », avait dit Lamartine; « la noblesse est abolie, mais on n'abolit ni les souvenirs ni les vanités.

Les membres du gouvernement furent surpris de lire quelques jours après un décret qui abolissait l'usage des titres. Ils s'en rapportaient à la désuétude. L'innombrable quantité des décrets qui se pressaient sous leurs mains dans des circonstances d'urgence et dans le tumulte de l'Hôtel de Ville donnèrent lieu à quelques erreurs de cette nature. Plusieurs de ces décrets n'étaient signés que d'un ou deux des membres du gouvernement. On les enlevait de la table du conseil et on les jetait aux imprimeurs, sans qu'ils eussent passé tous au contrôle ou à la vérification du conseil.

II.

Nous avons vu que le roi, la reine, la duchesse de Nemours et ses enfants étaient montés dans deux voitures du roi, attelées d'un seul cheval sur la place de la Concorde, et qu'ils avaient pris la route de Saint-Cloud escortés d'un régiment de cuirassiers sous le commandement du général Régnault de Saint-Jean-d'Angély. A Saint-Cloud, le roi prit des voitures de l'établissement Sciard et compagnie et se rendit à Trianon, où il resta quelques instants comme pour donner le temps à la fortune de l'atteindre et de le retenir. Le général Régnault de Saint-Jean-d'Angély, lui ayant demandé à la fin quel ordre il voulait donner aux troupes et s'il voulait les réunir autour de lui à Saint-Cloud : « Cela ne me regarde plus, lui dit le roi, c'est maintenant l'affaire du duc de Nemours ». Le maître de poste de Versailles lui amena vingt-huit chevaux à Trianon pour ses équipages. Bien différent du fameux maître de poste de Sainte-Menehould, qui, en retenant Louis XVI, fugitif aussi, fit trancher la tête à cet

infortuné monarque et à toute sa famille, celui de Versailles dit au roi : « Voici les meilleurs chevaux de mes
« écuries, je les ai choisis moi-même ardents et infati-
« gables pour assurer le départ et le salut du roi par
« les routes indirectes qu'il lui conviendra de prendre.
« Faites-les poursuivre leur course tant qu'ils auront
« une haleine dans leur poitrine. Ne pensez pas à moi,
« tuez-les, Sire, mais qu'ils vous sauvent ! »

Le roi prit à la chute du jour la route de Dreux ; il y arriva pendant les premières heures de la nuit ; on ignorait encore dans la ville les derniers événements de Paris. Le sous-préfet de Dreux, M. Maréchal, apprenant l'arrivée des voitures de la cour à une heure inusitée, crut qu'elles amenaient dans ce séjour royal quelques princesses effrayées des agitations des Tuileries. Il se rendit au château et reconnut le roi.

« Je ne le suis plus, lui dit ce prince. Je ne sais
« plus même où je vais abriter ma vie. Paris est en
« feu ; j'ai abdiqué pour éviter les derniers malheurs.
« Je me fie à vous dans la mauvaise fortune, comme
« je m'y suis fié dans mon bonheur. Instruisez-vous,
« instruisez-moi de la suite des événements que
« j'ignore, et conseillez-moi selon les circonstances
« que cette nuit vous révélera. »

A ces mots, le maire de Dreux entra pour présenter ses hommages au roi ; il ignorait tout ; le roi alors, reprenant la parole, fut le messager de ses propres infortunes. Il raconta avec détail et avec passion la série de vicissitudes qui avaient rempli ces derniers jours, jusqu'au moment où, entouré dans son palais par l'insurrection croissante, mal inspiré par ses ministres de la veille, mal secouru par ses ministres du lendemain, mal défendu par ses troupes, cependant fidèles, et abandonné par la garde nationale, pour laquelle il avait régné, l'abdication et la fuite à travers les coups de fusil étaient devenues sa dernière ressource. Il fut ému, touchant, passionné; il s'indigna de l'aveuglement de la garde nationale, des faiblesses, des hésitations de ses ministres, de l'ingratitude des peuples, qui élèvent un homme au trône pour les sauver de l'anarchie et qui le précipitent dans un caprice au fond du gouffre d'où il les a retirés; il s'attendrit sur la vanité des services qu'on rend aux hommes, sur le sort de la reine, sur leurs vieillesses reléguées, vertes et fortes encore, dans l'inutilité de quelque exil royal loin de Paris qu'ils avaient aimé, loin du gouvernement qu'il avait dirigé, loin des conseils qu'il avait éclairés de son expérience et de ses lumières.

Les deux magistrats versaient des larmes à ces reproches adressés par un vieillard meurtri de sa chute, à sa fortune et à la nation. Le roi, quittant bientôt ce triste sujet, fit un retour sur son petit-fils, et plaignant ses enfants jetés par une demi-révolution sur un trône que toute sa sagesse à lui n'avait pu raffermir, il sembla présager des malheurs et adresser des vœux désespérés au ciel pour ces destinées.

Cependant le roi se flattait encore que sa retraite

avait tout apaisé et que son abdication avait laissé derrière lui un trône, des chambres, un gouvernement. Il déclara au maire et au sous-préfet que son intention était de s'arrêter quatre jours à Dreux pour y attendre la résolution des chambres à son égard, l'indication du séjour et de l'existence royale qui lui seraient assignés par la nation. Il prit quelque nourriture, il visita au flambeau les constructions qu'il avait ordonnées au château comme un homme sûr d'un lendemain.

Ce château inhabité était dénué de tous les objets de première nécessité. Les habitants attachés à la famille royale se hâtèrent d'apporter meubles, linge, vêtements, argenterie. On prêta au roi quelques centaines de pièces d'or. Le sous-préfet lui proposa d'envoyer chercher le régiment qui était en garnison à Chartres; il refusa. La garde nationale de Dreux lui fournit des postes de sûreté et d'honneur.

Après le repas, il écrit lentement à M. de Montalivet, ministre de sa maison, pour lui demander ses portefeuilles, ses nécessaires, ses objets de toilette, et pour lui donner ses instructions préliminaires sur les dispositions à faire relativement à sa fortune.

A deux heures, le courrier porteur de cette dépêche part, le roi se couche et s'endort d'un profond sommeil. Pendant ce sommeil, un ami de M. Bethmont arrive de Paris et annonce au sous-préfet la proclamation de la République.

M. Maréchal veut laisser au moins au roi ses heures

de repos, afin que sa force restaurée suffise au coup qu'il va recevoir. Il monte au château à sept heures; il informe les aides de camp du roi et le duc de Montpensier; le roi dormait encore; sa famille le réveille; la nouvelle lui est ménagée et adoucie par la tendresse de la reine. Cette princesse a changé son courage pendant la lutte en résignation après le malheur. Un conseil de famille et d'amis s'ouvre autour du lit du roi. On décide que la famille royale se séparera pour échapper à un soupçon et aux émotions que des voitures remarquées ou des visages reconnus pourraient exciter sur les chemins.

On assigna pour rendez-vous à la reine et au roi une maison de campagne isolée et inhabitée appartenant à M. de Perthuis sur le cap d'Honfleur. De là on espérait trouver facilement des moyens furtifs d'embarcation et gagner la côte d'Angleterre. Le duc de Montpensier, la duchesse de Nemours et les enfants prendraient la route d'Avranches pour se réfugier de là aux îles de Jersey ou de Guernesey.

On laisse les voitures. Le sous-préfet en procure de moins suspectes empruntées aux habitants de Dreux; les vêtements les plus simples déguisent les fugitifs. Une calèche emporte vers Avranches la duchesse de Nemours; le roi, la reine, une femme de chambre, un valet de chambre, et M. de Rumigny aide de camp du roi, montent dans une voiture fermée. La reine, qui avait commandé pour le matin une messe dans la chapelle sur le tombeau de son fils, ne put même faire ses prières d'adieu à ces cendres. L'heure pressait; le sous-préfet de Dreux part avec eux sur le siége de la voiture; ils prennent la route d'Anet et de Louviers.

Arrivé à Anet, premier relai de poste, le roi est reconnu et salué avec respect. M. Maréchal lui procure huit ou dix mille francs en or et des passe-ports sous des noms supposés.

A Saint-André, les chevaux se font attendre; le peuple rassemblé par un jour de marché soupçonne et inspecte à distance la voiture; il croit entrevoir M. Guizot. Un cri s'élève : c'est Guizot, c'est Guizot! L'émotion se propage et devient menaçante. Le sous-préfet, connu de quelques habitants de Saint-André, s'efforce de détromper la multitude; il fait des demi-confidences qui sont comprises et respectées.

Cependant trois hommes s'approchent et regardent au fond de la voiture; le roi s'y tenait à demi caché, il portait un bonnet noir rabattu sur son front, des lunettes, pas de faux cheveux sur sa tête chauve. Ces hommes restent indécis et reviennent bientôt avec deux gendarmes; les passe-ports sont demandés; M. Maréchal les présente, prend à part un des gendarmes, confie à sa générosité le secret du salut du roi et de la reine. Le gendarme ému feint d'examiner les passe-ports et de les trouver en règle. Les chevaux sont attelés, le roi part.

III.

La voiture roula ainsi tout le jour sans obstacle. Le seul danger était la traversée d'Évreux. M. Maréchal tremblait que le prince ne fût reconnu et arrêté dans une ville si voisine de Paris où la population effervescente pouvait faire craindre des émotions au nom du roi. On en approchait; l'anxiété de l'homme qui veillait sur le salut de deux vieillards croissait à chaque tour de roue. Il apercevait déjà les clochers de la ville; un souvenir monta à son esprit. Il se rappela qu'un de ses amis avait une maison de campagne près de la route dans le voisinage d'Évreux. Il fit arrêter les chevaux; il interrogea un cantonnier qui cassait des pierres sur le rebord des fossés : cet homme lui montra du doigt la maison et lui indiqua le chemin de traverse qui y conduisait. M. Maréchal ordonna au postillon d'y mener la voiture.

La maison était vide. Le fermier et sa femme reçoivent les voyageurs sans les connaître à leur propre foyer. Le roi et la reine s'installent dans une chambre contiguë à la cuisine de la ferme; ils se réchauffent, ils reçoivent l'hospitalité rustique de ces pauvres gens qui les prennent pour des amis de leur maître.

Pendant qu'ils goûtent ces heures de repos, M. Maréchal court à pied à Évreux et informe son ami du dépôt confié à sa maison.

La ville fermentait au bruit successif des événements

de Paris; le passage par Évreux était impossible. M. Maréchal et son ami s'informent des moyens de l'éviter en tournant le mur; ils rejoignent la famille royale dans sa retraite.

Le fermier instruit par son maître du rang et du malheur des hôtes qu'il a reçus se dévoue avec ardeur à leur salut. Il connaît les chemins détournés; il attèle ses chevaux à la voiture; il conduit lui-même le roi.

Un homme sûr conduit la reine par une autre route. On part à sept heures, on marche toute la nuit, avant le jour le roi et la reine arrivent chacun de leur côté sur le cap d'Honfleur, et s'abritent sans avoir éveillé aucune attention dans la maison de M. de Perthuis. Cette maison noyée dans les arbres est bâtie sur une élévation à une demi-heure de marche de la ville.

IV.

C'était le 26 février, le maître de la maison ne l'habitait pas; un jardinier intelligent et sûr était instruit d'avance du mystère qu'il allait protéger. Cet homme avait inspiré à sa femme et à ses enfants la discrétion et le dévouement sur lesquels repose tout le plan de la sûreté et de l'évasion du roi et de la reine. Nul ne se doutait dans la contrée que cette maison déserte renfermât ceux qui étaient deux jours avant les souverains de la France et les hôtes de tant de palais. On avait soin de tenir les volets fermés; la fumée même des cheminées ne s'élevait que pendant la nuit. Ce confinement dura neuf jours ; ces neuf jours étaient employés par le général Rumigny, par le général Dumas et par quelques affidés à procurer au roi des moyens sûrs d'embarquement pour l'Angleterre. Ce prince et ses amis ignoraient que le gouvernement avait autorisé Lamartine à leur procurer lui-même, avec les égards et les prudences dus au péril et à l'infortune, ces moyens de fuite.

Le roi craignant d'être reconnu et arrêté au Havre, s'il s'y rendait pour y prendre le paquebot d'Angleterre, alla de nuit de pied à Trouville. Un négociant de Trouville, M. Gueltier, lui donna asile pendant deux jours. D'après le conseil de son hôte, le roi se décida à fréter un bateau pêcheur du port de Trouville pour se faire conduire en mer à un paquebot anglais. Le premier patron auquel il s'adresse soupçonne, marchande, et veut faire payer exorbitamment son service ; on le congédie. Un autre soupçonne aussi qu'il s'agit de sauver des fugitifs, il offre gratuitement sa barque par générosité ; on accepte son dévouement. Mais le premier, jaloux et honteux, informé du départ projeté de son camarade, divulgue le mystère et le dénonce. Le roi, instruit des rumeurs qui circulent dans la ville, redoute des recherches domiciliaires auxquelles ces rumeurs vont donner lieu. Il change d'asile et revient enfin, la nuit, par des chemins boueux, sous la pluie, découragé, harassé et se croyant poursuivi, dans la maison de jardinier où l'attendait la reine. La côte semblait se fermer devant eux ; l'enthousiasme pour la République, quoique inoffensif et généreux, semblait donner au pays tout entier l'apparence de la haine contre la royauté.

Un jeune officier de marine résidant au Havre qui n'était point dans la confidence du séjour du roi aux environs, mais qui soupçonnait par des demi-révélations que la famille royale cherchait en vain des moyens d'évasion, prit sur lui de demander au capitaine Pol de la marine anglaise, s'il consentirait à prendre le roi en pleine mer à son bord dans le cas où ce prince irait aborder son paquebot dans une barque de pêcheur : le capitaine Pol répondit que ses ordres s'y opposaient. Mais arrivé à Southampton, il se hâte d'avertir confidentiellement l'amirauté des ouvertures qui lui ont été faites et du service qu'un paquebot croisant sur les côtes de France peut rendre au roi. Lord Palmerston expédie à l'instant des ordres dans cet esprit aux consuls anglais sur nos côtes du Nord.

Le jeune officier, averti à son tour par le consul d'Angleterre au Havre, parvient à découvrir l'asile du prince fugitif ; il lui amène le vice-consul. On convient que le roi s'embarquera au Havre sur un des navires qui transportent de la côte de France à la côte d'Angleterre des bestiaux et des vivres.

Cinq jours entiers, un vent contraire, une mer terrible, s'opposent au départ de ces bâtiments. Le roi, dévorant les heures, se ronge d'impatience et d'inquiétude. Il va et revient plusieurs fois à travers champs, et par les tempêtes de la nuit, de sa retraite au port du Havre et du Havre à sa retraite. Enfin il s'arrête au parti, plus dangereux que tout autre, de s'embarquer, non loin de Rouen, à bord du paquebot qui va de Rouen au Havre. Ce bâtiment, qui arrive au Havre la nuit, lui donnera plus de chances de traverser cette ville sans être signalé et de passer immédiatement, comme un voyageur venant de Paris, de ce bâtiment de la Seine sur le bâtiment de mer qui prend ses passagers pour les transporter immédiatement en Angleterre.

Le roi se déguise; il prend les noms de *Théodore Lebrun;* le maire favorise de quelque connivence pieuse cet embarquement. Le vice-consul anglais donne le bras à la reine ; les deux vieillards reconnaissent en montant sur le pont le même bâtiment qu'ils ont frété un an avant pour leur promenade en mer, pendant leur séjour de plaisir et de fête au château d'Eu.

Quelques-uns des mêmes matelots font encore partie de l'équipage. Celui qui est chargé de faire la revue des voyageurs pour leur demander le prix des passages, tient une lanterne dont la lumière se réverbère par hasard sur le visage du roi; il reconnaît à cet éclair le prince qu'un autre regard que le sien peut trahir ; il se hâte de détourner sa lanterne en faisant un signe de respectueuse discrétion à son ancien maître.

Le bruit se répand, de confidence en confidence, parmi l'équipage, que le bâtiment porte les fugitifs d'Eu. Pas un de ces matelots n'a la pensée de servir la République par une lâche trahison de la vieillesse et du malheur : ils feignent de ne rien voir et veillent sur tout. Seulement, quand le bâtiment est amarré au quai du Havre, ils se rangent sans affectation sur le passage des voyageurs ; ils découvrent leur front en s'inclinant avec un silencieux respect : « Que Dieu vous sauve ! dirent-ils à demi-voix. » C'est ce qu'avait dit la République elle-même, par la voix de son gouvernement, pendant que les coups de feu éclataient encore et que le sang de Paris n'était pas lavé sous les pieds.

V.

Il n'y avait que la largeur d'un quai à franchir pour passer du paquebot de Rouen sur le paquebot de Southampton. Le roi, la reine, précédés du général Dumas et du général Rumigny, le franchissent sans être observés et montent sur le bâtiment anglais. Au moment où le roi mettait le pied sur l'échelle une femme s'approche, une lanterne à la main, et s'écrie : « C'est lui, c'est le roi ! » Un officier s'approche pour s'assurer sans doute par ses propres yeux de l'identité du prince : « Il « est trop tard, dit le capitaine du paquebot, » et il fait retirer l'échelle.

Cette circonstance impressionna vivement les serviteurs du roi, qui crurent que son salut avait tenu à cette minute et avait pu être compromis par ce cri de femme et par cette curiosité d'un soldat ; mais aucun ordre de s'opposer au départ du roi n'avait été donné par personne, et les instructions les plus contraires à toute mesure contre sa sûreté et sa liberté étaient dans les mains de ces agents.

Le navire partit. Il porta, pendant une nuit de rafales et par une mer terrible, le roi à Southampton où l'attendait l'hospitalité de son gendre, le roi des Belges, dans leur château royal de Claremont.

VI.

D'autres vicissitudes, résultat de la même erreur sur les intentions du gouvernement et sur la magnanimité du peuple, avaient, pendant quelques jours, signalé la fuite de la duchesse d'Orléans, de ses fils, du duc de Nemours, de ses enfants, et de la duchesse de Montpensier.

Nous avons vu que la duchesse d'Orléans, obligée de s'évader de la salle de la Chambre des députés devant la seconde invasion du peuple, s'était retirée avec le comte de Paris, MM. de Mornay, Scheffer, Lasteyrie, Courtais, Clément. Admirable de présence d'esprit et de courage, M. de Mornay avait protégé son départ et sa course de la Chambre des députés à l'hôtel des Invalides. La voiture qui conduisait la princesse avait échappé aux regards du peuple. Le maréchal Molitor avait reçu la princesse, le comte de Paris et le duc de Nemours dans ses appartements pendant quelques heures, mais le vieux soldat, malade et troublé de la responsabilité des événements, avait témoigné, sur les dispositions des invalides, des doutes, et sur la sécurité de cet asile, des inquiétudes qui avaient profondément découragé la confiance de la princesse et de ses amis.

Pendant que le maréchal faisait préparer un dîner pour ses hôtes, et que des conseils d'amis se tenaient autour d'elle, la princesse, qui avait sans cesse devant les yeux le souvenir de la captivité du Temple et l'image de son fils remis aux mains d'un autre Simon, avait résolu de ne pas prolonger d'une heure son séjour aux Invalides. Elle partit, avant la fin du jour, avec son fils, sous la garde de M. Anatole de Montesquiou, pour le château de Ligny, à quelques lieues de Paris.

M. Anatole de Montesquiou, ancien aide de camp de l'empereur, puis attaché à la cour de la reine Amélie, était un de ces caractères qui n'ont du courtisan que les grâces, mais qui ont la bravoure du soldat, la chevalerie du poëte, le dévouement de l'honnête homme. La princesse, protégée par M. de Montesquiou, informée heure par heure par ses amis de Paris de tout ce qui pouvait intéresser son cœur de mère, suspendre ou favoriser sa fuite, passa plusieurs jours cachée au château de Ligny. Elle y était dévorée d'inquiétude sur le sort de son second fils, le duc de Chartres.

Au moment où la princesse s'échappait de la Chambre des députés, elle avait été séparée de ses enfants par le peuple qui inondait les salles, les escaliers et les couloirs. Le duc de Chartres était tombé sous les pieds de la foule. Les cris de sa mère le redemandaient en vain : les vagues du peuple étaient sourdes comme celles d'un océan.

Des députés et des employés de la Chambre lui avaient promis de rapporter bientôt son fils. Ils l'avaient conjurée de ne pas se perdre elle-même ainsi que le comte de Paris, en s'obstinant à rester dans un tumulte qui pouvait la menacer, l'étouffer, ou la retenir captive. En effet, deux frères, huissiers de l'Assemblée, nommés Lipmann, Alsaciens d'origine et dévoués à la princesse, s'épuisaient d'efforts pour retrouver et sauver le jeune prince. Pendant que l'un d'eux, nommé Jacob Lipmann, ramasse le pauvre enfant, l'élève dans ses bras pour le faire respirer et le soustrait au froissement de la multitude, l'autre soutient à l'entrée d'un corridor le poids de la foule qui menace de le renverser sous ses ondulations. L'huissier Lipmann emporte l'enfant dans son logement contigu au palais; il le couche, il le soigne, il avertit M. de Lespée, questeur de l'Assemblée, du dépôt que le hasard de la journée a remis dans ses mains.

A huit heures du soir, M. de Lespée, qui croyait la duchesse d'Orléans encore aux Invalides, vient prendre chez M. Lipmann le duc de Chartres. M. Lipmann porte le prince, vêtu comme un enfant du peuple, dans ses bras. La duchesse était partie. M. de La Valette et M. d'Elchingen le confient aux soins de M. et madame de Mornay. Il reste deux jours malade dans la maison d'une pauvre femme de la rue de l'Université, à qui M. de Mornay l'avait confié pour le soustraire aux recherches. Rassurés par l'esprit du gouvernement, M. et madame de Mornay le reprirent chez eux, le comblèrent de soins, et le rapportèrent sauvé et guéri dans les bras de sa mère.

La princesse part du château de Ligny pour Versailles sous un déguisement. Une voiture, préparée par ses amis, la conduit de Versailles au chemin de fer de Lille. Elle passe la nuit sans sommeil à veiller et à prier auprès du lit de ses enfants.

L'ombre de la révolution la poursuivait toujours. Au seuil de la France elle tremblait encore d'y être retenue et de laisser à ses fils le sort des enfants de Marie-Antoinette. Mais ce n'était plus la France sans justice et sans pitié, la France des prisons et des échafauds.

Le général Baudrand, gouverneur du comte de Paris et conseiller de la princesse, s'était fait porter, quoique malade et incapable de mouvements, à son poste au palais, au moment de l'invasion du peuple. Quand le peuple entra sur les pas de la duchesse qui venait de sortir, le général dit aux envahisseurs qu'ils étaient dans les appartements de la veuve du duc d'Orléans. A ces mots, ils s'étaient découverts; ils avaient respecté les appartements et placé d'eux-mêmes des sentinelles aux portes pour préserver les souvenirs de la mère et de la veuve. Ils combattaient contre la royauté, ils s'inclinaient devant la nature.

La princesse avait des amis parmi les chefs qui commandaient à Lille. L'armée nombreuse qui formait la garnison de cette place de guerre pouvait être tentée par sa présence et enlevée à la République par son enthousiasme pour une femme et pour un enfant. Elle eut pendant cette dernière nuit la pensée de se montrer aux troupes et de revendiquer le trône pour son fils. Le crime de la guerre civile lui apparut entre le trône et cette pensée ; elle recula, et repartit de Lille. Elle gagna les rives du Rhin sous le nom de comtesse de Dreux, elle rejoignit sa mère à Ems ; elle se réfugia dans les souvenirs tous purs de son bonheur passager en France, de son deuil, de sa disgrâce, de l'écroulement de sa destinée sous les fautes d'autrui, et dans sa résignation aux volontés de sa seconde patrie où son nom n'inspira jamais aux hommes de tous les partis que l'admiration, l'attendrissement et le respect.

VII.

Le duc de Nemours sortit de France sans obstacle aussitôt que ses devoirs envers son père, sa belle-sœur et son neveu furent accomplis. Il s'était montré plus digne de sa popularité dans l'infortune que dans la prospérité. Intrépide, désintéressé, il n'avait marchandé ni sa vie, ni ses droits à la régence pour sauver la couronne au fils de son frère. L'histoire lui doit la justice que l'opinion ne lui rendait pas.

Deux princesses avaient été séparées du roi et de la reine au moment du départ précipité des Tuileries. C'étaient la princesse Clémentine, épouse du duc de Saxe-Cobourg, et la duchesse de Montpensier. Le duc de Montpensier, en accompagnant son père jusqu'aux voitures qui l'attendaient sur la place de la Concorde, avait cru revenir sans obstacle aux Tuileries et veiller lui-même au salut de sa femme qu'une grossesse avancée retenait immobile depuis plusieurs jours dans ses appartements. La foule qui se précipitait de toutes les issues dans les jardins avait bientôt appris au prince que le retour était impossible. Il avait confié, en partant, la princesse aux soins de quelques hommes de sa maison et à la sollicitude de M. Jules de Lasteyrie dont la loyauté, le nom et la popularité, le rassuraient sur tout événement. Il était monté précipitamment à cheval et avait suivi le roi à Saint-Cloud.

Au moment de l'invasion du château, M. de Lasteyrie avait donné le bras à la princesse, il s'était perdu avec elle dans la foule trop confuse et trop tumultueuse en ce moment, pour faire attention à une jeune femme traversant le jardin.

M. de Lasteyrie espérait arriver assez vite au Pont-Tournant pour faire partir la duchesse de Montpensier en sûreté avec la famille royale. Au moment où il sortait des jardins, la voiture pleine et précipitamment refermée par M. Crémieux était partie au galop laissant la princesse Clémentine abandonnée, errante, et ne pouvant ni suivre ni revenir sur la place. Heureusement elle aperçut M. de Lasteyrie et la duchesse de Montpensier sa belle-sœur ; elle se joignit à ce débris de sa famille.

M. de Lasteyrie conduisit les deux jeunes femmes chez sa mère sans être ni reconnu, ni interrogé sur la route. Cette maison populaire par le double nom de Lafayette et par les vertus de madame de Lasteyrie sa fille, était un asile inviolable aux soupçons et aux recherches du peuple. Quelques instants après la princesse Clémentine en ressortit et rejoignit son père à Trianon ; la jeune duchesse de Montpensier resta jusqu'au 25 au foyer et sous la protection de madame de Lasteyrie. Son mari lui avait fait dire de Dreux, par le général Thierry son aide de camp, de le rejoindre au château d'Eu. Il croyait alors que le roi pourrait s'y rendre, et y faire sa résidence. La rapidité de la fortune l'avait devancé sur la route même de cet exil ; il errait sur les bords de l'Océan.

VIII.

Arrivée à Eu, la jeune princesse descend au château et le trouve vide. Des bruits alarmants annoncent l'arrivée d'une colonne d'ouvriers de Rouen qui viennent, dit-on, ravager comme à Neuilly la demeure du roi. La duchesse quitte le palais de son père et demande un asile à M. Estancelin, diplomate attaché à l'ambassade de Munich. A la nuit tombante elle repart pour la Belgique accompagnée de M. Estancelin et du général Thierry. On la dirige sur Bruxelles.

A Abbeville, le passage d'une voiture émeut et groupe le peuple. On arrête les chevaux; on crie que ce sont des princes qui s'échappent. M. Estancelin se montre à la portière; il était connu de nom dans le pays; il affirme que la princesse est sa femme avec laquelle il retourne à son poste à l'étranger. Pour détourner davantage les soupçons, il ordonne au postillon de conduire la voiture chez un de ses amis, dont les opinions républicaines sont une garantie pour le peuple. Il descend à la porte de cet ami, lui confie à voix basse le nom, le rang et la fuite de la jeune femme. L'homme au cœur faible ou aride tremble ou s'endurcit, il craint que ce mystère découvert ne le dépopularise ou ne compromette sa vie. En vain le général Thierry et M. Estancelin insistent, conjurent, supplient, lui représentent l'inviolabilité du malheur, de l'âge, du sexe, de l'état de grossesse et d'anéantissement d'une femme que son refus va livrer aux turbulences d'une émeute, à l'effroi d'une captivité, ou au hasard d'une fuite impossible, à pied : la peur est sourde, l'égoïsme est implacable.

Les voyageurs voyant quelques hommes du peuple se grouper autour de la porte descendent de voiture, la laissant vide dans la rue, et vont chercher un autre refuge un peu plus loin. Ils se séparent. M. Estancelin indique au général Thierry la direction d'une des portes de la ville : il est convenu que le général la franchira avec la duchesse, et qu'après être sortis ainsi de la ville avec son dépôt il attendra sur le bord de la route de Belgique la voiture que M. Estancelin ramènera entre onze heures et minuit.

M. Estancelin s'éloigne pour aller chercher auprès d'autres amis les moyens de se procurer des chevaux.

Le général Thierry et la jeune femme errent sous une pluie glacée et sous les ténèbres les plus profondes d'une ville inconnue. Le vent de la tempête avait éteint les réverbères. Ils avançaient presque à tâtons dans la direction qu'on leur avait indiquée.

Après beaucoup d'erreurs et de circuits, ils arrivent enfin sous une porte de ville en construction, dont l'arche échafaudée et cintrée de bois, était fermée par des planches du côté de la campagne. Ils reviennent sur leurs pas, ils se glissent par une porte latérale étroite et basse laissée libre par les constructeurs pour l'entrée et la sortie des piétons; ils s'y aventurent, et se croient hors de la ville.

Mais ce faux chemin, alors défoncé par la pluie et par les charrettes, inondé de flaques d'eau, encombré de matériaux et de pierres de taille, aboutit à une carrière sans issue visible. La jeune femme enceinte enfonce jusqu'à la cheville dans les mares, et perd ses chaussures dans la glaise détrempée. Le général se désespère; il craint que l'excès de fatigue et l'intempérie ne fassent expirer sans secours une enfant portant un autre enfant dans son sein, il fait asseoir la princesse sur une pierre, l'enveloppe de son manteau, et lui dit de l'attendre là immobile pendant qu'il va rentrer dans la ville et implorer du hasard ou de la pitié un toit ou un guide.

Il hésitait à frapper à une porte, tremblant que cette porte ne devînt pour la princesse un piège au lieu d'un salut, lorsqu'un inconnu ami de M. Estancelin et envoyé par ce jeune homme pour retrouver et guider les fugitifs, aborde le général, se fait reconnaître, court avec lui retrouver la princesse, conduit les fugitifs hors de la ville, et dépose la jeune femme sous le hangar sans feu d'une tuilerie abandonnée.

Là, le général Thierry et la duchesse de Montpensier comptent lentement les heures; la voiture ne tarde pas à se faire entendre. Elle emporte enfin la duchesse de Montpensier vers Bruxelles et vers son époux.

La princesse avait été courageuse comme une héroïne, et insouciante comme un enfant pendant cette nuit de détresse et d'angoisse. Au moment où elle cherchait en vain ses souliers dans la boue et marchait pieds nus dans le ravin : « Quelles aventures « étranges pendant cette horrible nuit ! » lui disait le général Thierry, pour relever son courage au moins par la satisfaction d'une imagination romanesque :
« — Oh! oui, répondit-elle : eh bien, j'aime mieux « ces aventures que la monotonie de la table ronde « de travail dans les salons chauds et somptueux des « Tuileries. »

IX.

Le duc de Wurtemberg, époux de cette princesse Marie, que les arts avaient pleurée comme la cour de son père, était le dernier prince de cette famille qui fût resté à Paris. Lamartine lui fit remettre des passe-ports sous un nom moins connu pour retourner en Allemagne.

Telle fut l'émigration de cette famille grandie par la révolution, expulsée par la révolution, venue de l'exil, montée au trône et retournant d'elle-même en exil. Aucune imprécation ne la suivait sur le seuil de la France. Plusieurs de ses membres emportaient la vénération, d'autres l'estime, d'autres les espérances. La nation restait juste, digne dans son émancipation. La République, née de l'idée et non de la colère, se contentait de faire place au règne du pays. Ce n'était ni les princes ni les princesses qu'elle proscrivait, c'était le trône qu'elle écartait. Elle envisageait déjà dans le lointain le moment où elle serait assez incontestée et assez forte d'elle-même pour rendre leur part dans la patrie à ceux qui n'y revendiqueraient plus que la place de Français et de citoyens.

La confiscation des biens du roi, des princes et des princesses fut proposée plusieurs fois alors par les républicains irréfléchis qui assiégeaient le gouvernement provisoire d'injonctions et de conseils; elle y fut unanimement repoussée. Les membres du gouvernement ne voulaient à aucun prix fonder la république sur une spoliation et sur une injustice. Ils décernèrent seulement en secours alimentaires aux ouvriers sans pain le million arriéré que la nation payait par mois à la royauté.

Quant à la situation pécuniaire que la République ferait au roi et aux princes, on ajourna de la décréter, jusqu'au moment où le calme aurait rendu tout son sang-froid et toute son équité au peuple. On convint seulement, en principe, que les biens personnels du roi et des princes resteraient leur propriété inviolable; qu'en cas d'insuffisance, la nation ferait au roi exilé une provision convenable à son rang et au besoin de sa maison; qu'en cas de fortune personnelle excessive conservée sur le territoire français par le roi ou les princes ses fils, la nation les tiendrait en tutelle pendant les premières années de la fondation du nouveau gouvernement; qu'elle affecterait une partie convenable des revenus à ces princes; qu'elle capitaliserait le reste à leur profit pour leur être remis en toute propriété aussitôt que toute solde de guerre civile par eux serait démontrée impossible; qu'enfin la nation offrirait à la duchesse d'Orléans et à son fils un subside digne du rang qu'elle avait occupé en France et des sentiments qu'elle y avait inspirés. Un homme d'une renommée unanime, M. Lherbette, ancien membre de la Chambre des députés, agréé à la fois par la nation et par la royauté, fut nommé administrateur et liquidateur de ces biens. M. Lherbette refusa par un honorable scrupule. M. Vavin fut supplié d'accepter. Chaque fois que la question fut reproduite devant le gouvernement, elle fut traitée et résolue dans ce sens par la majorité du conseil. C'est dans cette pensée et dans ce régime intermédiaire que le gouvernement attendit l'Assemblée nationale. Elle les adopta en leur donnant l'autorité et la dignité d'un grand peuple.

Lamartine traita plusieurs fois dans ce sens ces questions de propriété privée des princes et des princesses avec les ministres d'Espagne et du Brésil. Tout ce qu'on a raconté de l'autre côté de la Manche de la rapacité et de la dureté de la République envers le roi, les princes, les princesses et les ministres, est controuvé. Voilà les proscriptions et les spoliations de son premier gouvernement.

X.

Les craintes de guerre civile que la présence du duc d'Aumale à la tête de l'armée d'Afrique laissait dans les esprits ne tardèrent pas à se dissiper. Le gouvernement avait nommé le général Cavaignac gouverneur général de l'Algérie. Ce nom de Cavaignac était consacré chez les républicains par le souvenir du frère aîné de cet officier. Godefroy Cavaignac était un nom à la hauteur du nom de Carrel dans l'opinion républicaine. Il était mort avant l'avènement de son idée; son idée portait son deuil; elle lui rendait hommage dans la personne de son frère. Le frère était lui-même un officier de renom. Il avait su mériter la confiance de l'armée par sa bravoure, et sans répudier les traditions de son frère et les aspirations de sa mère à la république, il avait conquis l'estime et la confiance des princes. La franchise de ses opinions le couvrait, la franchise ne conspire pas. Il était incapable de trahir. Le duc d'Aumale, en apprenant l'abdication de son père, adressa à son armée une proclamation et une adresse dignes des premiers temps de la première République, où l'homme s'effaçait devant la patrie.

« Habitants de l'Algérie,

« Fidèle à mes devoirs de citoyen et de soldat, je
« suis resté à mon poste tant que j'ai pu croire ma pré-
« sence utile au service du pays. Cette situation n'existe
« plus. M. le général Cavaignac est nommé gouverneur
« général de l'Algérie. Jusqu'à son arrivée à Alger,
« les fonctions de gouverneur général de l'Algérie par
« intérim seront remplies par le général Changarnier.

« Soumis à la volonté nationale, je m'éloigne, mais
« du fond de l'exil tous mes vœux seront pour votre
« prospérité et pour la gloire de la France, que j'aurais
« voulu servir plus longtemps.

« H. D'Orléans. »

« Le général Changarnier remplira par intérim les
« fonctions de gouverneur général jusqu'à l'arrivée à
« Alger de M. le général Cavaignac, nommé gouver-
« neur général de l'Algérie. En me séparant d'une

« armée modèle d'honneur et de courage, dans les
« rangs de laquelle j'ai passé les plus beaux jours de
« ma vie, je ne puis que lui souhaiter de nouveaux
« succès ; une nouvelle carrière va peut-être s'ouvrir
« à sa valeur : elle la remplira glorieusement, j'en ai
« la ferme croyance.

« Officiers, sous-officiers et soldats, j'avais espéré
« combattre encore avec vous pour la patrie. Cet hon-
« neur m'est refusé ; mais du fond de l'exil mon cœur
« vous suivra partout et vous rappellera la volonté
« nationale. Il triomphera de vos succès ; tous ses
« vœux seront toujours la gloire et le bonheur de la
« France.

« H. d'Orléans. »

XI.

L'opinion publique, rassurée sur ce point, s'inquiétait de plus en plus de nos finances. On frémissait de
ce congrès des salariés au Luxembourg. C'était un
danger sans doute ; mais l'histoire devra le reconnaître, la parole et l'intervention de Louis Blanc,
puissantes dans le principe sur deux cent mille
ouvriers, avaient en même temps une action modératrice sur les passions du peuple. Il leur présentait
de faux systèmes, mais il ne leur prêchait pas de
mauvais sentiments : il y avait des espérances mala-
dives et exagérées dans ses théories, il n'y avait point
de vengeance : il promettait des chimères, il ne don-

naît ni désordre, ni violences, ni sang. Le Luxembourg, sous son insinuation, contribua beaucoup à intimider les capitaux, mais il contribua beaucoup à maintenir l'ordre, à prévenir les expropriations, à dépopulariser la guerre, à faire prévaloir l'instinct d'humanité dans les masses. Une idée fausse peut être honnête, et ce qui est honnête n'est pas inutile pour être allié à des erreurs en industrie. Tel était au commencement le caractère des enseignements de Louis Blanc au Luxembourg.

XII.

Les autres membres du gouvernement supportaient ce congrès comme un mal sans doute, mais comme un mal inévitable et qui produisait un grand bien. Louis Blanc, jeté hors du gouvernement, expulsé du Luxembourg, et devenu par cette persécution même l'idole et le Mazaniello éloquent de deux ou trois cent mille ouvriers oisifs et fanatisés dans Paris, eût été un bien plus dangereux élément de trouble que Louis Blanc dissertant au Luxembourg, contenu par sa solidarité avec le gouvernement et contenant ces masses dans un cercle fantastique dont il ne les laissait pas sortir. On ne pouvait pas moins accorder aux ouvriers, soldats de cette révolution faite au nom du travail, qu'une enquête sincère et libre sur ces questions de travail qui étaient leur politique et leur vie.

Cependant, afin de prévenir la panique qui croissait

d'heure en heure, on ébaucha des mesures pour rassurer le capital, le travail et le crédit. On répondit au mot banqueroute, jeté dans les esprits, par un décret qui anticipait de quelques semaines le paiement de la rente aux créanciers de l'État. C'était répondre par un fait à des suppositions de ruine; c'était le défi jeté à la défiance. Cette mesure ne suffit pas pour rassurer les imaginations : les banquiers y virent une bravade pour déguiser la peur; ils calculèrent que la rente une fois payée, il ne resterait rien au Trésor. Les inquiétudes se propagèrent, l'argent se resserra. Les sept cents millions que l'État devait aux caisses d'épargne, aux porteurs *de bons* du Trésor, aux services publics, pesèrent sur le ministre des finances. Il signala des éventualités sinistres auxquelles il frémissait d'attacher son nom. Garnier-Pagès avait pris le fardeau du ministère des finances. Il ne se dissimulait rien de l'extrémité des périls. Il céda moins aux instances de ces collègues qu'à la propre impulsion de son courage. C'est un de ces hommes que le péril tente et qui grandissent avec les crises. Il se dévoua, lui, son nom et sa vie; il choisit pour second Duclerc, aussi courageux et aussi infatigable que lui.

XIII.

Les finances furent sondées en peu d'heures par ces deux hommes. Ils reprirent confiance et ils l'inspirèrent au gouvernement. Avant le 8 mars, Garnier-

Pagès étalait devant le conseil toutes les plaies et tous les remèdes de la situation.

La France était plus grevée par quinze ans de paix qu'elle ne l'eût été par une longue guerre. Les finances étaient engagées au point d'enlever toute liberté d'action au pays, si de grandes nécessités extraordinaires étaient venues le saisir inopinément. La royauté avait fait son système financier à son image; tout était engagé pour une longue paix. Ce système, bon d'intention, avait eu son excès dans les innombrables *actions* industrielles, monnaie fictive qui chargeait les portefeuilles des particuliers et des banquiers, qui ne représentait encore que des capitaux problématiques, qui ne rendait point de revenu et qui servait au jeu de l'agiotage. Il y en avait au moins pour une valeur de deux milliards. Ces actions allaient s'évanouir ou s'immobiliser dans les caisses des industriels et des soumissionnaires des grands travaux publics. Les sommes nécessaires au service d'une année fixée dans le budget s'élevaient à dix-sept cent douze millions : cinq cent quatorze millions étaient promis et dus aux travaux en cours d'exécution. La dette publique constituée montait à cinq milliards cent soixante-dix-neuf millions. Cette dette s'était accrue de neuf cents millions en sept ans. La royauté avait été prodigue d'avenir. La République allait être chargée du poids, des responsabilités et des impopularités d'une liquidation qui ne lui appartenait en rien. Ni la dette, ni la révolution n'étaient le fait de ceux qui allaient en porter l'odieux. La royauté avait fait la dette et ses ministres avaient laissé faire la révolution.

Mais outre ce budget de dix-sept cents millions, ces travaux engagés de cinq cents millions, ces deux milliards d'actions industrielles jetés à la Bourse par le gouvernement et ces cinq milliards de capital de la dette, la royauté laissait neuf cent soixante millions de dette à courte échéance, ou immédiatement exigibles dans 325 millions de bons du Trésor et de fonds des caisses d'épargne, simple dépôt entre ses mains.

Le Trésor devait donc faire face à l'instant à un milliard de fonds exigibles, plus à soixante-treize millions pour payer le semestre de rente du 22 mars; plus les services ordinaires et les éventualités soudaines d'un pays en révolution et peut-être en guerre avec lui-même et avec l'Europe.

Pour suffire à tout ce découvert, le gouvernement trouvait cent quatre-vingt-douze millions en caisse, un emprunt en cours d'exécution de deux cent cinquante millions, mais que les prêteurs se refusaient à remplir, et un impôt direct et indirect qui allait tarir sous la gêne et sous la panique générale des capitalistes et des consommateurs et sous l'évanouissement de l'or et de l'argent.

La Banque de France, instrument indépendant de crédit et de ressources momentanées pour le gouvernement, avait elle-même manqué de numéraire peu de mois auparavant. Elle ne s'était un peu relevée que par le versement de cinquante millions en espèces venues de la Russie. La lettre de change, qui supplée une masse incalculable de numéraire entre les particuliers, se retirait, se suspendait ou s'anéantissait au même moment sous l'appréhension d'une liquidation générale; en sorte que le numéraire seul et dans les seules mains du gouvernement, allait avoir à alimenter sans auxiliaire toute la vie et toute la circulation du pays. Par une coïncidence plus malheureuse encore, cette crise était la même pour toute l'Europe. Personne ne pouvait prêter secours à personne. Les affaires s'étaient multipliées de Pétersbourg à Londres, à Vienne, à Berlin, à Paris, dans une proportion sans harmonie avec le capital circulant. L'or et l'argent manquaient et le papier ne comptait plus pour rien.

XIV.

Le problème porté par un pareil concours de détresses devant un gouvernement révolutionnaire qui avait à la fois à nourrir un peuple d'ouvriers, à recruter et à équiper une armée, à faire face au crédit éteint, à la misère, aux pauvres, à l'ordre à l'intérieur, à la guerre à l'étranger, et à remplacer seul le numéraire, le crédit, l'industrie, le travail, sans avoir recours aux exactions et aux sévices des révolutions : ce problème était de nature à faire pâlir et fuir les hommes les plus fortement trempés.

Garnier-Pagès l'aborda avec cette résolution qui

fait les miracles, parce qu'elle ose les espérer quand tout le monde les croit impossibles. Il eut ainsi que ses collègues la foi de l'honnêteté, et la Providence l'en récompensa. Il conçut d'inspiration le seul plan qui pouvait sauver la République de la banqueroute. Si quelques détails manquèrent ou si quelques mesures faillirent à ce plan dans l'exécution, l'ensemble du moins fut aussi logique que hardi.

Il fallait avant tout au gouvernement de l'argent. Il n'y avait que trois moyens d'en faire : le crédit, le papier-monnaie ou les exactions. Les exactions c'était le sang à la première résistance : le gouvernement voulait à tout prix vivre ou mourir pur : les assignats, c'était la panique générale et l'enfouissement du dernier écu; pour le faire ressortir, il fallait sévir : sévir en révolution, c'est proscrire, confisquer c'est tuer. Le gouvernement en majorité fut toujours inflexible aux propositions d'assignats. Restait le crédit : la révolution l'avait enlevé au gouvernement ; il fallait le retrouver dans une institution indépendante de lui et qui fût pour ainsi dire sa caution devant la France. Cette institution bien faible encore en proportion du rôle qu'on voulait lui donner existait dans la Banque de France. Il y avait deux moyens de s'en servir : la contraindre ou la protéger. Quelques-uns voulaient la contraindre ; on se décida à la protéger.

Garnier-Pagès sauva trois fois la banque de France : d'abord en refusant obstinément d'accorder au commerce de Paris les trois mois de suspension de ses engagements envers la Banque ; ensuite en repoussant le papier-monnaie qui aurait submergé la Banque ; enfin en prenant la mesure hardie mais heureuse d'autoriser l'acceptation forcée des billets de la Banque comme argent. La Banque ainsi sauvée sauva à son tour le gouvernement : elle lui prêta deux cent trente millions ; elle s'associa avec intelligence et avec patriotisme au gouvernement. M. d'Argout, directeur de la Banque, oublia ses anciens attachements à la royauté déchue pour s'attacher exclusivement au salut financier de son pays. Il fut à la fois l'homme de la Banque et l'homme du Trésor. Il se montra véritablement patriote et homme d'État par son intrépidité devant la détresse et par sa fécondité de ressources devant les difficultés. La Banque n'était utile jusque-là qu'au commerce, elle devint utile à la patrie : elle n'avait que l'estime et quelquefois l'envie de l'opinion ; elle mérita la reconnaissance de la nation. Le gouvernement provisoire ne tarda pas sous l'inspiration de Garnier-Pagès à fondre et à nationaliser dans le crédit central de la Banque de France les autres banques de la République.

XV.

Mais, pour que la Banque ainsi protégée et centralisée pût prêter par centaines de millions au gouvernement, il lui fallait une hypothèque morale. Cette hypothèque, c'était la certitude que le Trésor, inopinément tari, se remplirait de nouveau. Les impôts territoriaux se payaient bien ; l'enthousiasme même des contribuables en anticipait le versement. Tout le monde venait en aide aux bonnes intentions du gouvernement pour lui enlever la tentation ou la nécessité de recourir aux extrémités révolutionnaires. Les curés prêchaient l'impôt comme une vertu publique ; les riches versaient l'année d'avance ; les pauvres apportaient leurs douzièmes ; les bureaux de perception des impôts étaient obstrués pour payer comme ils l'auraient été pour recevoir. Il y avait émulation de versements, tant on avait le sentiment que le danger était dans le vide du Trésor.

Un emprunt national d'enthousiasme et de salut commun était possible, et aurait été productif, pendant ce premier élan d'esprit public. Plusieurs membres du gouvernement le demandaient, avec l'impatience de l'heure qui échappe, à Garnier-Pagès. Des considérations de crédit l'empêchèrent de consentir à généraliser cette mesure. Le moment passa, le feu s'éteignit. On se borna à payer l'impôt. Ce fut là une faute du gouvernement.

Mais les impôts indirects, produits immédiats et quotidiens de la consommation et de la production, tarissaient. L'armée demandait une réorganisation prompte et onéreuse. Le Trésor pouvait être pris au dépourvu, et découvrir ainsi la patrie elle-même. Les secours toujours grossissants à donner aux ouvriers sans salaire et par conséquent sans pain, la solde et l'équipement de la garde mobile, les caisses d'escompte à créer dans toutes les villes manufacturières, les prêts d'argent à faire aux grands centres d'industrie, les travaux publics à maintenir dans une certaine proportion pour éviter un débordement d'oisifs dans les départements, la marine, les affaires étrangères, les élections, la justice, l'administration intérieure enfin, dont on ne pouvait laisser les agents en souffrance, laissaient entrevoir la sinistre éventualité d'un vide dans le Trésor. Un jour d'insuffisance dans les ressources eût été le signal d'une catastrophe générale. Les fonctionnaires et les capitalistes pouvaient attendre, la faim ne s'ajourne pas. Six millions d'ouvriers vivaient d'assistance publique. Un jour de retard dans leur solde eût été le signal d'une immense sédition du désespoir et de la faim. Il fallait pourvoir et prévoir.

Le gouvernement, résolu à éviter la banqueroute à tout prix, n'avait à choisir qu'entre la création d'un papier-monnaie ou un impôt de crise comme en 1815 et en 1830. Il s'agissait de sauver la propriété; c'était à la propriété à se sauver elle-même. Les assignats auraient perdu, le lendemain de leur émission peut-être, la moitié de leur valeur. L'argent, contre lequel on aurait voulu les échanger, se serait enfui; les denrées auraient monté en proportion du discrédit des assignats; il aurait fallu créer des *maximum* pour laisser ces denrées à la portée du pauvre; le *maximum* produit la disette, la disette le désespoir, le désespoir les crimes. Nous allions en quinze jours aux assassinats et aux échafauds.

Restait donc l'impôt foncier qui résume toutes les charges, comme aussi il résume toutes les richesses, dans les moments où toute valeur conventionnelle disparaît.

Garnier-Pagès et le gouvernement se décidèrent à frapper un supplément d'impôt foncier de 45 centimes sur toutes les impositions. Cet impôt fit murmurer la propriété, mais la sauva; il sauva les prolétaires de la faim, le travail de la stagnation, le Trésor du déficit, les grandes villes industrielles des séditions, de l'oisiveté et de la misère, la patrie enfin des dangers extérieurs, en permettant au gouvernement de soutenir le crédit, d'établir des caisses d'escompte partout où les villes importantes le demandaient, d'enrôler dans la garde mobile le superflu le plus remuant de la jeune population de Paris, de fortifier l'armée, de suffire à sa solde, de nourrir un million de travailleurs indigents, de calmer l'excitation contre les riches et les murmures contre l'égoïsme de la propriété, de supprimer l'impôt du timbre sur la pensée, d'abolir presque immédiatement l'impôt du sel, de réduire les droits d'entrée de la viande à Paris, et d'enlever la moitié de la taxe qui pesait sur les vins à l'octroi de cette ville. Cet impôt devait rendre au Trésor 190 millions s'il eût été réparti sans indulgence et perçu sur la totalité des contribuables. Le gouvernement autorisa les percepteurs à apprécier avec équité les forces contributives des petits propriétaires et à n'exiger le paiement que des riches. Ces ménagements, commandés par la justice comme par la politique, en réduisaient le produit à 160 ou 150 millions. Ces 150 millions, et les 230 millions avancés par la Banque sur gage des forêts de l'État, suffirent à tout et laissèrent encore dans les caisses les sommes nécessaires pour couvrir toutes les dépenses ordinaires et extraordinaires de l'année 1848, en employant un million par jour à des travaux pour les bras inoccupés. Tel fut le prix d'une révolution ; aucune ne coûta moins cher à un peuple, et cependant cet impôt de prudence, de salut, de crédit, de travail, d'assistance au peuple souffrant, cet impôt qui se plaça entre la banqueroute et la République, entre la propriété et le prolétariat, entre la patrie et l'étranger, entre la vie des citoyens et les violences d'une disette, excita plus tard autant de murmures que si le gouvernement avait violenté la propriété, saccagé la fortune, torturé le sol. Les riches que cet impôt avait sauvés, les pauvres qui en avaient été dégrevés, les prolétaires qui l'avaient consommé en secours, s'unirent dans une malédiction commune. Le peuple de Paris se souleva lui-même, non pas contre les surcharges, mais contre les adoucissements d'impôts à son profit sur la viande et sur le vin. L'histoire jugera l'égoïsme des propriétaires et l'ingratitude des prolétaires : elle proclamera la vérité : c'est que l'impôt de 160 millions par les 45 centimes fut à la fois la nécessité, la prudence, la paix et le salut de la République. La France rougira quand elle comparera ce prix avec celui que coûtèrent à la France, en sang et en or, la première République, l'Empire, la Restauration, l'invasion de Bonaparte en 1815, la seconde Restauration et la révolution de 1830.

XVI.

Garnier-Pagès avait pour couronnement de son plan le projet du rachat de tous les grands chemins de fer par l'État. Les actions de ces chemins de fer étaient tombées à des prix ruineux pour les compagnies qui les possédaient. En les rachetant à prix débattu et équitable, la République relevait à l'instant leurs valeurs par la garantie de l'État, et remettait à l'instant en circulation une propriété morte ou décréditée. Il restituait ainsi une fortune aux particuliers, au lieu d'une fiction dans leurs portefeuilles; il achevait les lignes, il affermait les exploitations, enfin il faisait un emprunt d'un milliard en plusieurs années hypothéqué sur cette valeur de trois ou quatre milliards.

Les compagnies demandaient elles-mêmes avec instance cette mesure de salut pour elles au gouvernement, pendant que d'autres l'accusaient de spoliation, afin d'élever plus haut le prix du rachat. Lamartine pressait de tous ses efforts l'exécution de cette mesure que suspendit trop longtemps le non-consentement des compagnies. Il prévoyait trop que ce traité entre les compagnies et l'État, possible avec un gouvernement concentré et dictatorial, deviendrait impraticable avec une Assemblée souveraine tiraillée en sens divers par l'influence des compagnies plus exigeantes. Le délai apporté à cette affaire fut la seule faute qu'il ne cessa de reprocher au ministre des finances.

Mais le gouvernement, qui suffisait ainsi au paiement des intérêts de la dette et aux services publics, ne pouvait, sans créer un papier-monnaie, payer à des échéances rapprochées la totalité des sept cents millions de capitaux de la dette flottante. On ajourna le remboursement des bons du Trésor et des caisses d'épargne; mesures tristes mais nécessaires, adoucies par des accroissements d'intérêt entre les mains des créanciers et par des remboursements partiels et morcelés aux dépositaires indigents.

XVII.

Pendant que le gouvernement provisoire sauvait ainsi la République des conséquences incalculables d'une banqueroute, le ministre de la guerre activait avec toute la puissance du trésor public les mesures adoptées pour porter l'armée à la proportion de nos dangers extérieurs.

Les premiers symptômes d'indiscipline, résultat inévitable de l'anarchie momentanée de Paris le lendemain d'une révolution, n'avaient pas tardé à se réprimer d'eux-mêmes. Les soldats, un moment débandés, étaient rentrés dans leurs régiments et avaient repris volontairement ce joug de la discipline dont le patriotisme leur fait un devoir et dont l'honneur fait une vertu. L'esprit de la France se montra dans son armée. L'agitation révolutionnaire ne franchit pas le seuil des casernes. La société sentait qu'elle avait besoin de sa force; l'armée la lui conserva intacte. A peine une ou deux séditions légères, aussitôt réprimées que connues, affligèrent le gouvernement dans un ou deux régiments de cavalerie et d'artillerie. Quelques sous-officiers tentèrent d'y semer l'insubordination par des prédications de clubs. Le bon sens des soldats, l'impassibilité des officiers, l'énergie du ministre étouffèrent à l'instant ces germes de désorganisation militaire. Jamais armée nationale ne présenta un plus beau modèle de calme dans l'ébranlement général, d'obéissance raisonnée à ses chefs, de fidélité au drapeau, d'attachement au centre du pouvoir. Elle fut l'instinct armé de la patrie. Ces quatre mois d'incorruptibilité dans le désordre, de résignation dans l'éloignement forcé où on la tenait de Paris, de respect pour ses chefs, d'impatience contenue sur les frontières, de modération envers le peuple, sont pour l'armée française une des plus glorieuses campagnes de l'histoire. Elle montra combien la liberté et l'instruction versée dans le sein de nos populations rurales depuis la fin des guerres de l'Empire avaient transformé le peuple; car l'armée est toujours le symptôme de l'état vrai du peuple. Quand, à la suite d'une commotion intestine, le soldat reste soldat, on peut être sûr que la révolution ne dégénérera pas en anarchie.

Un seul symptôme douloureux contrista l'âme du pays et rappela les scènes hideuses de la première révolution française. Ce symptôme ne fut pas la honte de l'armée active ; il éclata dans l'oisiveté de cet établissement fastueux que Louis XIV avait élevé aux vétérans de la guerre : les Invalides. Il est juste et glorieux pour une nation de pourvoir par des pensions et par des retraites à la vieillesse et aux infirmités de ceux qui ont versé leur sang et perdu leurs membres pour elle. Mais ces pensions, ces retraites, ces honneurs devraient être payés dans la résidence et dans la famille de l'invalide. Une réunion de trois ou quatre mille militaires oisifs et sous une discipline nécessairement complaisante, dans un centre de dérèglement et de vice comme une grande capitale, est une pompe pour le pays, mais elle est un danger pour les mœurs, pour l'ordre et pour le régime militaire. Une administration plus modeste, mais plus véritablement rémunératrice du service militaire, dissoudrait ces établissements d'oisivetés et renverrait aux chaumières ces secours dilapidés dans des palais.

Il existait depuis longtemps, dans l'Hôtel des Invalides, je ne sais quel grief perpétuellement renouvelé sur la nourriture du soldat. L'administration intérieure était accusée par ces murmures sourds qui précèdent les séditions.

Un soir des derniers jours de mars, Lamartine venait de rentrer à l'Hôtel des Affaires étrangères, après une séance de neuf heures à l'Hôtel de Ville. On lui annonça qu'une députation nombreuse d'invalides échauffés par la colère et par le vin s'était présentée pendant son absence au ministère. Ces hommes avaient affiché en termes violents et inconvenants des prétentions inconciliables avec l'ordre et le régime de l'établissement. Ils s'étaient retirés en apprenant l'absence du ministre.

A peine Lamartine était-il informé de cette rumeur et de ces menaces, qu'on vint lui apprendre l'insurrection des invalides. Quelques forcenés, ameutant leurs camarades, avaient forcé l'appartement du général *Petit*. Le général *Petit*, sous-gouverneur de l'Hôtel, brave et loyal officier, relique et honneur de la vieille armée française, était historiquement célèbre par l'accolade qu'il avait reçue de l'empereur Napoléon dans la scène tragique des adieux à Fontainebleau. Sans respect pour ce souvenir, pour les cheveux blancs, pour l'autorité du commandement, ce groupe de séditieux avait, sous les yeux de trois mille vétérans muets ou complices, arraché le vieux général de ses appartements; ils l'avaient traîné dans la cour, garrotté comme un criminel sur une charrette. Ils étaient sortis accompagnés d'un hideux cortége de ces hommes et de ces femmes de proie qui pressentent ou qui suivent les victimes. Deux ou trois invalides montés derrière la charrette, le sabre nu à la main, faisaient entendre des imprécations et des appels au peuple. Ils allaient, disaient-ils, demander justice de leur commandant au gouvernement. Ils suivaient les quais de la Seine : on tremblait qu'un crime ne précipitât le général dans les flots.

XVIII.

A cette nouvelle, Lamartine, qui venait de se mettre à table, interrompt son repas. Il n'attend pas qu'on ait trouvé une voiture : il court seul à pied, accompagné d'un secrétaire, vers les quais où on lui dit que l'odieux cortége avait été rencontré. Résolu à se jeter entre les séditieux et leur victime et à couvrir de son corps l'infortuné général, il frémit des conséquences sinistres d'un premier attentat ; il s'indigne de ce premier exemple de crime donné par des vétérans à un peuple jusque-là doux et humain, qu'un pareil événement peut dépraver ; il s'informe à tous les postes, à tous les passants de la route suivie par la charrette ; il envoie prévenir le général Duvivier, commandant de la garde mobile, et l'état-major de la garde nationale ; il poursuit sa course, sous une pluie battante, sur la trace du char que des renseignements confus lui font plusieurs fois perdre et retrouver. Arrivé à l'Hôtel de Ville, il interroge en vain M. Marrast ; il va à la préfecture de police ; M. Caussidière ignorait tout. Il reprend sa course par les quais dans une angoisse inexprimable. Il tremble que le crime n'ait été accompli dans l'ombre sur quelque plage de la Seine. Il apprend enfin que l'infortuné général, arraché aux séditieux sur la route de l'Hôtel de Ville par le général Courtais, a reçu asile pour la nuit à l'état-major de la place et que ses jours sont en sûreté.

La nuit, le gouvernement, saisi d'horreur, délibéra avec indignation sur les conséquences et sur la répression de cet attentat. La garde nationale, en attendant sa réorganisation, n'existait plus que dans son état-major, dans ses cadres et dans quelques bons citoyens volontaires qui volaient d'eux-mêmes au danger : il n'y avait point de troupes à Paris. Laisser un pareil crime impuni, c'était abandonner les rênes de l'armée, sanctionner l'indiscipline et la sédition par l'impuissance d'arrêter les coupables; les arrêter au milieu de trois mille hommes qui avaient du canon, c'était tenter l'impossible et s'exposer à voir l'autorité du gouvernement brisée avec scandale dans sa main. Ce dernier parti, quoique désespéré, était cependant celui de l'honneur et du devoir; le gouvernement le choisit.

Le ministre de la guerre, M. Arago, le général Courtais et M. Guinard, chef d'état-major de la garde nationale, se chargèrent de l'exécution. Ils rassemblèrent le lendemain quelques hommes de cœur, enveloppèrent le général Petit et se portèrent au Champ-de-Mars, où travaillaient deux ou trois mille ouvriers des ateliers nationaux. M. Arago et le général Courtais haranguèrent ces ouvriers, leur racontèrent les outrages dont ce débris vivant de notre gloire avait été l'objet de la part de cette milice indisciplinée, et leur firent sentir la nécessité de prêter secours au gouvernement contre des attentats qui déshonoraient la nation et qui anéantiraient l'armée. Le sentiment et la raison parlaient alors fortement au cœur du peuple. Les ouvriers crièrent : *Vive le général! vive Arago! vive Courtais!* Ils s'offrirent à aller eux-mêmes imposer la réparation et l'obéissance à ces indignes soldats. MM. Arago, Courtais, Guinard, entrèrent à la tête de ces hommes dans la cour de l'hôtel, réunirent les invalides, leur représentèrent leur honte et leur crime, firent saisir et emprisonner sans résistance les principaux coupables, et réinstallèrent le général Petit aux acclamations de repentir et d'enthousiasme.

Cet acte et deux ou trois actes de même vigueur, accomplis par le général Subervie ou par M. Arago, consolidèrent l'armée et arrêtèrent toute tentative de désorganisation dans les corps. Ces deux ministres, en ne doutant pas de leur autorité, l'avaient rendue désormais incontestable. L'armée, de son côté, rendait justice au gouvernement. Il ne permettait aucune inquisition sur l'opinion des officiers ; il adoptait, au nom de la République, tout ce qui servait la patrie.

On venait d'adjoindre le ministère de la guerre à celui de la marine entre les mains de M. Arago. Cet acte du gouvernement avait été une marque de déférence et de confiance méritée envers M. Arago, une injustice envers le général Subervie, une surprise envers quelques-uns des membres du gouvernement. Voici comment eut lieu ce changement.

Depuis quelques jours on se plaignait vaguement du

ministre de la guerre; on supposait que les années du général Subervie pesaient sur son activité; on feignait, du moins, de le croire, car le général Subervie avait retrouvé pour la République le feu de ses jeunes années. Le motif véritable était plutôt que la nouvelle armée était pressée de répudier les vétérans de l'ancienne armée. Les jeunes officiers d'Afrique désiraient, sans se l'avouer peut-être, prendre dans les conseils du ministère de la guerre l'autorité dominante et exclusive qu'ils espéraient retenir plus complétement sous un ministre étranger à l'armée que sous un vieux général de la République et de l'Empire.

Depuis quelque temps, les généraux réunis en conseil de défense affectaient de délibérer en dehors du ministre de la guerre et de communiquer directement et sans son intermédiaire avec le gouvernement. Quelques articles du *National*, journal qui passait à tort pour être l'organe du gouvernement, venaient d'attaquer inopinément le ministre de la guerre et de le représenter comme fatigué ou écrasé d'un poids disproportionné à son âge. Ces articles semblaient révéler les premiers fils d'une trame ourdie dans le sein même du gouvernement contre le général Subervie. Il n'en était rien; mais l'attitude du ministre paraissait affaiblie par ce seul soupçon. Il était justement blessé d'une opposition qui semblait avoir ses complices dans le gouvernement lui-même. Il s'en plaignit une ou deux fois à Lamartine, qui chercha à le rassurer et qui était résolu à le soutenir. Une séance incomplète du gouvernement, à laquelle ni Lamartine, ni Flocon, ni Ledru-Rollin, ni d'autres ministres n'assistaient ce jour-là, fit éclater la pensée du *National* et des militaires opposés à Subervie. Ce général fut destitué, et M. Arago reçut le ministère provisoire de la guerre. Il était loin de le désirer; il résista même longtemps à la responsabilité de ce double fardeau.

Lamartine reçut à six heures du soir, en rentrant de l'Hôtel de Ville, où il avait passé la journée, la visite du général Subervie. Le général lui apprit ce qui venait de se passer au Luxembourg. « Vous voyez, lui dit-il,
« que mes soupçons étaient fondés et qu'on n'atten-
« dait que votre absence et celle de quelques-uns de
« vos collègues pour exécuter la proscription du *Natio-*
« *nal* et de ses amis. — Il n'y a rien de fait, lui répon-
« dit Lamartine; un acte aussi important que la des-
« titution et la nomination du ministre de la guerre
« ne peut s'accomplir à l'insu du ministre des affaires
« étrangères et en l'absence de deux ou trois mem-
« bres du gouvernement. Je vous ai promis de vous
« maintenir de tous mes efforts. Je tiendrai ma parole
« ou je me déclarerai en scission avec le gouverne-
« ment. Demain, je demanderai une délibération nou-
« velle, je réclamerai contre une résolution qui vous
« élimine et je ferai voter sur la question le gouver-
« nement tout entier. J'ai la confiance que la Répu-
« blique ne sera pas privée des services infatigables
« que vous lui avez rendus depuis la première heure.
« — Non, répliqua le général, il me suffit de savoir

« que vous me tiendriez parole et que je suis sacrifié
« sans votre participation à une hostilité ou à une
« ambition. Je ne veux pas de la réparation que vous
« m'offrez : je serais malheureux que mon nom servît
« de texte à une division dans le gouvernement. D'ail-
« leurs, je vois que j'ai des ennemis ou dans son sein,
« ou autour de lui, qui ne me pardonneraient pas
« mon triomphe sur eux, et qui, en voulant me nuire,
« nuiraient à la chose publique. Je suis de la date de
« ces soldats qui se comptaient pour rien et qui se
« sacrifiaient eux-mêmes à la patrie. Je veux être
« digne de mon époque. » Il embrassa Lamartine et se
retira.

Aussitôt que M. Arago eut pris le ministère, les généraux membres du conseil de défense s'occupèrent sous sa présidence de la réorganisation de l'armée sur les bases proposées par Lamartine, comme ministre des affaires étrangères. L'antagonisme qui s'était révélé entre eux et lui, au sujet des quarante mille hommes qu'il voulait rappeler d'Afrique et que ces généraux voulaient y conserver, subsista toujours, éclata plusieurs fois en discussions presque acerbes, et finit par s'étouffer dans le secret des délibérations du conseil de défense, travaillant en dehors du gouvernement sous la responsabilité du seul ministre de la guerre. Les lumières, l'activité, l'énergie de ce conseil répondirent néanmoins pour tout le reste à la pensée du gouvernement. M. Arago, poursuivant les plans du général Subervie et les généraux dont il était assisté, portèrent l'armée en peu de mois de 370 mille hommes à 465 mille hommes, les chevaux de 46 mille à 75 mille, les armes, les équipements, les uniformes, la défense des côtes, l'armement des places fortes suivirent une proportion analogue de développement. La République, en y comprenant ses forces navales et sa garde mobile, allait avoir pour le mois d'octobre une armée de 580 mille hommes, sans y comprendre les 300 bataillons de garde mobile départementale demandés plus tard comme réserve par Lamartine et par Flocon, décrétés par le gouvernement provisoire et votés par l'Assemblée nationale. Je reviendrai sur le double motif de cette création, pensée persévérante de Lamartine dans l'intérêt de la force extérieure et de la fédération intérieure de la République contre les assauts prévus donnés à la société.

XIX.

M. Bethmont, ministre du commerce et de l'agriculture, avait pour tâche, en ce moment où tout commerce était suspendu, de consoler et d'adoucir les détresses de l'industrie. Nul caractère n'était plus propre que le sien à un tel rôle. Patient, serein, résigné, attentif, éloquent, plein d'âme et de compassion pour les angoisses de ses semblables, M. Bethmont donnait à la République le caractère de probité, de sollicitude et de sympathie qu'il avait en lui. Assidu et réfléchi aux séances, il profitait des loisirs que lui laissait son ministère pour assister au conseil du gouvernement ; il s'y rangeait toujours du parti de la modération, de la légalité et de l'ordre républicain sur le type des grands magistrats de l'Assemblée de 1790. Sa place eût été à la tête de la magistrature.

M. Marie, plus actif de tempérament, plus hardi d'idées, plus universel et plus entreprenant d'affaires, temporisait avec les travaux publics trop suspendus et trop routiniers. Une des solutions politiques et sociales de la crise eût été, selon quelques membres du gouvernement, un large recrutement des hommes oisifs soudainement jetés sur quelques grands travaux de fécondation du sol français. Lamartine pensait comme eux à cet égard ; quelques socialistes alors modérés et politiques, depuis irrités et factieux, réclamaient dans ce sens l'initiative du gouvernement : une grande campagne à l'intérieur avec des outils pour armes, comme ces campagnes des Romains ou des Égyptiens pour le creusement des canaux ou pour le desséchement des Marais Pontins, leur semblait indiqué à une République qui voulait rester pacifique et sauver la propriété en protégeant et en relevant le prolétaire. C'était la pensée de l'heure ; un grand ministère des travaux publics aurait été l'ère d'une politique appropriée à la situation. Ce fut une des grandes fautes du gouvernement, que de trop attendre avant de réaliser ces pensées. Pendant qu'il attendait, les ateliers nationaux, grossis par la misère et l'oisiveté, devenaient de jour en jour plus lourds, plus stériles et plus menaçants pour l'ordre public.

En ce moment, ils ne l'étaient point encore; ils n'étaient qu'un expédient d'ordre et une ébauche d'assistance publique commandés le lendemain de la révolution par la nécessité de nourrir le peuple, et de ne pas le nourrir oisif, pour éviter les désordres de cette oisiveté. M. Marie les organisa avec intelligence, mais sans utilité pour le travail productif. Il les embrigada, il leur donna des chefs, il leur inspira un esprit de discipline et d'ordre; il en fit pendant quatre mois, au lieu d'une force à la merci des socialistes et des émeutes, une armée prétorienne, mais oisive dans les mains du pouvoir. Commandés, dirigés, contenus par des chefs qui avaient la pensée secrète de la partie antisocialiste du gouvernement, ces ateliers contre-balancèrent, jusqu'à l'arrivée de l'Assemblée nationale, les ouvriers sectaires du Luxembourg et les ouvriers séditieux des clubs. Ils scandalisaient par leur masse et par l'inutilité de leurs travaux les yeux de Paris, mais ils protégèrent et sauvèrent plusieurs fois Paris à son insu. Bien loin d'être à la solde de Louis Blanc, comme on l'a dit, ils étaient inspirés par l'esprit de ses adversaires.

Ils ne s'élevaient d'abord qu'à vingt mille; mais chaque jour leur apportait un nouveau recrutement de misère ou de chômage. L'œuvre imprévoyante et soudaine des fortifications avait appelé et fixé à Paris une masse de quarante mille ouvriers de plus qui, une fois établis dans la capitale, ne voulaient plus en sortir. Ces ouvriers, de terrassement ou de maçonnerie, n'avaient aucune des conditions d'une population domiciliée. La République expiait ainsi l'imprudence de la monarchie. Les travaux de luxe, qui sont les premiers atteints par les crises, cessaient dans toutes les fabriques de Paris; les économies des ouvriers tarissaient; les besoins de leurs familles se faisaient sentir cruellement. Les fabricants riches et généreux envers leurs ouvriers, en conservaient une partie à demi-salaire. Dans certaines manufactures, la moitié des ouvriers, au lieu de travailler toute la semaine, travaillaient quatre jours, pendant que l'autre moitié chômait, puis ils quittaient l'atelier pour chômer à leur tour, et laissaient la place à leurs camarades; mais de semaine en semaine de grandes usines se fermaient, et les deux cent mille ouvriers qui peuplaient les ateliers de Paris, venaient ainsi successivement s'enrôler dans cette armée temporaire des ateliers nationaux.

A ces ouvriers de la main se joignirent bientôt des ouvriers des arts libéraux, qui avaient épuisé aussi leurs dernières ressources. Des artistes, des dessinateurs, des correcteurs d'imprimerie, des employés de librairie, des commis de magasin, des écrivains, des hommes de lettres, des acteurs, hommes qui n'avaient jamais manié que le burin, la presse ou la plume, venaient courageusement demander aux ateliers le pic ou la pioche pour remuer la terre au Champ-de-Mars, et dans les différents chantiers qu'on leur assignait.

On rencontrait le matin sur les boulevards, aux Champs-Élysées, dans tous les quartiers des faubourgs, de petits détachements de vingt à cent hommes de tout âge et de tout costume, se rendant, précédés d'un drapeau et conduits par un brigadier, au travail. Ces hommes étaient tristes de visage, mais sérieux et patients alors. On voyait qu'ils avaient l'honorable sentiment du devoir douloureux qu'ils accomplissaient envers leurs familles et des devoirs que le gouvernement remplissait envers eux en les secourant par le travail. Malheureusement, ce travail mal organisé n'était qu'un prétexte d'assistance publique, un expédient d'urgence pour prévenir la disette, les troubles, le désespoir. Ils rentraient le soir, dans le même ordre, dans leurs quartiers. Ils faisaient eux-mêmes la police et exerçaient une discipline volontaire et mutuelle entre eux. La solde leur était payée tous les samedis. Ce n'était pas une organisation du gouvernement, comme on a voulu le faire croire plus tard : c'était une aumône sacrée et indispensable de l'État, honorée par l'apparence du travail. Ces ateliers de Paris, qu'une même nécessité fit organiser d'instinct dans toutes les villes industrielles, déshabituèrent, il est vrai, beaucoup d'ouvriers du travail sérieux, mais ils sauvèrent les masses de la faim et du désespoir, la société des troubles et la propriété du ravage.

Le gouvernement n'eut qu'un tort dans le principe, ce fut de ne pas appliquer ces ateliers à de grands travaux d'utilité publique et de ne pas les disperser à distance de Paris et des grandes villes, foyers de sédition. Quand on le voulut, il était trop tard : leur armée s'élevait à quatre-vingt et à cent mille hommes dans Paris ; il aurait fallu une autre armée pour les contraindre à évacuer la capitale. On les toléra par humanité et par force jusqu'à ce que l'époque révolutionnaire traversée permît au travail privé de réabsorber ces éléments et à la force publique reconstituée d'en dominer le débordement.

Tels furent les ateliers nationaux, qu'on a présentés comme un système, et qui n'étaient qu'un expédient passager, terrible, mais nécessaire. Les hommes prévoyants du gouvernement ne cessaient d'envisager avec crainte le moment où la sédition s'introduirait dans ce noyau de misère et d'oisiveté et où il faudrait le dissoudre par la prudence ou par la force. La sédition ne s'y introduisit qu'après l'arrivée de l'Assemblée nationale à Paris : ce fut l'écueil presque inévitable du premier gouvernement régulier de la République. Nous verrons plus tard comment elle faillit y échouer.

XX.

De toutes les institutions républicaines, l'enseignement public et l'instruction élémentaire gratuite donnée au peuple était une des plus organiques et des plus vitales. La civilisation d'un peuple est en germe dans ses institutions d'enseignement. Pendant qu'une génération grandit et meurt, une autre génération naît et s'avance sur ses pas pour la remplacer : les traditions de la première sont le patrimoine de la seconde. L'humanité a ainsi un éternel enfant à instruire et à élever.

Le gouvernement, trop préoccupé de la tempête contre laquelle il luttait dehors et dedans, n'avait pas le temps de mûrir en quelques jours et en quelques nuits dilapidés dans les orages de la place publique les plans complets d'une éducation populaire; mais il voulait tenir cette promesse de la République au peuple et préparer la voie à l'Assemblée nationale.

Un homme d'une trempe antique, d'une âme tendre, d'un esprit ferme, méconnu et calomnié depuis pour quelques mots signés imprudemment dans le tumulte de travaux incessants et interprétés par la malignité de l'esprit de parti dans un sens démenti par sa nature et par sa vie entière, M. Carnot, fut chargé de cette œuvre. La pensée de la révolution était ce qu'elle devait être, de prodiguer l'enseignement au peuple par une institution enseignante émanant de la République elle-même; de rendre obligatoire la partie élémentaire générale et neutre de cet enseignement, espèce de sens de la lumière intellectuelle qu'une société vraiment morale doit à tous ceux qui naissent dans son sein; de ne point asservir l'âme des enfants au monopole d'un corps enseignant; de donner à la société ce qui appartient à la société, à la famille ce qui appartient à la famille, à Dieu ce qui appartient à

Dieu. L'enseignement républicain peut combiner tout cela dans une forte organisation de l'Université et dans un complet système de liberté d'enseignement en concurrence avec l'institution enseignante de l'État.

La République rationnelle ne pouvait vouloir ni enchaîner la civilisation et la conscience au clergé, ni interposer une main profane entre la religion du père et l'âme de l'enfant. Elle devait donc émanciper la conscience religieuse de la tyrannie de l'État, comme elle devait émanciper l'intelligence du peuple de la suprématie imposée des dogmes. Sa pensée, comme celle de l'avenir, était la liberté intellectuelle comme la liberté civile des cultes, la foi individualisée dans l'homme, Dieu libre de se manifester et d'éclater par la raison toujours croissante dans l'esprit humain, le sentiment religieux seulement sous toutes les formes, mais institué, propagé, honoré, cultivé comme dogme universel de toute société spiritualiste.

M. Carnot pensait et agissait dans cet esprit. Il avait à côté de lui, en M. Reynaud, son sous-secrétaire d'État, les traditions de l'époque philosophique corrigées par le sentiment religieux et appliquées par le sentiment démocratique, les lumières de l'Assemblée constituante, les instincts fraternels de la vraie République, la tolérance, la liberté et la modération de notre époque : c'était là l'esprit de ce ministre. C'est celui de tous qui eut le plus de temps pour réfléchir et qui médita le plus de bien.

Le premier acte de M. Carnot fut une circulaire au

clergé pour déclarer que la République voulait être religieuse, et pour l'encourager à rentrer dans ses temples respectés par le peuple et protégés par le gouvernement, il proposa deux lois : la première sur l'instruction primaire, où il concilie les trois principes énoncés plus haut, obligation, gratuité, liberté de l'enseignement. Cette loi faisait de l'instituteur un fonctionnaire de morale et d'intelligence publique; il fonda l'École d'administration, école qui avait le tort d'être unique au lieu d'être spéciale à chaque branche d'administration ; il éleva le traitement des instituteurs ; il fonda l'École maternelle, pépinière de charité pour former les mères adoptives des salles d'asile ; il développa l'enseignement agricole dans les écoles primaires ; il provoqua l'adoption par l'État des élèves d'élite qui manifestaient des vocations transcendantes ; il rétablit les lycées et y ordonna l'étude de l'histoire de la révolution française; il y réprima énergiquement l'indiscipline que le contre-coup de la crise de février y faisait redouter; il proposa un Athénée libre, complément des hautes études et des cours publics, exerçant l'esprit de la jeunesse aux plus hautes spéculations de la philosophie ; il organisa des lectures publiques pour les heures d'oisiveté du peuple ; il encouragea la littérature populaire qui manque presque entièrement en France ; il donna des directions et des primes à ce genre de propagation de la pensée.

Il fut trompé par la mauvaise rédaction de ces livres

populaires. On lui reprocha comme une propagande funeste ce qui n'avait été que l'omission de sa censure. Il fit, comme les anciens, de l'enseignement de la musique un précepte pour l'élévation et l'adoucissement du sens moral et civilisateur du peuple ; il groupa autour de lui, comme conseil philosophique et littéraire, les noms les plus hauts et les plus purs de la philosophie et de la littérature républicaine, au nombre desquels le peuple comptait Béranger, l'homme de ses prédilections.

Une phrase mal rédigée, mal interprétée d'une circulaire de M. Carnot pesa depuis sur son administration et effaça tous ses services. Elle n'avait d'autre intention que de compléter la représentation de l'agriculture en disant aux agriculteurs qu'ils étaient plus aptes à connaître et à faire valoir leurs intérêts que des représentants plus lettrés, mais étrangers au sol. M. Carnot, averti de cette interprétation erronée, la rectifia bientôt lui-même en termes qui ne laissaient aucun doute à la bonne foi.

« On a présenté, dit-il, ma circulaire du 16 mars
« comme complément de celles qui émanaient du
« ministère de l'intérieur, il faut que je m'explique.
« Deux tendances opposées se personnifiaient, aux
« yeux du public surtout, dans M. de Lamartine et
« dans le ministre de l'intérieur : je n'ai pas besoin
« de dire que mes sympathies appartenaient au pre-
« mier. » Carnot, en effet, était le dernier des hommes qu'on pût accuser de violences ou d'abrutissements

démagogiques. Si la République nouvelle avait eu un modèle de républicanisme intelligent et moral à présenter à ses amis ou à ses ennemis, c'est sur lui qu'elle aurait porté les yeux. Il expie des mots, et on oublie sa pensée et ses actes, mais l'homme est intact, et la République aura tôt ou tard besoin de le retrouver.

Le ministère de la justice était après celui de l'intérieur et de la guerre le plus étendu dans ses attributions et dans son personnel. De grandes questions s'y rattachaient ; M. Crémieux les toucha toutes avec une telle précision que l'Assemblée constituante convertit presque tous les décrets de ce ministre en lois.

Quant aux mesures qui concernaient le ministre de l'intérieur, elles consistèrent surtout dans l'envoi de commissaires et de sous-commissaires destinés à remplacer les préfets et les sous-préfets dans les départements. Presque tous les départements, sans attendre les ordres de Paris, avaient transformé d'eux-mêmes et sans violence leur administration monarchique en administration républicaine. Nulle part, un préfet, un général ou un soldat n'avaient résisté. On eût dit que la révolution déjà faite dans les esprits n'avait qu'à se nommer pour se faire reconnaître. Partout et sans lutte, des citoyens notables de l'opposition avaient été entourés, à la nouvelle des événements de Paris, par la masse de leurs concitoyens; conduits à l'hôtel de la préfecture ou de la sous-préfecture, ils y avaient reçu pacifiquement des mains de l'ancienne autorité les rênes de l'administration ; partout aussi, et avec le même accord, les conseils de préfecture, les maires, les conseils provisoires de municipalité avaient été changés ou recrutés de nouveaux membres ayant la confiance des populations. L'anarchie n'avait pas eu une minute pour s'introduire entre les deux gouvernements.

Ces nouvelles autorités avaient été obéies d'instinct avec plus d'unanimité encore que les autorités anciennes. On eût dit que la France entière avait le génie des révolutions et accomplissait cette transformation complète d'un ordre monarchique à un ordre républicain, comme une armée accomplit une manœuvre à laquelle elle a été exercée par la discipline. C'est un des fruits de ces trente ans de liberté constitutionnelle que la France avait pratiquée depuis 1814. La liberté et la raison progessent du même pas dans les peuples.

Le ministre de l'intérieur, M. Ledru Rollin, confirma plusieurs de ces premiers choix de commissaires faits par les populations des départements; il en envoya d'autres de Paris. Les choix d'abord sains attestaient l'esprit de haute et libérale conciliation que la majorité du gouvernement, et que le ministre de l'intérieur lui-même voulaient alors prendre et donner aux départements pour type de l'administration républicaine.

Suivre le bon esprit des départements dans leurs choix spontanés, ne pas les contraindre mais les séduire à la confiance par l'estime que leur inspireraient leurs administrateurs; modérer ce qu'il y aurait d'excessif; tempérer ce qu'il y aurait de trop brûlant; réchauffer ce qui serait trop tiède; prendre les rênes du gouvernement dans les cœurs des bons citoyens; ne pas laisser aux populations agitées le temps de s'apercevoir d'une lacune dans l'exécution des lois d'ordre public; prévenir à tout prix les guerres civiles et l'effusion d'une goutte de sang; plaindre, consoler, protéger les vaincus; ennoblir l'enthousiasme des vainqueurs par leur propre générosité; oublier les griefs mutuels entre les partis, et confondre dans la famille nationale tous ceux qui se confondaient dans l'amour de la patrie et dans la défense de la société; telles étaient les intentions exprimées dans le conseil par l'unanimité des membres du gouvernement, commentées à toute heure par Lamartine dans ses harangues aux députations des départements et au peuple à l'Hôtel de Ville ou sur la place publique, et rédigées en premières instructions aux commissaires du gouvernement par le ministre de l'intérieur.

La plupart de ces premiers commissaires étaient des membres de la Chambre des députés connus par leur opposition modérée à l'ancien gouvernement; des rédacteurs de journaux démocratiques accrédités par l'estime dont ils jouissaient; des clients de la presse républicaine de Paris, et surtout du *National*. Le ministre de l'intérieur y adjoignit des clients du journal *la Réforme*, centre plus actif et plus révolutionnaire des conspirations antimonarchiques, et enfin un très-petit nombre de clients des écoles socialistes, hommes alors aussi tempérés de conduite qu'ils étaient aventureux d'idées.

XXI.

Ces choix précipités, faits pour ainsi dire au cri de l'urgence et à l'indication de partis divers, n'excitèrent au premier moment aucune réclamation. Le ministre indiqua à ses agents l'esprit de son administration dans une première circulaire du 8 mars. Cette circulaire disait : « La France entière n'a eu qu'une « seule voix, parce qu'elle n'avait qu'une seule âme. « Cette union de tous dans une même pensée est le « gage le plus certain de la durée de la République, « elle doit être la source de la modération après la « victoire. Votre premier soin doit être de faire com- « prendre que la République doit être exempte de « toute idée de vengeance et de réaction. Toutefois, « que cette générosité ne dégénère pas en faiblesse. « En vous abstenant de toutes recherches contre les « opinions et les actes antérieurs, prenez comme « règle que les fonctions politiques, à quelque degré « de la hiérarchie que ce soit, ne peuvent être confiées « qu'à des républicains éprouvés, en un mot tous « hommes de la veille et non pas du lendemain. »

Les premiers mots de cette instruction étaient entièrement dans l'esprit du gouvernement; les derniers était une épuration de la France. Épurer la France de tout ce qui n'était pas républicain de la veille, c'était l'aliéner de la République ; la République, en aliénant d'elle la majorité de la France, devenait un gouvernement de minorité ; un gouvernement de minorité a besoin d'intimider la majorité, c'est-à-dire la nation, pour se fonder et se maintenir. La République du 24 Février se dénaturait ainsi, et se pervertissait.

La différence radicale, dans la manière de comprendre et de pratiquer la nouvelle République, se révélait malheureusement à ces premières paroles entre les membres du gouvernement. Il était évident que l'esprit posthume et conventionnel dictatorial des clients de *la Réforme*, cherchait à entraîner la politique intérieure en arrière dans la voie de l'épuration et de l'intimidation révolutionnaire. Bien que les actes fussent tolérants, les paroles étaient acerbes ; cela suffisait pour inquiéter le pays au moment où il fallait le rassurer et le convier tout entier à la République.

Cette provocation intempestive adressée à tous ceux qui n'admettaient la République qu'à la condition d'y transporter la plénitude de leur honneur et de leurs droits, suscita les premiers ressentiments et éleva les premiers ombrages. Néanmoins, les mesures du ministre de l'intérieur et de la majorité des commissaires qu'il avait nommés ne correspondirent en rien alors à ce langage. Les mots parurent une concession à un parti violent pour lui refuser les actes ; ils glissèrent sans que le gouvernement jugeât à propos de les relever et de les démentir. Le ministre de l'intérieur absorbé dans l'immensité des détails de son département, ne pouvait pas matériellement répondre de tout ce qui se rédigeait sous sa responsabilité morale. Il assistait même rarement aux conseils du gouvernement qui se tenaient encore à l'Hôtel de Ville au milieu de l'affluence constante du peuple. Il gouvernait à part la partie du service public qui lui avait été dévolue.

Lamartine gouvernait de son côté avec une indépendance absolue la politique extérieure et la partie de l'esprit public qui correspondait à ses vues. Chaque ministre était souverain dans son centre d'action. On ne se soumettait mutuellement que les questions très-graves qui se rattachaient à la politique d'ensemble du gouvernement.

Louis Blanc, Albert, liés antécédemment avec le parti de *la Réforme*, se groupaient avec d'autres hommes actifs de ce parti, et cherchaient à faire prévaloir, les uns leurs doctrines socialistes, les autres leurs ombrages républicains. Flocon, esprit plus politique que spéculatif, s'efforçait de ramener à l'équilibre ces prétentions des socialistes et des républicains excessifs. On lui doit beaucoup de tempéraments habiles que les deux partis du gouvernement eurent la sagesse de garder l'un envers l'autre, pour ne pas rompre avec éclat une unité apparente qui prévenait les déchirements dans le pays.

Caussidière, esprit souple et fin, sous une écorce rude et inculte, penchait en apparence vers la politique du ministre de l'intérieur; mais il se servait de ses amis dans l'intérêt de sa propre importance plus encore qu'il ne les servait eux-mêmes. Homme d'action, en contact avec le peuple, entouré d'une milice prête à tout, ses amis ne pouvaient rien sans lui. Il affichait une indépendance qui le leur rendait quelquefois suspect, toujours redoutable. Le parti du *National* était en lutte avec Caussidière; ce parti croyait que le préfet de police était l'agent et le séide du ministre de l'intérieur contre eux.

Lamartine avait compris d'un coup d'œil qu'il y avait un immense parti à tirer de Caussidière, pour le rétablissement de l'ordre, et qu'il fallait le grandir contre des ennemis plus dangereux. Il lui témoignait confiance, il le provoquait à demander au gouvernement des attributions de police plus étendues, des fonds plus larges, il prenait l'initiative au conseil en sa faveur pour la création de corps municipaux armés, garde républicaine, gardiens de Paris aux ordres immédiats du préfet de police; il le voyait quelquefois en particulier, il s'entretenait confidentiellement et franchement avec lui de la politique générale intérieure et extérieure. Il ne se dissimulait rien de la situation complexe et de l'ambition du rôle de Caussidière, mais il voyait de la probité dans cette ambition, de la loyauté sous cette finesse. Caussidière avait un cœur : ce cœur même était honnête et généreux. On pouvait se fier sinon à ses opinions, du moins à sa nature. Il pouvait rêver de grands actes révolutionnaires, jamais d'actes criminels. Homme de combat et non d'anarchie, il aspirait à régulariser promptement la victoire, à garder la confiance des amis qui avaient conspiré et combattu avec lui, à conquérir l'estime des vaincus, la reconnaissance de Paris, à légitimer sa conquête par ses services, et à changer le conjuré en magistrat. Il aimait le peuple, mais il ne le flattait pas dans ses excès, pas même dans ses rêves.

Lamartine lui parlait souvent du danger des propagandes communistes de ses amis du Luxembourg et de la nécessité de ramener ces théories du bouleversement social à la mesure d'institutions d'assistance, d'instruction, de secours, de travail, d'accès à la propriété pour les prolétaires. Caussidière était pleinement de cet avis. « Le socialisme m'embarbouille, lui « répondait-il avec mépris. De l'ordre, du travail, de « la fraternité en action et pas de chimères. »

Il aida puissamment Lamartine à contenir les réfugiés polonais, allemands, belges, italiens, qui voulaient entraîner la République dans des guerres d'agression forcée pour des intérêts de factions étrangères. Au commencement, ces complots avaient paru sourdement, sinon favorisés, au moins tolérés et encouragés par des hommes très-rapprochés du gouvernement. Lamartine fit comprendre à Caussidière le danger de ces tentatives qui soulèveraient l'Europe contre la République, et qui renoueraient une coalition; une politique plus loyale et plus habile dans sa loyauté rendait cette coalition impossible.

XXII.

Une femme exceptionnelle par le style, et un orateur d'élite, madame Sand et M. Jules Favre, prêtaient alors l'assistance de leur talent à la politique du ministère de l'intérieur.

Madame Sand, accourue au vent de la révolution, avait vu Lamartine à son arrivée à Paris. Le ministre des affaires étrangères s'était efforcé de conquérir à ses vues ce génie viril par la forme, féminin par la mobilité des impressions. Il avait eu un entretien de plusieurs heures avec cette femme importante dans une crise où la tempête populaire ne pouvait être gouvernée que par les vents qu'on ferait souffler sur ces vagues. Il avait convaincu madame Sand que le salut des institutions nouvelles ne pouvait être que dans la répudiation soudaine, énergique et complète des excès et des crimes qui avaient déshonoré et perdu la première révolution; il l'avait conjurée de prêter la force dont Dieu l'avait douée, à la cause de l'ordre et de la moralisation du peuple. Elle le lui avait promis avec cet accent d'enthousiasme passionné qui révèle la sincérité des convictions; elle lui avait demandé quelques jours seulement pour aller dans le Berri mettre ordre à ses affaires; elle devait, à son retour, rédiger une feuille populaire qui sèmerait dans l'esprit des masses les principes de paix, de discipline et de fraternité, auxquels sa plume et son nom auraient donné le prestige et l'éclat de sa popularité.

Elle partit dans cette intention. A son retour les anciennes prédilections de son esprit pour les théories aventurées de socialisme la rattachèrent par Louis Blanc à un cercle de politique opposée. Lamartine apprit qu'elle rédigeait au ministère de l'intérieur une feuille officielle intitulée le *Bulletin de la République*. Cette feuille rappelait, par les termes, les souvenirs néfastes de la première république; elle fanatisait les uns d'impatience, les autres de terreur.

La majorité du conseil, informée de l'existence de ce bulletin, gémit de cette déviation d'un talent de premier ordre, qui plaçait ainsi sous la responsabilité du gouvernement des paroles et des doctrines en contradiction ouverte avec son esprit. Le ministre de l'intérieur n'avait pas le loisir de surveiller lui-même cet écrit émané de ses bureaux; il n'en défendit pas les exagérations malfaisantes. Il fut convenu qu'aucun de ces bulletins ne partirait plus pour les départements avant d'avoir passé par l'examen d'un des membres du gouvernement; ils se partagèrent les jours de la semaine pour cette surveillance. Les innombrables détails dont ils étaient surchargés et les incidents d'urgence sans cesse renaissants avec les jours, leur firent souvent négliger ce devoir. Quelques bulletins se glissèrent encore à la faveur de ces négligences et portèrent des scandales et des brandons d'opinion dans les départements. Quelques commissaires prirent sagement sur eux d'en interdire l'affiche et la publication dans les communes.

XXIII.

Cependant Paris, quoique debout, était calme. Le gouvernement avait convoqué la France entière aux élections pour le 23 avril. C'était le temps strictement nécessaire pour les opérations matérielles du mécanisme du suffrage universel.

L'attente de cette grande installation de la souveraineté du peuple apaisait la masse des esprits, elle irritait les autres. Deux mois de révolution et de dictature à passer encore paraissaient deux siècles. On se flattait dans le parti ultra-révolutionnaire que ces deux mois tourmentés d'événements, de factions diverses, de menaces de guerre à l'extérieur, de troubles et de misères à l'intérieur, ne permettraient pas au gouvernement de réaliser ce grand acte. On voyait entre lui et le 23 avril mille abîmes dans lesquels on le précipiterait, avant qu'il eût atteint le jour qu'il avait fixé pour restituer le pouvoir à la nation.

LIVRE ONZIÈME.

Les clubs. — Leur influence neutralisée par leur antagonisme. — Barbès. — Blanqui. — Raspail. — Cabet. — Les réfugiés étrangers. — Acceptation du manifeste par l'Europe. — Négociations verbales de Lamartine avec le corps diplomatique. — Nomination des ambassadeurs. — Leurs rôles et leurs missions diverses. — MM. d'Harcourt, Aupick, de Tallenay, Bellocq, de Thiard, Bixio, Champy, de Lesseps, de Circourt.

I.

Le parti modéré du gouvernement, et alors il était presque unanime, envisageait de loin avec espérance le moment où la nation évoquant de son sein tous ses droits et toutes ses forces viendrait elle-même au secours d'elle-même et s'emparerait seule de sa révolution. Le parti anarchique et terroriste, au dehors, envisageait en frémissant cette heure qui devait lui enlever toute chance de prolongation de règne et de subversion. Ce parti étouffé les premiers jours sous la défaite qu'il avait subie à l'Hôtel de Ville et sous l'enthousiasme d'ordre et de modération qui soufflait de l'âme unanime du peuple, commençait à tenter de pervertir la République dans les clubs.

Les clubs, institution ou plutôt résultat révolutionnaire, ne sont autre chose que l'attroupement tumultueux régularisé et périodique, la place publique concentrée dans une enceinte plus étroite, mais animée des mêmes passions, bouleversée des mêmes orages. Ils ont même un danger de plus que la place publique : ils ont l'esprit de secte et la discipline combinée des partis. Aussitôt que l'ordre fut rétabli dans la rue, par le bon esprit spontané du peuple et par les inspirations et les vigilances du pouvoir naissant, les clubs se formèrent dans tous les quartiers de Paris. Le gouvernement n'aurait pu s'y opposer sans mentir à sa nature et sans méconnaître la situation. Les clubs, dans un pareil moment, n'étaient que les voix dominantes de l'opinion, les corps délibérants de la révolution.

Quelques hommes, trop effrayés des analogies avec la réunion des Jacobins, crurent que la République était perdue et le gouvernement asservi du jour où ils virent se former les premiers clubs; d'autres comprirent la différence qui existait entre un seul club révolutionnaire s'affiliant tout l'esprit d'une révolution comme les Jacobins et dominant la Convention même, et entre une multitude de clubs animés d'esprits divers, divergeant de but et de théories, se faisant opposition et contre-poids les uns aux autres, dépopularisés d'avance dans l'esprit des citoyens par les sinistres souvenirs de 1793, et offrant, au contraire, à un gouvernement habile et ferme des points d'appui et des points de résistance contre l'unité dangereuse d'une

seule faction. Aussi les membres du gouvernement provisoire n'en conçurent-ils pas la terreur qu'on cherchait à leur en inspirer. « Je tremblerais, dit
« Lamartine aux alarmistes, s'il n'y avait qu'un club
« des Jacobins, et je n'essaierais pas même de lutter
« contre une réunion pareille autrement que par l'in-
« surrection des départements ; je lui remettrais la
« victoire et l'empire : mais avec les clubs nombreux,
« libres, sans privilèges comme sans contrainte, je ne
« crains rien que des tentatives confuses ou isolées,
« contre lesquelles l'esprit public et les clubs eux-
« mêmes nous serviront contre les clubs. Qu'ils m'ap-
« pellent ! Je suis prêt à m'y présenter moi-même,
« comme Dumouriez en 1792, et à y accepter les dia-
« logues et les accusations avec leurs orateurs. »

II.

Lamartine, en effet, aida lui-même de bons citoyens à louer des salles, à former des bureaux, à fonder des clubs bien intentionnés dans différents quartiers de Paris pour occuper le soir l'oisiveté dangereuse du peuple et pour en diriger l'esprit dans le sens de sa politique. Il entra aussi en relation indirecte avec les clubs les plus véhéments et les plus mal inspirés, pour en surveiller les explosions et pour y faire réfuter les motions incendiaires par des orateurs qui neutralisaient les séditions. A l'exception de quelques forcenés qui demandaient de temps en temps, au club du Palais-

National, la mise en accusation de Lamartine et sa tête, et qui étaient hués et chassés de la tribune par les assistants, l'esprit des clubs avait été excellent et leur action généralement utile jusque-là. La pression du bon sens public pesait sur les mauvais citoyens ; le sentiment de leur unanimité fortifiait les bons. Le maire de Paris avait mis provisoirement à leur disposition, pour faciliter ces réunions, plusieurs monuments publics et des salles d'asile ou de spectacle. Le plus grand nombre des clubs étaient ainsi en harmonie avec le gouvernement lui-même et propageaient ses idées d'ordre, de patriotisme, d'examen et de conciliation dans la multitude. Un fait vint leur donner une physionomie nouvelle et plus caractérisée.

Le gouvernement avait ouvert les cachots où languissaient depuis plusieurs années les précurseurs de la République convaincus de complots ou d'attentats contre la monarchie. Deux de ces premiers combattants de la cause démocratique venaient de sortir de prison : c'étaient *Blanqui* et *Barbès*. Lamartine ne connaissait pas Blanqui. Voici comment il connut Barbès :

Barbès avait été condamné à mort par la Cour des pairs sous le dernier gouvernement. A quatre heures du matin du jour où le condamné devait être exécuté, une jeune femme se présente à la porte de Lamartine et demande à le voir. Lamartine se lève et va la recevoir. La jeune femme en larmes se précipite à ses genoux, lui dit qu'elle est la sœur de Barbès, et le conjure de sauver son frère. Lamartine n'avait aucun rapport avec la cour; il se souvient qu'il en a eu avec M. de Montalivet, ministre et ami du roi; il y court. M. de Montalivet, cœur généreux où les inspirations ne délibèrent pas plus que le courage, était très-malade. Il ne calcule ni sa santé, ni ses forces; il se lève et se fait conduire chez le roi à Neuilly. Le roi, dont la pensée devançait en cela celle de son ministre, fait grâce de la vie au condamné.

Barbès est sauvé. La sœur du condamné attendait son arrêt dans un des bureaux de la Chambre des députés. Lamartine lui rend la vie en lui portant celle de son frère. Elle s'évanouit en baisant ses mains.

Il y avait sept ans que cette scène s'était passée, lorsque Lamartine, quelques mois avant la révolution de Février, reçoit de Barbès deux lettres que ce condamné avait trouvé le secret de dérober aux geôliers de son cachot à Nîmes. Ces lettres disaient à Lamartine : « Je vous dois l'existence ; après Dieu, vous
« êtes mon sauveur. Si je sors jamais de ces murs ren-
« versés par le triomphe certain de la République, ma
« première visite sera pour celui envers qui ma recon-
« naissance a besoin de se soulager, et j'espère
« qu'après m'avoir sauvé, il sauvera aussi ma patrie. »

Barbès avait tenu parole. Le lendemain de son arrivée à Paris, il était venu se jeter dans les bras de Lamartine. « Je suis doublement heureux de votre déli-
« vrance », lui dit le ministre des affaires étrangères;
« vous êtes libre, et c'est la République, ce gouver-
« nement de vos prédilections, qui vous reçoit dans

« la liberté. Vous pouvez lui être très-utile en ce
« moment. Le peuple, sans autre frein que nos paroles,
« a besoin qu'on le dirige et qu'on le modère. Il vous
« écoutera : vous êtes un de ses martyrs, vos paroles
« seront ses oracles. Conseillez-le, non avec la colère
« d'un combattant, mais avec la générosité d'un vain-
« queur et avec le sang-froid d'un homme d'État. La
« République n'a plus de dangers à courir que de
« ses excès. Montrez autant d'héroïsme pour la retenir
« que vous avez montré d'impatience et de courage
« pour la devancer. Les idées ne deviennent gouver-
« nement qu'à la condition de se régulariser en ordre
« et en force. Oubliez les traditions de la première
« République et aidez-nous à en fonder une qui ne
« se souille ni d'anarchie ni d'échafauds, et qui
« réconcilie peu à peu tous les griefs dans tous les
« droits. »

Telles furent les paroles de Lamartine. Barbès les
écouta avec tous les signes d'un acquiescement de
cœur et d'esprit.

« Ces idées sont aussi celles que j'ai mûries en moi
« dans ma captivité et dans ma religion politique,
« dit-il. Je ne veux employer l'influence que ma renom-
« mée de victime me donnera sur le peuple que pour
« le diriger dans ce sens. Mais je suis étranger depuis
« des années au monde politique. J'étais jeune quand
« je fus jeté dans les fers. Je ne connais ni les choses,
« ni les hommes. Me permettrez-vous de vous consulter
« de temps en temps pour retrouver la vraie voie, si

« mon ignorance des affaires m'en faisait involontai-
« rement dévier? »

Lamartine lui promit de lui ouvrir son cœur toutes les fois qu'il le désirerait; il lui recommanda de ne pas se lier avec ceux qui confondent la démocratie et la démagogie, ou qui chercheraient l'amélioration des conditions sociales des prolétaires dans la subversion de la propriété, base commune qui portait tout, et sans laquelle propriétaires et prolétaires s'écrouleraient ensemble dans la même ruine.

Il trouva dans Barbès les instincts d'une âme exaltée, mais honnête, et les dispositions à la modération et à la conciliation entre les classes qu'il pouvait désirer. Ces dispositions durèrent quelque temps. Elles auraient duré toujours si Barbès n'eût été bientôt attiré par un autre foyer d'opinions. Il se retrempa dans ses idées de nivellement radical des conditions et des fortunes, mirage éternel des zélateurs de l'égalité absolue des biens, depuis les premiers chrétiens et les Gracques jusqu'à Babeuf et à Marat : vertu en principe, fraternité en institutions, démence et crime en réalisation révolutionnaire.

Barbès fut bientôt après nommé colonel de la légion du 12e arrondissement de Paris. Il fonda un club qui prit son nom. Les doctrines du socialisme s'y mêlèrent à l'énergie du républicanisme. Le nom de Barbès sonnait aux oreilles du peuple comme un tocsin contre la monarchie et contre la bourgeoisie. Barbès parlait peu et sans éclat; mais il avait l'accent du soldat et la foi du martyr. C'était un Spartacus sorti des cachots. Il ressemblait à la statue de l'esclave vengeur, beau, mais flétri par les fers, et dévoré du feu inextinguible des révolutions.

Barbès parla plusieurs fois avec amertume à Lamartine d'un autre homme, son émule en conjuration et en captivité, qu'une fatale coïncidence de hasards venait de délivrer comme lui et de rendre suspect à ses complices. Cet homme était Blanqui.

III.

Pendant que Lamartine était encore en permanence à l'Hôtel de Ville, je ne sais quelle main, partiale pour certains hommes compromis, avait dérobé quelques pièces secrètes déposées dans les portefeuilles du ministère. Parmi ces pièces, il y avait une révélation sans signature faite au gouvernement du roi sur les trames des sociétés secrètes. Elle portait pour suscription : *Déclaration faite par Blanqui devant le Chancelier.* Cette révélation était évidemment l'œuvre d'un chef supérieur et intelligent de ces sociétés. On avait livré imprudemment cette pièce à la curiosité d'un collecteur de documents qui l'avait laissée circuler. Une clameur d'indignation sourde avait à l'instant accusé Blanqui.

Blanqui venait d'ouvrir un club. Il y parlait avec une violence contagieuse : il le dirigeait avec l'infatigable génie des conspirations, il y amassait la renommée et la popularité pour s'y recruter une armée d'opinions extrêmes.

Ces rumeurs montèrent jusqu'à lui, l'enveloppèrent de doute et d'ombrages, détachèrent de son nom le prestige, et de son club la foule qui l'écoutait. Ses anciens complices et surtout Barbès le sommèrent de se disculper, le jugèrent, le condamnèrent au tribunal de l'opinion républicaine. Blanqui disparut quelques jours de son club comme un homme contaminé de soupçons, prépara sa défense écrite et la répandit dans Paris.

Cette défense, sans le disculper complétement de quelques révélations vagues sur les choses et non sur les personnes, le couvrait néanmoins assez pour lui permettre de reprendre son rôle et son influence devant un club composé de ses partisans. Il y revint. On fit un triomphe de son retour. L'ombre dont il avait été un moment terni lui faisait une loi d'exagérer son républicanisme et de faire éclater de plus de feu sa passion de tribun. Son club devint le foyer de toutes les exagérations et de toutes les colères démagogiques. Néanmoins, comme ces exagérations et ces colères n'étaient que des jeux de paroles et des réminiscences sans rapport vrai avec la nature du peuple, de la révolution, et du temps, on allait à ce club comme on va à un théâtre historique voir représenter sur la scène par des acteurs en costume suranné les drames ou les parodies d'une autre époque. Les hommes de la noblesse et de la bourgeoisie insultés et menacés par les orateurs de ce club y assistaient par curiosité comme pour entendre de loin sans s'en effrayer les rugissements de Babeuf ou de Marat.

Blanqui lui-même jouissait de la peur que faisait son nom et jouait la fureur plus qu'il ne la ressentait ou ne voulait la répandre dans la masse. Il flattait même adroitement du geste et du regard ceux qu'il menaçait de la voix. C'était un tribun, mais un tribun qui paraissait avoir plus de politique que de foi. Homme supérieur par le tact, par l'esprit, par la diplomatie populaire, à tous les meneurs du moment; il les déconcertait en les dépassant; il leur jetait sans cesse le défi de le dépasser lui-même.

En sortant de son club, il disparaissait dans l'ombre, ne se mêlait en rien au mouvement du gouvernement ou de la multitude, vivait caché dans une mansarde, ne révélait sa demeure qu'à une petite secte d'amis et de séides tels que Lacambre et Flotte, et ne se montrait que la nuit, vêtu misérablement pour intéresser le peuple en figurant sur sa personne les souillures et les misères du prolétariat. Sa parole n'était pas éloquente, mais elle était pénétrante, habile, réfléchie; on y sentait un plan, une ligne, des moyens, un but. Son club n'était pas un vain écho de passions tumultueuses comme les autres clubs antisociaux : c'était un instrument de révolutions dont il maniait sous sa main le clavier pour soulever et pour diriger les passions des masses. Néanmoins la pression du bon esprit et de la raison générale était si prépondérante alors, que le club de Blanqui ne donnait ni inquiétude ni terreur aux membres réfléchis du gouvernement. Les discours qui s'y tenaient faisaient un scandale utile plutôt que nuisible à la cause de la République régulière. Les figurants de cette tribune étaient l'ilote ivre que l'on montrait aux Spartiates pour les dégoûter de l'ivresse.

IV.

Raspail, moins politique, mais plus sectaire que Blanqui, exerçait par son nom, par son journal et par son club un ascendant plus modéré, mais plus intime sur les faubourgs. Quinze ou vingt mille hommes de ces quartiers, véritables monts Aventin de Paris, fréquentaient ses séances, aimaient sa personne, se réglaient sur sa voix. Raspail tendait au communisme par ses doctrines et par ses prédications; mais son communisme de sentiment plus que de subversion était empreint d'une philosophie inoffensive et d'une charité pratique qui aspirait à l'égalité par le nivellement volontaire et non par les expropriations violentes. Il fanatisait le peuple d'espérances sans le fanatiser de haine contre les riches et les heureux. Sa philosophie sociale n'avait pas d'imprécation contre la société, encore moins contre le gouvernement. Il prêchait la patience, l'ordre et la paix. Il promettait seulement plus que la République ne pouvait tenir. Ses théories vagues et dorées étaient de la nature des nuages qui présentent mille perspectives à l'imagination, mais que l'on ne peut atteindre que du regard.

V.

Cabet, autre fondateur de secte, avait ouvert, au centre de Paris, dans la rue Saint-Honoré, un club où il gouvernait sept ou huit mille âmes. C'était le poëte du communisme. Il avait rêvé une Salente chimérique qu'il appelait l'*Icarie*. Là, toutes les inégalités, toutes les indigences, toutes les aspérités même du travail devaient disparaître dans une organisation fantastique dont les éléments n'étaient que des hypothèses incohérentes fournies par une imagination peu riche, même en idéalités.

Fils d'un artisan de Dijon, élevé pour la magistrature, député de sa ville natale en 1830, retombé de la politique par son expulsion de la Chambre en 1834, exilé en Belgique, rentré à Paris après sa peine, Cabet s'était rejeté dans le sein du prolétariat d'où il sortait, pour y chercher un point d'appui à ses idées et à son action. La partie la plus souffrante et la plus ignorante des ouvriers de Paris s'était attachée à ses doctrines. Les délires sont le produit et la consolation des extrêmes souffrances. Cabet était le philosophe et le grand prêtre de cette religion du bien-être; mais cette religion était sans Dieu. La sanctification des purs instincts matériels, combinés mécaniquement dans un ordre inverse de tout ordre social connu, était tout ce système. C'était le culte non sanglant, mais le culte grossier de la vie alimentaire. L'idée manquait à ce monde, comme la divinité. Càbet, avant la révolution de Février, était venu souvent entretenir Lamartine de son utopie. Lamartine ne l'avait pas caressé ; il lui avait rudement prédit que le sol de la France se soulèverait de lui-même contre l'expérience de ces chimères, et que le communisme s'engloutirait dans le premier sillon qu'il tenterait d'usurper. Il lui avait conseillé de ne pas attendre ce jour d'insurrection contre l'impossible, et de résumer sa pensée dans une colonisation régulière et légale de défrichement dans les forêts du Nouveau-Monde.

« Vous commenceriez ainsi par une association de « planteurs, à l'abri d'une civilisation propriétaire « qui vous protégera contre vos propres anarchies, « comme elle protége les *quakers*, et puis la propriété « s'introduira d'elle-même dans votre colonie agri- « cole; et si la chimère vous trompe, la terre au moins « nourrira vos malheureux sectateurs ! »

Cabet avait saisi cette idée ; il allait transplanter ses systèmes en Amérique où il sollicitait une concession. La République l'avait surpris encore à Paris. Sa secte croyait y voir la réalisation de son association sur le sol de sa patrie. Cabet la soutenait dans ses espérances et la contenait dans l'ordre et dans le respect des personnes et des propriétés. Loin de prêcher l'insurrection à ses adeptes, il leur prêchait la patience et l'horreur de l'anarchie. Il se flattait, disait-on, de conquérir, par son ascendant sur cette partie du peuple, cette part de dictature populaire qu'une révolution rapproche de toutes les mains.

VI.

D'autres clubs, gouvernés par des hommes moins connus jusque-là, rassemblaient, occupaient, agitaient tous les soirs les quartiers populeux de Paris. Le club des Quinze-Vingts et le club de la Sorbonne préoccupaient davantage les hommes d'État du gouvernement. Ils remuaient les masses les plus oisives, les plus nombreuses et les plus irresponsables des quartiers du travail. Le ministre de l'intérieur y avait des agents qui rendaient compte tous les jours au ministre de l'esprit de ces réunions populaires. Lamartine les faisait surveiller de son côté. Il neutralisait leurs mauvaises tendances par des tendances contraires hautement favorisées, et par des inspirations communiquées à leurs orateurs contre les suggestions des anarchistes, des communistes et des agitateurs étrangers.

Ces agitateurs étrangers inspiraient les plus graves inquiétudes au gouvernement. Paris se remplissait de réfugiés polonais, de conspirateurs belges, de démagogues allemands, de patriotes italiens, réveillés ou accourus à l'explosion d'une révolution dont ils espéraient faire un foyer européen d'incendie pour le continent tout entier. Huit jours après la révolution, il y en avait plus de quinze mille à Paris. Les Italiens, peuples plus intelligents et plus naturellement politiques, ne causaient aucun embarras au gouvernement. Ils ne tentaient pas de jeter l'anarchie contraire à leur nature dans une république naissante dont ils embrassaient avec espérance le berceau. Cette république devait tôt ou tard, si elle était bien dirigée, grandir à leur profit, et étendre sur eux une influence salutaire et une protection légitime du haut des Alpes.

Mais les Belges fermentaient. Leurs émissaires étaient liés par des complots antécédents avec quelques-uns des hommes secondaires qui entouraient le gouvernement. Ils formaient sourdement avec eux des plans d'insurrection républicaine en Belgique; ils se promettaient d'entraîner la France malgré elle dans des invasions qui après avoir indirectement allumé le feu à Bruxelles, l'étendraient aux provinces rhénanes, et en fomentant ainsi la guerre universelle assureraient en France même le triomphe de la guerre de la démagogie.

Les Irlandais unis aux chartistes anglais se précipitaient sur le continent et cherchaient des complicités insurrectionnelles en France, à la fois parmi les démagogues au nom de la liberté et parmi les chefs du parti catholique au nom du catholicisme.

Les Allemands réfugiés des provinces rhénanes, du

Wurtemberg, de la Bavière, du grand-duché de Bade, appelaient en masse ceux de leurs compatriotes qui avaient conspiré avec eux dans ces différents pays pour recruter et organiser à Paris et à Strasbourg un noyau d'émigration républicaine prêt à passer le Rhin sous l'autorité apparente du nom français, et à engager ainsi la République dans une guerre de propagande contre l'Allemagne constitutionnelle.

Le Polonais, enfin, peuple expatrié qui prend pour patrie l'univers et qui porte dans toutes ses patries d'adoption les vertus et les vices de ce grand et malheureux peuple, l'héroïsme, la turbulence et l'anarchie, remuaient jusqu'au délire la population de Paris. La France devait sans doute beaucoup à cette brave nation en ruine, mais elle ne lui devait pas sa politique et la rupture de la paix du monde.

Les Polonais n'exigeaient pas moins du gouvernement. Ne pouvant l'obtenir du gouvernement, ils prétendaient l'arracher au peuple. Pendant les dix-huit années qui venaient de s'écouler, les Chambres françaises, plutôt contraintes que convaincues, avaient formulé à l'ouverture de chaque session un vœu stérile pour la Pologne. Les vœux d'un grand peuple sont des dérisions, quand ils ne sont qu'une voix sans geste. La France ne pouvait atteindre à la Pologne que par la main de l'Allemagne, et dans un remaniement général du continent. Des comités polonais s'étaient formés, les uns émus d'une noble pitié pour ces exilés de la liberté, les autres pressés d'exploiter au profit de leur nom personnel la popularité attachée au nom de la Pologne.

VII.

Forts de cet appui, les réfugiés polonais soufflaient le feu de la guerre dans les clubs et formaient euxmêmes des clubs plus incendiaires que les clubs français. Quelques-uns abusaient de l'hospitalité pour mettre le feu à l'asile que la France leur prêtait. Ils se servaient des subsides de la France pour l'agiter et l'entraîner à des émeutes et à des anarchies. La société polonaise secrète, dont la police du gouvernement perçait les conciliabules, reprenait à Paris la langue et les traditions de 1793. Le nom de Lamartine surtout y était voué toutes les nuits à l'exécration et à la justice des sicaires, comme celui de l'homme qui résistait le plus inflexiblement aux trames des démagogues étrangers contre la nouvelle République. On voyait poindre dès ces premières semaines le plan et le crime du 15 mai suivant.

Les autres Polonais réfugiés suivaient les inspirations patriotiques du prince Czartoriski et des autres chefs et généraux réfugiés. Leur conduite était digne du respect qu'ils portaient à leur cause et à la France. Ils se contentaient de tourner leur regard vers leur pays et de demander la liberté de retourner y mourir pour leur indépendance, aussitôt qu'une porte leur serait ouverte pour y rentrer.

Cependant, l'Europe paraissait suspendue entre la terreur que lui inspirait la révolution de Paris et l'espérance de possibilité de paix que lui permettait de conserver le manifeste du gouvernement provisoire. Le ministre des États-Unis avait reconnu le premier la République française en devançant les ordres de son gouvernement et au seul titre de conformité d'institution. La Suisse, que la révolution française fortifiait d'un poids immense contre la pression presque violente de l'Autriche, montrait des dispositions moins favorables. Le ministre des affaires étrangères s'étonnait de voir la république française moins saluée à Berne qu'à Berlin. Il ne pouvait se dissimuler que cette froideur de la Suisse pour laquelle la France venait de montrer tant de chaleur dans les dernières discussions parlementaires, tenait peut-être à cet égoïsme des démocraties mercantiles qui calculent plus qu'elles ne sentent. Il était évident que la Suisse, placée par la géographie entre l'Allemagne et l'Italie, craignait d'être agitée par ce contact et d'être forcée de dépenser son repos, son or et son sang pour la cause d'autres indépendances que la sienne. Lamartine, qui méditait une prochaine triple alliance de la France républicaine, de l'Italie constitutionnelle et de la Suisse fédérale pour soutenir au besoin le poids du Nord, fut amèrement déçu et profondément humilié pour la liberté de l'attitude de la Suisse. Elle ne fit néanmoins aucun acte de désaffection à la France, et reconnut officiellement la République.

VIII.

Les courriers qui arrivaient successivement de toutes les parties de l'Europe annonçaient partout l'acceptation du manifeste comme base d'une politique incontestée et comme type du caractère que la nouvelle République française voulait affecter dans le monde. Les ambassadeurs et les ministres de toutes les puissances reçurent ordre de leur gouvernement de continuer à résider à Paris et d'entretenir des rapports officieux et cordiaux avec le ministre des affaires étrangères de la République. Ces rapports que les circonstances multipliaient, donnaient lieu à des communications fréquentes entre les ambassadeurs et le ministre des affaires étrangères. Ces entretiens, dans lesquels le ministre manifesta sans voile et sans arrière-pensée les intentions hautement républicaines, mais loyalement inoffensives du gouvernement, contribuèrent puissamment au maintien de la paix, en l'absence de notes diplomatiques que la cessation de rapports officiels rendait impraticables. Le cabinet des affaires étrangères était un congrès permanent et préparatoire, une négociation directe avec toutes les cours à qui les ambassadeurs transmettaient les paroles et les vues échangées entre eux et le ministre de la République. Ces négociations verbales entre hommes qui s'interrogent et s'ouvrent leur cœur, sur le théâtre même des événements, avancent plus de choses que des notes échangées à distance pendant des années de négociations. Le papier n'a pas de cœur, la parole en a ; le cœur est pour quelque chose même dans la négociation des grands intérêts des empires.

IX.

Dès que le ministre des affaires étrangères eut la certitude des dispositions favorables de ces gouvernements, il nomma les ambassadeurs et les ministres de la République. M. d'Harcourt, ancien pair de France, homme d'une dignité personnelle égale à son nom, fut nommé ambassadeur à Rome. Ce choix quoique très-libéral n'avait rien de révolutionnaire ; il annonçait à la vieille aristocratie française, aux hommes religieux en France et au souverain pontife que la République voulait traiter le chef spirituel du catholicisme avec le respect qui appartient au représentant d'une grande partie des consciences. Le pape de son côté assurait par l'organe de son ministre à Paris qu'il ne faisait pas acception de gouvernement. Ses paroles étaient des bénédictions et non des anathèmes contre la République. Le gouvernement français répondait avec franchise à ces ouvertures, lui avouait que la tendance de la République était la séparation plus ou moins rapprochée du temporel et du spirituel, la suppression de l'intervention de l'État dans l'administration et dans le salaire des cultes, mais il lui garantissait en même temps que la République éminemment religieuse d'inspiration, ne ferait cette grande et nécessaire transformation qu'après avoir pourvu à l'existence des ministres des cultes, au service des églises et des consciences en organisant l'association libre des fidèles pour leurs besoins religieux. Cette transformation du salaire de l'État en salaire libre des associés pour leur culte ne s'opérerait que par voie d'extinction des ministres des différentes communions. La foi devait y gagner en pureté, les croyances individuelles en liberté, le budget des consciences en grandeur et en respect. C'était là la clef de voûte de la révolution, car l'émancipation régulière des cultes, c'est la liberté de Dieu dans les âmes.

Rome et les hommes supérieurs du clergé ne paraissaient nullement effrayés de ces aveux et de la tendance philosophique de la nouvelle République. Ils y voyaient le salut, la dignité et un accroissement de force, mais de force propre dans l'empire du sentiment religieux sur les cœurs.

Le ministre des affaires étrangères parla dans le même sens à l'archevêque de Paris, homme vraiment pieux, et capable de comprendre de plus hautes destinées pour son église qu'une solidarité tantôt tyrannique, tantôt servile avec les gouvernements.

X.

Le général Aupick fut nommé à l'ambassade de Constantinople. Il avait été attaché longtemps aux princes, mais les membres du gouvernement et le ministre de l'intérieur lui-même le signalèrent avec confiance pour représenter la République sur un des points les plus importants au dehors. Sa première fidélité était à la patrie. Une haute capacité militaire et un esprit réfléchi et sûr indiquaient le général Aupick pour un poste où les diplomaties du monde pouvaient s'entre-choquer. On n'interrogea que ses aptitudes, on était certain de sa conscience.

Le poste de Londres reçut d'abord un simple chargé d'affaires, afin d'éviter par l'absence de tout agent d'un ordre trop élevé toute occasion de froissement entre deux grands gouvernements qui avaient la volonté intime de se concilier pour la paix du monde et que les chicanes auraient pu aigrir et diviser. Plus tard, Lamartine y envoya M. de Tallenay, ministre à Hambourg, homme de l'ancienne diplomatie, connaissant l'Angleterre, caractère ouvert, conciliant, facile, propre aux entretiens confidentiels avec des hommes d'État de l'école monarchique et à préparer modestement les voies à des négociations officielles, quand la reconnaissance de la République lui permettrait de déployer ses pouvoirs.

Mais les conversations quotidiennes de l'ambassadeur d'Angleterre, lord Normanby, avec le ministre des affaires étrangères, et la cordialité sans réticence de leurs rapports faisaient de l'ambassadeur français à Londres une superfluité. Lord Palmerston et le cabinet anglais paraissaient avoir compris avec une haute sagacité le caractère pacifique, modéré et civilisateur de la République dirigée au dehors dans un esprit de respect et d'inviolabilité aux institutions diverses des peuples. Une attitude contraire du gouvernement anglais aurait ravivé le préjugé antibritannique que Lamartine comme Mirabeau, Lafayette et Talleyrand, voulait amortir et user en France. L'Angleterre en acceptant la fraternité offerte avec dignité par la République, méritait bien de l'humanité; le ministère de lord Palmerston en recueillera le fruit dans l'histoire. Le ministre de la République savait qu'aucune coalition sérieuse n'était possible contre la France sur le continent, sans le concours et sans la solde de l'Angleterre. Il ne voulait à aucun prix donner à l'aristocratie anglaise le prétexte de forcer le cabinet anglais à une croisade contre la République. Gagner du temps c'était pour lui gagner du sang et des forces pour la France. Si plus tard des causes de dissentiments et de guerres devaient naître, il voulait que ces dissentiments et ces guerres trouvassent la France dans son droit et la République armée contre toute surprise et toute coalition.

C'est là un des motifs pour lesquels le ministre de la République résista avec une inflexible énergie à l'idée de bouleverser la Belgique par les témérités déloyales qu'on ne cessait de lui reprocher de prévenir sur cette frontière. Il avait repoussé tout contact avec les républicains belges venus à Paris pour s'y concerter avec les républicains français de la vieille école; il avait envoyé à Bruxelles plusieurs agents confidentiels avec ordre d'observer l'état vrai de l'opinion et de refroidir au lieu de fomenter le foyer démagogique dans cette capitale. Le principal de ces agents, homme d'ardeur, mais neuf dans la connaissance de l'Europe, lui parut donner des ombrages à Bruxelles; le ministre le rappela sans hésiter. Il envoya à sa place un homme d'expérience et de mesure, M. Bellocq, ancien diplomate exercé au maniement des choses délicates.

L'inconvénient pour la République française d'avoir à Bruxelles un roi uni par les liens du sang à la dynastie déchue en France n'était qu'une susceptibilité indigne de la République. Un soulèvement de la Belgique et son adjonction à la France en ce moment était une déclaration prématurée et impolitique de guerre à l'Angleterre. Un pareil grief donné à l'Angleterre faisait tomber à l'instant le ministère libéral à Londres et il jetait l'Angleterre dans la coalition. La France n'en eût été ni plus ni moins forte, avec la Belgique de plus dans sa cause. Le respect de cette nationalité valait à la République l'immobilité de l'Angleterre, le silence de l'Allemagne, le respect du monde.

Le ministre surveillait d'un œil attentif les trames qui s'ourdissaient à Paris pour unir prématurément ces deux causes. Ses entretiens avec le prince de Ligne, dans lesquels il manifesta ses sentiments de prudence et de loyauté, et la confiance que cet ambassadeur du roi des Belges lui témoignait, contribuèrent puissamment à prévenir des desseins de propagande nuisibles aux deux peuples, à la paix européenne et à la République elle-même.

Il nomma en Hollande M. de Lurde, qui connaissait la diplomatie du Nord et les doubles influences qui, de Pétersbourg et de Londres, se disputaient la cour de La Haye.

A Berne, il envoya M. de Thiard, homme de nom aristocratique, d'esprit étendu, de coup d'œil exercé, dévoué depuis la fin de l'émigration et depuis la chute de l'Empire à l'opposition libérale. Les vétérans de ce parti dans le *National*, considéraient une ambassade offerte à M. de Thiard comme un gage donné à leur opinion. Le ministre des affaires étrangères le croyait très-propre à pratiquer la diplomatie républicaine mais anti-démagogique qu'il voulait faire prévaloir. Il lui recommanda les plus grands ménagements envers la Suisse, dont il voulait conquérir la cordialité, ce préliminaire des alliances; il ne réussit pas autant qu'il l'aurait désiré, soit que l'ambassadeur ne fît pas suffisamment sentir cette inclination de la France vers la Suisse, soit que la Suisse craignît de se compromettre avec une République qui n'avait que des jours d'existence. Ce fut un malheur pour les deux peuples et pour l'Italie surtout : un système de ligue pacifique reposait sur cette pensée ; ce système a été ajourné par cette froideur de la Suisse, compromis par les batailles de Goito et de Novare : il renaîtra de la nature des choses sous des gouvernements plus intelligents et mieux compris. La Suisse se repentira de ses hésitations et de ses lenteurs.

M. Bixio fut envoyé comme chargé d'affaires à Turin. L'incertitude des rapports entre cette cour, jusque-là sacerdotale et absolutiste, et la République française ne permettait pas d'y envoyer un ambassadeur ou un ministre.

M. Bixio éleva ses fonctions à la hauteur de son intelligence et de son patriotisme. Neuf dans les affaires, il montra qu'on naît diplomate. Sa mission était délicate précisément parce qu'elle était loyale. Il devait inspirer à la cour de Turin des dispositions favorables à la France, sans la pousser même d'un geste à une guerre contre l'Autriche, guerre vers laquelle son ambition impatiente ne l'entraînait que trop témérairement. Il devait donner confiance et autorité au parti constitutionnel et libéral en Italie, sans caresser et sans susciter le parti républicain, parti prématuré et ruineux pour l'émancipation de l'Italie.

Les chances imprévues et les fortunes contradictoires du Piémont et de la Lombardie mirent à des épreuves difficiles le tact de ce jeune diplomate. Il ne fit pas une faute dans une situation où les négociateurs les plus consommés en auraient fait. La France n'eut pas une goutte du sang de l'Italie sur les mains de sa diplomatie en Piémont ni en Lombardie; l'Italie ne reçut pas un conseil qu'elle pût légitimement reprocher à la France. M. Bixio, Italien d'origine, Français de cœur, porta dans son attitude le sentiment de ses deux patries. Le ministre allait l'élever à des fonctions plus hautes, quand l'Assemblée nationale s'ouvrit. M. Bixio voulait y entrer; il se dévoua dans les journées de Juin comme un soldat d'avant-garde; il versa à grands flots son sang pour la République. Devenu ministre après l'élection du président, il se retira après quelques jours, avec M. de Maleville, par une susceptibilité d'honneur exagérée. Ses aptitudes s'étaient révélées pour les négociations : il y doit être rappelé.

M. de Boissy avait été nommé ministre à Florence. Ancien diplomate, il connaissait la Toscane. Sa femme, née à Ravenne, était célèbre par la beauté, l'enthousiasme et le patriotisme. Son nom seul négociait avec le haut libéralisme de l'Italie centrale. Elle était liée d'amitié littéraire avec tous les patriotes illustres des États romains, de Pise, de Venise, de Florence. M. de Boissy, homme d'audace et d'extrémité, avait résolument adopté la République. Il se montrait à Paris aussi courageux de sa personne pour la défendre contre la démagogie qu'il était propre par son existence splendide et par l'aristocratie de son nom à la servir au dehors. Il ne partit pas pour son poste, plus jaloux d'entrer à l'Assemblée nationale et de retrouver une tribune que de figurer dans une cour; il fut remplacé auprès du grand-duc de Toscane par M. Benoît Champy, allié de M. de Lamennais et patroné par ce nom illustre et populaire. Ce choix fut heureux. L'homme se trouva digne du prince et éclairé et libéral qui faisait de la Toscane une république ou plutôt une famille par les traditions libres et douces de ce gouvernement. M. Benoît Champy fit aimer la République française du prince même que son contre-coup devait jeter quelques jours après hors de ses États. Ses conseils, plus énergiquement suivis, auraient préservé la Toscane de ce deuil et de cette réaction contre le centre de l'Italie.

XI.

Madrid était une des cours où il était le plus difficile d'approprier un envoyé de la France à la situation de l'Espagne. Le général Narvaez, homme très-supérieur à la renommée soldatesque qu'on lui a faite au dehors, était pour l'Espagne une sorte de Richelieu militaire tout-puissant au second rang. Sous une cour divisée et plongée dans les plaisirs, Narvaez avait étudié, avec une sombre et muette anxiété au premier moment, le caractère et la révolution française. Jugeant la France par l'Espagne il avait dû croire que la guerre civile s'y choisirait des chefs parmi les princes et parmi les généraux de la maison d'Orléans. Dans la prévision de ces événements où l'Espagne aurait eu un rôle à jouer par suite de ses liaisons de famille avec la dynastie de Juillet, il s'était expliqué avec une ambiguité inquiétante et il avait concentré des troupes vers les Pyrénées. Le manifeste du gouvernement provisoire et les explications de son ministre avec le chargé d'affaires d'Espagne à Paris avaient changé les dispositions de Narvaez. Les intrigues de la France et de l'Angleterre à Madrid agitaient l'Espagne et inquiétaient sans cesse le général sur la durée de son autorité. Lamartine, en retirant la main de la France de ces intrigues et en laissant l'Espagne à son indépendance intérieure, tranquillisait le gouvernement espagnol; il ne laissait à Narvaez d'autre tiraillement qu'avec l'Angleterre. Le résultat d'une pareille politique fut ce qu'il devait être : la France ne porta plus ombrage et fut d'autant plus recherchée qu'elle s'imposait moins.

Cependant, pour persister dans ce système, il ne fallait pas à Madrid un républicain trop ardent qui eût porté ombrage à la Constitution et agité les fermentations de républicanisme impuissant en Catalogne; ni un nom militaire, il eût ravivé les souvenirs de la guerre de l'indépendance; ni un diplomate de Juillet trop tiède pour la République, il eût pu se laisser amollir par un attachement trop frais à la maison d'Orléans et fermer les yeux sur des tentatives de restauration dynastique en France tramées peut-être dans ce palais de Madrid ou de Séville que le duc de Montpensier allait habiter. Le ministre des affaires étrangères avait rencontré dans M. de Lesseps, consul de France à Barcelone, un homme exercé au caractère espagnol, agréable à Narvaez, dévoué à ses instructions : il le nomma à Madrid. Les défiances mutuelles se dissipèrent, les répugnances tombèrent devant l'intérêt bien entendu des deux peuples. Jamais la France et l'Espagne ne rentrèrent plus complétement dans leur nature, qui les rapproche quand une fausse politique ne les sépare pas. Le général Narvaez comprit bien la pensée de la France; l'attrait des deux peuples l'un pour l'autre put se développer librement. Le gouvernement provisoire épargna au pays le rassemblement de l'armée des Pyrénées, mieux gardé par la sûreté des rapports et par la loyauté réciproque que par la force.

XII.

L'état de l'Italie ne se révélait pas encore. Le ministre de la République le pressentait. La situation qui allait en résulter pour la France ne permettait pas d'établir des négociations intimes avec l'Autriche.

M. de Metternich régnait encore à Vienne, sans se douter du volcan qu'il avait sous les pieds. Ce grand ministre n'avait point vieilli par l'esprit, mais il avait laissé amollir son caractère par la longue prospérité de l'Empire. Il croyait à l'éternité de l'aristocratie germanique et se fiait à son génie. Grand, serein, heureux, facile, il laissait tout faire depuis quelques années à la fortune; cette longue fortune était un piége. Lamartine en avait l'instinct. Je ne sais quel vent de décadence soufflait depuis quelques années du cabinet de Vienne. Hongrie, Gallicie, Pologne, Bohème,

Lombardie, Vénitie, toutes ces parties de l'Empire mal cimentées avec l'Empire lui-même semblaient tendre à une dissolution. La France, qui ne voulait rien contraindre de ce côté, voulait tout accepter de la fortune.

Les premiers froissements de la République française avec le continent commenceraient par l'Italie ou par la Suisse. La guerre de principe existait ainsi, quoique non déclarée, entre Vienne et Paris, ou plutôt ce n'était ni la guerre ni la paix, mais une attitude mixte qui participait de ces deux ordres de choses. Le gouvernement ne chercha pas à masquer par de faux semblants cette situation. Il ne voulait ni tromper M. de Metternich par des subterfuges sans bonne foi, ni se tromper lui-même. Il avoua franchement cette disposition de la République à M. d'Appony, ambassadeur d'Autriche à Paris, loyal et chevaleresque comme un homme du Nord. Il se contenta de laisser pour la France à Vienne un chargé d'affaires aimé de la vieille Allemagne et de la cour pour écouter et pour observer sans agir, car agir c'eût été tromper. La diplomatie de la République ne voulait tromper personne, pas même son ennemi naturel, l'Autriche.

Le ministre fit un choix moins heureux à Naples, sur la foi du parti du *National* dont il désirait employer les capacités et satisfaire les ambitions. Le secrétaire de légation qu'il nomma près de cette cour et auquel il donna des instructions conformes à sa pensée sur une fédération de l'Italie, pensée qui n'excluait point les trônes, s'écarta entièrement de la ligne que le ministre de la République lui avait tracée; prenant apparemment ses directions soit dans le parti de propagande radicale à Paris, soit dans les partis extrêmes à Naples, il eut le langage et l'attitude de ces envoyés de la Convention, dont la mission était de violenter les rois et de fanatiser les peuples. L'amiral Baudin, qui commandait la flotte à Naples, comprit mieux la dignité de la République. Il réprima autant qu'il était en lui ces excès de zèle. Le chargé d'affaires fut rappelé; on envoya à sa place un homme de mesure et de sagacité, M. de Bois-le-Comte. Il avait été collaborateur de M. Buchez dans l'immense travail historique sur notre première révolution; il avait porté le poids des détails et pratiqué le sens vrai de la nouvelle diplomatie républicaine dans le cabinet du ministre depuis le 24 février; il fut envoyé ensuite à Turin.

Lamartine désirait que la République conversât avec le cabinet de Pétersbourg. Il était convaincu qu'il n'y avait entre les deux puissances d'autre incompatibilité que l'état de la Pologne. C'est par ce seul point que les deux peuples pouvaient se froisser, non par un intérêt territorial, mais par une antipathie morale. En Europe, l'exécution première des traités de Vienne et des institutions propres et libérales, restituées par l'empereur de Russie au royaume de Pologne, pouvait permettre aux deux politiques de se réconcilier avec honneur et sûreté pour tous. Il fallait du temps et de la réflexion. Lamartine ne devait pas aventurer ses pensées et la dignité de la République par des envoyés peut-être froidement accueillis à Pétersbourg. Il y laissa un simple secrétaire d'ambassade nommé par le ministre de la monarchie, sans aucune mission politique. Il y avait dans le ministre de l'empereur à Paris un interprète officieux, habile, bienveillant, des pensées de l'empereur et de celle de la France. Les rapports, froids et rares, n'eurent jamais un accent d'aigreur. On ne se heurte pas de si loin, à moins de vouloir se heurter par antipathie et par système. L'empereur était trop juste, la République était trop sage pour ne pas se regarder avec sang-froid.

Mais le poste auquel le ministre attachait en ce moment le plus d'importance était Berlin. La tige de l'équilibre du continent était encore, comme en 1791, dans ce cabinet. La Russie, l'Angleterre, l'Allemagne du nord s'y rencontraient et s'y disputaient la faveur décisive d'une monarchie militaire puissante, et d'un esprit public prépondérant dans le cabinet d'un roi philosophe, aventureux, mobile, travaillé d'initiative, intrépide aux nouveautés, capable de tout comprendre, de tout risquer, de tout oser. Le nœud de la paix et de la guerre européenne, de l'émancipation et de la reconstruction de l'Allemagne, de la régénération pacifique et partielle de la Pologne, était à Berlin. Le premier mot que dirait le roi de Prusse de la République française, serait forcément le mot du continent tout entier : nul n'oserait dire guerre où il aurait dit paix. On conçoit quel intérêt avait Lamartine, qui voulait la paix, à ce que ce mot fût mis sur les lèvres du roi de Prusse par le génie de l'humanité et par des prédispositions favorables à la révolution de Paris.

XIII.

Il chercha et il trouva du premier geste sous sa main l'homme propre à personnifier d'abord confidentiellement, puis officiellement à Berlin, la tendance philosophique, la science germanique, et les perspectives diplomatiques de la nouvelle révolution française présentées à cette cour par un esprit presque universel.

Cet homme, peu connu jusque-là hors du monde aristocratique, littéraire et savant, se nommait M. de Circourt. Il avait servi sous la Restauration dans la diplomatie. La révolution de Juillet l'avait rejeté dans l'isolement et dans l'opposition, plus près du légitimisme que de la démocratie. Il avait profité de ces années pour se livrer à des études qui auraient absorbé plusieurs vies d'hommes et qui n'étaient que des distractions de la sienne. Langues, races, géographie, histoire, philosophie, voyages, constitutions, religions des peuples, depuis l'enfance du monde jusqu'à nos jours, depuis le Thibet jusqu'aux Alpes, il avait tout incorporé en lui, tout réfléchi, tout retenu; on pouvait l'interroger sur l'universalité des faits ou des idées dont se compose le monde, sans qu'il eût besoin pour répondre d'interroger d'autres livres que sa mémoire, étendue, surface et profondeur immense de notions, dont jamais on ne rencontrait ni le fond, ni les limites ; mappemonde vivante des connaissances humaines ; homme où tout était tête et dont la tête était à la hauteur de toutes les vérités : impartial du reste, indifférent entre les systèmes, comme un être qui ne serait qu'intelligence et qui ne tiendrait à la nature humaine que par le regard et par la curiosité.

M. de Circourt avait épousé une jeune femme russe, de race aristocratique et d'un esprit européen. Il tenait par elle à tout ce qu'il y avait d'éminent dans les lettres et dans les cours de l'Allemagne et du Nord. Lui-même avait résidé à Berlin, il s'y était lié avec les hommes d'État ; le roi de Prusse, souverain lettré et libéral, l'avait honoré de quelque intimité à sa cour. M. de Circourt, sans être républicain de cœur, était assez frappé des grands horizons qu'une République française, éclose du génie progressif et pacifique de la France nouvelle, pouvait ouvrir à l'esprit humain, pour la saluer et la servir. Il comprenait, comme Lamartine, que la liberté avait besoin de la paix, et que la paix était à Berlin et à Londres.

Lamartine lui donna par écrit ses instructions confidentielles pour l'oreille du roi de Prusse et de ses ministres. Ces instructions n'étaient au fond que cette philosophie de la paix commune à toutes les âmes éclairées d'un rayon divin, philosophie devenue politique par l'accord d'idées entre le cœur d'un roi et l'esprit d'un ministre d'une grande démocratie naissante. M. de Circourt était capable de commenter les instructions et de les plier au génie d'une cour et aux éventualités de l'Allemagne ; l'alliance tacite au moins entre l'Allemagne et la France, l'inviolabilité du territoire, la tendance à une unité morale de l'Allemagne qui décentraliserait les petits États de l'influence exclusive de l'Autriche, l'arbitrage puissant de la Prusse entre l'indépendance germanique et la pression de la Russie, la restitution d'une part morale de nationalité constitutionnelle aux démembrements encore vivants de la Pologne, formaient les textes à peine indiqués de ces instructions.

M. de Circourt partit. Il entretint avec le ministre des affaires étrangères une correspondance intime qui formerait un volume sur l'état du Nord. Il ne s'égara sur aucune de ses prévisions, il inclina le cœur et l'esprit du roi de Prusse à toutes les idées de conciliation et d'équilibre qui étaient dans l'intérêt vrai des deux États. Quand la révolution de Berlin éclata, la République française n'avait plus besoin d'une révolution à Berlin pour y voir triompher la cause de paix et d'humanité que M. de Circourt était allé y défendre. Lamartine et son envoyé en Prusse s'affligèrent plus qu'ils ne se réjouirent d'une révolution qui en poussant le roi au delà de ses pensées le ferait peut-être plus tard reculer jusque dans les bras de la Russie.

LIVRE DOUZIÈME.

Circulaire du ministre de l'intérieur sur les élections. — Irritation et ombrages du pays. — Lamartine la désavoue à l'Hôtel de Ville et dans une proclamation au peuple. — Manifestation des compagnies d'élite de la garde nationale. — Journée du 17 mars. — Ses meneurs. — Sa pensée secrète. — Rassemblement immense sur la place de Grève. — Les chefs de clubs devant le Gouvernement provisoire. — Sommations menaçantes de Blanqui. — Discours de Louis Blanc et de Ledru Rollin. — Interpellation jetée à Lamartine. — Sa réponse. — Évacuation de l'Hôtel de Ville. — Défilé de la manifestation dans Paris. — Inquiétudes de Lamartine sur l'avénement de l'Assemblée nationale. — Sa résolution de l'obtenir à tout prix. — Ses rapports secrets avec le général Négrier. — Ses intelligences avec Barbès, Raspail, Lamennais, Sobrier, Cabet et les chefs des clubs. — Son entrevue avec Blanqui. — Échauffourée de *Risquons-Tout*. — Tentative des réfugiés contre la Savoie. — Députations des Polonais et des Irlandais à l'Hôtel de Ville. — Discours de Lamartine.

I.

Pendant que ces négociations et ces informations sourdes, mais loyales, préparaient et éclairaient au dehors le terrain européen où la République voulait s'établir sans bouleversement pour les nationalités; pendant que sa diplomatie tenait le monde en suspens et donnait ainsi à la nation le temps de se constituer et de s'armer pour la défense; Paris continuait à vivre d'enthousiasme et à respirer les espérances presque unanimes de sa révolution. La République n'avait point d'ennemis; à peine quelques incrédules; ceux qui avaient tremblé au premier moment à ce nom, s'étonnaient de sa magnanimité, de son calme, de son harmonie. Les premiers programmes du gouvernement, le respect volontaire du peuple pour l'autorité surgie du hasard, la patience des ouvriers, la charité des riches, la sérénité de tous, répandaient une lumière sans ombre sur ces premières semaines de la République. Les malheureux attendaient, les heureux jouissaient de leur sécurité, les opinions les plus adverses se réconciliaient sur ce large terrain de liberté, asile commun et sûr ouvert à tout le monde. Les partis précipités du pouvoir, et encore étonnés de leur chute, savaient gré alors au gouvernement de la magnanimité avec laquelle il interdisait toutes les récriminations, toutes les proscriptions, et les conviait à l'exercice libre et complet de leurs droits politiques.

Les départements s'organisaient en paix en comices patriotiques pour chercher de bonne foi et d'accord entre eux, non pas les hommes de parti, mais les meilleurs citoyens dans toutes les professions propres à s'unir et à consolider les parties de la République dans une Assemblée nationale. Si jamais les incrédules à la liberté ont besoin d'être convaincus de la toute-puissance du sentiment généreux et de l'amnistie des opinions sur un peuple, c'est le tableau de ces deux mois de concorde et de fêtes continues des cœurs qu'il faudra leur remettre sous les yeux. A l'exception de quelques déclamations incendiaires tentées çà et là dans quelques clubs immondes et que le gouvernement laissait évaporer dans l'indifférence générale, dans le mépris public, il n'y eut ni une injure de citoyen à citoyen, ni une rixe d'opinion, ni une répression violente à exercer sur l'universalité du territoire. Trente-six millions d'âmes passionnées passaient en ordre, à la voix de quelques hommes, d'un cadre de gouvernement dans un autre. L'échafaud était aboli, les prisons ne s'ouvraient que pour les malfaiteurs; les lois étaient obéies même en matière d'impôt, par un peuple souffrant, la parole et la conscience tenaient lieu de lois, l'esprit de conquête était répudié, la guerre, cet entraînement naturel du génie français, était contenue par la seule main de la philosophie aux affaires. On voyait, on sentait l'inspiration de Dieu dans un peuple.

II.

Cet état de choses aurait continué indéfiniment, si cette inspiration de raison, de vérité et de fraternité pratique n'eût pas été contrariée dans le sein du gouvernement lui-même par d'autres inspirations moins heureuses, inspirations posthumes d'un temps qui n'avait et qui ne devait avoir aucune analogie avec celui-ci; parodie déplorable de la première République, langage d'épuration, d'exclusion, de rudesse, et de menaces, à un peuple qui s'étonnait d'être rudoyé et intimidé, au moment où il se précipitait de lui-même et d'un courant unanime dans une République de concorde et de bonne volonté. Le premier effet de cette erreur d'une partie du gouvernement se révéla le 15 mars en pleine sérénité des événements.

Le ministère de l'intérieur était le domaine presque absolu de M. Ledru Rollin. Ce ministère touchait à tout par l'immensité de ses attributions; il avait pris plus d'importance encore par la puissance de nom, de talent, et de popularité démocratique de l'homme à qui ce ministère avait été dévolu. L'esprit public à inspirer, les élections à organiser, étaient une de ces attributions. On ignore par quelle main fut rédigée la première circulaire adressée par le ministère de l'intérieur aux autorités de la République dans les départements : ce qui se faisait dans les ministères était aussi étranger au ministre des affaires étrangères que les actes de son ministère l'étaient à ses collègues. Unis dans les grandes tendances d'ordre et de républicanisme, ils pouvaient diverger dans les détails; chacun suivait son esprit et ne répondait qu'à sa conscience et au salut du pays.

Le milieu républicain dans lequel se mouvait le ministère de l'intérieur n'était ni le milieu de Lamartine, ni celui de la majorité du gouvernement. On luttait souvent, mais on ne se soupçonnait pas; l'énergie franche des dissentiments excluait toute idée de perfidie.

Ces oppositions entre les deux natures de républicanisme qui se rencontraient, qui se heurtaient, et qui le plus souvent se modifiaient et se conciliaient dans le conseil, avaient transpiré hors des délibérations du gouvernement. La majorité du pays se ralliait aux hommes de modération et de liberté ; la minorité plus ardente et plus acerbe se ralliait au ministre de l'intérieur et à ses partisans. Des hommes de ce parti l'assiégeaient, disait-on, de conseils et d'impatiences républicaines. Ils cherchaient à l'entraîner hors des voies de concert et de concorde, où il voulait comme tous ses collègues, contenir les choses et les esprits. Ces conseillers excessifs tenaient la plume dans ses bureaux et donnaient dans des paroles équivoques et malsonnantes leur esprit au lieu de l'esprit du gouvernement. On sentait le tiraillement de deux génies contraires au pouvoir ; l'un pacifiant, l'autre agitant les passions.

III.

La première circulaire importante du ministre de l'intérieur sur les élections parut le 12 mars.

Cette circulaire fut un coup de tocsin pour le pays réveillé en sursaut du rêve de concorde et de paix que le gouvernement voulait prolonger. Cette pièce à la suite de beaucoup de conseils utiles contenait des coups violents de paroles, destinés à produire des contre-coups violents aussi dans les opinions menacées.

« Vos pouvoirs sont illimités », disait le ministre à ses agents; c'était rappeler le mandat dictatorial des commissaires de la Convention, tout souvenir de cette nature répandait un frisson sur le pays. « Nous vou-
« lons tous hommes de la veille et point du lende-
« main dans l'Assemblée nationale, » c'était proscrire l'opinion elle-même de sa propre souveraineté; c'était l'ostracisme politique de la nation presque entière; car si le nombre des républicains de raison était immense, le nombre des républicains de faction était bien petit; c'était, en un mot, un dix-huit fructidor de paroles contre la France. L'impression fut plus sinistre encore que l'intention.

Cette circulaire, acte important du gouvernement, puisqu'elle était destinée à en promulguer l'esprit à la nation, n'avait point été soumise au gouvernement ni délibérée par lui; elle était l'œuvre et l'abus de pouvoir des bureaux envahisseurs du ministère de l'intérieur. La multiplicité des affaires et le tourbillon des événements qui ne laissaient ni le jour, ni la nuit une minute de loisir aux membres du gouvernement continuellement à l'œuvre à l'Hôtel de Ville, sur la place publique, en dialogue avec les colonnes du peuple et les députations des départements ou des nations étrangères, avaient soustrait la connaissance de cette circulaire à Lamartine. Il n'en connut l'existence que par la rumeur de trouble et d'irritation qu'elle soulevait dans Paris. Il sentit aussitôt que si cet acte n'était pas désavoué par le gouvernement, la République changeait de main en changeant de doctrine; qu'elle devenait une tyrannie de minorité au lieu d'être un terrain commun de liberté; que pour soutenir cette tyrannie insolente d'une minorité il n'y avait que la terreur au dedans, la guerre au dehors, le trouble, les exactions, les épurations, les sévices révolutionnaires partout. Il était résolu, ainsi que ses collègues de la majorité, à mourir mille fois plutôt que d'associer sa responsabilité devant Dieu, devant l'histoire et devant lui-même à un si exécrable gouvernement.

Il savait de plus, comme homme politique, qu'un pareil gouvernement serait avant trois mois la guerre civile, et que la guerre civile c'était la mort de la République.

Il demanda en conséquence un conseil secret et complet du gouvernement à l'Hôtel de Ville pour le lendemain 16 mars, à midi; résolu à poser devant ses collègues la question des deux principes de gouvernement qui semblaient enfin se poser d'eux-mêmes face à face, décidé, de plus, à déchirer, s'il le fallait, à tout risque, le gouvernement lui-même plutôt que de se démentir et de se dénaturer en y restant.

Il ne se dissimulait aucune des conséquences de ce déchirement à une pareille heure. Il savait que l'opinion de la partie saine du peuple, de la garde nationale et de la bourgeoisie de Paris adhérait d'instinct fortement à lui; que la partie ultra-révolutionnaire, socialiste, terroriste, remuante, active, armée de la capitale, adhérait frénétiquement aux chefs du parti contraire; que sa retraite du gouvernement serait le signal d'un combat dont toutes les chances étaient contre lui; car s'il avait l'opinion, il n'avait pas les armes. N'importe, il était à une de ces heures où l'homme politique ne calcule pas le salut, mais le devoir.

Interpellé la veille du 17 au soir, à l'Hôtel de Ville, par une députation du club de la garde nationale dont M. de Lépine, colonel de la banlieue et citoyen influent, était l'organe, Lamartine profita hardiment de l'occasion pour faire pressentir à Paris le soulèvement de son cœur contre les circulaires, et la lutte qu'il méditait pour le lendemain.

« Citoyens, » répondit-il à la députation qui l'avait interrogé sur les intentions du gouvernement, « il ne
« m'appartient pas, dans une question aussi générale,
« aussi grave, de prendre l'initiative sur l'opinion de
« tous mes collègues réunis. Néanmoins, je puis vous
« dire qu'ils seront profondément touchés, profondé-
« ment reconnaissants de la démarche que vous venez
« de faire et des paroles que vous venez de prononcer.

« Le gouvernement provisoire n'a chargé personne
« de parler en son nom à la nation et surtout de parler
« un langage supérieur aux lois. (Bravo! bravo!) Ce
« droit il ne l'a donné à personne! car il n'a pas
« voulu le prendre pour lui-même au moment où il
« sortait comme une acclamation du peuple pour rem-
« plir momentanément la place pénible qu'il occupe.
« Il ne l'a pas voulu, il ne l'a pas fait, il ne le fera

« jamais. Croyez-en les noms des hommes qui le com-
« posent. (Bravo!)

« Soyez certains qu'avant peu de jours, le gouver-
« nement provisoire prendra lui-même la parole, que
« ce qui a pu dans les termes, et non certes dans les
« intentions de ce document blesser, inquiéter la
« liberté et la conscience du pays sera expliqué,
« commenté, rétabli par la voix même du gouver-
« nement tout entier. (Acclamations : — cris de vive
« Lamartine!)

« Dites : vive le gouvernement tout entier! reprit
« Lamartine, car cette pensée n'est pas seulement la
« mienne, elle est celle du gouvernement tout entier
« et du ministre lui-même. »

Un membre de la députation s'écrie : « Nous l'ac-
« ceptons comme telle. »

M. Lamartine reprend : « Citoyens! de tous les
« dogmes qui ont survécu aux grandes chutes de
« trônes et d'empires dont nous sommes témoins
« depuis un demi-siècle, il n'y a qu'un dogme impé-
« rissable à nos yeux, c'est celui de la souveraineté
« nationale — (Bravo! bravo!) — c'est celui de la
« souveraineté nationale auquel nous ne nous permet-
« trons jamais d'attenter nous-mêmes, et auquel nous
« ne permettrons jamais qu'on attente en notre nom
« ou au vôtre.

« Le gouvernement provisoire se félicitera, n'en
« doutez pas, que vous soyez venus comme un pressen-
« timent de l'opinion vraiment républicaine, c'est-à-

« dire libre, provoquer une explication de lui sur la
« conduite qu'il veut tenir dans les élections dont doit
« sortir aussi le gouvernement républicain de la France!
« le gouvernement ne veut peser et ne doit peser ni
« directement ni indirectement sur les élections; — oui,
« comme gouvernement, armés d'une parcelle quel-
« conque de la puissance publique, nous rougirions
« nous-mêmes des reproches que nous avons faits aux
« gouvernements qui nous ont précédés, si, au lieu
« de la corruption qui a fait par ses scandales la révo-
« lution même d'où la République est sortie, nous
« employions aujourd'hui cette autre corruption, la
« pire de toutes les corruptions, la corruption de la
« crainte et de l'oppression morale des consciences.
« (Bravo ! bravo!)

« Non, c'est d'une source libre et pure que la Répu-
« blique doit sortir et qu'elle sortira! Tranquillisez-
« vous, citoyens, et reportez ces paroles à vos conci-
« toyens du dehors. — (Plusieurs voix : Oui! oui!
« nous les reporterons avec bonheur.) »

Lamartine continue : « Je désire, nous désirons tous
« qu'elles retentissent dans l'opinion publique de Paris
« et de la France. Nous désirons qu'elles la rassurent
« sur le sens mal interprété de quelques mots qui
« n'avaient ni la signification ni la portée qu'on a
« voulu leur donner en s'alarmant d'expressions qui
« faussent souvent les pensées. Sachez-le et dites-le
« bien à ceux qui vous attendent. Le gouvernement
« de la République tout entier éprouve le besoin de

« rassurer deux fois la conscience publique, une fois
« dans ce dialogue que nous avons ensemble, et bien-
« tôt par une proclamation à tous les citoyens de la
« France. — (Acclamations prolongées.)

« Vous voulez et nous voulons que la République
« et la liberté soient un même mot — (Oui! oui!) —
« autrement la République serait un mensonge et nous
« voulons qu'elle soit une vérité! — (Bravo!) — Nous
« voulons une République qui se fasse aimer et res-
« pecter de tous, qui ne se fasse craindre par per-
« sonne excepté par les ennemis de la patrie ou des
« institutions. — (Bravo!) — Nous voulons fonder une
« République qui soit le modèle des gouvernements
« modérés et non l'imitation des fautes et des malheurs
« d'un autre temps! nous en adoptons la gloire, nous
« en répudions les anarchies et les torts! aidez-nous à
« la fonder et à la défendre! votez selon vos conscien-
« ces, et si, comme je n'en doute pas, ce sont les con-
« sciences de bons citoyens, la République se fondera
« par vos votes comme elle s'est fondée ici par les bras
« du peuple de Paris. » — (Bravos unanimes.)

La députation se retira aux cris réitérés de vive
Lamartine! vive le gouvernement provisoire! vive la
République!

IV.

Ces paroles acceptées avec une joie frénétique par la
députation et par l'immense auditoire d'autres dépu-

tations que Lamartine harangua jusqu'à la nuit dans la grande salle de l'Hôtel de Ville, se répandirent comme la nouvelle d'un coup d'État rassurant, de quartier en quartier, avec la rapidité de la pensée même. Elles rendirent courage aux citoyens alarmés ; elles annoncèrent au parti de violence que le gouvernement ne serait pas son complice, et qu'ils auraient le lendemain à combattre ou à se désavouer.

Lamartine employa une partie de la nuit à rédiger de sa propre main une proclamation du gouvernement qui contenait les vrais principes de la République, libre, représentative, modérée, nationale, proclamation qui était, dans les pensées et dans les termes, le désaveu et le démenti le plus textuel de la circulaire du ministère de l'intérieur. Prêt à tout, même aux dernières extrémités, portant des armes sur lui pour se défendre contre l'émeute, il se rendit seul à pied et à l'heure indiquée à l'Hôtel de Ville.

Tous les membres du gouvernement y étaient déjà réunis. Il fut étonné en arrivant sur la place de Grève de la trouver couverte de vingt ou trente mille hommes, des compagnies d'élite de la garde nationale. Il fut reconnu et salué d'acclamations énergiques. Ces cris de *vive Lamartine* l'accompagnèrent jusque dans les salles, et se renouvelèrent avec une frénésie croissante toutes les fois qu'on l'aperçut ou qu'on crut l'apercevoir aux fenêtres des appartements de réception.

Il demanda le motif de cette réunion spontanée d'une si grande masse de gardes nationaux. Il apprit que c'étaient les compagnies de grenadiers coiffés de bonnets à poil, qui venaient réclamer contre un décret du gouvernement par lequel on leur enlevait ce privilége d'uniforme, décret qui rompait leurs cadres trop étroits pour y faire entrer tous les citoyens sans priviléges et sans distinction de coiffures. Il s'affligea de cette puérilité dans un moment si grave. Il les harangua, et les fit consentir à l'abolition d'un signe qui n'était qu'une vanité militaire, quand il s'agissait de confondre toutes les vanités dans le patriotisme.

Pendant ces harangues faites aux grenadiers, le général Courtais, leur commandant, accourait à cheval sur la place avec son état-major, se lançait seul au milieu des rangs tumultueux, recevait des outrages, bravait des menaces, courait des dangers. Le peuple ému par ce rassemblement se pressait aux embouchures du quai et des rues criant à l'aristocratie, au privilége! La place immobile et compacte restait néanmoins couverte de légions sans armes qui semblaient attendre un événement.

V.

La séance secrète du gouvernement s'ouvrit sous ces auspices. Les deux camps étaient en présence dehors et dedans : dehors par hasard, dedans par la volonté de Lamartine. Les physionomies étaient sombres, contractées, résolues comme au moment qui précède le combat.

Lamartine posa sur la table la proclamation qu'il avait écrite la nuit et qu'il n'avait communiquée à personne.

« Messieurs, dit-il, jusqu'ici nous avons été fondus
« en un seul faisceau d'opinions et de sentiments par
« le feu même des grands mouvements révolution-
« naires dans lequel nous nous sommes précipités
« pour l'éteindre et pour le changer en gouvernement
« républicain fort, unanime, régulier; maintenant
« nous ne pouvons plus nous le dissimuler, les actes
« et les paroles du ministre de l'intérieur, en contra-
« diction avec le sens unanime que nous avons voulu
« donner à notre dictature, semblent indiquer claire-
« ment deux choses : la première, que ce ministre pré-
« tend engager par des actes individuels le gouverne-
« ment tout entier qui doit délibérer en commun ce
« qu'il dit et ce qu'il fait en matière si grave; la
« seconde, que ce ministre entend gouverner dans un
« esprit que je ne crois pas être l'esprit de la Républi-
« que, l'esprit de la majorité du gouvernement, et
« qui dans tous les cas n'est pas mon esprit à moi. Il
« faut qu'à l'heure même, ici, séance tenante, nous
« sachions si, en effet, il y a deux esprits dans le
« gouvernement? et s'il y en a deux en effet, il faut
« que l'un ou l'autre l'emporte, afin que celui qui
« sera vaincu se retire et cède le gouvernement à celui
« qui sera vainqueur; car l'un ne peut pas accepter
« sur sa conscience la responsabilité de l'autre; et la
« République dans sa période la plus problématique,

« la plus périlleuse et la plus agitée, ne peut pas être
« gouvernée par deux politiques contradictoires.
« Sachons donc une fois pour toutes, s'il y a deux
« politiques inconciliables parmi nous, et à laquelle
« des deux vous donnez votre adhésion. Sachons-le
« et faisons-le savoir au pays, car la politique qui a
« été imprudemment manifestée dans la circulaire du
« ministre de l'intérieur soulève le sentiment public.
« Il faut qu'elle soit ou rectifiée ou commentée d'un
« concert commun, ou que nous nous divisions sans
« réconciliation possible. Voici la proclamation que
« je propose au gouvernement comme texte des opi-
« nions que je crois celles du pays, celles du gouver-
« nement, comme elles sont les miennes. Je vais la lire
« au conseil, et la délibération qui s'établira sur ce
« texte, tranchera la question des deux politiques qui
« doivent diriger nos commissaires, rassurer ou déchi-
« rer la nation. »

Il lut alors le projet de proclamation que voici :

« Citoyens,

« A tous les grands actes de la vie d'un peuple, le
« gouvernement a le devoir de faire entendre sa voix
« à la nation.

« Vous allez accomplir le plus grand acte de la vie
« d'un peuple, élire les représentants du pays, faire
« sortir de vos consciences et de vos suffrages non
« plus un gouvernement seulement, mais un pouvoir

« social, mais une constitution tout entière ! vous allez
« organiser la République !

« Nous n'avons fait, nous, que la proclamer. Portés
« d'acclamation au pouvoir pendant l'interrègne du
« peuple, nous n'avons voulu et nous ne voulons
« d'autre dictature que celle de l'absolue nécessité. Si
« nous avions refusé le poste du péril, nous aurions
« été des lâches, si nous y restions une heure de plus
« que la nécessité ne le commande, nous serions des
« usurpateurs.

« Vous seuls êtes forts !

« Nous comptons les jours. Nous avons hâte de
« remettre la République à la nation.

« La loi électorale provisoire que nous avons faite
« est la plus large qui chez aucun peuple de la terre
« ait jamais convoqué le peuple à l'exercice du
« suprême droit de l'homme, sa propre souverai-
« neté.

« L'élection appartient à tous sans exception.

« A dater de cette loi, il n'y a plus de prolétaires
« en France.

« Tout Français en âge viril est citoyen politique,
« tout citoyen est électeur. Tout électeur est souve-
« rain. Le droit est égal et absolu pour tous. Il n'y a
« pas un citoyen qui puisse dire à l'autre : « Tu es
« plus souverain que moi ! » Contemplez votre puis-
« sance, préparez-vous à l'exercer et soyez dignes
« d'entrer en possession de votre règne.

« Le règne du peuple s'appelle la République.

« Si vous nous demandez quelle République nous
« entendons par ce mot, et quels principes, quelle
« politique, quelle vertu nous souhaitons aux répu-
« blicains que vous allez élire, nous vous répondrons :
« Regardez le peuple de Paris et de la France depuis
« la proclamation de la République ! »

« Le peuple a combattu avec héroïsme.

« Le peuple a triomphé avec humanité.

« Le peuple a réprimé l'anarchie dès la première
« heure !

« Le peuple a brisé de lui-même aussitôt après le
« combat l'arme de sa juste colère. Il a brûlé l'écha-
« faud. Il a proclamé l'abolition de la peine de mort
« contre ses ennemis.

« Il a respecté la liberté individuelle en ne proscri-
« vant personne, il a respecté la conscience dans la
« religion qu'il veut libre, mais qu'il veut sans inéga-
« lité et sans privilège.

« Il a respecté la propriété. Il a poussé la probité
« jusqu'à ces désintéressements sublimes qui font l'at-
« tendrissement de l'histoire.

« Il a choisi pour les mettre à sa tête partout les
« noms des hommes les plus honnêtes et les plus
« fermes qui soient tombés sous sa main. Il n'a pas
« poussé un cri de haine ou d'envie contre les for-
« tunes, pas un cri de vengeance contre les personnes,
« Il a fait, en un mot, du nom du peuple le nom du
« courage, de la clémence et de la vertu.

« Nous n'avons qu'une seule instruction à vous

« donner : inspirez-vous du peuple, imitez-le ! pensez,
« sentez, votez, agissez comme lui !

« Le gouvernement provisoire, lui, n'imitera pas
« les gouvernements usurpateurs de la souveraineté
« du peuple qui corrompaient les électeurs, et qui
« achetaient à prix immoral la conscience du pays.

« A quoi bon succéder à ces gouvernements, si c'est
« pour leur ressembler ? à quoi bon avoir créé et adoré
« la République, si la République doit entrer dès le
« premier jour dans les ornières de la royauté abolie ?
« Il considère comme un devoir de répandre sur les
« opérations électorales cette lumière qui éclaire les
« consciences sans peser sur elles. Il se borne à
« neutraliser l'influence hostile de l'administration
« ancienne qui a perverti et dénaturé l'élection.

« Le gouvernement provisoire veut que la conscience
« publique règne. Il ne s'inquiète pas des vieux par-
« tis. Les vieux partis ont vieilli d'un siècle en trois
« jours ! La République les convaincra, si elle est sûre
« et juste pour eux. La nécessité est un grand maître.
« La République, sachez-le bien, a le bonheur d'être
« un gouvernement de nécessité. La réflexion est pour
« nous : On ne peut pas remonter aux royautés impos-
« sibles. On ne veut pas descendre aux anarchies
« inconnues. On sera républicain par raison. Donnez
« seulement sûreté, liberté, respect à tous ; assurez
« aux autres l'indépendance des suffrages que vous
« voulez pour vous. Ne regardez pas quel nom ceux
« que vous croyez vos ennemis écrivent sur leur bul-

« letin et soyez sûrs d'avance qu'ils écrivent le seul
« nom qui peut les sauver, c'est-à-dire celui d'un
« républicain capable et probe.

« Sûreté, liberté, respect aux consciences de tous
« les citoyens électeurs, voilà l'intention du gouver-
« nement républicain, voilà son devoir, voilà le vôtre !
« voilà le salut du peuple ! ayez confiance dans le
« bon sens du pays, il aura confiance en vous ; don-
« nez-lui la liberté et il vous renverra la République.

« Citoyens, la France tente en ce moment, au milieu
« de quelques difficultés financières léguées par la
« royauté, mais sous des auspices providentiels, la
« plus grande œuvre des temps modernes, la fonda-
« tion du gouvernement du peuple tout entier, l'or-
« ganisation de la démocratie, la République de tous
« les droits, de tous les intérêts, de toutes les intelli-
« gences et de toutes les vertus !

« Les circonstances sont propices. La paix est pos-
« sible. L'idée nouvelle peut prendre sa place en
« Europe sans autre perturbation que celle des préju-
« gés qu'on avait contre elle. Il n'y a point de colère
« dans l'âme du peuple. Si la royauté fugitive n'a pas
« emporté avec elle tous les ennemis de la Républi-
« que, elle les a laissés impuissants ; et quoiqu'ils soient
« investis de tous les droits que la République garantit
« aux minorités, leur intérêt et leur prudence nous
« assurent qu'ils ne voudront pas eux-mêmes trou-
« bler la fondation paisible de la constitution popu-
« laire.

« En trois jours, cette œuvre que l'on croyait relé-
« guée dans le lointain du temps s'est accomplie sans
« qu'une goutte de sang ait été versée en France, sans
« qu'un autre cri que celui de l'admiration ait retenti
« dans nos départements et sur nos frontières. Ne
« perdons pas cette occasion unique dans l'histoire;
« n'abdiquons pas la plus grande force de l'idée nou-
« velle, la sécurité qu'elle inspire aux citoyens, l'éton-
« nement qu'elle inspire au monde.

« Encore quelques jours de magnanimité, de
« dévouement, de patience, et l'Assemblée nationale
« recevra de nos mains la République naissante. De
« ce jour-là tout sera sauvé! Quand la nation par les
« mains de ses représentants aura saisi la République,
« la République sera forte et grande comme la nation,
« sainte comme l'idée de peuple, impérissable comme
« la patrie. »

VI.

La discussion s'ouvrit franche, énergique, sans réticence sur les deux esprits qui devaient diriger la marche du gouvernement. Les discours allèrent au fond
des pensées, les répliques au fond des cœurs; raisons
et passions se mêlèrent dans les paroles des orateurs des
partis opposés. L'immense majorité, Marrast, Marie,
Lamartine, Garnier Pagès, Arago, Crémieux, Dupont
de l'Eure versèrent leur âme dans la délibération. La
minorité rectifia plus qu'elle ne soutint les termes des

circulaires : les avis se rapprochèrent, les sentiments se confondirent, la nécessité d'un désaveu prévalut d'une voix prépondérante ; le sens libéral et magnanime donné à l'esprit du gouvernement par le projet de proclamation fut admis par tous. Lamartine modifia quelques mots de sa rédaction sur les observations de Louis Blanc. La minorité elle-même signa ce programme de la majorité ; on l'envoya à l'imprimerie nationale, on l'afficha dans Paris, on en inonda la France. Il rassura les esprits ; mais il parut néanmoins ce qu'il était : l'indice mal effacé d'une lutte intestine dans la conscience même du gouvernement.

Pendant les deux heures que dura cette scène intérieure autour de la table du conseil, les clameurs de la garde nationale qui couvrait la place montaient aux fenêtres et semblaient donner force à l'esprit de la majorité. Cette pression n'était qu'apparente. Lamartine et ses amis déploraient cette manifestation accidentelle et intempestive. Elle pouvait donner lieu à des manifestations contraires et exciter ainsi classes contre classes, peuple contre peuple. Déjà en effet le bruit de cette réunion plus puérile qu'aristocratique, s'était répandu dans les faubourgs. Des masses d'ouvriers accouraient, envahissaient les rangs des gardes nationaux désarmés, leur reprochaient leur jalousie ridicule d'un privilége d'uniforme, et les accompagnaient de huées et d'injures à mesure que leurs détachements quittaient la place.

Lamartine et Crémieux étant sortis ensemble par une

porte dérobée du derrière de l'Hôtel furent reconnus sur le quai, enveloppés et suivis par une colonne de peuple qui les accompagna jusqu'au Louvre de son enthousiasme et de ses acclamations. Ils furent contraints de se réfugier dans la cour d'une maison dont on referma la porte pour échapper à un triomphe involontaire qui aurait alarmé Paris.

VII.

Le lendemain, la joie saisit tous les cœurs à la lecture de la proclamation au peuple français qui rétablissait si énergiquement le sens vrai et libéral de la République. Cette victoire du partie modéré parut la victoire de tous les bons citoyens. Les départements plus inquiets la reçurent avec plus d'applaudissements encore. Ils tremblaient de voir des proconsuls armés de mandats illimités rappeler dans la France paisible les proconsulats arbitraires et irrités de la Convention.

Mais le parti conventionnel et violent, qui commençait à s'agiter et à se concerter dans quelques clubs, se sentit vaincu et se crut assez puissant pour ressaisir la victoire à l'aide d'un subterfuge.

Il feignit de croire, et il crut peut-être que la manifestation tout accidentelle de la garde nationale pendant la délibération de la veille avait été concertée par Lamartine et ses amis pour intimider la minorité du gouvernement : peut-être la minorité le crut-elle elle-même. Quoi qu'il en soit, une rumeur sourde se répandit artificiellement dans Paris. On fit imaginer au peuple que la garde nationale avait entouré et menacé le gouvernement, qu'elle méditait un coup d'État de l'aristocratie bourgeoise contre ses membres les plus aimés; on employa les nombreux agents de la préfecture de police et les hommes armés qui campaient dans ses cours à propager cette panique parmi le peuple; on assigna aux ouvriers et aux clubs un rendez-vous général aux Champs-Élysées pour se compter devant leurs prétendus ennemis et pour venir en armée innombrable défiler devant l'Hôtel de Ville et jurer d'y défendre le gouvernement.

Caussidière, dans de bonnes intentions au fond, parut être lui-même un des principaux promoteurs de ce rassemblement prodigieux de peuple, parmi lequel aussi il fit établir une discipline et un ordre qui frappèrent à la fois la capitale d'effroi et d'étonnement. Le peuple n'y fut réellement emmené en masse que par une bonne pensée : celle de montrer attachement et de prêter force au gouvernement. Il n'y eut pas un germe de sédition dans la plus grande sédition pacifique dont jamais une capitale ait été témoin. Tout au plus y eut-il une insinuation secrète aux meneurs de venger par des cris de prédilection la minorité du gouvernement du triomphe de Lamartine.

VIII.

Mais pendant que le peuple descendait ainsi en

masse de ses faubourgs et de ses ateliers pour une démonstration qu'il croyait loyale et civique, quelques hommes, chefs de secte, entraîneurs de clubs, instruments de fanatisme, agents de sédition, méditaient de se servir de cette armée du peuple, recrutée par un bon sentiment, pour en faire à son insu l'instrument de desseins pervers ou ambitieux. Heureusement ces hommes étaient même dans les clubs en minorité, mais ils rachetaient leur petit nombre par une audace désespérée.

Les bureaux des clubs, informés de la réunion qui devait avoir lieu le lendemain, s'étaient concertés pour se mettre à la tête des colonnes sous prétexte de porter la parole au nom du peuple lui-même. Quelques-uns de ces chefs de clubs, mécontents de leur isolement et de leur impuissance, avaient tramé avec leurs principaux affidés de faire violence au gouvernement, d'en épurer quelques membres et principalement Lamartine; d'y entrer, eux ou leurs amis, à la place des membres épurés, et d'en changer ainsi l'esprit dans le sens de leurs factions ou dans l'intérêt de leurs ambitions. Des hommes entreprenants, impérieux, armés sinon d'armes sous leurs habits, au moins du nombre et du hasard d'un rassemblement dont ils disposaient, pouvaient au nom de la foule qui les entourait sommer le gouvernement de leur obéir et de se retirer. En cas de résistance, ils pouvaient emporter ce gouvernement dans un tumulte.

Ces hommes existaient, et tout indique qu'ils avaient

ce plan dans leur âme. D'autres chefs de clubs importants, plus particulièrement attachés au ministre de l'intérieur, à Louis Blanc, et même bien disposés pour Lamartine, tels que Barbès, Sobrier, Suau; d'autres enfin exclusivement dévoués à l'intérêt de leur secte et de leur prééminence d'idées, tels que Cabet, Raspail, entouraient ces hommes de faction, les surveillaient, les dominaient par la supériorité de crédit et par le nombre, et pouvaient neutraliser les desseins extrêmes. Blanqui et ses amis, Lacambre, Flotte, devaient y marcher au premier rang : c'était la revue du peuple, des idées, des chimères, du bien, du mal, des misères, du patriotisme, des vertus, des vices et des factions.

IX.

La majorité du gouvernement informée le matin de l'immense rassemblement qui se formait dans les Champs-Élysées, et qui descendait en affluents perpétuels de tous les quartiers laborieux de la capitale et des banlieues, ne se dissimulait rien des dangers qu'une pareille masse d'hommes réunis et flottants sous un esprit inconnu pouvait faire courir à la révolution et à elle-même. Le ministre de la guerre, M. Arago, n'avait aucune force armée à opposer à ce déluge de peuple. La garde nationale, dépopularisée par sa demande de la veille, n'eût été qu'une provocation à la colère. Il fallait s'abandonner aux hasards de la journée et ne prendre son point d'appui contre l'égarement possible de ce peuple, que dans l'inspiration de ce peuple lui-même.

Tous les membres du gouvernement y dévouèrent leur influence personnelle et celle de leurs amis. Marie put agir puissamment sur les ateliers nationaux. Lamartine répandit plus d'un millier d'agents volontaires et bien intentionnés parmi les groupes du peuple, pour souffler la concorde et combattre les mauvaises inspirations. Louis Blanc dut vraisemblablement agir dans un sens analogue sur les délégués des ouvriers du Luxembourg. Il souffla les erreurs, jamais les séditions.

A midi, les membres du gouvernement étaient à l'Hôtel de Ville, à l'exception du ministre de l'intérieur et du ministre de la guerre qui arrivèrent ensemble quelques moments plus tard. Une rumeur sourde s'élevait des quais et des rues. La population de Paris s'était portée tout entière sur les Champs-Élysées pour composer ou pour former le cortége de la manifestation populaire; le reste était vide comme pour faire place à ce peuple. Les citoyens inquiets ou consternés étaient sur le seuil de leur porte, aux fenêtres ou sur les toits, dans l'attente de ce qui allait survenir.

La respiration de la ville semblait s'être arrêtée; de minute en minute les membres du gouvernement allaient aux balcons de l'Hôtel de Ville regarder si l'on apercevait la tête de la colonne à la hauteur du pont, elle parut enfin. Elle était composée de cinq ou six cents hommes, élite de chacun des clubs de Paris,

marchant en ordre et en silence sur les pas de leurs
orateurs et de leurs tribuns. Ces hommes étaient rangés par files de trente ou quarante de front. Ils s'avançaient au pas lent d'une procession religieuse enchaînés les uns aux autres par les mains, d'autres par de
longs rubans rouges ou tricolores qui se déroulaient
comme une vaste ceinture autour de chaque groupe
principal. En avant de chaque club flottait un drapeau. Deux ou trois hommes et une femme étaient
coiffés de bonnets rouges, symbole de nos saturnales
de la Terreur. Ce signe hideux semblait exciter l'indignation et le dégoût dans la foule ; les ouvriers le
huaient ou l'enlevaient même du front des forcenés
qui l'avaient arboré. Les ouvriers semblaient sentir
d'eux-mêmes que la République de 1848 était un acte
plus sérieux et plus humain, déshonoré par ce souvenir de 1793.

Derrière cette procession des clubs, marchaient en
ordre, dix par dix dans une même colonne épaisse et
compacte de peuple, des ouvriers de toutes professions, décemment vêtus, graves, modestes, inoffensifs, silencieux, s'interdisant sévèrement tout cri, tout
geste, toute expression même de physionomie de
nature à menacer ou à inquiéter les autres citoyens,
semblables à des hommes qui vont accomplir un acte
calme et saint de patriotisme et qui se surveillent les
uns les autres pour édifier l'œil de leur pays.

Cette colonne ou plutôt cette armée inondait la
place entière de l'Hôtel de Ville et s'étendait depuis

la place de Grève jusqu'à l'extrémité des Champs-Élysées. On l'évaluait à cent ou cent quarante mille hommes. Quand la place déborda, le reflux de cette foule s'arrêta sur les quais pour attendre le défilé. Les chefs des clubs et leurs principaux séides se rangèrent devant la grille de l'Hôtel de Ville. Le gouvernement avait ordonné au colonel Rey de la fermer et de la défendre avec les deux ou trois mille volontaires de février, troupe confuse, brave, mais en haillons, et indisciplinée ; dépôt de la sédition qui ne pouvait que rentrer dans l'élément de la sédition au premier contact. Mais cette conformité même avec les éléments turbulents et révolutionnaires dont cette troupe sortait, lui donnait dans les tumultes moins graves l'audace et l'autorité nécessaires pour résister aux séditieux.

Une heure environ s'écoula dans cette attitude, le gouvernement cerné et immobile semblant attendre une action de ce peuple ; ce peuple semblant attendre de son côté l'issue d'une délibération de son gouvernement. Comme pour se distraire de l'heure, la foule immobile et les regards tournés vers les fenêtres de l'hôtel chantait de temps en temps *la Marseillaise* et l'air des *Girondins*. Des cris multipliés de Vive le gouvernement provisoire ! vive Ledru Rollin ! vive Louis Blanc ! mêlés de cris plus rares de Vive Lamartine ! semblaient indiquer clairement qu'un des objets du rassemblement, dans l'intention des chefs au moins, était de protester indirectement contre les proclamations au peuple qu'on attribuait seulement à Lamartine, de venger la minorité du gouvernement de ce que l'on considérait comme une humiliation pour elle, et de montrer à la majorité et surtout à Lamartine que la voix du peuple n'était pas tant à lui qu'à ceux qu'on supposait ses ennemis.

Enfin, la foule, lassée d'attendre un dénoûment qu'elle ignorait elle-même, sembla par son impatience autoriser les délégués des clubs à pénétrer en son nom dans l'Hôtel de Ville, pour y porter au gouvernement l'expression de son adhésion et l'hommage de sa force. Cabet avait pénétré seul sur un ordre de Lamartine; il conféra avec lui sur le grand escalier. D'après l'assurance donnée par Cabet des intentions inoffensives des clubs, le gouvernement ordonna au colonel Rey de laisser entrer les délégués seulement et de refermer les grilles : le peuple respecta cet ordre. Une centaine de chefs de clubs et de prétendus délégués du peuple qui n'étaient en réalité que des clubistes les plus exaltés entrèrent dans l'intérieur du palais. Le gouvernement se transporta dans les plus vastes salles pour les recevoir.

Le président du gouvernement provisoire, Dupont de l'Eure, âgé de quatre-vingt-trois ans, accablé de lassitude, mais intrépide de cœur et serein de visage, était assis, adossé au mur de la grande salle, Arago, Albert, Louis Blanc, Ledru Rollin, étaient debout à sa droite; Lamartine, Marrast, Crémieux, Pagnerre, Garnier-Pagès, debout à sa gauche : tous également résolus à maintenir la dignité, l'indépendance morale et l'intégrité du gouvernement, ou à mourir.

Les clubs parurent dans la personne de leurs principaux chefs. La plupart étaient inconnus aux membres du gouvernement; quelques-uns avaient déjà été reçus individuellement à la tête de leurs clubs par Lamartine. Les plus notables qui marchaient en tête était Blanqui, Lacambre, Barbès, Sobrier, Cabet, Raspail, Lucien, Michelot, Longepied, Lebreton, Laugier, Danse et une cinquantaine d'autres orateurs ou chefs des réunions populaires dont les noms et les visages étaient nouveaux pour le gouvernement. Quelques groupes de délégués du peuple, comparses du drame, remplissaient les salles et les escaliers, derrière les clubs; ils se rangèrent en face du gouvernement en laissant un espace de quelques pas entre eux et le fauteuil de Dupont de l'Eure.

« Citoyens, que demandez-vous? » leur dit d'une voix ferme, Dupont de l'Eure.

Blanqui, alors prit la parole comme au nom de tous, et dans un discours mesuré de formes, mais impératif de sens, il promulgua au gouvernement les soi-disant plébiscites de ce peuple qui ne les connaissait pas. C'était l'ajournement des élections, la mise en suspicion de l'Assemblée nationale future, l'éloignement en principe et pour toujours des troupes de Paris, l'obéissance implicite aux volontés dictatoriales de la multitude exprimée par les clubs, en un mot l'asservissement du gouvernement, la mise hors la loi de tout ce qui n'était pas le peuple de Paris dans la nation, et la dictature indéfinie imposée au gouvernement, sous condition que ce gouvernement subirait et ratifierait lui-même la dictature de la démagogie souveraine.

Pendant que Blanqui parlait, les visages des membres du gouvernement s'impressionnaient d'indignation et de honte. Les sections les plus forcenées des clubs appuyaient du regard, de l'attitude et du geste ses paroles les plus significatives ; il termina en sommant le gouvernement, au nom du peuple, de délibérer le plus promptement possible sur le texte de ces résolutions et de faire connaître le résultat de sa délibération séance tenante.

Lamartine ne se faisait aucune illusion sur l'intention secrète qui avait inspiré ce grand acte populaire. Il ne doutait pas qu'il n'eût été spécialement dirigé contre lui. Il avait reconnu dans le programme des clubs précisément le contraire de ce qu'il avait fait signer la veille au gouvernement, dans la proclamation à la nation française. Les cris de « à bas Lamartine et vive la minorité du gouvernement! » lui indiquaient assez l'intention des meneurs de la grande revue. Mais Lamartine s'apercevait clairement aussi que cette démonstration, revue exagérée et dénaturée par les clubs, et surtout par le club Blanqui, dépassait le but qui paraissait lui avoir été assigné par ses organisateurs. Quoiqu'il fût évidemment le plus intéressé dans le programme des clubs, et qu'il fût naturellement le plus rapproché des orateurs, il crut devoir garder le silence et laisser à ses collègues plus populaires et moins suspects que lui aux agitateurs démagogues, le soin de relever la sommation et de venger ou de livrer l'indépendance du gouvernement. Vengée, elle lui suffisait, livrée il l'aurait revendiquée en son nom et au nom de ses amis.

Ses collègues ne le laissèrent pas longtemps dans cette perplexité; ils la vengèrent en termes aussi éloquents qu'énergiques.

Louis Blanc parla en homme qui s'identifie complétement à l'esprit de ses collègues, qui se soulève au nom de leur indépendance et de la sienne contre l'oppression même des idées qui lui seraient propres peut-être, si elles ne lui étaient commandées. Son discours déconcerta visiblement les visages des meneurs populaires.

Ledru Rollin parla en homme de gouvernement qui ne livre rien de son indépendance et de sa liberté morale même aux influences de ses amitiés; il défendit l'armée momentanément éloignée de Paris par la prudence, mais réconciliée le plus tôt possible avec la nation dont elle portait en elle le droit et la force; il ne céda rien sur les élections et sur la souveraineté de la représentation; il fut habile en restant ferme. Ces deux réponses des hommes en qui les agitateurs avaient espéré peut-être rencontrer des complicités ou des encouragements, les réduisirent un moment à l'immobilité et au silence. Un flottement se manifesta dans leurs rangs comme dans une armée vaincue. Les plus sages d'entre eux les entraînaient à la retraite, mais un groupe de sept ou huit hommes qui entouraient Blanqui, et qui, par-dessus la tête de leur chef, faisaient face au gouvernement, paraissaient décidés aux dernières extrémités. C'étaient les amis de Blanqui. L'un d'entre eux était un jeune homme dévoué, dit-on, jusqu'au fanatisme aux idées et à la personne de son maître. Sa figure pâle, martiale, concentrée, était arrêtée de traits comme par une expression de conviction immuable; sa stature droite, immobile, sans geste, renfermée en lignes rectangulaires; sa main droite enfoncée sous son habit boutonné jusqu'au cou, la résolution froide et inflexible de son regard fixé sur un membre du gouvernement, rappelaient à la pensée et à l'œil les statues de Brutus méditant la dernière conspiration de la liberté, la main sur le poignard caché sous sa toge.

Bien qu'il parût aussi timide de parole qu'il semblait résolu d'attitude, quand il vit que le rassemblement s'ébranlait, il éleva la voix en s'avançant de quelques pas vers les membres du gouvernement.

« Tout cela ce sont de belles paroles, dit-il en fai-
« sant allusion à Louis Blanc et à Ledru Rollin; mais
« ce ne sont pas des paroles, ce sont des actes qu'il
« nous faut, et qu'il nous faut sans désemparer. Nous
« ne nous retirerons pas que vous n'ayez délibéré ici
« devant nous, sur l'heure. » A ces mots, un murmure d'approbation s'éleva des rangs de ceux qui l'entou-

raient; une rumeur d'indignation partit des rangs du gouvernement. Louis Blanc reprit la parole et se souleva ; Ledru Rollin s'indigna ; Crémieux, Marie, Dupont de l'Eure, tous les membres présents protestèrent avec intrépidité contre ces injonctions séditieuses de ce groupe et de son orateur. On s'expliqua confusément, on convint qu'on était d'accord sur quelques points du programme, qu'on différait sur les autres, qu'on délibérerait sur tous, mais qu'on délibérerait hors de la pression des meneurs, librement, dignement, à son jour, à son heure, et sans rien promettre ni même préjuger des résolutions du gouvernement; on ne voulait considérer cette pétition des clubs que comme une pétition.

A toutes ces considérations appuyées par la raison et la modération d'une partie des délégués des clubs eux-mêmes, les suivants de Blanqui hochèrent la tête en signe de résistance et d'obstination. Sobrier qui aimait Lamartine alors, et qui avait horreur du sang, faisait d'inutiles efforts pour calmer ces hommes d'extrémité. — « C'est bien, c'est bien, citoyens, cria enfin
« l'orateur, ces sentiments sont acceptables, mais les
« avez-vous tous, mais n'y a-t-il point de traîtres
« parmi vous? mais n'y a-t-il pas un homme qui a tenu
« un langage contraire à ces volontés du peuple? Mais
« Lamartine, par exemple, n'est-il pas avec vous?...
« — Qu'il s'explique! qu'il s'explique! s'écrièrent
« d'une voix menaçante les sectaires du club princi-
« pal. — Non, non, non, s'écrièrent Sobrier, Cabet,

« Raspail, Barbès. Tous les membres du gouvernement
« sont unis, notre confiance est indivisible ! » Mais
l'orateur et ses amis interpellaient toujours Lamartine
du regard, de l'attitude et du geste. Lamartine s'avançant alors de quelques pas au-devant d'eux, fit signe
qu'il voulait parler, et, regardant en face le visage
pâle et menaçant de ces interlocuteurs :

« Citoyens, dit-il, j'ai entendu mon nom ; je le
« relève. Je n'ajoute rien à ce que vous a dit tout à
« l'heure, avec autant de dignité que de convenance,
« notre collègue Louis Blanc. Vous sentez comme
« nous, comme nous en qui le peuple a mis sa con-
« fiance et s'est personnifié le jour du combat et de la
« victoire, qu'il n'y a de gouvernement possible qu'à
« la condition que vous ayez le bon sens de conférer
« une autorité morale à ce gouvernement. L'autorité
« morale de ce gouvernement, qu'est-ce autre chose,
« non-seulement pour lui, mais pour le public, pour
« les départements, pour l'Europe qui nous regarde,
« qu'est-ce autre chose, que son indépendance com-
« plète de toute pression extérieure? Voilà l'indépen-
« dance du gouvernement, voilà sa dignité, voilà son
« unique force morale, sachez-le bien ! Que sommes-
« nous ici? Regardez, voilà notre vénérable président
« chargé du poids et de la gloire de ses quatre-vingts
« ans, et qui a voulu consacrer ses dernières forces à
« notre tête, à l'établissement de la République (Bravo !
« bravo !) avec indépendance, avec dignité et liberté,
« et certes, en liberté et en indépendance, il n'y a pas

« un citoyen français qui puisse démentir le nom de
« Dupont de l'Eure. Autour de lui, que voyez-vous?
« Un petit groupe d'hommes sans armes, sans appui
« matériel, sans soldats, sans gardes, qui n'ont d'au-
« tre autorité que celle que le peuple leur maintient
« en les respectant, qui n'en cherchent pas d'autre,
« qui se plongent, qui s'immergent tout entiers dans
« ce peuple dont ils sont sortis et qui n'ont pris dans
« la République un rôle aussi énergique et aussi pé-
« rilleux que pour y être les garants de ces intérêts
« populaires, sacrifiés jusqu'ici sous les monarchies,
« sous les aristocraties, sous les oligarchies que nous
« avons traversées.

« Mais pour que ce sentiment ait son effet, pour que
« ces principes populaires deviennent des applica-
« tions utiles au bonheur et aux droits du peuple,
« que faut-il? La continuation possible en calme, en
« ordre, de cette confiance que vous nous avez don-
« née. Que pourrions-nous vous opposer? Rien qu'une
« seule chose, votre raison même! cette puissance de
« la raison générale qui se place seule ici entre vous
« et nous, qui nous inspire et qui vous arrête devant
« nous! c'est cette force morale invisible et cependant
« toute-puissante qui nous rend calmes nous-mêmes,
« indépendants et dignes en face de cette masse qui
« entoure ce palais du peuple défendu par sa seule
« inviolabilité. (Très-bien! crient les clubs modérés.)

« Cette dernière barrière de notre indépendance,
« reprend Lamartine, comme gouvernement et comme

« hommes, nous la défendrions jusqu'à la mort si la
« compression de la multitude voulait la franchir! Et
« ce n'est pas pour nous, c'est pour vous surtout que
« nous péririons en la défendant! Que serait un peuple
« sans gouvernement, et que deviendrait pour le
« peuple un gouvernement avili? (Très-bien!)

« J'arrive aux trois questions que vous avez po-
« sées : un délai de dix jours de plus pour les élec-
« tions de la garde nationale.

« Nous avons à cet égard dans des délibérations
« préexistantes, nous avons cru prévenir et les vœux
« légitimes du peuple et vos propres désirs. On nous
« avait représenté que cette masse imposante, solide,
« patriotique, républicaine de la population qui forme
« l'immense élément populaire de Paris n'avait pas eu
« peut-être le temps de se faire inscrire sur ces listes,
« et d'entrer ainsi dans le large cadre patriotique où
« nous voulons désormais enserrer toute la force pu-
« blique. Nous avons d'abord ajourné à huit jours;
« nous avons ensuite ajourné jusqu'au 25 mars. Je ne
« puis pas me prononcer seul, et je ne le voudrais
« pas en ce moment sur les résultats de la nouvelle
« délibération qui pourra avoir lieu sur cet objet;
« mais vous avez quinze jours en tout pour vous
« inscrire.

« Quant aux troupes, j'ai déjà répondu avant-hier
« à une des associations patriotiques dont vous faites
« partie : la question n'existe pas. Il n'y a pas de
« troupes à Paris, si ce n'est peut-être quinze cents

« ou deux mille hommes dispersés pour les postes
« extérieurs, pour la protection des portes et des che-
« mins de fer, et il est faux que le gouvernement ait
« songé à en rapprocher de Paris. Il faudrait qu'il
« fût insensé, après ce qui s'est passé, après que la
« royauté déchue a vu se fondre quatre-vingt mille
« hommes de troupes contre le peuple désarmé de
« Paris, pour songer à lui imposer avec quelques
« corps d'armée épars et animés du même républica-
« nisme, des volontés contraires à vos volontés et à
« votre indépendance! Nous n'y avons pas songé,
« nous n'y songeons pas, nous n'y songerons jamais.
« Voilà la vérité, rapportez-la au peuple; sa liberté lui
« appartient parce qu'il l'a conquise; elle lui appar-
« tient parce qu'il saura la garder de tout désordre!
« La République à l'intérieur ne veut d'autre défen-
« seur que le peuple armé.

« Mais quoique ceci soit la vérité aujourd'hui, et
« que nous vous déclarions que nous ne voulons que
« le peuple armé pour protéger ses institutions, n'en
« concluez pas que nous consentions jamais à la dé-
« chéance des soldats français. — (Non! non! bravo!)
« N'en concluez pas que nous mettions notre brave
« armée en suspicion, et que nous nous interdisions de
« l'appeler même dans l'intérieur, même à Paris, si
« des circonstances de guerre commandaient telles ou
« telles dispositions de nos forces pour la sûreté exté-
« rieure de la patrie!

« Le soldat, qui n'était hier que soldat, est aujour-

« d'hui citoyen comme vous et nous. — (Oui! oui!)
« Nous lui avons donné le droit de concourir par son
« vote de citoyen à la représentation et à la liberté,
« qu'il saura défendre aussi complétement que toute
« autre fraction du peuple!

« Quant à la troisième et principale question, celle
« de la prorogation à un terme éloigné de la convoca-
« tion de l'Assemblée nationale, je ne consentirai pas
« à engager en rien ni l'opinion de mes collègues, ni
« surtout la mienne, sur une pareille mesure qui en-
« gage trop profondément, selon moi, les droits du
« pays tout entier. Je ne veux rien préjuger par res-
« pect pour notre indépendance, sur un décret qui
« tendrait à déclarer à la nation que Paris affecterait
« le monopole de la liberté et de la République, et
« qui nous ferait prendre au nom d'une capitale seule
« et sous la pression d'une masse bien intentionnée,
« mais impérative par son nombre même, la dictature
« de la liberté conquise ici par tout le monde, mais
« conquise par la France entière et non par quelques
« citoyens seulement! Si vous me commandiez de
« délibérer sous la force et de prononcer la mise hors
« la loi de toute la nation, qui n'est pas à Paris, de la
« déclarer pendant trois mois, six mois, que sais-je?
« exclue de sa représentation et de sa constitution, je
« vous dirais ce que je disais à un autre gouvernement
« il y a peu de jours : Vous n'arracheriez ce vote de
« ma poitrine qu'après que les balles l'auraient per-
« cée. (On applaudit.)

« Non, destituez-nous mille fois de notre titre plu-
« tôt que de nous destituer de nos opinions libres, de
« notre dignité, de notre inviolabilité évidente, évi-
« dente en dehors, sachez-le bien, autant qu'en de-
« dans! car pour qu'un gouvernement soit respecté, il
« faut qu'un gouvernement ait non-seulement le fait,
« mais l'apparence aussi de la liberté!

« Comprenez donc votre pouvoir dans le nôtre,
« votre dignité dans la nôtre, votre indépendance
« dans la nôtre, et laissez-nous, dans l'intérêt même
« de ce peuple, réfléchir et délibérer de sang-froid,
« adopter ou repousser les vœux dont vous êtes l'or-
« gane auprès de nous. Nous ne vous promettons, je
« ne vous promets, quant à moi, que de les peser dans
« notre conscience, sans peur comme sans prévention,
« et de décider ce qui nous paraîtra, non pas la
« volonté seulement du peuple de Paris, mais le droit
« et la volonté de toute la République. »

La députation applaudit; quelques-uns de ses membres serrent les mains de Lamartine.

L'un d'eux lui dit : « Soyez sûr que le peuple n'est
« là que pour appuyer le gouvernement provisoire. »

Lamartine répond : « J'en suis convaincu; mais la
« nation pourrait s'y tromper. Prenez garde à des
« réunions de ce genre, quelque belles qu'elles soient :
« les *dix-huit brumaire* du peuple pourraient amener
« contre son gré les dix-huit brumaire du despotisme,
« et ni vous ni nous, nous n'en voulons. »

Un silence dans le groupe des clubs violents, des

applaudissements dans le groupe des clubs modérés, suivirent ces paroles. Mais les plus obstinés reprennent leur audace, et tendant évidemment à faire prononcer l'épuration de Lamartine : « Nous n'avons pas « confiance dans tous les membres du gouvernement, « crièrent-ils. — Si, si, dans tous ! dans tous ! répli- « quèrent les voix de Suau, de Sobrier et de Barbès, « et une centaine de voix de leurs amis. — Non, non. « — Si, si. — Il faut les contraindre. — Il faut les « respecter. » — Et mille autres cris contradictoires se partageaient les groupes. Les violences étaient aux bords des lèvres, dans l'accent, dans les regards. Les membres du gouvernement restèrent impassibles. Barbès, attaché alors à Lamartine, Sobrier, Raspail, Cabet, se serrèrent dans l'espace qui séparait les deux partis. Blanqui restait immobile et paraissait plutôt calmer les siens qu'approuver leur insistance.

Cabet prit la parole, son discours fit une salutaire impression sur la foule. Barbès, Raspail, d'autres encore appuyèrent les paroles de Cabet et défendirent l'indépendance du gouvernement. Le désordre se mit dans les groupes, la confusion dans les avis, les cris de Vive le gouvernement provisoire ! qui montaient de la place et qui témoignaient de l'attachement du peuple, firent réfléchir les hommes extrêmes. Ces clameurs leur apprirent que s'ils portaient la main sur le gouvernement cher au peuple, la vengeance du peuple ne tarderait pas à leur faire expier leur crime. Barbès, Sobrier, Suau, Cabet profitèrent de cet ébranlement de la colonne pour la faire refluer en arrière et pour délivrer le gouvernement de cette pression. Les clubs évacuèrent les salles et les escaliers ; ils reprirent leur place devant la grille de l'Hôtel de Ville. Le gouvernement appelé à grands cris par cent mille voix descendit à la suite de son président sur les marches extérieures du grand escalier. Il fut salué d'acclamations frénétiques au milieu desquelles on entendait prédominer les noms de Ledru Rollin et de Louis Blanc plus qu'à l'ordinaire. Lamartine averti ainsi que la faveur de la multitude la plus rapprochée s'adressait à eux, les laissa se présenter les premiers au peuple et s'envelopper de leur popularité : il s'effaça au second rang et ne reçut que de rares acclamations.

Louis Blanc harangua le peuple, le remercia de ce déploiement irrésistible de force dont il entourait ses dictateurs. Le peuple trompé par ces actions de grâces crut sincèrement qu'il venait d'accomplir un acte d'adhésion patriotique et de faire un coup d'État contre les factieux, tandis qu'il venait d'exercer une pression séditieuse au profit d'une minorité des clubs et d'une minorité de Paris autour du gouvernement.

Les membres de la majorité du gouvernement feignirent prudemment de prendre cette manifestation pour ce qu'elle était dans l'intention du plus grand nombre, mais ils ne se déguisèrent pas à eux-mêmes le sens de cette journée, et ils commencèrent à se défier d'une influence qui avait tout et qui pouvait tout. Leur physionomie affectait la satisfaction et la reconnaissance, pendant que leur âme était profondément ulcérée de l'audace et du succès de quelques meneurs. Paris lui-même ne s'y trompa qu'à demi. Depuis deux heures après midi jusqu'à neuf heures du soir la capitale vit défiler sur les boulevards, et dans ses principaux quartiers ce peuple désarmé de fusils, mais armé de son nombre, qui ressemblait à une de ces migrations antiques transportant une nation tout entière des bords d'un fleuve à l'autre bord. Plus cette armée était calme, sobre, silencieuse, disciplinée, gouvernée par un mot d'ordre ignoré mais obéi; plus son aspect imposait à la capitale sans menacer personne, plus elle pesait sur la pensée de tous et disait aux yeux que Paris était désormais à la merci des seuls prolétaires. Mais elle disait aussi que ces prolétaires calmes dans leurs triomphes, généreux et civilisés dans leur force, animés de l'instinct de l'ordre, levés contre ce qu'ils croyaient l'anarchie pour soutenir un gouvernement qu'on leur disait menacé, n'étaient plus le peuple brutal de 1793, mais le peuple de 1848 présage d'une autre civilisation.

Lamartine sortit seul à pied à la nuit tombante de l'Hôtel de Ville. Il passa deux heures inconnu et mêlé dans la foule à l'extrémité de la rue Saint-Honoré sur la place Vendôme, contemplant le défilé muet de cette multitude.

Les costumes de ces hommes étaient décents, leur pas militaire, leur physionomie inspirée d'un rayon de force et de paix; on voyait qu'ils craignaient d'effrayer les citoyens et les femmes : terribles par le nombre, rassurants d'esprit. Paris tremblait sous leurs pas. Pendant douze heures il n'y eut pas un cri démagogique, pas un signe de terreur, pas une insulte, pas une violence, pas un accident à déplorer dans cette foule. Elle respecta tout et elle-même elle se respecta.

X.

Lamartine rentra au ministère des affaires étrangères, incertain de la signification que l'opinion publique donnerait le lendemain à l'événement. Il ne se trompait pas sur l'intention; il y voyait une défaite éclatante de la majorité modérée du gouvernement et une insolente oppression de quelques hommes, déguisée sous la forme d'un concours et d'un hommage à la République; une revue des forces de la minorité ultra-révolutionnaire de Paris commandée par quelques hommes qui voulaient contraindre et dominer la République par intimidation en exploitant l'enthousiasme réel et patriotique du peuple pour son gouvernement.

Il résolut de feindre de s'y tromper lui-même et d'avoir l'air de prendre pour une force ce qu'il prenait au fond pour une tyrannie : c'était le seul moyen de ne pas laisser Paris et la France se frapper de stupeur et désespérer de l'ordre public. Mais à partir de cette heure il sentit qu'il y avait deux esprits difficiles à concilier jusqu'à la fin de la dictature autour du gouvernement. Le programme des clubs qui consistait à perpétuer la dictature, à ajourner les élections, à mettre la France hors la loi, et à faire régner par certains hommes une seule ville et une seule classe de la population de cette ville, pouvait avoir des sympathies dans le cercle du gouvernement. Les clubistes, les délégués du Luxembourg, les émissaires du Club des Clubs, sorte de commissariat officieux qui servait d'intermédiaire entre le ministère de l'intérieur et l'esprit public, paraissaient imbus de cette idée que la France n'était pas mûre pour la liberté telle qu'ils l'entendaient, qu'on ne pouvait pas remettre au pays son propre gouvernement; que la République leur appartenait à eux exclusivement par droit d'initiative et de supériorité démocratique; qu'il fallait régner en son nom et pour elle; et que pour la faire obéir il fallait lui tenir le langage et lui montrer les gestes du comité de salut public.

Lamartine au contraire et la majorité du gouvernement étaient convaincus que la liberté monopolisée par quelques-uns était la servitude et la dégradation de tous; que l'ajournement des élections et la mise hors la loi de l'Assemblée nationale serait le signal de l'insurrection des départements et de la guerre civile; que la dictature des prétendus républicains par droit de supériorité démocratique ne serait que la dictature de la popularité à l'enchère des violences et des crimes; que chaque semaine enfanterait et dévorerait un de ces prétendus dictateurs, que Paris serait noyé dans le sang et dans l'anarchie, et que le nom de république périrait une seconde fois dans l'exécration du présent et dans l'incrédulité de l'avenir. Il résolut en conséquence de combattre à outrance et par tous les moyens légitimes les complots des partisans de la dictature et des comités de salut public, et de se sacrifier même s'il le fallait à la restitution la plus prompte et la plus complète de la souveraineté de la France entière et du gouvernement à la représentation nationale.

XI.

Mais il y avait un abîme d'anarchie et de despotisme éventuel qu'il paraissait impossible alors de traverser avant d'arriver à ce jour. Les hommes les plus sages et les plus consommés en politique étaient incrédules à cet égard. Ils ne cessaient de répéter à Lamartine qu'il tentait une entreprise chimérique, qu'il périrait à l'œuvre, et que jamais le parti ultrarépublicain et conventionnel, les pieds dans le gouvernement, maître de deux cent mille hommes dans Paris et de l'influence des commissaires et des clubs dans les départements, du peuple industriel partout, de la police, du Luxembourg, de la place publique par l'éloignement de l'armée, d'une moitié de la garde nationale par l'armement des faubourgs, des ateliers nationaux, par la solde et par la turbulence, ne se laisserait arracher le pouvoir par les élections sans le déchirer et l'ensanglanter avant de le rendre à la nation.

Lamartine savait mieux qu'eux toutes ces difficultés et tous ces périls; mais il était sûr de ses collègues; il se sentait dans la vérité; il jugeait les hommes avec une sagacité bienveillante il est vrai, mais instinctive et rapide; de plus il n'avait pas le choix, il fallait triompher ou périr héroïquement et honorablement dans l'entreprise. Il était résigné à ce sort s'il le fallait, certain que sa mort même bientôt vengée serait le signal du soulèvement général du pays contre la tyrannie des dictateurs démagogues. Il marcha donc à son but sans illusion mais non sans espérance; décidé à transiger ou à combattre, pourvu qu'il triomphât sur les deux points qui dominaient tout : la question de la guerre au dehors, et la question de la convocation de l'Assemblée nationale au dedans.

XII.

La manifestation du 17 mars et le programme impératif des clubs lui avaient suffisamment révélé la pensée dictatoriale des meneurs visibles ou occultes de ce mouvement. Ils avaient chargé la fausse voix du peuple de la promulguer à l'Hôtel de Ville. Depuis ce jour, les journaux de la révolution, les motions du soir dans les clubs, les orateurs nomades dans les groupes, les actes, les paroles, les circulaires de quelques commissaires exaltés dans les provinces, les mots échappés à la chaleur des convictions dans les entretiens des hommes affiliés à l'intimité des clubs, les confidences, les révélations, les affiches, tout indiquait à Lamartine que l'ajournement des élections et la prolongation indéfinie de la dictature étaient les mots d'ordre des comités secrets ultrà-républicains. Si cette idée qui flattait l'orgueil de la population turbulente de Paris à qui elle décernait l'empire, avait le temps de se propager et de s'infiltrer à l'état de dogme et de passion dans les masses, c'en était fait de la République; on n'aurait pu l'extirper qu'avec le fer. La France aurait été obligée de reconquérir sa capitale dans des flots de sang. Le règne de cette partie turbulente et exclusive du peuple exploitée par des tribuns à la fois souverains et enchaînés comme le dictateur rêvé par Marat eût été inévitablement un règne de bourreaux, bientôt victimes, pour faire place à d'autres bourreaux, victimes à leur tour. Lamartine en frémissait pour son pays : aucune insomnie ne lui coûta pour prévenir un si cruel dénouement à la révolution.

Deux moyens lui restaient : la force et la négociation. Il résolut de les combiner et de les employer tour à tour et à tout prix, selon les hommes et les circonstances.

Un brave général mort depuis pour sa patrie, soldat intrépide, chef adoré de ses troupes, citoyen antique, Négrier commandait l'armée du Nord. Cette armée de vingt-six mille hommes était tenue dans la main de son général avec une vigueur et une douceur de commandement qui l'enchaînaient à ses volontés par le cœur plus que par la discipline. Négrier avait été attaqué quelquefois au conseil par des dénonciations de commissaires démagogues qui lui reprochaient d'avoir servi sous des princes et qui suspectaient son honneur en suspectant sa fidélité à la République. Ces soupçons n'avaient aucun fondement. Son cœur pouvait être à la reconnaissance, son devoir était à la patrie. M. Arago, ministre de la guerre, défenseur constant et courageux des officiers de l'armée, s'était toujours énergiquement refusé à ratifier ces empiétements ou ces accusations de certains commissaires désorganisateurs. Lamartine avait aussi soutenu les généraux et en particulier Négrier contre l'omnipotence révolutionnaire des proconsuls. Comme ministre des affaires étrangères il voulait une armée disponible et intacte aux factions en face de la Belgique. La Belgique pouvait devenir d'un moment à l'autre comme en 1792 le champ de bataille de l'Europe; car elle est une des grandes brèches de la France. Comme homme d'État, il voulait un noyau d'armée à Lille, afin que si la démagogie anarchique et sanguinaire venait à triompher à Paris, les républicains modérés, vaincus et expulsés de Paris, eussent une réserve préparée dans le département du Nord. Cette réserve, sous les ordres de Négrier, aurait dans ce cas rallié les gardes nationaux de ces excellents départements, et reconquis Paris et la République sur la tyrannie des démagogues dont il était tous les jours menacé.

XIII.

Négrier de son côté, sans connaître personnellement Lamartine, avait compris à ses paroles et à ses actes qu'il avait dans le ministre des affaires étrangères un homme selon son cœur. Un ami du général, M. D***, chef de bataillon de la garde nationale de Paris, confident actif des efforts de Lamartine pour sauver l'ordre et contenir la révolution, fit plusieurs voyages à l'armée du Nord et fut l'intermédiaire intelligent des communications secrètes entre Lamartine et Négrier. Le général se tint prêt soit à recevoir le gouvernement à Lille en cas de retrait de Paris, soit à marcher sur Amiens ou sur Abbeville au premier appel que le gouvernement ferait à ces départements pour venir au secours de Paris. Cette réserve de l'armée du Nord, sous les ordres d'un général résolu et fidèle, était la dernière ressource de Lamartine; elle le rassurait non pas pour lui, mais pour les Parisiens et pour la France; car il savait bien que si la démagogie venait à triompher des bons citoyens, il serait sa première victime : mais il ne doutait pas du lendemain. L'armée du Nord recrutée en dix jours de vingt mille hommes par l'armée du Rhin, et de cinq cent mille gardes nationaux par les départements du nord, de l'est et de l'ouest, ne pouvait manquer de submerger dans leur propre sang les dictateurs et les comités de salut public, qui rêvaient le renouvellement des tyrannies de 1793. Cette pensée, dans les plus grandes extrémités du gouvernement, faisait le repos d'esprit de Lamartine. Le nom de Négrier sonnait en secret à son oreille comme une dernière espérance, ou du moins comme une vengeance certaine de la société renversée. Il ne confiait cette pensée à personne, de peur d'attirer sur Négrier les soupçons et les accusations des démagogues.

XIV.

Tranquille de ce côté, il résolut de faire des efforts d'une autre nature sur l'esprit et sur le patriotisme des principaux chefs de sectes, d'opinions, de clubs et de journaux extrêmes, seuls assez puissants alors pour remuer Paris, hommes sans lesquels les conspirateurs les plus audacieux ne pouvaient rien sur le peuple. S'il échouait dans ses intelligences avec eux pour en obtenir patience, raison et modération jusqu'au jour des élections générales, il aviserait avec ses amis du gouvernement, et se tiendrait prêt à un combat désespéré entre les deux camps de la République dans Paris. S'il réussissait, il serait maître des forces les plus vives de la révolution par ces hommes, et il paralyserait par eux, les tentatives du communisme, du terrorisme et des partisans de la dictature et de la guerre. Il croyait aux bonnes intentions des hommes mêmes les plus fanatiques et à la diplomatie de la confiance et de la franchise avec eux; ce fut cette foi qui sauva Paris et la France des derniers désastres. S'il n'eût point ouvert son cœur à ces adversaires prévenus contre lui, et s'il n'eût point lu dans leur âme et dans leurs desseins, ces hommes auraient persévéré à croire que Lamartine n'était entré dans la République que pour l'exploiter et la trahir; qu'il tramait une contre-révolution; qu'il rêvait le rôle suranné d'un Monk populaire; et ces hommes s'unissant contre lui aux partisans de la guerre, de la dictature, et des épurations du gouvernement, auraient infailliblement jeté la France dans les convulsions d'un gouvernement conventionnel.

XV.

De ces hommes, Lamartine en connaissait quelques-uns; il fit des avances pour amener les autres à des entrevues avec lui.

Un des plus éminents des écrivains politiques du moment était M. de Lamennais. M. de Lamennais, autrefois apôtre du catholicisme, avait changé sa foi et son rôle contre le rôle d'apôtre des prolétaires. Son âme s'était attendrie sur leur misère. Son style s'était endurci de leur ressentiment. Depuis douze ans il était la voix de leurs griefs et quelquefois le cri de leur vengeance. La proclamation de la République l'avait tout à coup et comme miraculeusement apaisé : c'est l'effet des victoires sur les cœurs généreux. Il avait passé, à l'instant, du côté de la société menacée par le terrorisme, le socialisme et la démagogie. Il rédigeait un journal puissant par son nom et par son talent sur l'esprit du peuple, *le Peuple constituant*. Lamartine, qui n'avait jamais vu jusque-là dans M. de Lamennais que l'écrivain, avait été étonné d'y trouver tout à coup le caractère, la modération, la fermeté, les vues de l'homme politique. Ce journal dépopularisait la guerre, la démagogie, les doctrines anti-sociales. Si M. de Lamennais eût persévéré, la France aurait compté en lui un homme d'État de plus. Lamartine le voyait fréquemment alors chez une femme distinguée par son esprit et par son libéralisme. M. de Lamennais avait écrit un plan de constitution où la force publique manquait de centre. Le nom de M. de Lamennais modéré alors intimidait les excès et fulminait les chimères. M. de Lamennais, nommé depuis à l'Assemblée constituante, trop ému et trop ombrageux devant les réactions, est revenu sur ses pas et a repris la route des ombres ; immense perte pour la République pratique. Quand le génie déserte, la cause souffre et le siècle est en deuil.

Raspail, très-puissant sur les faubourgs de Paris, consentit à avoir un entretien avec Lamartine. Cet entretien fut long et sans réticences des deux côtés. Lamartine avait entendu une fois Raspail défendant sa cause devant la Cour des pairs; il était resté frappé de cette éloquence originale, pittoresque, résignée et intrépide à la fois. La politique de Raspail paraissait consister en aspirations religieuses, populaires, égalitaires, plus senties que rédigées dans son esprit : l'impatience le saisissait. Il venait de pousser le peuple par son journal et par son club à demander l'ajournement des élections et un dictateur populaire pour gouverner. Lamartine l'apaisa en lui montrant les dangers d'une si intolérable usurpation pour la République; il lui ouvrit les perspectives indéfinies de progrès et de charité sociale contenues dans l'institution républicaine au fur et à mesure des développements de la raison et de la vertu de la société; il le convainquit de l'impraticabilité des transformations violentes des bases de la propriété; il le conjura de donner du temps et de la confiance au pays en n'usurpant rien sur la souveraineté de tous. Raspail philosophe plus qu'ambitieux, fut touché des raisons et de l'ardeur de Lamartine : il lui promit de revenir sur ses pas, de combattre les complots de dictature, d'attendre la souveraineté nationale et de ne conspirer qu'à haute voix et à la tribune. L'influence presque superstitieuse qu'il exerçait sur l'esprit des masses contribua beaucoup pendant cette période à décourager les complots et à contenir le peuple des faubourgs dans la patience et dans la légalité.

Cabet, dont l'imagination moins forte se laissait évidemment emporter à des songes d'ambition plus illimitée, fut moins accessible à la raison. On voyait que son fantôme d'invention communiste flottait toujours entre son interlocuteur et lui. Cependant Lamartine comme citoyen n'eut qu'à se féliciter de ses rapports avec Cabet. Ce chef de secte ne pouvait voir avec plaisir des tentatives de dictature qui auraient donné la suprématie à des socialistes ou à des tribuns ses rivaux de système et de popularité. Il retint les communistes de son parti, et par eux une partie active du peuple, dans l'expectative que Lamartine voulait imposer à tous les partis.

Un jeune homme qui avait montré une fois une grande promesse de talent à la Chambre des pairs, M. d'Alton-Shée était alors applaudi dans les réunions populaires. Il combattit avec ardeur et désintéressement les plans anarchiques et les doctrines excessives. Entraîné depuis dans d'autres voies, il perdit la trace de la République. Lamartine, qui avait beaucoup espéré de son activité, de son courage et de son talent, le perdit de vue.

Barbès venait encore de temps en temps à cette époque chez Lamartine. Ses intentions étaient droites, mais confuses. Il commença à s'égarer sans le vouloir et sans le savoir sous les inspirations de ses anciens camarades de prison. Homme d'action, les hommes de système l'accaparaient, sans qu'il s'en défiât, à leur cause. C'était le soldat de l'impossible; il ne pouvait tarder de passer aux désespérés de la démocratie.

Mais Barbès capable de conspirer était incapable

de trahir. Sa présence dans les rangs des anarchistes rassurait plus qu'elle n'inquiétait Lamartine. Il croyait à son entraînement, mais il était sûr de sa loyauté.

Un des amis et des compagnons de captivité de Barbès, le jeune Lamieussens, exerçait une heureuse influence sur les républicains exaltés de ce camp de la Révolution. Lamartine l'avait distingué et se proposait d'utiliser ses talents. Il plaça à cette époque, un grand nombre de jeunes républicains à l'étranger dans les chancelleries, dans les vice-consulats et dans quelques consulats dépendants de son ministère. Ces nominations blâmées depuis furent toutes politiques. Il ne fallait pas laisser s'aigrir et se vicier dans les factions de Paris des hommes qui avaient souffert pour leur cause, et qui rendaient des services à la République en dirigeant et en modérant le peuple de Paris.

XVI.

Sobrier continuait à voir assidument Lamartine. Enthousiaste plus qu'ambitieux il acquérait chaque jour plus d'ascendant sur la jeunesse révolutionnaire des quartiers du centre de Paris. Il employait alors cet ascendant au service des idées d'ordre et de modération ; il contre-balançait par son journal et par son club l'influence d'autres journaux et d'autres conciliabules du parti des dictatures et des excès ; il voulait maintenir l'intégrité du gouvernement même avec les armes. Son journal *la Commune de Paris*, s'évaporait souvent en hymnes et en doctrines de mauvaises dates ; mais il recommandait l'ordre, la fraternité de toutes les classes de citoyens, le respect des propriétés, l'inviolabilité des consciences, la paix avec les puissances, la temporisation jusqu'au jour où l'Assemblée nationale viendrait représenter tous les droits et faire toutes les lois. Ces doctrines de Sobrier avaient d'autant plus de crédit sur la multitude que personne ne le dépassait à ses yeux en exagération de fanatisme et d'espérances. Son fanatisme était théorique et ses espérances patientes. Il avait de plus du courage personnel. Informé des projets conçus tous les jours dans les conciliabules ultra-républicains de décimer le gouvernement, de surprendre le ministère des finances, celui des affaires étrangères, d'enlever Lamartine, et de lui substituer des hommes extrêmes, Sobrier avait enrôlé cinq à six cents hommes ; il avait obtenu pour eux des armes de Caussidière, il tenait dans la rue de Rivoli une espèce de quartier général de police armée. Lamartine était instruit par Sobrier lui-même de toutes ces circonstances, il avait même contribué à lui faire prêter ou louer par les liquidateurs de la liste civile le logement qu'occupait ce quartier général en face des Tuileries. Chaque fois que des avis inquiétants parvenaient à Lamartine sur une manifestation contraire à la paix publique, sur un complot contre le gouvernement ou contre lui-même, il faisait avertir Sobrier qui recevait ses ordres et qui disposait ses hommes dans les rassemblements et ses moyens de défense autour des ministères menacés.

Paris était alors entièrement dégarni de troupes et dépourvu de garde nationale. Les partis se défiaient les uns des autres; chacun avait sa police et son armée. Sobrier était le Caussidière de l'autre moitié de Paris. Lamartine n'eut qu'à se louer de son zèle désintéressé pour la paix publique jusqu'à l'approche des élections. Il s'abandonna alors à de mauvaises inspirations, trempa dans les menées électorales des socialistes les plus exclusifs, laissa pervertir l'esprit de son journal, et s'entoura avec une obstination puérile d'un appareil de conspiration armée qui n'était plus qu'une folie, mais qui ressemblait à un complot. Le général Courtais en informa Lamartine; Lamartine, qui ne voyait plus Sobrier depuis ses scandales, lui fit dire deux fois de licencier ses séides, de remettre les armes, de rentrer dans la loi, faute de quoi le gouvernement sévirait énergiquement contre lui : il obéit, mais incomplétement. Nous le retrouverons le 15 mai.

XVII.

Lamartine lia également des intelligences ouvertes avec les esprits les plus influents et les orateurs les plus goûtés de toutes les opinions actives et de tous les clubs démocratiques de Paris et des faubourgs. Il reçut chez lui, il persuada et entraîna les meneurs principaux de chacun des grands quartiers populeux, de la Bastille, du faubourg Saint-Marceau, du faubourg Saint-Antoine; il passa souvent des nuits entières à discuter sans réticence avec ces hommes la situation de la République au dehors et au dedans, ainsi que les questions les plus vives de l'économie politique qui servaient alors de texte aux mécontentements ou aux aspirations du peuple. Il les trouva quelquefois rebelles, plus souvent accessibles à ses conseils : il les convainquit néanmoins toujours de la nécessité de ne pas déchirer la République par des dissensions civiles qui feraient avorter toutes les pensées de progrès social qu'elles pouvaient porter à l'avenir, de combattre les dictateurs des partis extrêmes, de calmer le peuple et de le soumettre à sa propre souveraineté dans l'Assemblée nationale.

Ces hommes émus du langage sincère et souvent passionné de Lamartine, agissaient avec loyauté dans le sens de ses désirs, réservant leurs opinions sur certains textes de la discussion, concordant avec lui sur les questions essentielles. Ils venaient, de temps en temps, l'informer des dispositions de leur quartier. Cette police à cœur ouvert, ou plutôt ces négociations incessantes et loyales entre une des têtes du gouvernement et les principales têtes des clubs, prévint les malentendus, éventa les complots, sauva Paris, ouvrit les voies à l'Assemblée nationale. Ce fut alors la conspiration des honnêtes gens contre la conspiration des pervers. Lamartine s'attacha surtout aux hommes jeunes, et sincères, même dans leurs exagérations révolutionnaires. Il ne se laissa point scandaliser par les noms qui alors inspiraient le plus de préventions ou de répulsion dans Paris. Il savait que la renommée d'un homme est souvent une calomnie de bonne foi de ceux qui ne savent que son nom. Il croyait que beaucoup d'ombre se dissipe en approchant le flambeau du cœur; d'ailleurs aucune répugnance n'est permise à qui veut préserver la patrie.

C'est ainsi qu'il connut et qu'il pratiqua sans s'abaisser et sans les avilir les principaux agitateurs des clubs démagogiques de la Sorbonne où quarante mille prolétaires du quartier du Panthéon recevaient le souffle de l'agitation; beaucoup de délégués des ouvriers du Luxembourg, hommes de bon sens déjà fortement repoussés des sophismes industriels et économiques de Louis Blanc, un jeune mulâtre que la foule suivait de club en club au feu d'une éloquence tropicale, et un des initiés du club de Blanqui, de Flotte.

Ce jeune mulâtre Servien, enthousiaste et entraînant sur le trépied, était doux, timide, presque muet dans l'intimité. Il avoua à Lamartine qu'il avait plus de passions que de notions sur ces questions sociales dont il fanatisait ses auditeurs. Lamartine lui communiqua les fruits de ses propres études et lui suggéra ce socialisme des sentiments qui fait fraterniser les classes diverses de citoyens sans en dépouiller aucune; il lui apprit que le socialisme vrai n'était qu'une question de religion dans les cœurs, et d'équité dans les lois. Servien souffla la conciliation et la paix sur les masses charmées à sa voix. Lamartine l'envoya ensuite chez les noirs ses frères pour les préparer à l'émancipation par la concorde avec les colons; il espérait que les colonies renverraient ce remarquable talent à l'Assemblée nationale.

De Flotte était un jeune officier de marine bien né, studieux, honnête homme, disciple trop fanatisé des systèmes radicalement rénovateurs des sociétés. Il suivait Blanqui comme le plus radical des révolutionnaires, mais il influait sur lui par l'élévation de son intelligence. Lamartine après l'avoir sondé à fond, ne trouva dans son âme ni crime, ni vice, ni préjugé incompatible avec l'ordre social, conservateur et progressif qu'une république bien inspirée doit garantir. Il sentit que ce jeune homme déplacé dans les factions pouvait être utilisé par la République; il se promit de s'en souvenir dans l'occasion. Il apprit depuis que de Flotte, quoique étranger à l'émeute du 15 mai, avait été arrêté sous la prévention de ses liaisons avec Blanqui et qu'il languissait dans les fers. Il réclama pour lui. C'est par de Flotte que Lamartine fit savoir à Blanqui qu'il le recevrait lui-même avec intérêt et peut-être avec fruit pour la République.

XVIII.

Blanqui était alors tout à la fois en suspicion au gouvernement et en suspicion aux partis extrêmes. Les clubs qu'il dominait par sa violence et par son talent lui portaient envie; les partisans de la dictature qui voyaient en lui un rival ou un vengeur le redoutaient : ils ne cessaient de l'indiquer à l'opinion publique comme le seul factieux dangereux, afin de mieux cacher eux-mêmes leur faction derrière la sienne. Blanqui, de son côté, que ces hommes avaient tenté de déshonorer, les détestait; il s'isolait d'eux; il s'étudiait à les dépasser en radicalisme afin de les distancer en popularité; il les appelait des ambitieux et des dupeurs du peuple. L'écho de sa voix les faisait trembler tous les soirs : ils savaient que Blanqui était entouré de quelques fanatiques capables de venger leur maître par le fer et par le feu. Cette renommée sinistre de Blanqui était un fantôme sans cesse debout entre leur ambition et eux. On ne cessait de répandre sur les trames de Blanqui et de son parti les rumeurs les plus menaçantes. Ceux mêmes qui les répandaient y croyaient peu. C'était un Catilina de fantaisie. Tantôt il devait assiéger le gouvernement au Luxembourg et l'enlever dans la nuit pour le conduire à Vincennes, tantôt il devait incendier Paris et profiter du tumulte pour proclamer sa tyrannie au nom du peuple, tantôt il devait surprendre avec quelques complices l'hôtel des affaires étrangères et assassiner Lamartine. Le peuple crédule chuchotait ces rumeurs. Lamartine n'y croyait pas; il s'affligeait sans doute des scandales de parole de cette petite faction; mais il ne s'inquiétait nullement des accusations de trahisons et des menaces de mort qui retentissaient la nuit dans ce club. Il savait que le danger pour le gouvernement et pour la France était dans des factions moins décréditées. Il n'était pas même mécontent de ce que la faction, impuissante au fond, de ce conspirateur à haute voix, contre-balançât et intimidât d'autres factions dans d'autres clubs et dans d'autres partis. Il s'était opposé plusieurs fois, sans que ses collègues pussent comprendre ses motifs, à ce que Caussidière fît arrêter Blanqui. Cependant le nom de ce nouveau tribun grondait sur tout Paris.

L'imagination publique était frappée jusqu'à la terreur de cette renommée, lorsqu'à six heures du matin des derniers jours du mois de mars ou des premiers jours d'avril, un homme d'aspect presque prolétaire, accompagné de deux ou trois autres hommes de visages inconnus et suspects, entra dans la cour du ministère des affaires étrangères, se nomma et demanda à parler au ministre. Lamartine venait de se lever ; le jour était chaud ; il travaillait à demi vêtu dans sa chambre ; il donna ordre de faire entrer Blanqui et s'avançant vers lui la poitrine découverte, il lui tendit la main :

« Eh bien, monsieur Blanqui, lui dit-il en souriant,
« vous venez donc me poignarder? L'heure est pro-
« pice et l'occasion est belle ; vous le voyez, je n'ai
« pas de cuirasse. »

Puis faisant asseoir Blanqui vis-à-vis de lui : « Par-
« lons sérieusement, lui dit-il. J'ai désiré vous voir et
« vous avez consenti vous-même à vous entretenir

« avec moi ; c'est l'indice que nous ne sommes pas
« peut-être aussi inconciliables de pensées sur la
« République que les apparences le font penser au
« vulgaire. Causons donc à fond. Je vais vous ouvrir
« toutes mes pensées sans voile, comme un homme
« qui n'a rien à cacher même à ses ennemis. Vous
« verrez si mon horizon politique est assez large et
« assez lumineux pour que tous les amis de la démo-
« cratie y trouvent la place de leur action légitime et
« la satisfaction de leur légitime ambition de progrès.
« Vous m'interromprez là où des objections se pré-
« senteront à votre esprit, et j'éclaircirai ce qui vous
« paraîtra obscur. »

Lamartine alors exposa devant Blanqui l'idée de la République, telle qu'il la concevait pour un peuple continental, longtemps façonné au joug monarchique, et où les problèmes du socialisme, nés de l'industrie du luxe et de la misère, agitaient depuis quinze ans les couches souterraines de la société. Il montra les garanties à donner à la propriété, les assistances à prodiguer par des institutions aux prolétaires. Il alla aussi loin que sa pensée, pas plus loin que le bon sens et l'application. Il conclut à un gouvernement très-fort, expression d'une volonté nationale puisée dans le peuple tout entier, mais irrésistible. Il démontra le danger de la guerre pour l'idée démocratique comme pour la nationalité française ; il se déclara l'inflexible ennemi de toute faction qui voudrait monopoliser le pouvoir dans des dictatures, l'ensanglanter

dans des Conventions, le déchirer dans des anarchies;
il professa le dogme absolu de la souveraineté de la
majorité sincère de la nation, contre la tyrannie d'une
seule classe, cette classe usurpât-elle même le nom de
peuple. Il professa sa haine contre les ambitieux corrupteurs de ce peuple et sa pitié pour les sophistes qui
en l'enivrant de chimères radicales lui préparaient le
réveil du désespoir.

Blanqui ne l'avait pas interrompu une seule fois.
Sa physionomie ascétique et impressionnable écoutait
par tous ses sens. Son œil profond et replié en dedans
semblait épier jusqu'au fond de l'âme de son interlocuteur, pour y découvrir l'intention de séduire ou de
tromper. Il était trop exercé pour ne pas voir que l'attitude, la parole, le geste de Lamartine éclataient de
sincérité. Il ne fit aucune objection fondamentale aux
idées qu'il venait d'entendre; il parla avec un ironique dédain des hommes qui se prétendaient alors
les prophètes du socialisme et du terrorisme; il admit
les théories comme théories ou comme tendances, et
reconnut qu'il n'y avait aucune réalisation immédiate
possible en dehors des propriétés garanties et des
droits acquis.

Quant au gouvernement, il en reconnut également
la nécessité et les conditions de force contre l'anarchie; il accorda sans peine à Lamartine qu'il fallait
décourager les partis ambitieux et turbulents de la
dictature, en adhérant à la convocation de l'Assemblée nationale; il n'hésita pas en effet à parler dans ce

sens à son club et à faire revenir sur leurs pas les factions qui commençaient à protester contre les élections.

Lamartine après ce dialogue politique où il avait obtenu tout ce qu'il voulait, c'est-à-dire le concert pour la convocation de l'Assemblée et la promesse de combattre les tentatives dictatoriales, fit dégénérer la conversation en entretien familier. Blanqui sembla s'abandonner avec l'épanchement d'une âme ulcérée et fermée par la persécution qui s'ouvre et qui se détend dans une intimité de hasard. Il raconta à Lamartine sa vie, qui n'était qu'une longue conjuration contre les gouvernements; ses amours pour une femme que sa captivité n'avait pu détacher de lui et que ses disgrâces avaient tuée; ses longs emprisonnements, ses réflexions solitaires; ses aspirations à un Dieu; ses instincts anti-sanguinaires, mais son goût presque insurmontable de complots, espèce de seconde nature, contractée dans ses premières conspirations. Il fut simple, naturel, élevé, quelquefois attendri. Lamartine n'hésita pas à trouver dans ce conjuré toutes les aptitudes et tout le tact d'un homme né pour les négociations, s'il voulait jamais plier son indépendance au joug d'un gouvernement. Il lui demanda s'il consentirait à servir une République selon ses vues dedans ou dehors; si ce rôle d'éternel critique et d'éternel agresseur des institutions de son pays ne lui semblait pas lourd, stérile, ingrat, nuisible à la République elle-même? Blanqui en convint; il ne parut même pas éloigné de l'idée de servir au dehors un gouvernement dont il honorerait les ministres et dont il partagerait les vues. Blanqui et le membre du gouvernement se séparèrent après un entretien de plusieurs heures, satisfaits en apparence l'un de l'autre, et prêts à se revoir si les circonstances ramenaient la nécessité d'autres entrevues.

XIX.

Lamartine à partir de ce jour ne cessa pas d'entretenir des intelligences désintéressées et loyales dans le sein des différents partis qui se disputaient la direction du peuple. Son esprit y souffla constamment dans un seul sens : la convocation et l'acceptation par le peuple de Paris de l'Assemblée nationale. Sûr de la coopération des principaux chefs de faction pour cet objet, il n'eut plus qu'à veiller avec ses collègues sur les manifestations séditieuses qui pouvaient submerger ou emporter inopinément le gouvernement.

Le danger était de toutes les heures. La garde mobile ne comptait encore que quelques bataillons sans uniforme ; les délégués du Luxembourg voyaient avec répugnance cette création et suscitaient mille lenteurs à l'équipement de ces jeunes soldats. Le général Duvivier s'impatientait légitimement de ces délais ; il ne maintenait sa troupe dans la résignation et dans le devoir qu'à force d'encouragements et de sollicitude. La garde nationale sous l'impulsion de son général et du chef d'état-major Guinard, s'organisait, s'habillait et s'armait au nombre de cent quatre-vingt-dix mille hommes. Elle allait bientôt nommer ses officiers, mais jusque-là elle n'existait qu'en idée. Le gouvernement avec raison ne voulait pas la rassembler avant qu'elle eût ses uniformes, pour que le contraste entre l'indigence des uns et le luxe militaire des autres ne créât pas une division aristocratique, là où il voulait créer l'unité de cœur et de bras. Les réfugiés étrangers grandissaient en nombre et en audace dans Paris, ils prétendaient contraindre la volonté du gouvernement et prendre la guerre de force dans sa main, pour la porter sur leurs différents territoires en y entraînant le drapeau français. Les Belges assiégeaient le ministre des affaires étrangères et le ministre de l'intérieur : le gouvernement était inflexiblement résolu à leur refuser tout concours aussi impolitique qu'indigne de sa loyauté, mais il n'avait qu'une autorité morale à opposer à leurs enrôlements et à leurs projets d'invasion.

Plusieurs fois, déjà, le ministre des affaires étrangères avait rompu leurs trames et engagé le prince de Ligne à les faire rentrer dans leur patrie. Quelques centaines d'entre eux étaient partis en effet de Paris, mais il en restait deux ou trois mille tant à Paris que dans le département du Nord. Il paraît que lassés de leurs insistances et de leurs reproches, quelques hommes tenant de près au gouvernement mais à son insu et désavoués par lui, trempèrent par complaisance et presque par complicité dans ces passions de transfuges, leur firent fournir des moyens de transport, préparer des voitures d'armes sur l'extrême frontière de France. Arrivée à Lille la colonne belge fit demander des armes au général Négrier; Négrier averti par Lamartine refusa les armes. Pendant que cela se passait à Lille, Lamartine instruit du complot écrivait officiellement au ministre de l'intérieur pour qu'il s'opposât par tous ses agents à l'armement et à l'invasion des Belges. Le ministre de l'intérieur obtempérait à cette demande en envoyant en effet des ordres dans ce sens à la frontière.

Le commissaire du gouvernement à Lille qui avait cru peut-être, au premier moment, agir conformément aux vues du gouvernement, en favorisant l'armement des réfugiés, se rétractait. Il faisait de tardifs efforts pour rendre la rentrée des Belges sur leur territoire inoffensive. Les Belges, qui voyaient avec eux trois élèves de l'École polytechnique et qui recevaient d'eux des chariots de fusils, croyaient à la complicité du gouvernement. Entrés à main armée sur le sol de la patrie, ils y étaient reçus à coups de fusil par les troupes du roi; ils refluaient en France en criant trahison! Ce cri retentissait jusqu'à Paris et soulevait les Allemands, les Polonais et les clubs. C'est ce qu'on appela l'invasion de *Risquons-Tout*, du nom du village où le combat eut lieu. Mais il n'y avait pas trahison; cependant il y avait intelligence de quelques démocrates de Paris avec les réfugiés belges. Des contre-ordres fermement donnés par le gouvernement étaient venus révoquer des ordres donnés par des agents occultes. Les puissances étrangères se plaignirent avec raison, mais avec modération ; elles furent forcées de reconnaître la bonne foi et même la vigueur de répression du ministre des affaires étrangères.

XX.

Les mêmes tentatives de rassemblement sur le sol français eurent lieu à Strasbourg et sur les bords du Rhin, malgré l'incessante résistance du gouvernement français. Enfin une expédition de volontaires savoisiens partit de Lyon, passa le Rhône et s'avança sur Chambéry, s'en empara par surprise et fut expulsée le lendemain par une insurrection spontanée des montagnes. M. Emmanuel Arago, qui gouvernait avec peine l'anarchie industrielle de Lyon, écrivit à Lamartine pour le prévenir de ce complot qu'il combattait, mais qu'il ne pouvait réprimer sans force armée. M. Ledru Rollin informé par le ministre des affaires étrangères envoya des commissaires et des ordres pour dissoudre ce rassemblement. Lamartine proposa le secours de l'armée des Alpes pour rétablir l'ordre à Chambéry et pour réprimer l'attentat des réfugiés et des Français contre la nationalité savoisienne. Le gouvernement fut aussi étranger à cette violation que le gouvernement précédent l'avait été à l'invasion des Italiens en Savoie. Il publia une proclamation par laquelle il écartait tous les réfugiés des frontières.

Lamartine et le ministre de l'intérieur s'entendirent pour opérer cette dissolution des rassemblements. Des sommes considérables furent employées par M. Flocon pour secourir, écarter, disséminer et interner ces milliers de réfugiés.

XXI.

Mais les plus remuants restaient à Paris. C'étaient les Polonais. Les Polonais sont le ferment de l'Europe. Aussi braves sur le champ de bataille que tumultueux sur les places publiques, ils sont l'armée révolutionnaire du continent. Tout leur est patrie pourvu qu'ils l'agitent : ils agitaient Paris et menaçaient le gouvernement. Acclimatés par l'hospitalité nationale, soutenus par des comités français, pourvus de protecteurs infatigables tels que MM. de Montalembert, Vavin, toujours prêts à faire valoir leurs titres devant le pouvoir, ils étaient une des plus sérieuses difficultés de la situation du ministre des affaires étrangères. On leur avait ouvert des brigades polonaises soldées par la France; c'était aller aussi loin que le droit des gens le permettait. Déclarer pour eux la guerre à la Prusse, à l'Autriche et à la Russie, c'était une croisade pour conquérir un sépulcre. La leur refuser, c'était s'exposer aux impopularités et aux séditions en leur faveur. Ils avaient leur voix dans tous les clubs, leur cri dans toutes les émotions, leur main dans toutes les mains des attroupements. Ils recrutaient ouvertement les sympathies dans les ateliers nationaux ; ils annonçaient audacieusement des manifestations polonaises pour intimider le gouvernement. Les hommes sensés de leur nation les retenaient en vain. Les démagogues français se servaient du nom de la Pologne pour faire éclater la France ; Lamartine qui surveillait attentivement leurs agitations s'indignait d'avoir plus de peine à contenir ces hôtes de la France que la France elle-même.

Un soir qu'il rentrait harassé de la lutte de tous les jours à l'Hôtel de Ville, et qu'il comptait prendre quelques heures de sommeil si rares pour lui dans un pareil moment, on lui annonça une nombreuse députation de Polonais de je ne sais quel club démocratique qui prétendait représenter la Pologne entière. C'était la prétention de chacun des cinq ou six partis polonais, anarchiques jusque sur la terre étrangère, et antipathiques les uns aux autres. Ils se rangèrent en deux groupes en face du ministre dans le cabinet des affaires étrangères. Un de leurs orateurs parla un langage convenable, quoique trop impérieux pour une colonie d'étrangers. Lamartine allait répondre avec les égards dus à l'expatriation et au malheur, quand des cris partis de l'autre groupe protestèrent contre la modération du premier.

Un autre orateur sortant avec des gesticulations frénétiques du cercle des mécontents apostropha insolemment le ministre et la nation dans sa personne. Il fit un discours séditieux dans lequel il finit par annoncer à Lamartine que les Polonais étaient plus maîtres que lui dans Paris ; qu'ils compteraient avec le gouvernement lui-même ; qu'ils avaient quarante mille hommes des ateliers nationaux enrôlés pour se joindre à eux le lendemain et pour marcher ensemble sur l'Hôtel de Ville ; et que si le gouvernement ne leur cédait pas, ils étaient assez forts pour le renverser et le changer.

A ces mots, à ces menaces, à ces insultes à la liberté du gouvernement et à la dignité de la nation, Lamartine irrité accepta le défi et finit par leur dire : que si la France laissait renverser son gouvernement par une poignée d'étrangers qui lui feraient la loi chez elle, c'est que la France serait descendue au-dessous des nations sans patrie.

La querelle s'animait, les paroles étaient vives, les visages ardents ; le premier groupe essaya de faire entendre raison au second sans pouvoir y parvenir. A la fin, les hommes sages de la nation qui se trouvaient là en majorité s'interposèrent, calmèrent l'orateur factieux et finirent par lui arracher des excuses. On s'ajourna au lendemain à l'Hôtel de Ville. Le ministre en les congédiant leur dit que si leur députation dégénérait en manifestation, et s'ils amenaient à leur suite un seul Français, il ne les traiterait plus en hôtes, mais en perturbateurs de la France.

XXII.

Le lendemain, en effet, ils se présentèrent en nombreuse colonne, mais dans une attitude décente et calme sur la place de Grève. On attendait avec anxiété en France et en Europe la réponse que Lamartine leur ferait, car cette réponse contenait la paix ou la guerre pour le continent tout entier, il leur parla en ces termes reproduits par les sténographes du *Moniteur* :

« Polonais,

« La République française reçoit comme un heureux
« augure l'hommage de votre adhésion et de votre
« reconnaissance pour son hospitalité. Je n'ai pas
« besoin de vous dire ses sentiments pour les fils de la
« Pologne. La voix de la France vous le disait chaque
« année, même quand cette voix était comprimée par
« la monarchie. La République a la voix et le geste
« plus libres et plus sympathiques encore. Elle vous
« les redira ces sentiments fraternels, elle vous les
« prouvera sous toutes les formes compatibles avec la
« politique de justice, de modération et de paix qu'elle
« a proclamée pour le monde.

« Oui, depuis vos derniers désastres, depuis que
« l'épée a effacé de la carte des nations ces dernières
« protestations de votre existence comme vestige et
« comme germe d'une nation, la Pologne n'a pas été

« seulement un reproche, elle a été un remords vivant
« debout au milieu de l'Europe. La France ne vous
« doit pas seulement des vœux et des larmes, elle
« vous doit un appui moral et éventuel en retour de
« ce sang polonais que vous avez versé pendant nos
« grandes guerres sur tous les champs de bataille de
« l'Europe.

« La France vous rendra ce qu'elle vous doit, soyez-
« en sûrs, et rapportez-vous-en au cœur de trente-six
« millions de Français. Seulement laissez à la France
« ce qui lui appartient exclusivement : l'heure, le mo-
« ment, la forme dont la Providence déterminera le
« choix et la convenance pour vous rendre sans agres-
« sion et sans effusion de sang humain, la place qui
« vous est due au soleil et dans le catalogue des peu-
« ples.

« Vous connaissez les principes que le gouverne-
« ment provisoire a adoptés invariablement dans sa
« politique étrangère : si vous ne les connaissez pas,
« les voici :

« La République est républicaine sans doute, elle le
« dit à haute voix au monde, mais la République n'est
« en guerre ouverte ni sourde avec aucune des nations,
« avec aucun des gouvernements existants, tant que ces
« nations et ces gouvernements ne se déclarent pas
« eux-mêmes en guerre avec elle. Elle ne fera donc,
« elle ne permettra volontairement aucun acte d'agres-
« sion et de violence contre les nations germaniques.
« Ces nationalités travaillent en ce moment à modifier

« d'elles-mêmes leur système intérieur de confédéra-
« tion et à créer l'unité et le droit des peuples qui ont
« une place à leur revendiquer dans son sein. Il fau-
« drait être insensé ou traître à la liberté du monde
« pour les troubler dans ce travail par des démonstra-
« tions de guerre et pour changer en hostilités, en
« susceptibilités ou en haine la tendance libératrice
« qui les pousse de cœur vers nous et vers vous.

« Et quel moment nous demandez-vous de choisir
« pour ce contre-sens du droit de la politique et de la
« liberté? Est-ce que le traité de Pilnitz se trame par
« hasard contre nous? est-ce que la coalition des sou-
« verains absolus se noue et s'arme sur nos frontières
« et sur les vôtres? Non, vous le voyez; chaque cour-
« rier nous apporte une acclamation victorieuse des
« peuples qui se scellent dans notre principe et qui
« fortifient notre cause précisément parce que nous
« avons déclaré que ce principe était le respect du
« droit, des volontés, des formes des gouvernements,
« du territoire de tous les peuples. Les résultats exté-
« rieurs de la politique du gouvernement provisoire
« sont-ils donc si mauvais, qu'il faille le contraindre
« violemment à en changer et à nous présenter sur les
« frontières de nos voisins la baïonnette à la main, au
« lieu de la liberté et de la paix à la main?

« Non; cette politique à la fois ferme et pacifique
« réussit trop bien à la République pour qu'elle veuille
« la changer avant l'heure où les puissances la chan-
« geront elles-mêmes. Regardez la Belgique! regardez

« la Suisse! regardez l'Italie! regardez l'Allemagne
« méridionale tout entière! regardez Vienne! regardez
« Berlin! que vous faut-il de plus? Les possesseurs
« eux-mêmes de vos territoires vous ouvrent la route
« vers votre patrie, et vous appellent à en reconstituer
« pacifiquement les premières assises. Ne soyez injus-
« tes, ni envers Dieu, ni envers la République, ni
« envers nous. Les nations sympathiques de l'Allema-
« gne, le roi de Prusse ouvrant les portes de ses cita-
« delles à vos martyrs, à vos exilés, Cracovie affran-
« chie, le grand-duché de Posen redevenu polonais,
« voilà les armes que nous vous avons données en un
« mois de politique.

« Ne nous en demandez pas d'autres. Le gouverne-
« ment provisoire ne se laissera pas changer sa politi-
« que dans la main par une nation étrangère, quelque
« sympathique qu'elle soit à nos cœurs. Nous aimons
« la Pologne, nous aimons l'Italie, nous aimons tous
« les peuples opprimés, mais nous aimons avant tout
« la France, et nous avons la responsabilité de ses
« destinées et peut-être de celles de l'Europe en ce
« moment!

« Cette responsabilité, nous ne la remettrons à
« personne qu'à la nation elle-même! Fiez-vous à
« elle, fiez-vous à l'avenir, fiez-vous à ce passé de
« trente jours qui a déjà donné à la cause de la démo-
« cratie française plus de terrain que trente batailles
« rangées, et ne troublez ni par les armes, ni par
« une agitation qui retomberait sur notre cause com-

« mune, l'œuvre que la Providence accomplit sans
« autres armes que les idées, pour la régénéra-
« tion des peuples et pour la fraternité du genre
« humain.

« Vous avez admirablement parlé comme Polonais;
« quant à nous, notre devoir est de vous parler comme
« Français. Les uns et les autres, nous devons rester
« dans notre rôle respectif. Comme Polonais vous
« devez être justement impatients de voler sur le sol
« de vos pères et de répondre à l'appel qu'une partie
« de la Pologne déjà libre, fait à ses généreux enfants.
« A ce sentiment nous ne pouvons qu'applaudir, et
« vous fournir comme vous le désirez les moyens paci-
« fiques qui aideront les Polonais à rentrer dans leur
« patrie et à se réjouir de son commencement d'indé-
« pendance à Posen.

« Quant à nous, comme Français, nous n'avons pas
« seulement la Pologne à considérer, nous avons l'uni-
« versalité de la politique européenne qui correspond
« à tous les horizons de la France et à tous les intérêts
« de la liberté dont la République française est la
« seconde, et nous l'espérons, la plus glorieuse et la
« dernière explosion dans l'Europe. L'importance de
« ces intérêts, la gravité de ces résolutions font que
« le gouvernement provisoire de la République ne
« peut abdiquer entre les mains d'aucune nationalité
« partielle, d'aucun parti dans une nation, quelque
« sacrée que soit la cause de cette nation, la responsa-
« bilité et la liberté de ses résolutions.

« La politique qui nous a été commandée sous la
« monarchie vis-à-vis de la Pologne, n'est plus la
« politique qui nous est commandée sous la Républi-
« que. Celle-ci a tenu au monde un langage auquel
« elle veut être fidèle; elle ne veut pas qu'aucun pou-
« voir sur la terre puisse lui dire : « Vous avez des
« paroles ici, vous avez des actions là. »

« La République ne doit pas et ne veut pas avoir
« des actes en contradiction avec ses paroles : le res-
« pect de sa parole est à ce prix; elle ne la décréditera
« jamais en y manquant. Qu'a-t-elle dit dans son
« manifeste aux puissances? Elle a dit en pensant à
« vous : le jour où il nous paraîtrait que l'heure pro-
« videntielle aurait sonné pour la résurrection d'une
« nationalité injustement effacée de la carte, nous
« volerions à son secours, mais nous nous sommes
« justement réservé ce qui appartient à la France
« seule : l'appréciation de l'heure, du moment, de la
« justice de la cause, et des moyens par lesquels il
« nous conviendrait d'intervenir.

« Eh bien! ces moyens jusqu'ici nous les avons
« choisis et résolus pacifiques! et croyez que la
« France et l'Europe voient si ces moyens pacifi-
« ques nous ont trompés ou vous ont trompés vous-
« mêmes.

« En trente-un jours les résultats naturels et paci-
« ques de ce système de paix et de fraternité déclarés
« aux peuples et aux gouvernements ont valu à la
« cause de la France, de la liberté et de la Pologne

« elle-même, plus que dix batailles et des flots de
« sang humain !

« Vienne, Berlin, l'Italie, Milan, Gênes, l'Alle-
« magne méridionale, Munich, toutes ces constitu-
« tions, toutes ces explosions spontanées, non pro-
« voquées dans l'âme des peuples, vos propres
« frontières enfin ouvertes à vos pas à travers les
« acclamations de l'Allemagne qui se renouvelle dans
« ses formes sous l'inviolabilité dont nous entourons
« ses gouvernements et ses territoires : voilà les pas
« qu'a faits la République grâce à ce système de res-
« pect de la liberté du sol et du sang des hommes !
« Nous ne reculerons pas dans un autre système,
« sachez-le bien ! la voie droite nous conduit au but
« désintéressé que nous voulons atteindre, mieux que
« les voies tortueuses de la diplomatie : ne tentez pas
« de nous en faire dévier. Il y a quelque chose qui
« contient et qui éclaire notre passion même pour
« la Pologne; c'est notre raison ; laissez-nous l'é-
« couter dans la liberté complète de nos pensées, et
« sachez que ces pensées ne séparent pas les deux
« peuples dont le sang s'est si souvent mêlé sur les
« champs de bataille.

« Notre sollicitude pour vous s'étendra comme
« notre hospitalité, aussi loin que nos frontières; nos
« regards vous suivront dans votre patrie; emportez-y
« l'espérance de la régénération qui commence pour
« vous en Prusse même, où votre drapeau flotte à
« Berlin. La France ne demande d'autre prix à l'asile

« qu'elle vous a donné que l'amélioration de vos des-
« tinées nationales et les souvenirs que vous empor-
« terez du nom français.

« N'oubliez pas que c'est à la République que vous
« devez les premiers pas que vous allez faire vers
« votre patrie. »

Ce discours rassura l'Europe et réfréna l'audace des réfugiés exaltés.

XXIII.

L'Angleterre n'attendait pas avec moins de sollicitude la réception que ferait Lamartine aux insurgés irlandais partis de Dublin pour venir demander des encouragements et des armes à la République française. La vieille haine nationale entre la France et l'Angleterre favorisait leur cause ; le parti démagogique, le parti militaire et le parti catholique s'unissaient en France pour faire considérer la cause de l'insurrection irlandaise comme une cause de la liberté, de l'Église et de la France. Lamartine ne se dissimulait rien des clameurs que ces trois partis allaient pousser contre lui, s'il osait refuser le concours de la République à une guerre civile contre l'Angleterre. Il l'osa néanmoins, appuyé sur la loyauté de la République. Il ne trouva pas que toutes les armes fussent bonnes pour combattre une puissance rivale, mais amie, et avec laquelle il voulait resserrer les liens de la France libre.

« Citoyens de l'Irlande, leur répondit-il, s'il nous
« fallait une autre preuve de l'influence pacifique de
« la proclamation du grand principe démocratique, ce
« christianime nouveau éclatant à l'heure opportune
« et séparant le monde, comme autrefois, en monde
« païen et en monde chrétien, nous la trouverions
« cette preuve de l'action toute-puissante d'une idée,
« dans les visites que les nations ou les fractions de
« nations viennent rendre spontanément ici à la France
« républicaine et à son principe !

« Nous ne sommes pas étonnés de voir aujourd'hui
« ici une partie de l'Irlande. L'Irlande sait combien
« ses destinées, ses souffrances et ses progrès suc-
« cessifs en liberté religieuse, en unité et en égalité
« constitutionnelle avec les autres parties du Royaume-
« Uni ont ému de tout temps le cœur de l'Europe !
« Nous le disions, il y a peu de jours, à une autre dé-
« putation de vos concitoyens, nous le dirons à tous
« les enfants de cette glorieuse île d'*Érin* qui, par le
« génie naturel de ses habitants comme par les péri-
« péties de son histoire est à la fois la poésie et l'hé-
« roïsme des nations du Nord.

« Sachez donc bien que vous trouverez en France,
« sous la République, tous les sentiments que vous lui
« apportez. Dites à vos concitoyens que le nom de
« l'Irlande et le nom de la liberté courageusement
« défendue contre le privilége est un même nom pour
« tout citoyen français. Dites-leur que cette récipro-
« cité qu'ils invoquent, que cette hospitalité dont ils

« se souviennent, la République sera glorieuse de s'en
« souvenir et de les pratiquer toujours avec les Irlan-
« dais; dites-leur surtout que la République française
« n'est pas et ne sera pas une république aristocra-
« tique où la liberté masque le privilége, mais une
« république embrassant le peuple tout entier dans les
« mêmes droits et dans les mêmes bienfaits.

« Quant à d'autres encouragements, il ne serait pas
« convenable à nous de vous les donner, à vous de les
« recevoir. Je l'ai déjà dit à propos de la Suisse, à
« propos de l'Allemagne, à propos de la Belgique et
« de l'Italie; je le répète à propos de toute nation qui a
« des débats intérieurs à vider avec elle-même ou avec
« son gouvernement : Quand on n'a pas son sang dans
« les affaires d'un peuple, il n'est pas permis d'y avoir
« son intervention ni sa main. Nous ne sommes d'aucun
« parti en Irlande ou ailleurs, que du parti de la justice,
« de la liberté et du bonheur des peuples. Aucun rôle
« ne nous serait acceptable, en temps de paix, dans
« les intérêts et dans les passions des nations étran-
« gères. La France veut se réserver libre pour tous les
« droits.

« Nous sommes en paix et nous désirons rester en
« bons rapports d'égalité, non avec telle ou telle partie
« de la Grande-Bretagne, mais avec la Grande-Bretagne
« tout entière. Nous croyons cette paix utile et hono-
« rable non-seulement pour la Grande-Bretagne et la
« République française, mais pour le genre humain.
« Nous ne ferons aucun acte, nous ne dirons aucune

« parole, nous n'adresserons aucune insinuation en
« contradiction avec les principes d'inviolabilité réci-
« proque des peuples, que nous avons proclamés et
« dont le continent recueille déjà les fruits. La monar-
« chie déchue avait des traités et des diplomates ; nous
« avons des peuples pour diplomates et des sympathies
« pour traités. Nous serions insensés de changer une
« telle diplomatie au grand jour, contre des alliances
« sourdes et partielles avec les partis, même les plus
« légitimes, dans les pays qui nous environnent. Nous
« n'avons qualité ni pour les juger ni pour les pré-
« férer les uns aux autres. En nous déclarant amis de
« ceux-ci, nous nous déclarerions ennemis de ceux-là ;
« nous ne voulons être ennemis d'aucun de vos com-
« patriotes. Nous voulons faire tomber, au contraire,
« par la loyauté de la parole républicaine, les préven-
« tions et le préjugés qui existeraient entre nos voisins
« et nous.

« Cette conduite nous est inspirée, quelque pénible
« qu'elle vous soit, par le droit des gens autant que
« par nos souvenirs historiques.

« Savez-vous ce qui a le plus irrité et le plus désaf-
« fectionné la France de l'Angleterre dans la dernière
« République? c'est la guerre civile reconnue, soldée
« et servie par M. Pitt dans une partie de notre terri-
« toire. Ce sont ces encouragements et ces armes don-
« nées à des Français héroïques aussi comme vous
« dans la Vendée, mais à des Français combattant
« d'autres Français ! ce n'était pas là la guerre loyale ;

« c'était la propagande royaliste faite avec le sang
« français contre la République. Cette conduite n'est
« pas encore, malgré nos efforts, tout à fait effacée de
« la mémoire de la nation. Eh bien, cette cause de
« ressentiment entre la Grande-Bretagne et nous, nous
« ne la renouvellerons pas en l'imitant jamais. Nous
« recevons avec reconnaissance les témoignages d'ami-
« tié des différentes nationalités qui forment le grand
« faisceau britannique ! Nous faisons des vœux pour
« que la justice fonde et resserre l'unité des peuples,
« pour que l'égalité en soit de plus en plus la base,
« mais en proclamant avec vous, avec elle, et avec
« tous, le saint dogme de la fraternité, nous ne ferons
« que des actes fraternels, comme nos principes et
« comme nos sentiments. »

Des cris de vive la République ! et de vive Lamartine ! accueillirent ces paroles dans l'immense foule qui entourait les Irlandais. Ces cris leur firent comprendre que le refus du ministre ainsi motivé était plus populaire que leur cause même, et ils n'insistèrent pas. Ils feignirent de se contenter de ces paroles. Leurs chefs dînèrent le lendemain comme individus chez le ministre et ne proférèrent pas un mot sur la séance de la veille.

LIVRE TREIZIÈME.

Contre-coups européens du manifeste. — Révolutions de Vienne. — Insurrection de Berlin. — Soulèvement de la Lombardie, de Venise et de la Sicile. — Charles Albert proclame la guerre de l'indépendance italienne. — Neutralité de la diplomatie française en Piémont et en Allemagne. — Rôle éventuel des armées des Alpes et du Rhin. — Tentatives de désordre à Paris. — Irritation des factions et des clubs à l'approche de l'Assemblée nationale. — Ajournement des élections au 27 avril. — Projets d'organisation militaire de Lamartine. — Décret de création de trois cents bataillons de garde mobile départementale — Lamartine offre au général Cavagnac le ministère de la guerre. — Conspiration des clubs et des partis contre la réunion de l'Assemblée nationale. — Popularité de Lamartine. — Ses pressentiments. — Journée du 16 avril. — Dispositions de Lamartine. — Rassemblement de la manifestation au Champ-de-Mars. — Le général Changarnier à l'Hôtel de Ville. — Le rappel. — Intervention unanime de la garde nationale. — Déroute de la manifestation. — Revue de la fraternité.

I.

Cependant le manifeste de la France aux peuples et aux gouvernements étrangers obtenait ses résultats sur le continent. Les peuples tranquillisés sur l'ambition de la République, s'abandonnaient à la pente naturelle de leur inclination vers la liberté. Le contre-coup de la révolution de Paris ainsi interprétée, ébranlait le monde plus que les canons de Marengo ou d'Austerlitz.

Ce premier contre-coup et le plus inattendu se fit

sentir à Vienne le 14 mars. Le prince de Metternich, dont le gouvernement n'était plus depuis longtemps qu'une adulation complaisante aux volontés de la noblesse et aux superstitions de trois femmes entourant un empereur éternellement enfant, fut surpris par l'événement. L'émeute imprévue et irrésistible emporta le sacerdoce, la cour, l'aristocratie, le gouvernement. La famille impériale abandonna Vienne à la révolution; le prince abandonna la monarchie elle-même et se réfugia dans le Tyrol.

Berlin répondit à Vienne le 18 mars. Le roi, à la tête des troupes, résista et triompha le premier jour. Étonné de sa victoire, moins embarrassé de vaincre que de gouverner, il rendit l'épée au peuple vaincu. Les Polonais, sortis des prisons de Berlin, se trouvèrent, le 20 mars, maîtres de la monarchie. Ils poussaient le peuple à la république. Le roi, conseillé par le seul ministre qui eût conservé son sang-froid, prévint ce mouvement par une adulation machiavélique au génie allemand. Ambitieux par force, ce ministre fit tout à coup adopter au roi les couleurs de l'unité allemande, passion des peuples secondaires de la Germanie. Frédéric-Guillaume reconquit ainsi la popularité révolutionnaire de l'Allemagne, au moment même où il risquait de perdre sa propre couronne.

II.

Un second mouvement plus démocratique encore

que le premier, agita Vienne quelques jours après. Ce furent encore les Polonais mêlés aux étudiants qui l'accomplirent. Le cri de cette troisième révolution était la république. Elle déchira la constitution octroyée par l'Empereur, le 16 mars, et fit appel à une Assemblée constituante par le suffrage universel. La Hongrie, nation de vingt millions d'hommes, à qui pesait le joug autrichien, profita de la révolution à Vienne pour tenter son émancipation et pour se constituer en gouvernement indépendant. Cette émancipation, compliquée d'une guerre civile de race entre les Croates et les Hongrois, souleva des populations armées. Tantôt refoulée, tantôt menaçante contre l'Autriche, cette guerre tint plus d'une année en suspens le sort de l'indépendance hongroise et de la révolution autrichienne.

Au delà des Alpes, la Lombardie sentit que l'heure de son émancipation sonnée à Paris, répétée à Vienne le 14 mars, était venue. Milan, sa capitale, se souleva le 20 mars et chassa les Autrichiens loin de ses murs.

Venise l'imita, et, retrempé dans la servitude, ce peuple retrouva son héroïsme assoupi dans son antique prospérité.

Au commencement d'avril, les duchés de Parme et de Modène chassèrent leur gouvernement, vice-royauté de l'Autriche. Ces duchés se proclamèrent provisoirement république, en attendant ce que le sort des armes déciderait de l'unité de l'Italie septentrionale.

La Toscane, prévenue dans ses désirs par un prince

populaire et libéral, se donna une constitution. Rome, initiée à la liberté et poussée à l'indépendance par un pape plus téméraire que politique, se souleva jusqu'à l'impatience, tour à tour agitée et retenue par lui.

Naples avait arraché à son roi une constitution; l'armée restait au roi; elle combattit sous lui les tentatives républicaines. La Sicile proclama son indépendance et versa son sang pour la sceller.

Enfin le roi de Sardaigne Charles-Albert, imitant le roi de Prusse, leva à la tête de cent mille hommes le drapeau de l'indépendance de l'Italie. Allié solidaire, presque vassal de la politique autrichienne, il profita des revers de l'Autriche pour marcher sur la Lombardie. Entraîné par sa vieille ambition, poussé par son peuple, retenu par ses principes anti-libéraux, blâmé par sa cour et par son clergé, applaudi et menacé par les républicains, il se jeta sans prévoyance et sans logique dans un abîme d'inconséquences, de fautes et de difficultés. Il crut échapper à la république par la conquête; il ne trouva que la ruine de son pays et l'exil. Bon soldat, mauvais chef, homme inconsistant, prince tour à tour révolutionnaire et persécuteur, il était né pour être l'instrument passif et malheureux des partis dominants. Il racheta par son héroïsme personnel les imperfections de son intelligence et de son caractère. L'histoire le plaindra et l'honorera.

III.

Chacun de ces événements ainsi groupés arrivant coup sur coup à Paris avait pour écho une immense acclamation de joie. Le plus grand danger de la République était la crainte d'une coalition contre elle. La peur est cruelle; elle fait crier à la trahison; elle dresse les échafauds; elle motive les dictatures; elle donne le gouvernement aux partis extrêmes. Lamartine redoutait avant tout ces paniques de coalition qui pouvaient saisir la France et la pousser aux convulsions et au sang. Les déchirements successifs de l'Europe, les détrônements, les émancipations des peuples qu'il avait prédits à ses collègues et à l'opinion, venaient de semaine en semaine fortifier son système pacifique. L'horizon s'ouvrait de toutes parts. La démocratie fraternisait du Danube au Tibre. L'air entrait avec la sérénité et la sécurité dans l'esprit public à Paris; la peur s'évaporait des âmes les plus ombrageuses. Le prétexte manquait aux partisans les plus effrénés de l'agression autour du gouvernement. Les clubs même vociféraient les bénéfices de la paix. Les agents confidentiels que le ministre des affaires étrangères avait envoyés dans toutes les capitales de l'Europe lui annonçaient par tous les courriers le succès populaire de sa diplomatie inoffensive pour les nations, irréprochable envers les gouvernements, toute-puissante par les résultats.

Toute discussion sur les affaires étrangères avait cessé dans le sein même du gouvernement. Le ministre dirigeait seul et sans contestation les destinées de notre politique. La fortune lui donnait raison. Il n'entrait au conseil des ministres que pour apporter de nouveaux augures ou de nouveaux triomphes à la République. Ses collègues s'en félicitaient avec lui. Les tristes préoccupations de l'intérieur étaient dissipées quelques moments dans leurs cœurs par les perspectives rassurantes du dehors :

« Chaque fois qu'un courrier m'arrive, disait-il au « gouvernement, et que j'entre ici pour vous entre- « tenir de nos affaires extérieures je vous apporte « un pan de l'Europe! » L'Europe en effet s'écroulait au contre-coup de la République à Paris parce que la République avait eu la sagesse de ne pas violenter l'Europe.

Le ministre ne se dissimulait pas qu'après ce mouvement de décomposition, l'Europe aurait un mouvement de reconstitution violente de l'ancien ordre monarchique. Il ne croyait pas, il ne désirait pas que les peuples mal préparés passassent du premier bond à la République. Il suffisait à la France que l'esprit des peuples dont elle était immédiatement entourée s'introduisît par des institutions constitutionnelles dans leur propre gouvernement, comme élément de fraternité, de solidarité et de paix avec la France. Telle était sa vraie pensée.

IV.

Aussi ses agents au dehors avaient-ils tous sans exception pour instruction formelle de n'entrer dans aucune trame contre les gouvernements, de ne s'immiscer dans aucune manœuvre républicaine, de ne pousser aucun peuple à l'insurrection, aucun prince à la guerre. Il ne voulait pas engager la République par une complicité morale quelconque dans des causes ou dans des fortunes qu'elle pourrait avoir à désavouer plus tard. Il poussait le scrupule à cet égard jusqu'à refuser de s'expliquer par aucun signe de blâme ou d'encouragement; lorsque le roi Charles-Albert lui fit notifier sa déclaration de guerre à l'Autriche, il fut impossible au marquis de Brignole, ambassadeur de ce souverain, que Lamartine voyait tous les jours, de savoir si le gouvernement français approuvait ou désapprouvait cette déclaration de guerre. L'approuver? c'était prendre l'engagement tacite d'en suivre les éventualités et faire une guerre indirecte à l'Autriche. La blâmer? c'était décourager la tentative de l'indépendance italienne par l'Italie elle-même. Il se tut, et se borna à presser la formation de l'armée des Alpes; car soit qu'elle réussît, soit qu'elle échouât, la guerre du Piémont à l'Autriche devait faire passer les Alpes à l'armée française, ou pour agir, ou pour négocier les armes à la main.

Ce plan qui résumait toute la politique de Lamartine en Italie a été brisé après les événements de juin par le gouvernement qui lui a succédé. Il ne connaît ni les nécessités ni les motifs de ce second gouvernement de la République. Il ne juge pas, il raconte.

V.

Quant à l'Allemagne, le gouvernement provisoire n'avait qu'un plan : une respectueuse et bienveillante neutralité envers toutes les puissances germaniques. L'amitié de l'Allemagne reconquise à tout prix par l'abnégation de toute conquête et de toute immixtion dans ses affaires; une armée de deux cent mille hommes pour couvrir le Rhin en six semaines et le franchir comme auxiliaire désintéressé à l'appel du peuple allemand; si l'Allemagne l'appelait contre une oppression étrangère.

Toute politique française, allemande, hongroise et polonaise était là. Rien n'a changé de ce côté; mais nous avons perdu l'occasion d'une ligue italienne. La médiation ne pouvait avoir d'effet que sur l'autre revers des Alpes. La démocratie française du reste ne peut accuser qu'elle-même de ces avortements des pensées du gouvernement provisoire sur l'Italie. Ce sont les soulèvements démagogiques et socialistes de juin qui ont entravé sans doute l'armée des Alpes sous le gouvernement du général Cavaignac, et amené comme une conséquence fatale l'odieuse guerre de la France contre Rome. Mais la France et l'Italie ne se laisseront pas désunir par des malentendus de gouvernements. Elles ont pour traité la nature.

VI.

Telle était la situation de la France au dehors au commencement d'avril. L'Angleterre, ramenée par la sage modération du gouvernement aux sentiments, au respect et à l'admiration pour une démocratie qui contenait à la fois l'anarchie et la guerre, n'avait aucun prétexte d'aigreur ou d'hostilité. La nouvelle République française était populaire à Londres.

Un seul homme la calomniait dans ses paroles et dans ses écrits dans toute la Grande-Bretagne. C'était lord Brougham, esprit éminent, mais capricieux et discors. Écrivain universel, mais superficiel, orateur de verve, mais non de génie; parvenu lui-même de la démocratie, lord Brougham affectait le rôle posthume de *Burke* contre une République qui n'avait ni le sang d'une reine ni même le sang d'un seul citoyen sur les mains. Ses diatribes mouraient d'inanition et d'impuissance; ses sarcasmes retombaient sur lui; car lord Brougham, à l'imitation d'Anacharsis Clootz, avait sollicité du gouvernement provisoire le titre de citoyen de la République.

Le parlement et lord Palmerston se montraient pénétrés du sentiment de l'inviolabilité des peuples dans leur transformation intérieure. Ils montrèrent, ainsi que lord Normanby, ambassadeur d'Angleterre à

Paris, moins de susceptibilité politique sur certains actes et sur certaines paroles de la République qu'ils n'en auraient montré peut-être envers un gouvernement monarchique bien assis. On voyait qu'ils tenaient compte des circonstances difficiles contre lesquelles le gouvernement provisoire luttait pour conserver la paix. Ils donnaient des égards et du temps à la fondation et à la caractérisation de la politique française. En cela, le gouvernement de lord Palmerston mérita bien de l'humanité. Les démocraties sont ombrageuses ; Lamartine avait assez de peine à faire évaporer les restes des vieux préjugés anti-britanniques : une impatience de lord Palmerston aurait tout compromis. C'est la période de sa vie politique où il fut le plus homme d'État, parce qu'il fut le plus longanime et le plus philosophe.

VII.

Le soulèvement de la Lombardie et les premiers avantages de Charles-Albert, les agitations de la Bohème, l'indépendance de la Hongrie, la convocation de la diète de Francfort pour constituer en fédération germanique le principe métaphysique de l'unité allemande, avaient tellement démembré et déconcerté l'Autriche, qu'elle faisait faire officieusement à l'Angleterre et à la France des premières ouvertures de concession en Italie de nature à satisfaire à la fois la Sardaigne, la France, l'Angleterre et l'indépendance du nord de l'Italie.

Un homme d'État mal informé, M. Thiers, en dénaturant plus tard à la tribune la politique étrangère du gouvernement provisoire, a dit que le gouvernement avait écarté ces propositions. C'est le contraire qui est vrai. Lamartine était trop ami de la paix et trop ami de l'Italie pour écarter des propositions qui assuraient dans une large proportion la paix et l'indépendance. Les envoyés de l'Autriche le faisaient officieusement juge des offres que le cabinet de l'Empereur était disposé à faire à la Sardaigne. Il s'agissait de l'abandon de la Lombardie et des duchés de Parme, d'une constitution donnée à Venise sous une vice-royauté indépendante d'un prince de la maison d'Autriche. Lamartine n'hésita pas à reconnaître que ces propositions satisfaisaient largement aux légitimes ambitions d'affranchissement de l'Italie et à encourager le cabinet autrichien à des négociations sur ces bases. Deux fois ces ouvertures lui furent faites semi-officiellement et deux fois il tint le même langage. Il n'eût été ni homme d'État, ni patriote s'il les eût repoussées, car la conclusion d'un arrangement pareil permettait à la République de rectifier une de ses frontières ébréchées après les Cent-jours par le second traité de 1815, et il y pensait de loin.

VIII.

Au dedans, la France calmée méditait sur les prochaines élections générales. Elle débattait sans préventions et sans exclusions ses candidatures. Les rues de Paris seules étaient agitées. Un peuple serein, mais oisif, de deux ou trois cent mille âmes, attendait son sort de l'Assemblée nationale. On ne croyait la République définitive qu'après que la représentation du pays l'aurait adoptée. La confiance et le crédit, mobiles du travail, ne renaîtraient que sous un gouvernement constitué. Jusque-là, on flotterait dans l'inconnu.

Les tendances du gouvernement dictatorial étaient équivoques aux yeux de la population. On apercevait des symptômes contradictoires; on croyait à des déchirements violents entre ses membres. L'immense majorité de la nation s'attachait aux hommes modérés personnifiés dans quelques noms. La minorité redoutée et turbulente de Paris et des clubs de départements, s'attachait à d'autres noms. L'hôtel du ministère des affaires étrangères et l'hôtel du ministère de l'intérieur étaient, disait-on, les quartiers généraux de deux opinions qui ne tarderaient pas à se combattre les armes à la main. Cette pensée était tellement répandue parmi le peuple, que plusieurs centaines de citoyens armés des faubourgs ou de l'intérieur de Paris venaient quelquefois d'eux-mêmes, et sans que Lamartine en eût connaissance, passer la nuit sous les portes cochères et sur les trottoirs des rues adjacentes à sa demeure, pour le préserver d'une surprise et d'un enlèvement. Le ministère de l'intérieur avait, disait-on, de son côté ses adhérents et ses forces; les membres du club de Barbès, les disciples de Louis Blanc et d'Albert, et les chefs d'une espèce de réunion appelée le Club des Clubs, qui centralisait l'agitation démocratique, s'y réunissaient. Ces hommes instruisaient le ministre de l'intérieur des mouvements qui se préparaient dans les régions souterraines de Paris; ils négociaient entre tous les partis pour acquérir sur tous et même sur le gouvernement une influence prépondérante. Ils employaient généralement cette influence à la pacification du peuple, mais ils parlaient au nom des masses, ils affichaient des exigences, ils faisaient valoir leur autorité morale au delà du vrai. Ces membres du Club des Clubs vinrent deux ou trois fois en députation au ministère des affaires étrangères; Lamartine leur parla avec franchise, les encouragea à se confier à l'Assemblée nationale. Il leur dit nettement qu'il n'entendrait aucune proposition de prolongation de dictature, qu'il s'était dévoué, le 24 février, pour sauver son pays de l'anarchie et pour rendre par la République un gouvernement régulier à la France, mais qu'une fois la souveraineté du peuple retrouvée dans l'Assemblée nationale, aucune séduction ou aucune violence ne ferait de lui un gouvernement insurrectionnel. Ces hommes paraissaient ardents, mais bien intentionnés.

Quelques désordres sans gravité, mais qui pouvaient dégénérer en scandales et en collisions, affligeaient au commencement du printemps les citoyens paisibles de Paris. Ces désordres n'avaient pour cause que l'oisiveté des ouvriers de Paris, et pour prétexte que des réjouissances civiques. C'étaient des plantations d'arbres de liberté dans toutes les places et devant tous les monuments de Paris : des bandes de vagabonds et d'enfants allaient acheter de jeunes peupliers dans les villages voisins, les apportaient sur leurs épaules, les plantaient arbitrairement dans telle ou telle place, lançaient des fusées, poussaient des clameurs, quelquefois importunaient le clergé pour l'appeler à bénir leur arbre, et levaient sur les maisons voisines de légers subsides, volontaires, mais odieux, pour arroser de vin les racines. Le ministre de la guerre, M. Arago, fit défendre à ces groupes à main armée la cour du ministère de la marine. Caussidière n'osait sévir, de peur d'accroître les tumultes en les refoulant. Ces démonstrations dégénérèrent jusqu'au 16 avril en une espèce de mendicité bruyante qui ne pouvait plus être tolérée : mais la force répressive n'était pas encore assez nombreuse pour l'engager imprudemment contre ces séditions de l'indigence et de la gaieté d'un peuple sans pain.

IX.

Quelques autres symptômes de séditions plus inquiétants attristèrent deux ou trois fois le gouvernement.

Une colonne de peuple excitée par les réfugiés allemands se rassembla à l'occasion d'une défaite de l'Autriche, pour aller insulter l'ambassadeur de cette puissance. Lamartine informé, n'ayant aucune force répressive sous la main, se confia à la seule force de la raison sur le peuple. Il sortit seul et attendit deux heures le rassemblement séditieux en sentinelle devant la porte de l'ambassadeur : pendant ce temps quelques agents habiles et persuasifs envoyés par lui décidèrent les chefs de l'attroupement à renoncer à cet attentat honteux contre le droit des gens. Ils prirent une autre route, se rendirent au Champ-de-Mars et de là au ministère de l'intérieur. Le ministre les harangua avec éloquence et fermeté. Il s'attacha surtout dans ce discours à réhabiliter l'armée dans le cœur du peuple de Paris et à préparer le retour des troupes dans la capitale.

Ce retour, patiemment et prudemment ménagé, était la principale pensée de M. Arago et de la majorité du gouvernement. Mais on ne pouvait le motiver que sur le désir de la garde nationale elle-même. L'armée rentrant prématurément avant que les susceptibilités du peuple fussent éteintes aurait été le signal inévitable d'un choc d'où serait sortie une seconde guerre civile. On commençait à désirer vivement l'armée. Le parti socialiste et démagogue seul semait l'alarme et préparait la sédition à chaque annonce du retour de nos soldats.

X.

Plus les élections fixées d'abord au commencement d'avril approchaient, plus les partis qui redoutaient d'être dépossédés de la dictature frémissaient et menaçaient dans Paris. Les clubs, quoique influencés par les intelligences que Lamartine avait avec leurs principaux inspirateurs, se soulevaient contre leurs chefs eux-mêmes au seul nom de l'Assemblée souveraine venant fermer la bouche de tous ces volcans. Des motions violentes, des séditions anticipées, des protestations de rester en armes pour surveiller la représentation et pour la contraindre, des serments exigés des candidats aux grades d'officier de la garde nationale, de marcher contre la représentation elle-même si elle désavouait ou si elle trahissait la République, attestaient la répugnance de la révolution à reconnaître une autre souveraineté que celle de Paris. Il paraissait évident que Paris ne céderait pas sans choc le pouvoir absolu et dictatorial dont la Révolution l'avait investi.

Dans le sein même du gouvernement, les avis étaient partagés, non sur le droit d'évoquer la souveraineté définitive de la nation, mais sur le terme à fixer pour cette réunion de l'Assemblée à Paris. La majorité voulait rapprocher autant que possible le jour des élections, la minorité semblait hésiter à le fixer. Les pétitions des ouvriers et des délégués du Luxembourg ne cessaient sous divers prétextes de demander l'ajournement des élections. Tantôt ils n'étaient pas suffisamment préparés à cet exercice, nouveau pour eux, des droits de citoyen ; tantôt ils n'avaient pas le temps matériel nécessaire pour débattre leurs candidats ; tantôt leur inexpérience du droit électoral exigeait un enseignement dans ses réunions préparatoires ; ces prétextes aussi vains que diversifiés accusaient les véritables motifs de cette résistance cachée sous des sophismes d'ajournement.

D'un autre côté, le ministre de l'intérieur attendait des rapports complets de ses commissaires dans les départements, pour délibérer une résolution définitive en conseil de gouvernement. Ces rapports n'arrivaient qu'un à un. — Quelques-uns de ces commissaires semaient l'alarme dans leurs rapports. Ils appelaient réaction contre la République la moindre liberté d'opinion manifestée dans leurs provinces et les signes d'indépendance ou de mécontentement souvent très-légitime contre l'omnipotence de leur administration. Les hommes qui dans Paris aspiraient à prolonger indéfiniment la dictature s'armaient de ces rapports pour crier à la trahison contre ceux qui voulaient restituer à la nation un pouvoir heureux et doux jusque-là, mais qui pouvait se changer en tyrannie et en anarchie en se perpétuant. Les soupçons s'éveillaient des deux côtés.

Les partisans d'une élection différée suspectaient leurs adversaires de conspirer avec des restaurations futures et de préparer les voies les plus courtes au rétablissement des choses et des hommes des vieilles monarchies ; les partisans de l'élection immédiate voyaient dans les hommes du parti contraire des ambitieux et des parvenus de la liberté frémissants de se déposséder d'un pouvoir inespéré que la fortune avait mis dans leurs mains, et prêts à se déclarer les seuls tuteurs de la République, afin de dominer et peut-être de déchirer la patrie en son nom.

Enfin, les chefs de sectes socialistes et les tribuns de la classe industrielle tremblaient de voir leurs tribunes renversées et leur empire détruit par l'avénement des provinces à Paris. Cette répulsion commune contre l'installation du pouvoir national semblait rapprocher les socialistes et les conventionnels, deux partis qui devaient s'unir plus tard, mais qui se haïssaient jusqu'à ce moment.

Les délibérations du gouvernement lui-même se ressentaient de l'influence de ces partis extérieurs dont les deux esprits s'efforçaient d'y pénétrer. Ces délibérations devenaient rares, ombrageuses et courtes, souvent irritées. La majorité était décidée à faire de cette question le texte de l'union ou du déchirement du gouvernement. Un jour final fut fixé pour prendre une résolution suprême à cet égard. La séance fut longue mais sans convulsion. M. Ledru Rollin lut l'extrait des rapports de ses commissaires ; il démontra avec évidence par les dates et par la nature des opérations préparatoires à accomplir que le temps matériel pour l'accomplissement de ces opérations exigeait sept ou huit jours au delà du terme fixé par le premier décret. On reconnut à l'unanimité que dans l'intérêt de la sûreté de l'Assemblée nationale, il fallait attendre que la garde nationale de Paris fût organisée, habillée et armée, pour que cette force civique pût entourer la représentation de la France de sécurité et de respect. Il fallait un certain nombre de jours pour que cette garde nationale renouvelée fût sous les armes ; on fixa les élections générales au 23 avril, jour de Pâques, et l'ouverture de l'Assemblée nationale au 4 mai.

Cette résolution prise loyalement d'un commun accord dissipa bien des doutes dans les esprits prévenus les uns contre les autres, et calma bien des irritations sourdes qui couvaient dans les cœurs. La majorité du gouvernement vit que la minorité se confondait avec elle et se livrait avec moins de confiance peut-être, mais avec la même sincérité, au pays. De ce jour, les hommes éloignés se rapprochèrent. La majorité avait obtenu ce qu'elle voulait, puisque la dictature était abjurée loyalement par tous les partis.

Quelques tiraillements se firent cependant encore sentir dans les paroles et dans les actes relatifs aux élections : on discuta une circulaire du ministre de l'intérieur. D'accord sur l'esprit, on finit par transiger sur les termes. Une mesure plus révolutionnaire était persévéramment demandée non par M. Ledru Rollin, mais par les délégués du Luxembourg et des clubs des ouvriers industriels de Paris. Cette mesure consistait à accorder à ces réunions l'envoi dans chaque département de deux ou trois émissaires choisis dans les différentes catégories des ouvriers de la capitale, et dont la mission serait payée à titre de secours de la République sur les fonds du ministère de l'intérieur. Ce secours devait se monter à une somme de cent ou cent vingt mille francs. M. Ledru Rollin se refusait à prendre sous sa seule responsabilité l'emploi d'une somme si forte, à moins d'être couvert par le consentement formel du conseil. Le conseil autorisa la mesure et la dépense : il recommanda au ministre de surveiller le choix de ses émissaires, de ne désigner que des hommes probes, modérés, et non des agitateurs, et de limiter leur mission à la propagation des saines doctrines républicaines et des informations techniques sur l'exercice de leurs droits électoraux. Toute immixtion même confidentielle de ces agents au nom du gouvernement dans les candidatures leur fut interdite. A ces conditions la mesure fut autorisée ; elle était justifiée dans l'esprit même de ceux qui y répugnaient et qui en prévoyaient les inconvénients par la nécessité de ramener les deux cent mille ouvriers de Paris à l'acceptation volontaire du terme assigné aux élections. C'était une concession à l'urgence, un sacrifice à la concorde ; une insurrection de deux cent mille ouvriers de Paris contre le terme rapproché des élections aurait coûté plus d'or et plus de sang. Tel fut l'esprit de cette concession : elle fut une faute. Le ministre des affaires étrangères le sentait en y consentant. Quelques-uns de ces hommes scandalisèrent l'opinion et la morale par des actes et par des correspondances qui salirent leur mission. Mais leur mission demandée par les uns, tolérée par les autres, reconnue nécessaire par tous, n'eut pas d'autre motif, ni un autre objet. Quoique malheureuse dans les choix cette mesure contribua puissamment à faire accepter et rapprocher les élections.

XI.

A cette époque, Lamartine prévoyant après la réunion de l'Assemblée nationale des agitations inévitables et des nécessités militaires, se préoccupa secrètement et vivement d'une organisation de l'armée plus active, de son rapprochement de Paris, et de son commandement donné à un chef ferme, populaire et républicain. Pour repopulariser l'armée, il fallait que le chef définitif qu'on lui donnerait fût à la fois un militaire agréable au soldat et un homme politique au-dessus du soupçon de trahison contre la République.

M. Arago, à la fois ministre de la guerre et ministre de la marine, suffisait à ces deux grandes administrations par l'activité et par l'étendue de son esprit. Son nom, jusque-là, avait servi à éteindre les rivalités qui auraient pu s'élever entre les officiers-généraux, facilement jaloux de la préférence que le gouvernement aurait donnée à l'un sur les autres. Un nom civil neutralisait le commandement de l'armée. M. Arago avait été respecté des militaires, comme la loi plus encore que comme un ministre. Son énergie impartiale avait rétabli et maintenu la discipline. L'armée se recrutait et obéissait aussi bien qu'à aucune autre époque de notre histoire. Mais l'Assemblée approchait; M. Arago rentrerait peut-être dans les rangs de la représentation; l'Assemblée aurait besoin de force à Paris et autour de Paris; il faudrait un ministre qui pût à la fois organiser et combattre.

Lamartine ne se faisait aucune illusion sur l'avenir : il savait par l'histoire qu'un gouvernement naissant a des assauts de plusieurs années à soutenir, et que le berceau de ce gouvernement, république ou monarchie, a besoin d'être ombragé de baïonnettes. La démocratie surtout veut être forte, et d'autant plus forte qu'elle est plus voisine de la démagogie. Tous les crimes de l'anarchie viennent de la faiblesse. Le socialisme et le paupérisme, dangers propres à une civilisation trop industrielle, rendaient plus évidente pour tous les yeux la nécessité d'armer vigoureusement la République.

Lamartine couvait pour cela depuis longtemps trois pensées : la première était une armée puissamment organisée et disposée sur le territoire en trois grands corps se servant d'appui les uns aux autres, et pouvant dans leurs évolutions larges et rapides, non pas seulement réprimer ici, ou là, telle ou telle émeute, mais manœuvrer en grand dans toute l'étendue du territoire français, sur des pivots assis d'avance comme dans les grandes guerres civiles romaines. Trois généraux devaient commander ces trois corps : l'un à Paris et dans le rayon immédiat de Paris, l'autre à Bourges et dans les provinces voisines, le troisième, de Lyon à Marseille.

La seconde pensée était la formation d'une réserve de trois cents bataillons départementaux de garde mobile, armés, disciplinés, équipés, exercés, encadrés, mais restant dans leurs foyers et n'en sortant qu'à l'appel du conseil départemental, du préfet ou du gouvernement pour les cas soudains de troubles ou de guerre intestine. C'était la fédération anti-socialiste et anti-anarchique instituée et mobilisée d'avance entre les mains des départements. En cas de défaite à Paris, l'ordre social retrouvait, indépendamment de l'armée, trois cent mille défenseurs et pouvait étouffer en huit jours la sédition sous les murs de Paris. Au lieu de l'armée révolutionnaire de 1793, c'était l'armée républicaine de 1848, protégeant partout l'ordre, la propriété, la vie des citoyens contre la terreur, et la dislocation de l'empire. En cas de guerre étrangère, ces trois cents bataillons entraient en seconde ligne sur nos frontières et dans nos places fortes, et rendaient libre tout le reste de l'armée.

Enfin, sa troisième pensée était de donner à la République et à l'Assemblée nationale un ministre de la guerre soldat et républicain, qui fît aimer la République par l'armée et qui fit accepter sans défiance l'armée par la République.

La première de ces pensées était accomplie déjà à moitié par M. Arago et par le gouvernement : l'armée était en voie d'être bientôt portée à cinq cent mille hommes.

La création des trois cents bataillons de garde mobile départementale avait été déjà plusieurs fois mentionnée par Lamartine au conseil, en prévision des éventualités de guerre étrangère. Lamartine n'ignorait pas que cette pensée révélée sous son vrai jour aurait porté ombrage au parti radical, qui tendait évidemment à supprimer l'armée, surtout dans Paris, et à lui substituer l'omnipotence de l'organisation socialiste des clubs et des ouvriers, organisation gouvernée par les chefs de secte contre les commerçants, la propriété, la bourgeoisie.

Il ajourna donc plusieurs fois sa proposition formelle. Il en entretint séparément quelques-uns de ses collègues ; il les pénétra de cette idée, et les prépara à la présenter eux-mêmes au gouvernement.

M. Flocon, qui venait de rentrer dans la vie active à la suite d'une longue maladie, et qui concevait vite tout ce qui se rattachait à la puissance de la patrie, se chargea de produire, sous la forme d'une proposition urgente et formelle, cette pensée qu'il partageait avec le ministre des affaires étrangères. Le patriotisme bien avéré de ce jeune membre du gouvernement et l'ascendant de son énergie sur le parti radical déconcertèrent les objections. Lamartine le soutint, comme si cette idée eût été pour lui une révélation soudaine du patriotisme en péril : le décret fut porté à l'unanimité. Lamartine en rentrant chez lui dit à ses amis : « Si « l'Assemblée nationale exécute activement mon dé- « cret des trois cent mille hommes, la guerre civile « est désormais impossible et la société ne peut pas « avoir d'éclipse de plus de dix jours. » Mais pour exécuter ce décret il fallait un ministre : il crut l'avoir trouvé dans le général Eugène Cavaignac.

XII.

Le général Cavaignac, fils d'un homme de renommée révolutionnaire et conventionnelle, était frère d'un des jeunes précurseurs de la République dont le caractère, le talent et la mémoire étaient passés à l'état de religion dans le parti de la démocratie active. Ce nom était si populaire parmi ceux qui lui survivaient qu'il reflétait jusque sur son frère une partie de cette consécration. Le second Cavaignac servait en Afrique; le gouvernement provisoire, dès sa première séance à l'Hôtel de Ville, l'avait nommé gouverneur général. Plus tard, le gouvernement l'avait appelé à Paris en lui offrant le ministère de la guerre : le général avait répondu au gouvernement en termes un peu fiers; il avait fait des conditions si hautes que le gouvernement avait été blessé de cette résistance à son premier signe et avait renoncé aux services de ce général à Paris.

Les choses en étaient là, lorsque Lamartine, pensant toujours à fortifier l'Assemblée nationale par un chef militaire donné à l'armée, ouvrit par hasard un journal et y lut une profession de foi claire, brève et républicaine signée Cavaignac. C'était une lettre du jeune général aux électeurs de son département qui lui avaient offert la candidature à la représentation nationale.

Cette lettre exprimait avec précision et avec une remarquable audace d'honnêteté tout le républicanisme d'ordre, de liberté et de moralité selon le cœur de Lamartine. Elle frappa vivement son esprit. Il résolut de tout tenter pour conquérir ce caractère, cette opinion et cette épée à l'Assemblée et au gouvernement. Il ne connaissait ni le général, ni sa famille. Il apprit que M. Flocon avait des relations avec la mère du général; il pria son jeune collègue de l'introduire auprès de cette femme très-éminente, disait-on, de cœur, d'esprit et de patriotisme. Il ne cacha pas à M. Flocon l'objet de l'entrevue qu'il sollicitait de madame Cavaignac. M. Flocon partageait le désir du ministre des affaires étrangères, de donner un chef militaire et républicain à l'armée; mais il craignait que la mère des deux Cavaignac, déjà en deuil du premier de ses fils, ne voulût pas contribuer à compromettre la vie du second en le rappelant dans un temps d'orages et pour des missions périlleuses, d'une colonie paisible et d'un climat nécessaire au rétablissement de sa santé.

Madame Cavaignac consentit néanmoins à recevoir le ministre des affaires étrangères. Lamartine trouva dans un quartier écarté et dans un appartement modeste meublé de tous les signes du veuvage, du recueillement et de la piété, une femme en deuil, d'une physionomie profonde et expressive où la sensibilité et la force luttaient sur des traits graves et résignés. Il comprit du premier coup d'œil pourquoi les républicains avaient appelé cette femme la mère des *Gracques*. Elle avait en effet dans son élévation, dans sa simplicité et dans son accent quelque chose d'antique et cependant de chrétien. Des hommes libres pouvaient être éclos sous ce regard.

La conversation ne démentait pas cet extérieur. Lamartine en avait rarement rencontré d'analogue, si ce n'est dans quelques femmes célèbres des souches héroïques de Rome ou de Florence. Une tendresse de mère, une énergie de citoyenne y résonnaient dans un accent viril. Il aborda le sujet de l'entretien. Il parla à madame Cavaignac des dangers de la République si elle venait ou à faiblir ou à s'exagérer à son début ; de la nécessité de l'entourer de forces honnêtes et modératrices pour lui sauver les convulsions des gouvernements faibles et spasmodiques ; du sacrifice que la fondation de l'ordre libre et démocratique demandait à tout le monde et même aux mères ; du désir extrême qu'il avait de voir l'armée se rapprocher de

Paris sous la garantie républicaine du nom de son fils. Madame Cavaignac résista, elle s'attendrit, non sur elle, mais sur la liberté, elle finit par se laisser vaincre.

« Vous me demandez le plus grand des sacrifices,
« dit-elle à Lamartine, mais vous me le demandez au
« nom du plus absolu des devoirs. Je vous l'accorde.
« Je consens à être l'intermédiaire de vos désirs auprès
« de mon fils. Je vais lui écrire notre conversation;
« j'irai vous porter sa réponse. »

Quelques jours après, le général lui-même répondit à Lamartine. Sa réponse était digne du fils d'une telle mère, sans empressement comme sans faiblesse. Il fut convenu que le général demanderait un congé au gouvernement et qu'il viendrait en France. De ce jour les trois principales pensées de prévoyance de Lamartine contre la guerre étrangère, contre la guerre civile et contre l'anarchie à Paris au moment de la réunion à l'Assemblée nationale lui parurent accomplies. Il s'avança avec plus de confiance vers l'inconnu.

XIII.

Mais cet inconnu de quelques semaines était encore plein de problèmes et de complots.

Plus le terme de la dictature approchait, plus les partis extrêmes qui sentaient s'évanouir leur règne s'acharnaient à le disputer à la nation. Ils frémissaient au seul nom de l'Assemblée nationale; ils déclaraient hautement dans leurs conciliabules et dans leurs clubs, tantôt qu'ils renverseraient la majorité du gouvernement avant le jour des élections; tantôt qu'ils ne laisseraient entrer l'Assemblée nationale dans Paris que comme une représentation suspecte et captive au milieu d'une haie de deux cent mille prolétaires dont elle n'aurait qu'à promulguer les plébiscites ou à subir les violences.

Des mots sinistres et atroces échappaient comme des explosions involontaires du sentiment de révolte qui grondait dans les cœurs de certains hommes. Les discours des clubs et des délégués du Luxembourg devenaient plus amers et plus significatifs; des rapports secrets révélaient au gouvernement des réunions nocturnes où les chefs des principales factions opposées à la réunion de l'Assemblée cherchaient, soit à prévenir de concert ce jour par un mouvement, soit à rester tellement armés dans Paris de forces révolutionnaires que l'Assemblée nationale n'y fût que leur jouet. Les membres de la majorité du gouvernement étaient désignés à la suspicion et à la colère d'une partie du peuple. Des journaux accusateurs étaient colportés contre eux; des affiches dans lesquelles on les dénonçait à l'indignation publique, rédigées par des démagogues allemands, sortaient la nuit de presses suspectes, et enflammaient l'esprit public contre les hommes décidés à remettre la République au pays. Quelques-unes de ces affiches spécialement rédigées contre Lamartine étaient placardées à l'insu de ses collègues par des émissaires qui abusaient de leurs noms et de leur protection. Des témoins et des confidents indignés de ces hasards, où ils croyaient voir des complots, venaient la nuit les révéler à Lamartine. Lamartine n'y croyait pas. Il était convaincu de la loyauté de ses adversaires. On pouvait se combattre, non se trahir.

Mais deux camps étaient distincts dans le gouvernement. Autour de ces deux camps se groupaient des tendances diverses, des systèmes de république opposés, des hommes antipathiques, ombrageux, violents. Ces hommes pouvaient tirailler la volonté des chefs, les aigrir les uns contre les autres, semer les défiances contre eux, puis enfin les piéges, et se servir de leur drapeau et de leur nom pour recruter des factions et pour entraîner ensuite ces factions à des extrémités.

La majorité du gouvernement était constamment obsédée d'avis alarmants sur les trames qui s'ourdissaient, disait-on, contre sa sûreté. On changeait fréquemment le lieu de réunion du conseil; on se prémunissait contre les coups de main; on réunissait quelquefois secrètement jusqu'à deux ou trois cents hommes armés dans les environs du ministère des finances ou du Luxembourg pour prévenir une surprise. Tous les partis se suspectaient et se surveillaient.

Lamartine était informé par des confidences spontanées d'hommes bien placés pour tout savoir et par sa police secrète sur les étrangers, que des desseins irrésolus se combattaient dans l'esprit des chefs principaux des factions et des clubs contre lui. Des fanatiques de démagogie parlaient hautement de se défaire de lui ; il recevait tous les jours de Paris et des départements des menaces écrites d'assassinat ; la police même de Caussidière lui transmettait ces avertissements ; il se fiait à sa destinée. Il s'était dévoué le 24 février à tout, même à la mort, pour donner son vrai sens à la Révolution, pour la conserver pure de crime, de sang, et pour lui faire traverser sans catastrophe intérieure et sans guerre extérieure l'interrègne qui pouvait engloutir son pays ; il voyait le bord. Il était sûr que sa mort serait le signal du soulèvement de l'immense majorité du peuple de Paris et de l'unanimité des départements, et qu'elle assurerait le triomphe de l'Assemblée nationale sur les dictateurs. Cette certitude le rendait heureux et serein. Il ne prenait aucune précaution quoiqu'il sût que de mauvais desseins veillaient jusqu'à sa porte. Il sortait à toute heure de la nuit et du jour, seul, à pied, sans autres armes qu'une paire de pistolets sous son habit. Sa popularité veillait sur lui à son insu.

Elle grandissait tellement alors dans toute la France et dans toute l'Europe qu'il recevait jusqu'à *trois cents lettres* par jour et que tous les départements lui faisaient demander s'il voulait les représenter. Les peuples, qui ont toujours besoin de personnifier un instinct dans un homme, avaient personnifié alors en lui l'instinct de la société menacée et sauvée. Il était l'homme du salut commun. Beaucoup de ses collègues le méritaient autant que lui, mais la popularité a ses favoris. Il était le favori de la multitude. Il avait trop l'expérience de l'histoire pour croire à la durée de ce fanatisme pour son nom; il cherchait à le modérer plus qu'à l'enflammer; il s'effaçait avec intention devant le peuple et devant ses collègues. Il entrevoyait le jour prochain où cette popularité lui demanderait des choses qu'il croyait contraires à l'intérêt vrai de la République; il ne voulait pas qu'un homme fût plus populaire que la représentation nationale. Résolu d'avance à abdiquer la faveur publique, il n'était pas prudent de la porter jusqu'au délire : il étonnait quelquefois ses amis par les retours d'opinion qu'il leur prédisait à son égard.

Souvent en rentrant chez lui, après des journées ou des nuits de lutte, précédé ou suivi d'acclamations qui s'élevaient sur ses pas et qui retentissaient des boulevarts jusque dans l'intérieur de ses appartements, il disait à sa femme et à ses secrétaires : « Vous voyez « ce que me coûte d'efforts l'Assemblée nationale et « la restitution du pouvoir régulier à la nation? Eh « bien, quand la nation aura retrouvé son propre « empire et que l'Assemblée nationale sera ici, ce « peuple sauvé se retirera de moi et me mettra peut-« être en accusation comme ayant conspiré contre « l'Assemblée, mon unique pensée ! »

On souriait avec incrédulité à ces paroles, mais Lamartine connaissait les injustices et les ignorances des peuples. S'ils étaient justes et intelligents il n'y aurait aucune vertu à les servir.

Tout indiquait alors une tentative finale et désespérée des partis opposés à la réunion de l'Assemblée.

XIV.

On touchait au 14 avril; l'élection devait avoir lieu le 23. La garde nationale de Paris organisée, mais non encore réunie, était, dans l'esprit qui l'animerait, un problème. D'un jour à l'autre, le gouvernement encore complétement désarmé pouvait avoir à lui faire appel. Se lèverait-elle à sa voix? se fondrait-elle en un seul et même esprit? se diviserait-elle en deux armées comme le peuple en deux classes? serait-elle un élément de guerre intestine ou un élément unanime de force et de pacification? Nul ne pouvait le savoir encore que par conjecture. Tout dépendrait de la direction plus ou moins politique, plus ou moins unanime, que le gouvernement saurait lui imprimer. Les partis extrêmes devaient tout tenter pour prévenir l'évocation de la garde nationale et pour s'emparer du gouvernement avant que Paris fût debout pour défendre l'Assemblée : ces partis le sentaient et ils le laissaient hautement pressentir au gouvernement.

Depuis quelques jours les discussions intérieures étaient âpres et vives; d'énergiques dissentiments se trahissaient entre la majorité et la minorité. Le ministre de l'intérieur occupé des préparatifs des élections venait plus rarement au conseil et n'y faisait que de courtes apparitions. Louis Blanc et Albert, patrons avoués des délégués du Luxembourg et des trente ou quarante mille ouvriers qui composaient leur armée, parlaient de mécontentements menaçants et promulguaient des exigences impérieuses au nom de cette partie du peuple. Ils ne les justifiaient pas, mais ils les articulaient sous forme d'avertissements au gouvernement.

Ils paraissaient informés par ces hommes, et par leurs rapports personnels avec les clubs et avec d'autres centres d'action, de quelque grand mouvement populaire de nature à imposer à la majorité les volontés extrêmes et le dernier mot de la multitude.

A la séance du 14 avril, qui se prolongea fort avant dans la nuit, les indices parurent plus significatifs, et les deux chefs du Luxembourg avouèrent avec une douleur mêlée de reproches qu'une manifestation immense, semblable à celle du 17 mars, mais plus décidée à obtenir l'ajournement des élections et la satisfaction d'autres griefs, aurait lieu le surlendemain dimanche 16 avril.

Le gouvernement fut indigné plus qu'étonné : assez de rumeurs recueillies par les différents membres de la majorité, de tous les côtés de l'horizon, annonçaient depuis quelques jours une tentative des partis extrêmes pour épurer le gouvernement provisoire des principaux membres de la majorité, et pour changer la minorité en majorité, par l'adjonction d'un certain nombre de chefs de clubs et de factions. On parlait d'un comité de salut public qui retremperait la dictature dans la souveraineté ochlocratique d'une seule partie du peuple, qui déchirerait le décret des élections, qui concentrerait le gouvernement dans la capitale, qui l'exercerait un certain temps avant de s'en dessaisir et qui convoquerait une Convention après avoir épuré les électeurs.

Lamartine feignait d'apprendre ce projet de manifestation pour la première fois de la bouche de ses deux collègues; il ne les soupçonnait pas d'y tremper; il en soupçonnait moins encore le ministre de l'intérieur; mais il pensait qu'Albert, Louis Blanc et les hommes de la minorité du gouvernement pourraient avoir sur les organisateurs de ce mouvement une influence et une autorité qu'il n'avait pas lui-même sur cette partie de la révolution. En conséquence, il les adjura avec une douleur vraie, mais avec une énergie de paroles qu'il exagérait à dessein, d'employer toute leur action morale sur la partie du peuple dont ils disposaient, pour prévenir une manifestation si intempestive, si odieuse aux départements, si alarmante pour la paix de Paris, si mortelle à l'acceptation de la République. Il leur traça en traits rapides mais saisissants les conséquences d'une rupture violente de l'unité du gouvernement conservée jusque-là au prix de tant de sacrifices. Il leur montra les nouveaux dictateurs par droit d'épuration populaire épurés eux-mêmes huit jours après, et victimes inévitables du peuple après en avoir été les instruments et les complices. Il affecta plus de terreur et de découragement qu'il n'en éprouvait, afin de leur en inspirer à eux-mêmes et de reporter par eux la terreur et le repentir dans l'âme des conspirateurs de ce mouvement.

XV.

Ces collègues parurent émus et décidés à s'interposer, s'il en était temps, entre les meneurs de la manifestation projetée et le gouvernement. Flocon qui pensait comme Lamartine, bien qu'il fût plus lié que lui avec les partis extrêmes, jura avec loyauté qu'il détestait de pareils projets, et qu'il ne trahirait jamais en s'y associant la foi que les membres d'un même gouvernement, quoique séparés quelquefois de vues, se devaient entre eux. La séance finit par ces adjurations de Lamartine adressées au dehors plus qu'au dedans, et par cette franche déclaration de Flocon.

Le lendemain, Lamartine apprit par Louis Blanc et par Albert que leurs instances pour prévenir la manifestation avaient été vaines, mais les meneurs subalternes leur avaient promis de faire des efforts pour modérer le mouvement, pour le désarmer, et pour lui enlever tout caractère de violence. Lamartine répondit à ses collègues avec désespoir, que la violence était dans le rassemblement lui-même; que le poids de la masse et du nombre était une arme trop suffisante contre un gouvernement désarmé; que le peuple allait violer lui-même et perdre bientôt ce qu'il avait conquis, s'il affligeait, contraignait et scandalisait la République par des journées semblables et pires peut-être que celle du 17 mars.

Mais le mot d'ordre était donné, le sort était jeté; il était trop tard pour que les chefs, quels qu'ils fussent, eussent le pouvoir de contremander et de dissoudre le mouvement. Louis Blanc et Albert en paraissaient profondément attristés eux-mêmes. Lamartine et ses collègues les plus intimes se résignèrent à recevoir l'assaut qu'on leur annonçait et livrèrent à Dieu et au peuple la destinée du lendemain.

XVI.

Cependant, quoique désarmés, les membres du gouvernement avertis, ne négligèrent rien individuellement par leurs intelligences dans les différents groupes des factions, dans les ateliers nationaux et dans les grands faubourgs de Paris, pour décourager le peuple de l'attentat auquel les menées souterraines des clubs et des conciliabules socialistes et terroristes s'efforçaient de l'entraîner. Garnier-Pagès, Duclerc, Pagnerre, au ministère des finances; Marie aux ateliers nationaux; Marrast à l'Hôtel de Ville tinrent sur pied les moyens d'observation, d'influence, et de force volontaire dont ils pouvaient disposer. Lamartine passa une partie de la nuit à répandre des émissaires dans le faubourg Saint-Antoine, dans le quartier du Panthéon, et dans les banlieues, pour donner l'éveil et le mot d'ordre aux bons citoyens, aux chefs d'ateliers, aux entrepreneurs, aux logeurs, aux chefs honnêtes et influents de ces différents quartiers. Il fit appeler aussi les officiers de garde nationale nommés et non encore reconnus par leurs compagnies dont il était sûr; les jeunes gens des écoles dévoués à l'ordre et influents sur leurs camarades; quelques élèves de l'École Polytechnique remarquables par leur intelligence, leur activité et leur bravoure, qui lui servaient d'aides de camp dans les circonstances critiques, tels que MM. Jumel, Baude, Maréchal, etc.; il les informa des projets du lendemain et les employa toute la nuit dans Paris, à prévenir, rallier et armer les citoyens et les tenir prêts à accourir au premier coup de canon ou au premier coup de tocsin à l'Hôtel de Ville.

L'Hôtel de Ville était la position à conquérir ou à défendre dans toutes les révolutions, le berceau ou le tombeau des gouvernements, le signe de la victoire ou de la défaite. Lamartine était résolu de s'y enfermer, et d'y soutenir le siége de la grande insurrection, préparé à y périr ou à y triompher, selon que le peuple averti se lèverait ou ne se lèverait pas au bruit du combat.

MM. Marrast, Buchez, Recurt, Barthélemy-Saint-Hilaire, homme aussi réfléchi qu'intrépide, Flottard, le colonel Rey et les principaux chefs d'administration de la ville de Paris étaient avertis; ils se prémunissaient secrètement contre la sédition du lendemain. Leurs amis nombreux dans ces quartiers et dans les faubourgs étaient convoqués porte à porte par leurs soins. Chacun d'eux devait amener une escouade de citoyens résolus à la défense commune. La non-existence de la garde nationale et les ombrages qui existaient entre les différents partis n'avaient pas permis des mesures plus générales. On se défiait à tort les uns des autres; on ne s'en rapportait qu'à soi-même et à ses amis.

XVII.

Ces mesures prises, Lamartine brûla tous les papiers qui contenaient des noms propres ou des secrets de gouvernement au dedans et au dehors, de nature à servir de prétexte aux vengeances des factions, si la journée, comme cela était trop à craindre, donnait la victoire aux hommes de proscription ou de sang. Il se jeta ensuite sur son lit pour prendre un moment de repos.

A peine était-il endormi, que des hommes dévoués qu'il avait dans les clubs s'échappèrent de ces réunions nocturnes, forcèrent sa porte, et le réveillèrent pour lui apporter les derniers renseignements.

Les clubs directeurs s'étaient constitués à onze heures du soir en permanence : ils s'étaient armés, ils avaient des munitions de guerre; ils avaient résolu de rassembler le peuple le lendemain matin au Champ-de-Mars au nombre de cent mille hommes, de s'y transporter à midi, d'en prendre la direction, de marcher par les quais, en soulevant sur leur passage la population flottante de Paris, sur l'Hôtel de Ville, de s'en emparer à main armée, d'expulser le gouvernement provisoire; de le décimer des membres de la majorité qui leur répugnaient le plus, tels que Lamartine, Marie, Garnier-Pagès, Marrast, Dupont de l'Eure. Ils avaient déjà nommé, à la place de ces hommes, un comité de salut public composé de Ledru Rollin, Louis Blanc, Albert, Arago, qu'ils supposaient à tort incliner vers le parti extrême. Ils y avaient adjoint les noms des principaux chefs de factions ou de sectes terroristes ou socialistes qui représentaient les violences de gouvernement ou les bouleversements de la société. Après s'être défaits ainsi de la majorité du gouvernement qui les contenait, ils devaient (chose étrange!) marcher sur le club de Blanqui et se débarrasser également de ce tribun rival qui les intimidait.

Cette dernière circonstance n'étonna point Lamartine; il savait que Blanqui était la terreur des terroristes moins populaires et moins audacieux que lui : il était logique à eux de profiter d'une seule insurrection pour s'affranchir à la fois de leurs adversaires dans le parti modéré du gouvernement, et de leur ennemi dans le parti désespéré de la démagogie.

Blanqui, selon toute apparence, savait ce qui l'attendait; mais il n'en feignit pas moins de s'associer au mouvement qui se préparait pour le lendemain contre Lamartine et ses amis. Il est présumable que Blanqui ne voulut pas avoir l'apparence de rester, lui et son parti, en arrière de ceux qui voulait le devancer dans la révolution. Il pensa peut-être que, le mouvement une fois lancé, il reprendrait le pas sur ses rivaux, et que son nom les écraserait sous une popularité ramassée plus bas dans le peuple. Il rassembla donc aussi son club et se mit en permanence armée comme les autres conspirateurs.

XVIII.

Au point du jour, Lamartine vit les groupes successifs de la manifestation s'avancer par petits détachements de quinze à vingt hommes précédés de tambours et de drapeaux par les boulevards. Ils se rendaient, conduits par quelques meneurs mieux vêtus, délégués des clubs, au rendez-vous du Champ-de-Mars. La plupart ignoraient complétement le véritable objet du rassemblement. Le prétexte était je ne sais quel scrutin préparatoire pour la désignation de candidatures d'ouvriers.

D'heure en heure, des émissaires apostés apportaient à Lamartine des informations sur l'état du Champ-de-Mars et sur la marche et la physionomie du rassemblement : il s'élevait, vers onze heures, à environ trente mille hommes. On commençait à y parler de marcher à deux heures sur l'Hôtel de Ville; mais les clubs n'y étaient pas encore, et les masses paraissaient flottantes et peu animées. Les ouvriers des ateliers nationaux, inspirés par Marie, et les émissaires nombreux de Lamartine décomposaient les groupes à mesure qu'ils se formaient et les décourageaient de la sédition. Sobrier lui-même employait ses amis à déconseiller tout excès.

Les choses en étaient là, et Lamartine attendait pour agir des informations plus précises et un commencement d'exécution, quand on lui annonça la visite du ministre de l'intérieur. Lamartine savait, comme on vient de le voir, que le nom de M. Ledru Rollin était de ceux dont l'insurrection projetée composait son comité de salut public. Il savait de plus que les chefs politiques des sectes socialistes, les hommes de coup d'État populaire du club Barbès et du Club des Clubs s'agitaient autour du ministre de l'intérieur, cherchaient à accaparer son influence et son talent, et s'efforçaient de l'entraîner dans des résolutions contraires à l'unité du gouvernement et à la paix de la République. Lamartine, sans liaison préexistante avec son collègue, n'aurait trouvé ni loyal de le soupçonner, ni convenable de l'informer des rumeurs injustes semées autour de lui sur ses liaisons avec les conjurés; il l'attendait : il ne se trompait pas.

M. Ledru Rollin l'informa des renseignements qu'il avait reçus lui-même pendant la nuit : le projet de manifestation armée, le gouvernement provisoire épuré, le comité de salut public institué, son propre nom usurpé malgré lui par les factieux, son indignation de ce qu'on le crût capable de prêter ce nom à des complots contre ses collègues, sa ferme résolution de mourir plutôt que de s'associer à aucune trahison.

« Dans quelques heures, ajouta-t-il, nous allons être
« attaqués par plus de cent mille hommes. Quel parti
« prendre? Je viens me concerter avec vous parce
« que je sais que vous conservez le sang-froid dans
« la rue, et que les extrémités ne vous troublent pas
« le cœur.

« — Il n'y a pas deux partis, répondit Lamartine en
« se levant et en tendant la main à son collègue, il n'y
« en a qu'un : il faut combattre ou livrer le pays à
« l'anarchie, la République aux aventuriers, le gou-
« vernement à l'opprobre. Vous êtes ministre de l'in-
« térieur, vous êtes loyal et résolu, vos attributions
« vous donnent le droit de faire battre la générale
« dans Paris et d'appeler la garde nationale aux
« armes. Ne perdons pas une minute. Allez de ce pas
« donner ordre de faire lever les légions. Moi, je vais
« faire lever les bataillons de garde mobile qui peu-
« vent être en état de combattre. Je m'enfermerai
« dans l'Hôtel de Ville avec ces deux ou trois batail-
« lons; j'y soutiendrai l'assaut de l'insurrection. De
« deux choses l'une : ou la garde nationale, encore
« invisible, ne répondra pas à ce rappel, et alors
« l'Hôtel de Ville sera emporté et je périrai à mon
« poste; ou bien le rappel et la fusillade feront voler
« la garde nationale au secours du gouvernement
« attaqué dans ma personne à l'Hôtel de Ville, et

« alors l'insurrection prise entre deux feux, sera
« étouffée dans son sang; le gouvernement sera déli-
« vré, et une force organisée invincible sera enfin
« retrouvée pour la République! Je suis prêt pour les
« deux éventualités. »

Ce qui fut dit fut fait. Le ministre de l'intérieur, aussi résolu que Lamartine à tenter la résistance et le combat, alla donner les ordres pour faire battre le rappel.

Lamartine ne revit plus son collègue de la journée. Il confia sa femme à des amis qui devaient la mettre en sûreté dans le cas où il aurait succombé. Il sortit accompagné d'un jeune élève de Saint-Cyr, fils du brave général de Verdière, et du colonel d'état-major Callier, homme d'une intelligence froide et d'une bravoure impassible, qu'il avait connu en Orient, et qu'il avait attaché au ministère des affaires étrangères.

Il se rendit d'abord chez le général Duvivier, à l'état-major de la garde mobile. Il monta seul; le général était absent. Son chef d'état-major et son secrétaire, informés par Lamartine du mouvement qui se préparait, suppléèrent le général et choisirent avec lui les quatre bataillons les plus exercés et les plus rapprochés de l'Hôtel de Ville. Ils leur envoyèrent l'ordre de se porter à l'instant sur la place de Grève.

Au moment où Lamartine descendait l'escalier pour s'y porter lui-même, il rencontra le général Duvivier qui rentrait; il remonta avec lui.

Le général Duvivier était un de ces hommes qu'aucune extrémité ne surprend, qu'aucun danger ne trouble, parce qu'ils croient religieusement à la loi du devoir et que leur foi se repose sur Dieu pendant que leur courage agit sur la terre; sorte de fatalistes pieux dont le destin est la Providence. Le général rectifia avec sang-froid quelques-uns des ordres donnés en son absence. Il ordonna de seller son cheval, et promit de se trouver à la tête de ses jeunes soldats, qu'il aimait comme ses enfants et qu'il entraînait comme des héros. Mais il n'y avait point de cartouches; Lamartine courut en chercher à l'état-major de la garde nationale dans la cour des Tuileries.

XIX.

Le général Courtais était absent. Une légère altercation s'éleva au sujet du rappel entre Lamartine et le chef d'état-major, qui refusait de croire au mouvement et qui s'alarmait de l'effet produit dans Paris par le rappel battu et par le conflit qui pourrait en être la conséquence. Lamartine s'irritait du retard; le général Courtais en rentrant mit fin à cette hésitation, en déclarant que le ministre de l'intérieur lui avait donné l'ordre de battre le rappel et que l'ordre serait exécuté. Lamartine partit suivi d'un convoi de cartouches et se rendit à l'Hôtel de Ville. Le rassemblement grandissait au Champ-de-Mars et commençait à se former en colonnes pour s'ébranler.

Pendant ces délais forcés, le général Changarnier, que Lamartine avait nommé ambassadeur à Berlin, était venu demander le ministre à l'hôtel des affaires étrangères pour l'entretenir de quelques détails relatifs à ses instructions. Madame de Lamartine avait reçu le général; elle l'avait informé de ce qui se passait; elle lui avait dit que la présence et le concours d'un officier brave et renommé serait vraisemblablement d'une grande utilité en ce moment à son mari à l'Hôtel de Ville, et d'un puissant effet sur le moral des jeunes soldats. Le général avide de péril et d'occasion de signaler son ardeur venait d'arriver à l'Hôtel de Ville au moment où Lamartine y entrait lui-même accompagné du colonel Callier et de son chef de cabinet Payer, depuis représentant du peuple, toujours attiré par le danger.

M. Marrast attendait ferme et impassible l'insurrection annoncée. Lamartine l'instruisit des détails qu'on vient de lire, de l'ordre d'appeler la garde nationale aux armes, donné par le ministre de l'intérieur, de l'arrivée prochaine des quatre bataillons. Le général Changarnier, Marrast et Lamartine se concertèrent pour la meilleure disposition possible de cette faible troupe. Il fut convenu qu'au lieu de laisser ces bataillons, qui ne comptaient pas quatre cents baïonnettes chacun, sur la place, où ils seraient noyés dans des milliers d'assaillants, on les ferait entrer dans les cours et dans les jardins intérieurs de l'hôtel protégés par les grilles. Le général, prenant la direction supérieure des forces renfermées dans les murs, fut admirable de présence d'esprit, d'élan, d'activité, de confiance. « Si vous me répondez que nous tiendrons « trois heures, je vous réponds du réveil des bons « citoyens et du succès définitif de la journée, lui dit « Lamartine.

« — Je réponds de sept heures, » répliqua le général Changarnier.

Marrast avait le courage calme et patient des hommes qui ont beaucoup lu et pratiqué l'histoire des révolutions. Ses amis, Buchez, Flottard, Recurt, le colonel Rey, avaient groupé dans l'hôtel ou aux alentours un bataillon de volontaires de la révolution appelé les *Lyonnais*, et un certain nombre de volontaires des quartiers voisins. Lamartine les faisait entrer successivement, les haranguait, les enflammait du feu de la passion qui l'animait lui-même pour l'intégrité de la République. Le général Changarnier les distribuait ensuite à tous les postes. Lamartine l'avait engagé à se ménager la possibilité d'une sortie faite par le derrière du palais, afin de prendre l'insurrection en queue par le quai au moment où la garde nationale l'attaquerait par le pont Saint-Michel. Les bataillons de garde mobile arrivèrent un à un ; ils saluèrent d'acclamations Lamartine : il les avait formés : ces enfants l'aimaient comme une figure vue et entendue les premiers jours de la révolution, comme leur créateur et leur patron depuis, dans le gouvernement.

XX.

Cependant des messages nombreux envoyés par Lamartine aux écoles, aux banlieues, aux ouvriers des carrières de Belleville, au Panthéon, allaient presser l'arrivée des bons citoyens. D'autres messages venant du Champ-de-Mars rapportaient que l'armée des insurgés défilait déjà en colonne immense sur le quai de Chaillot. On n'entendait nulle part battre le rappel. Lamartine, inquiet de l'hésitation dont il avait été témoin à l'état-major, communiqua ses inquiétudes au général Changarnier et à M. Marrast. Tous les trois convinrent de faire donner de nouveaux ordres par le maire de Paris. Ces ordres écrits par M. Marrast partirent et furent surabondamment exécutés partout. On a dit que des contre-ordres avaient été donnés après le départ de Lamartine des Tuileries, et que de là dérivait la lenteur avec laquelle ce rappel avait été battu dans différents quartiers et la nécessité des nouveaux ordres envoyés par M. Marrast de l'Hôtel de Ville. Quoi qu'il en soit, les citoyens volaient de toutes parts aux armes.

Lamartine, certain désormais que le ministre de l'intérieur lui-même avait donné cet ordre et engagé sa responsabilité dans la cause de l'unité et de l'intégrité du gouvernement, adopta politiquement pour mot d'ordre de la journée et de toutes ses harangues aux troupes, aux députations, au peuple armé qui accourait sur la place, l'unité du gouvernement. Le gouvernement déchiré en deux à onze jours des élections lui paraissait déchirer l'unité de l'élection et l'unité de la République elle-même. Il étouffa ses ressentiments et ses ombrages dans son cœur, pour ne faire entendre que le cri de la concorde apparente ou réelle entre toutes les parties de l'opinion républicaine. Le brave Château-Renaud étant entré à l'Hôtel de Ville à la tête d'une colonne de volontaires armés, qui appelaient à grands cris Lamartine dans la cour pour les passer en revue, il descendit suivi de Payer et leur parla :

« Citoyens, leur dit-il, on avait annoncé aujourd'hui
« au gouvernement provisoire un jour de danger pour
« la République; nous étions sûrs d'avance que ce
« jour de danger serait un jour de triomphe pour la
« patrie et pour l'ordre. Je sais, par une expérience
« récente, et je puis le reconnaître au visage de plu-
« sieurs d'entre vous, à l'énergie à la fois intrépide et
« modérée qui forme le fond du cœur des citoyens
« armés de la capitale, que nous pouvions compter sur
« eux. La France qui se résume momentanément dans
« le gouvernement, n'a pas besoin d'une autre garde,
« d'une autre armée que cette armée volontaire,
« spontanée qui se forme d'elle-même, non pas au
« premier coup de tambour, car vous étiez armés
« avant le rappel, mais qui se forme d'elle-même à la
« première rumeur du danger pour la patrie et pour
« l'ordre public.

« Citoyens, le gouvernement provisoire tout entier

« doit être aujourd'hui le mot d'ordre de la population
« armée et désarmée de Paris : car c'est contre l'inté-
« grité, contre l'indivisibilité du gouvernement provi-
« soire que le mouvement contre lequel vous êtes
« venus nous former un rempart de vos poitrines avait,
« dit-on, été conçu.

« On espérait, au moyen de ces divisions suscitées
« entre nous, diviser la patrie comme le gouverne-
« ment : aucune division possible n'existe entre ses
« membres. Si quelques différences d'opinions, comme
« il s'en trouve naturellement dans les grands conseils
« d'un pays, peuvent s'y rencontrer en administration,
« l'unité existe dans le même amour de la République,
« dans le même dévouement qui les anime envers Paris
« et la France !

« Cette union est le symbole de celle de tous les
« citoyens !

« Permettez-moi de vous offrir, non pas en mon
« nom, mais au nom de l'unanimité de mes collègues,
« les remerciements profondément sentis, non pas du
« gouvernement provisoire, mais de la France tout
« entière pour qui ce jour eût été un jour de calamité
« et de guerre civile, si le gouvernement s'était divisé,
« et qui, grâce à votre énergie, sera pour elle le jour
« du triomphe définitif et pacifique de ces nouvelles
« institutions, que nous voulons remettre inviolables
« et entières à l'Assemblée nationale qui sera, elle,
« l'unité suprême de la patrie. — Vive la République !

« Citoyens, encore un mot !

« A l'époque de la première République, il y eut
« un mot fatal qui perdit tout, et qui conduisit les
« meilleurs citoyens à s'entre-déchirer en se mécon-
« naissant les uns les autres. Ce mot, c'était la dé-
« fiance, et cependant cette défiance était expliquée
« alors par la situation de la patrie menacée par une
« coalition au dehors, et par les ennemis qu'elle avait
« au dedans.

« Aujourd'hui que la seule proclamation de nos
« principes de démocratie fraternelle et de respect
« aux nationalités a ouvert dans toute l'Europe l'ho-
« rizon de la France et a fait tomber les peuples dans
« notre amitié au lieu de tomber dans notre sang ;
« aujourd'hui que la République est acceptée partout
« sans opposition à l'intérieur, et promet à tous pro-
« priété, sécurité, liberté, il n'y a qu'un seul mot qui
« corresponde à cette situation, et ce mot, c'est con-
« fiance ! Inscrivez ce mot sur vos drapeaux et dans
« vos cœurs ! que ce soit le mot d'ordre entre tous les
« citoyens et entre toutes les parties de l'empire, et la
« République est sauvée.

« Le gouvernement provisoire vous en donne
« l'exemple dans la confiance méritée que chacun de
« nous porte à ses collègues et qu'il en reçoit à son
« tour ! Il en donne aujourd'hui la preuve en refusant
« à tout prix de se désunir, de se séparer d'aucun des
« membres qui font sa force dans son unité. L'indivi-
« sibilité du gouvernement provisoire doit être ainsi
« la conquête civique de cette journée. Paris et les

« départements, rassurés sur la force du gouverne-
« ment et sur l'attachement que vous lui portez,
« s'uniront comme vous et comme nous pour le salut
« de la République et remettront intact à l'Assemblée
« nationale le dépôt de la patrie que le peuple du 24
« Février a remis entre vos mains.

« Cette confiance que je vous recommande, ci-
« toyens, c'est le cri, c'est le sentiment que j'ai entendu
« sortir tous les jours du combat, ici même, sur cet
« escalier, dans ces cours, de la bouche des blessés
« pendant la lutte du peuple et du trône d'où pouvait
« sortir l'anarchie du peuple. Oui, je l'ai entendu
« sortir de la bouche de ceux qui expiraient ici pour
« la République, et qui semblaient vouloir nous léguer
« ainsi dans cette recommandation suprême le mot
« sauveur de la République nouvelle et de la patrie! »

XXI.

Ces paroles firent jaillir un cri unanime de dévouement de toutes les marches d'escaliers, de toutes les
cours, de toutes les galeries de l'Hôtel de Ville. La
victoire était dans ce cri; Lamartine le retrouva pendant deux heures sur les lèvres de tous les groupes de
citoyens volontaires, d'ouvriers, de gardes mobiles,
d'élèves des écoles qu'il harangua successivement
trente ou quarante fois dans ce moment suprême. Il
affecta toujours de comprendre le gouvernement provisoire tout entier dans ses allocutions et de détruire

ainsi d'avance tous les germes de division qui pouvaient naître de cette journée. Il le fit pour enlever tout prétexte à la guerre civile et aux récriminations qui pouvaient l'amener. L'enthousiasme pour lui était si brûlant et si unanime ce jour-là dans les bataillons, dans le peuple et dans les corps de volontaires qui accouraient au palais et sur la place, que s'il eût dénoncé un complot et demandé lui-même vengeance, épuration ou dictature, on l'aurait suivi où il aurait marché. Mais en avouant des divisions et en livrant alors ses collègues aux soupçons du peuple, il ne se dissimulait pas qu'il aurait trahi la République et déchiré sa patrie.

Cependant, d'une fenêtre de l'Hôtel de Ville il regardait la place sans savoir encore lesquels arriveraient les premiers et en plus grande masse, des bataillons de la garde nationale ou des rassemblements du Champ-de-Mars.

Une colonne d'environ vingt-cinq ou trente mille têtes conduite par les clubistes les plus forcenés et par quelques chefs socialistes venait de déboucher par le pont Royal et de se heurter contre une colonne nombreuse de gardes nationaux que le général Courtais avait placée en bataille sous les murs du Louvre. On n'en était pas venu aux mains, mais la mêlée avait été tumultueuse; des regards, des cris, des gestes hostiles avaient été échangés. La garde nationale avait laissé passer les insurgés, et s'était contentée de les couper et de les suivre dans leur procession vers l'Hôtel de

Ville. C'étaient deux armées marchant sur la même ligne en silence et comme pour s'observer mutuellement. Déjà les premiers groupes de cette colonne du Champ-de-Mars, précédés de drapeaux et de quelques hommes en bonnets rouges, commençaient à déboucher lentement du quai sur la place de Grève.

A ce moment, une forêt de baïonnettes étincela de l'autre côté de la Seine à l'extrémité du pont Notre-Dame. C'étaient trente ou quarante mille gardes nationaux de la rive gauche du fleuve accourant au pas de charge à l'appel de Lamartine et de Marrast. La largeur du pont ne pouvait suffire à les dégorger. Ils se précipitèrent en colonne serrée sur la place au cri de vive la République ! vive le gouvernement ! Ils barrèrent le quai aux vingt ou trente mille insurgés; ceux-ci restèrent immobiles, indécis et consternés à l'angle de la place de Grève, ne pouvant ni avancer, ni reculer, ni recevoir par derrière leurs renforts du Champ-de-Mars, interceptés par les légions sous les armes depuis les Champs-Élysées jusqu'à l'extrémité du quai Lepelletier. Les légions de la rive gauche se rangèrent en bataille sur la place; les légions de la banlieue, de Belleville, de Bercy, du faubourg du Temple, du faubourg Saint-Antoine, et de toutes les rues de la rive droite arrivèrent au même moment par tous les quais et par toutes les embouchures des grandes artères de Paris, au pas de course, aux cris d'enthousiasme. Ces légions inondèrent de torrents de baïonnettes toutes les rues et toutes les places depuis l'Arsenal jusqu'au Louvre. En trois heures, Paris armé était debout. Non-seulement, la victoire des conspirateurs n'était plus possible, mais l'attaque même était insensée.

Lamartine remercia le général Changarnier, désormais inutile. Il le pria d'aller informer sa femme du triomphe des bons citoyens et de la résurrection de la force publique; problème jusque-là, certitude maintenant.

Le général Duvivier était à cheval sur la place, au milieu de tous ses bataillons de garde mobile qu'il avait amenés. Deux heures se passèrent ainsi dans un imposant silence, comme s'il eût suffi à la garde nationale de montrer au soleil ses deux cent mille baïonnettes pour confondre toute pensée de conspiration et d'anarchie.

Lamartine, seul membre du gouvernement présent avec Marrast jusqu'à quatre heures, reçut les députations de tous ces corps et les harangua tantôt des fenêtres, tantôt dans les cours, et sur les perrons des escaliers: Les vingt mille insurgés du Champ-de-Mars engagés à l'extrémité des quais défilèrent tristement au milieu des huées du peuple, entre les rangs de la garde nationale pour aller se perdre dans leurs clubs déconcertés.

Deux cent mille baïonnettes défilèrent ensuite devant l'Hôtel de Ville au cri de vive Lamartine ! à bas les communistes !

Une députation d'ouvriers du Champ-de-Mars fut

introduite après le défilé dans l'intérieur, sous prétexte de faire hommage d'une contribution patriotique. M. Buchez et ses collègues leur adressèrent des paroles sévères. Lamartine ne leur parla pas : il était occupé en ce moment dans la salle du conseil à écrire quelques ordres aux gardes nationaux de la banlieue pour la sûreté de la nuit. Il vit entrer ses deux collègues Louis Blanc et Albert; il continua à écrire sans les saluer : il les entendit murmurer contre l'omnipotence de ceux qui avaient, sans délibération concertée, et de leur seule autorité, fait battre le rappel, repoussé une manifestation du peuple, évoqué la garde nationale, adressé des paroles dures et sévères à une députation. Lamartine irrité ne pouvait se dissimuler contre qui étaient dirigés ces murmures. Il se retourna, jeta la plume, se leva, et s'approchant de ses deux collègues, il leur répondit pour la première fois avec fierté et avec une colère mal contenue. Les deux membres de la minorité se retirèrent et allèrent porter leurs plaintes à MM. Buchez et Recurt dans une autre salle. Lamartine, après avoir pourvu à la sûreté de la nuit par ses ordres aux légions, sortit par une porte dérobée de l'Hôtel de Ville pour échapper à une ovation de la garde nationale et du peuple. Le visage caché par son manteau, il s'enfonça dans les petites rues tortueuses et désertes qui serpentent derrière le Palais. On lui amena une voiture de place; il y monta sans se faire connaître, et ordonna au cocher de le conduire rue de la Chaussée-d'Antin, où sa femme attendait l'issue de la journée.

Cinq fois dans ce trajet, la voiture dans laquelle il était caché fut arrêtée aux débouchés de la rue Saint-Antoine, de la rue du Temple, de la rue Saint-Denis, de la rue Saint-Martin, de la rue Montmartre, par des colonnes de dix à vingt mille hommes de garde nationale, les uns en uniforme, les autres en costume d'ouvriers, tous armés, qui ébranlaient sous leurs pas cadencés le pavé des rues. Ces colonnes passaient en alternant un majestueux silence avec des cris poussés à intervalles égaux de *vive la République! vive Lamartine! à bas les communistes!* Ces corps d'armée sortis de chaque seuil, rassuraient les regards des citoyens, des femmes et des enfants pressés sur les portes et aux fenêtres. Ils étaient loin de se douter que l'homme dont ils élevaient ainsi le nom jusqu'aux nues comme un cri national, entendait ces cris du fond de cette voiture fermée dont ils interceptaient le passage.

Lamartine ne put rejoindre sa femme qu'à la fin du jour. Ce fut le plus beau jour de sa vie politique. Les factions étaient plus que vaincues, elles étaient découragées : le peuple avait dit son mot : ce mot était le présage de celui que la nation allait redire aux élections. Paris s'était levé sous les armes, sans distinction de classe ou de fortune, et ces armes s'étaient unies en faisceaux unanimes pour protéger la République, le gouvernement modéré, l'ordre, la propriété, la civilisation.

Le monde social était retrouvé.

XXII.

Les membres de la majorité du gouvernement avaient passé cette grande journée en permanence à l'hôtel des finances, afin de pourvoir aux éventualités et de ne pas être enlevés du même coup de parti. Ils se réunirent pour prendre leur repas ensemble le soir à dix heures chez le ministre de la justice, M. Crémieux. Ils s'embrassèrent comme des naufragés qui ont retrouvé le bord.

Pendant le repas, des députations de gardes nationaux des légions à qui le jour n'avait pas suffi pour défiler devant l'Hôtel de Ville vinrent leur demander de défiler aux flambeaux sur la place de Grève; ils y consentirent et s'y rendirent. Lamartine seul, accablé de lassitude et épuisé de voix, ne s'y rendit pas.

Les légions dont quelques-unes ne comptaient pas moins de vingt-cinq et trente mille hommes sous les armes, parcoururent Paris une partie de la nuit, aux cris de *vive Lamartine! à bas les communistes!* Aucun désordre n'attrista ce réveil du vrai peuple. La sécurité rentrait avec ce cri dans la demeure et dans l'esprit des citoyens. Les clubs communistes et démagogiques furent consternés, déserts, muets. Quelques groupes d'enfants, écho toujours dépravé des voix populaires, allèrent vociférer des cris de *vive Lamartine! à bas Cabet!* sous les fenêtres de ce chef de secte. Lamartine informé aussitôt envoya dissiper ces groupes injurieux. Il écrivit à Cabet pour lui offrir asile à lui et à sa famille dans sa propre maison.

Telle fut la journée du 16 avril, le premier grand coup d'État du peuple lui-même contre les conspirateurs, les démagogues, les dictateurs, et les barbares de la civilisation. Paris respira, et la France eut la conscience de son salut.

Mais le 16 avril n'était qu'un symptôme accidentel. La majorité du gouvernement voulait savoir si ce symptôme se renouvellerait en ordre à sa voix, et si la fusion spontanée de tous les éléments de la garde nationale présenterait un point solide et fixe d'opinion et de force à la République. Les bons citoyens avaient besoin d'être rassurés, les factions d'être impressionnées, l'Europe d'être intimidée par un grand acte de vie de la nouvelle République. Un cri public demandait une revue générale de toutes les baïonnettes volontaires dévouées à couvrir la patrie et la société. Le peuple de Paris commençait à désirer le retour des troupes dans ses murs; l'immense majorité du gouvernement souffrait de l'éloignement de l'armée; on désirait la faire rentrer insensiblement dans le cadre national dont la fatalité et la prudence l'avaient momentanément écartée. On voulait qu'elle y fût rappelée par l'enthousiasme et non imposée par la contrainte ; on cherchait une occasion de réhabituer l'œil du peuple à la présence, à l'éclat, à l'amour des troupes. Le gouvernement unanime dans cette pensée ce jour-là, indiqua une revue générale de toutes les gardes nationales de Paris, de la banlieue, des villes même les plus rapprochées, de la garde mobile, et des régiments d'artillerie, d'infanterie et de cavalerie dans le rayon de Paris.

Cette revue eut lieu le 21 avril sous le nom de Revue de la Fraternité.

XXIII.

Les membres du gouvernement provisoire et les ministres se placèrent au lever du jour sur les premiers gradins d'une estrade adossée à l'Arc de Triomphe de l'Étoile. Le soleil du printemps illuminait l'immense avenue qui s'étend de cet Arc de Napoléon au palais des Tuileries. Il se réfléchissait sur les canons, les casques, les cuirasses et les baïonnettes des gardes nationales et des troupes rangées par batteries, escadrons, et bataillons, sur toute la chaussée des Champs-Élysées, et sur la place de la Concorde. Là les deux colonnes de peuple armé bifurquaient se continuaient sans interruption, l'une par les quais jusqu'à Bercy, l'autre par les boulevards jusqu'à la Bastille. C'était une capitale entière et ses provinces circonvoisines descendues de leurs foyers dans un camp. Un murmure immense et joyeux mêlé au cliquetis des armes et aux hennissements des chevaux s'élevait de cette multitude. Toutes les physionomies respiraient l'enthousiasme et le bonheur d'un ordre social reconquis. Le peuple était devenu armée; l'armée était devenue peuple.

Aucun signe d'impatience ou de lassitude ne se manifestait dans ce rassemblement sans exemple depuis les grandes migrations des peuples.

A la voix du gouvernement, ces masses se mirent en mouvement à huit heures du matin. Elles défilèrent par bataillon, aux sons des tambours et des orchestres militaires, devant l'estrade où les membres du gouvernement debout saluaient tour à tour les légions, les régiments, et leur distribuaient les nouveaux drapeaux de la République. Ces légions, dont quelques-unes ne comptaient pas moins de trente mille hommes sous les armes, étaient suivies comme dans les marches des caravanes, d'une immense quantité de peuple désarmé, vieillards, femmes, enfants, complément de la famille humaine, attachés au pas des pères et des fils armés.

On avait dépouillé les arbres et les jardins des environs de Paris de rameaux et de lilas pour en décorer les fusils et les canons. Les baïonnettes étaient enlacées de fleurs; la nature voilait les armes. Un fleuve immense, intarissable, de fer et de feuillage flottant au bout des fusils, serpentait sur tout l'horizon des Champs-Élysées. En s'approchant de l'estrade devant laquelle ce fleuve d'hommes se divisait en deux branches pour s'écouler plus vite, les femmes, les enfants, les soldats, arrachaient ces décorations de leurs canons de fusils, et les lançaient comme une pluie de fleurs sur la tête des membres du gouvernement. Un cri immense de vive la République! vive le gouvernement provisoire! vive l'armée! s'élevait sans interruption du sein des bataillons et du peuple. Les cris de vive Lamartine! dominaient perpétuellement ces voix, et se confondaient avec les cris d'à bas les communistes. La popularité de ce nom, au lieu de s'user dans le peuple par tant d'angoisses et de misère du temps, semblait s'être fortifiée et universalisée dans le sentiment public. Le peuple des campagnes et des départements se montrait du geste Lamartine et le saluait des plus fanatiques acclamations. Le 16 avril en avait fait à leurs yeux une sorte de personnification de la société défendue et retrouvée.

Derrière ces bataillons réunis, marchaient des légions de pauvres vieillards, de femmes portant leurs petits enfants sur leurs bras : des charrettes rustiques contenaient jusqu'aux infirmes et aux indigents des villages. C'était du sein de ces groupes en haillons que s'élevaient les cris les plus passionnés de guerre au désordre, de haine aux communistes, de vive Lamartine! — vive la République! Le sentiment de la société est tellement divin, tellement instinctif chez l'homme, qu'il intéresse au rétablissement de l'ordre social, de la propriété et de la famille, ceux-là même qui semblent le plus desintéressés dans sa cause, et le plus déshérités de ses bienfaits. Les larmes coulaient des yeux de ce peuple et mouillaient ceux des spectateurs. Les cris redoublaient à l'apparition de ces beaux régiments de ligne qui inclinaient leurs sabres devant le gouvernement et qui semblaient reconquérir leur place dans la famille réconciliée.

Le jour tomba avant que ce peuple armé, quoique marchant au pas de charge sur trente ou quarante de front, eût pu s'écouler devant l'Arc de Triomphe. Le défilé se continua aux flambeaux jusqu'à onze heures de la nuit. Quatorze heures n'avaient pas suffi pour tarir ce fleuve d'hommes, de fer, de fleurs et de torches affluant à travers les arbres des Champs-Élysées. Deux légions, formant ensemble cinquante mille baïonnettes, furent obligées d'ajourner à un autre jour leur revue. Les militaires les plus exercés calculèrent que trois cent cinquante mille baïonnettes ou sabres avaient défilé entre ces deux soleils, sous les yeux du gouvernement. Paris rentra dans ses demeures avec le sentiment de la résurrection de la patrie et de la société.

XXIV.

Le surlendemain, deux légions du centre de Paris qui n'avaient pas été passées en revue faute d'heures, murmurèrent et demandèrent à faire leur acte d'adhésion au gouvernement provisoire, en défilant devant lui sur la place Vendôme.

Les membres du gouvernement réunis au ministère de la justice parurent sur le balcon, leur présence fut saluée par une clameur unanime de Vive le gouvernement! où dominait surtout ce jour-là le cri de Vive

Lamartine. Ses collègues eux-mêmes le montraient de la main aux légions qui défilaient à ce cri.

Il descendit et passa avec eux dans les rangs de cette armée qui couvrait la place. Quoiqu'il affectât de marcher au dernier rang des membres du gouvernement et des ministres, sa présence fut un triomphe à tous les pas. Son nom fut le cri presque unique de ce centre de Paris armé : les huitième et neuvième légions. Un frémissement agitait les légions à son approche, on le poursuivait d'enthousiasme quand il avait passé; des mains fébriles d'amour touchaient ses mains et ses habits ; il entendait murmurer à ses oreilles à voix sourde des mots qui le sollicitaient à la dictature et qui le tentaient d'une véritable royauté populaire.

Rentré au ministère de la justice et placé au balcon pour voir défiler ce peuple armé, les mêmes cris montèrent sans interruption jusqu'à lui. Il se retira confus d'un fanatisme qu'il ne devait qu'au caprice de la multitude; humilié d'une prédilection qui était due à ses collègues autant qu'à lui. Mais l'instinct populaire ne choisit pas, il se précipite et souvent il s'égare. Lamartine commença ce jour-là à s'affliger d'un excès de faveur publique qu'il était résolu à ne pas accaparer sur un homme, pour la renvoyer tout entière à la représentation du pays et à la République. Il sentait que dans quelques jours il lui serait plus difficile d'abdiquer cette puissance mobile que de l'usurper.

LIVRE QUATORZIÈME.

Émeute des ouvriers à Rouen. — Plan de constitution immédiate. — Élections générales. — Calme et inspiration du suffrage universel. — Liste des neuf cents représentants du peuple. — Ouverture de l'Assemblée nationale. — Abdication du Gouvernement provisoire. — Son rapport des actes de la Révolution. — Rapport de Lamartine sur les affaires étrangères. — Problèmes du pouvoir exécutif intérimaire. — Lamartine repousse l'investiture du pouvoir unique. — Ses raisons d'honneur et de conscience politique. — Ressentiments de l'Assemblée. — Nomination de la commission exécutive. — MM. Arago, Garnier-Pagès, Marie, Lamartine, Ledru Rollin. — Nomination des ministres. — Complot des factieux. — Préparatifs d'une manifestation en faveur de la Pologne. — Dispositions de la commission exécutive. — Indécision de Caussidière.

I.

Tout devint facile au gouvernement à dater du 16 avril. Les factieux et les ambitieux avaient été convaincus de leur impuissance; le coup de main pour enlever la dictature par les clubs, et pour perpétuer et dépraver le gouvernement révolutionnaire avait été déjoué. Les partis ne se résignèrent pas, mais ils frémirent. Ils prirent en aigreur ce qu'ils avaient perdu en espérance. Les clubs devinrent conspirateurs, les journaux envenimèrent les discussions du gouvernement, rares, mais acerbes. Une émeute d'ouvriers soufflée par les factieux désespérés de Paris, tenta à Rouen ce qui avait échoué dans la capitale. Énergiquement réprimée par la garde nationale et par l'armée, cette émeute et les mesures prises pour sa répression devinrent le texte de violentes récriminations. M. Arago défendit avec indignation et courage les officiers-généraux inculpés par les pétitions démagogiques.

Mais l'heure de l'Assemblée nationale approchait : la majorité du gouvernement temporisa. Lamartine, les yeux exclusivement fixés sur le jour des élections, négligea dès ce moment toutes les dissensions de détail et même de principes qui pouvaient surgir entre la majorité et la minorité du gouvernement. Il redouta, plus que jamais, tout déchirement violent qui aurait pu compromettre le seul véritable objet de ses efforts et des efforts de la majorité : La convocation d'une Assemblée nationale sans guerre civile. « J'ai tâché d'être la résistance de la véritable démo« cratie à l'odieuse démagogie dans le gouvernement, « disait-il; maintenant je voudrais être l'huile qui « adoucit tous les froissements entre les opinions, et « qui prévient toutes les ruptures. »

Un jour, en son absence, le ministre de l'intérieur ayant fait scission avec ses collègues, et s'étant retiré avec la résolution de donner sa démission, Lamartine s'offrit pour négociateur. Il alla lui-même chez le ministre de l'intérieur; il lui représenta dans l'intérêt commun du gouvernement et du pays le danger d'un déchirement qui ouvrirait passage à l'anarchie, et pacifia les esprits.

II.

On était à la veille des élections. Le gouvernement avait délibéré longtemps s'il se présenterait devant l'Assemblée nationale avec un plan de constitution tout préparé, ou s'il se contenterait d'abdiquer entre ses mains et s'abstiendrait de toute initiative qui pourrait ressembler à une dictature continuée ou à une usurpation de la souveraineté nationale. Dupont de l'Eure, homme prévoyant comme l'expérience, ne cessait de conjurer Lamartine de s'occuper de ce plan de constitution. L'idée de Lamartine était sur ce sujet conforme à celle de Dupont de l'Eure. Il pensait que les débats d'une constitution pour une assemblée seraient longs et tumultueux; qu'ils useraient le temps mieux employé à pourvoir aux dangers et aux urgences multipliées de l'inauguration du gouvernement démocratique; qu'une constitution, c'est-à-dire les deux ou trois principes d'un gouvernement, devait s'écrire en quelques lignes comme le résumé lapidaire d'une révolution et d'une civilisation; que les lois organiques de cette constitution devaient ensuite être flexibles, successives, modifiables, et s'écrire à loisir, selon l'urgence et le temps, sans avoir le caractère d'immutabilité de la constitution elle-même.

Il avait en conséquence rédigé, en cinq ou six

axiomes, le texte d'une constitution ; il désirait que ce texte pût être voté d'acclamation en deux ou trois séances, et que le gouvernement émanât tout de suite de la constitution votée.

Lamartine était convaincu que l'unité du pouvoir exécutif constituée dans une présidence, dans un directeur ou dans un conseil, était la forme définitive que la République adopterait après sa période de création : mais pour la première période, destinée à habituer le pays à la forme républicaine et à relier ensemble dans un intérêt de concours et de concorde les principales forces de l'opinion, il penchait à admettre pour deux ou trois ans un pouvoir exécutif trinitaire, dans lequel trois hommes élus par l'Assemblée nationale représenteraient les trois éléments dont se compose toute opinion : l'impulsion, la résistance, la modération. Ces trois forces se combinant entre elles dans un consulat de trois ans et correspondant chacune à un des trois partis dans la nation : impulsif, retardataire, modérateur, lui paraissaient sans doute une cause possible de tiraillements et de langueur dans le pouvoir exécutif; mais ce qu'il craignait par-dessus tout pour la République à son origine, c'était la guerre civile. Cette dictature mixte, donnant sécurité et gages aux opinions diverses, était de nature à la prévenir. Il s'occupa de cette pensée, il s'en entretint avec quelques-uns de ses collègues, il se promit de sonder les dispositions à cet égard des membres de l'Assemblée nationale à leur arrivée à Paris, et de se résoudre au parti qui lui paraîtrait le plus universellement adopté dans la majorité des esprits. Une conférence intime eut lieu entre lui et des membres d'autres opinions sur ce sujet. On chercha à s'entendre, on ajourna tout, on ne résolut rien. Tout dépendait à cet égard d'éléments inconnus, l'esprit, les dispositions, les majorités, les minorités dans les membres de l'Assemblée nationale.

Quant à un plan de constitution à présenter, on y renonça entièrement dans les dernières séances qui précédèrent le 27 avril. Les trois partis qui se faisaient tour à tour opposition ou concours dans le sein du gouvernement étaient trop divisés, et quelquefois trop irrités pour s'entendre sur un projet commun d'institution. Le parti socialiste, le parti conventionnel et le parti républicain constitutionnel ne pouvaient enfanter une même pensée. On le sentit, on l'avoua, on s'en remit à l'Assemblée nationale qui devait départager ces partis. Les deux derniers partis pouvaient, avec quelques efforts, s'entendre; le premier était incompatible avec l'Assemblée nationale, car l'Assemblée nationale allait procéder du sol, du temps, des traditions. Le parti socialiste procédait d'une théorie absolue : une théorie absolue c'est la violence : la violence ne peut constituer que la tyrannie.

III.

Enfin, l'aube du salut se leva sur la France avec le

jour des élections générales. Ce fut le jour de Pâques, 27 avril, époque de solennité pieuse, choisi par le gouvernement provisoire pour que les travaux du peuple ne lui donnassent ni distraction, ni prétexte de se soustraire à l'accomplissement de son devoir de peuple, et pour que la pensée religieuse qui plane sur l'esprit humain dans ces jours consacrés à la commémoration d'un grand culte, pénétrât dans la pensée publique et donnât à la liberté la sainteté d'une religion.

C'était le plus hardi problème qu'on eût jamais posé devant une nation organisée dans les temps nouveaux; cette épreuve le résolut au salut et à la gloire de la nation.

Au lever du soleil, les populations recueillies et émues de patriotisme se formèrent en colonnes à la sortie des temples, sous la conduite des maires, des curés, des instituteurs, des juges de paix, des citoyens influents, s'acheminèrent par villages et par hameaux aux chefs-lieux d'arrondissement, et déposèrent dans les urnes, sans autre impulsion que celle de leur conscience, sans violences, presque sans brigues, les noms des hommes dont la probité, les lumières, la vertu, le talent, et surtout la modération, leur inspiraient le plus de confiance pour le salut commun et pour l'avenir de la République.

Il en fut de même dans les villes. On voyait les citoyens riches et pauvres, soldats ou ouvriers, propriétaires ou prolétaires, sortir un à un du seuil de leurs maisons, le recueillement et la sérénité sur leurs visages, porter leurs suffrages écrits au scrutin, s'arrêter quelquefois pour le modifier sous une inspiration nouvelle, ou sous un repentir soudain de leur conscience, le déposer dans l'urne, et revenir avec la satisfaction peinte sur les traits, comme d'une pieuse cérémonie. Jamais la conscience publique et la raison générale ne se révélèrent dans un peuple avec plus de scrupule, de religion et de dignité. C'est un de ces jours où une nation a les yeux sur le ciel, où le ciel a les yeux sur une nation. Le gouvernement se donna ce jour de repos en trois mois : il sentit que Dieu et le peuple travaillaient pour lui.

IV.

Les églises étaient pleines d'une foule agenouillée qui invoquait l'inspiration divine et l'esprit de paix sur la main des électeurs. On se sentait exaucé avant d'avoir prié. Le calme avec lequel s'accomplissaient les opérations électorales était un pressentiment du choix qui émanait du cœur de ce peuple. L'anarchie ne pouvait pas sortir d'une si unanime inspiration du bien.

A la chute du jour, Lamartine errait seul et le cœur chargé de reconnaissance dans un quartier populeux de Paris. Il vit la foule descendre et monter les marches d'une église; le parvis semblait déborder d'adorateurs, hommes, femmes, enfants, vieillards, jeunes gens, tous les yeux pleins de regards sur l'avenir, l'attitude concentrée, la physionomie au repos. Les sons de l'orgue se répandaient jusque dans la rue, quand les portes ouvraient passage aux sons de l'instrument et aux échos des psaumes.

Il entra; il se glissa inconnu dans les ténèbres parmi cette foule qui remplissait l'église. Il s'agenouilla à l'ombre d'une colonne, et il rendit grâces à Dieu. Son œuvre était accomplie. De grands dangers personnels pouvaient encore le menacer avant le jour où l'Assemblée nationale entrerait à Paris et prendrait possession de sa souveraineté; il y avait encore des résistances désespérées, des espérances coupables, des complots d'ajournement, des coups d'État de la démagogie des clubs, des menaces d'épuration et d'assassinat contre lui et contre ses collègues; bien des hommes éminents, incrédules jusqu'à la dernière heure, lui écrivaient ou lui disaient que jamais la représentation nationale ne siégerait sans reconquérir Paris par des flots de sang; il recevait chaque jour des départements des avertissements sinistres sur des trames réelles ou imaginaires ourdies contre sa vie; on lui parlait de fanatiques partis de telle ou telle ville pour le frapper du poignard et pour faire proclamer le gouvernement révolutionnaire sur son cadavre. « Je puis succomber, « en effet encore, moi, se disait-il dans la foi intime « de son cœur; mais à l'heure qu'il est, la France ne « peut plus succomber; les choix sont dans l'urne; « ils en sortiront demain : sa souveraineté existe, ses « représentants légaux sont nommés. Si le gouverne-

« ment est emporté par un complot, ces élus de la
« France se réuniront dans chaque département : ils
« arriveront aux portes de Paris escortés de deux mil-
« lions de citoyens armés ; ils submergeront les dicta-
« teurs ou les comités de salut public ; ils reprendront
« la France des mains des factieux ! Qu'importe que je
« meure ! la France est sauvée ! »

La France, en effet, pouvait désormais respirer ; l'Assemblée nationale était dans presque tous ses noms un acte de salut public. Le nom de Lamartine était sorti dix fois de l'urne électorale, sans qu'il connût même une seule de ses candidatures. S'il eût dit un mot, insinué un désir, fait un geste, il eût été nommé dans quatre-vingts départements. Sa popularité était sans bornes à Paris, en France, en Allemagne, en Italie, en Amérique. Pour l'Allemagne son nom était la paix ; pour la France c'était la garantie contre la terreur ; pour l'Italie c'était l'espérance ; pour l'Amérique c'était la République. Il avait réellement dans ce moment la souveraineté de la conscience européenne. Il ne pouvait faire un pas dans la rue sans soulever les acclamations. Elles le suivaient jusque dans sa demeure et interrompaient son sommeil. Deux fois reconnu à l'Opéra dans le fond d'une loge, le parterre et les spectateurs se levèrent, suspendirent la représentation, et couvrirent son nom pendant cinq minutes d'applaudissements. La France personnifiait en lui sa joie d'avoir retrouvé son gouvernement.

V.

Le pays avait choisi avec réflexion, avec impartialité et sagesse tous les hommes de bien dont les opinions à la fois libérales, républicaines, probes, modérées, courageuses, pouvaient s'adapter sans impatience comme sans répugnance au nouvel ordre de choses nécessité par la révolution. La France avait eu le génie de la transition, le tact souverain de la circonstance. Elle avait éliminé seulement les noms trop signalés dans la faveur ou dans les fautes du dernier gouvernement; elle ne les avait point proscrits, mais ajournés; elle avait craint les ressentiments et les récriminations. Cette assemblée de neuf cents membres était l'honnêteté et le patriotisme de la France résumés dans sa souveraineté. L'histoire doit sur une page lapidaire graver les noms de ces citoyens pour la postérité, à l'exception d'un petit nombre de démagogues plagiaires surannés de 1793, et de cinq ou six fanatiques de chimères. Les noms de tous ces citoyens réunis ensemble signifiaient le salut de la France et la fondation de la République constitutionnelle. Les voici:

Ain. — Bodin (Alex.-Marcel-Nelchior). Bochard. Charassin. Francisque Bouvet (François-Joseph). Guigue de Champvans. Maissiat (Jacques). Quinet (Edgar). Regembal (Antoine). Tendret.

Aisne. — Barrot (Odilon). Bauchart (Quentin). Baudelot. De Brotonne. Desabes. Dufour (Théophile). Lemaire (Maxime).

Leproux (Jules). Lherbette. Nachet. Plocq (Toussaint). Quinette. De Tillancourt (Edmond). Vivien.

Allier. — Bureaux de Puzy. De Courtais. Fargin-Fayolle. Laussedat (Louis). Madet (Charles). Mathé (Félix). Terrier (Barthélemy). Tourret (Charles-Gilbert).

Basses-Alpes. — Chais (Auguste). Duchaffault. Fortoul. Laidet.

Hautes-Alpes. — Allier. Bellegarde. Faure (Pascal-Joseph).

Ardèche. — Champanhet. Chanzallon. Dautheville (François). Laurent. Mathieu. Rouveure. Royol (Jean). Sibour. Valladier.

Ardennes. — Blanchard. Drappier. Payer. Robert (Léon). Talon. Ternaux-Mortimer. Toupet-Desvignes. Tranchart.

Ariège. — Anglade (Clément). Arnaud. Casse. Darnaud. Galy-Cazalat. Vignes (Th.). Xavier Durrieu.

Aube. — Blavoyer. Delaporte. Gayot (Amédée). Gerdy (Pierre-Nicolas). Lignier. Millard (Jean Auguste). Stourm.

Aude. — Anduze-Foris. Barbès (Armand). Joly fils (Edmond). Raynal (Théodore). Sarrans (Jean). Solier (Marc). Trinchant.

Aveyron. — Abbal (Basile-Joseph). Affre (Louis-Henri). Dalbis du Salze. Dubruel (Édouard). Grandet. Médal. Pradié. Rodat. Vernhette. Vésin.

Bouches-du-Rhone. — Astouin. Barthélemy. Berryer (Pierre-Antoine). Laboulie (Gustave). Ollivier (Démosthènes). Pascal (Félix). Poujoulat. Rey (Alexandre). Reybaud (Louis). Sauvaire-Barthélemy.

Calvados. — Bellencontre (Joseph-Pierre-François). Besnard (Jean-Charles). Demortreux (Pierre-Thomas-Frédéric). Desclais (Jacques-Alexandre). Deslongrais (Armand-Rocherullé). Douesnel-Dubosq (Robert-Alexandre). Hervieu (Pierre-Sosthène). Lebarillier (Louis-Constant). Lemonnier (Jean-Nicolas). Marie (Auguste-Alphonse). Person (Félix). Thomine-Desmasures.

Cantal. — Daude. Delzons (Jean-François-Amédée). Durieu-Paulin. Murat-Sistrières. Parieu (Félix-Esquiron de), Richard. Teilhard-Latérisse.

Charente. — Babaud-Laribière. Garnier-Laboissière. Girar-

LIVRE QUATORZIÈME.

din (Ernest de). Hennessy (Auguste). Lavallée. Mathieu-Bodet. Pougeard. Rateau.

CHARENTE-INFÉRIEURE. — Audry de Puyraveau (Pierre-François). Baroche. Brard (Pierre-Lucien). Bethmont. Debain (Léon). Dufaure. Dupont de Bussac. Gaudin (Pierre-Théodore). Regnault de Saint-Jean d'Angely. Renou de Ballon. Target.

CHER. — Bidault. Bouzique (Étienne-Ursin). Duplan (Paul). Duvergier de Hauranne, Poisle-Desgranges (Jacques-Damien). Pyat (Félix). Vogué (Léonce de).

CORRÈZE. — Bourzat. Ceyras. Du Bousquet Laborderie. Favart. Latrade. Lebraly. Madesclaire. Penières.

CORSE. — Bonaparte (Napoléon). Bonaparte (Pierre-Napoléon). Casabianca (Xavier). Conti (Étienne). Pietri (Pierre-Marie).

COTE-D'OR. — Bouguéret (Édouard). Godard-Poussignol. James-Demontry. Joigneaux. Magnin-Philippon. Maire (Neveu). Maréchal. Mauguin. Monnet. Perrenet (Pierre).

COTES-DU-NORD. — Carré (Félix). Denis. Depasse (Émile-Toussaint-Marcel). Glais-Bizoin. Houvenagle. Ledru. Legorrec. Loyer. Marie. Michel. Morhéry. Perret. Racinet. Simon (Jules). Tassel (Yves). Tréveneuc (Henri-Louis-Marie de).

CREUSE. — Desaincthorent. Fayolle (Edmond). Guisard. Lassarre. Lecler (Félix). Leyraud. Sallandrouze-Lamornais.

DORDOGNE. — Auguste Mie. Barailler (Eugène). Chavoix (Jean-Baptiste). Delbetz. Dezeimeris. Ducluzeau. Dupont (Auguste). Dussolier. Goubie. Grolhier-Desbrousses. Lacrouzille (Amédée). Savy. Taillefer (Timoléon).

DOUBS. — Baraguay-d'Hilliers. Bixio. Convers. Demesmay. Mauvais. Montalembert. Tanchard.

DROME. — Bajard. Belin. Bonjean. Curnier. Mathieu (Philippe). Morin. Rey. Sautayra.

EURE. — Alcan (Michel). Canel. Davy. Demante (Antoine-Marie). Dumont. Dupont. Langlois. Legendre. Montreuil (de). Picard (Jean-Jacques-François). Sevaistre (Paul).

EURE-ET-LOIR. — Barthélemy. Isambert. Lebreton (Eugène-

Casimir). Marescal. Raimbault-Courtin. Subervie. Trousseau (Armand).

FINISTÈRE. — Brunel (Alexis). Decouvrant (André-Marie-Adolphe). Fauveau (Joseph). Fournas (Balthazar de). Graveran. Kéranflech (Yves-Michel-Gilart de). Kersauson (Joseph-Marc-Marie). Lacrosse. Le Breton (Charles-Louis). Mège (James). Riverieulx (Armand-Marie-Émile). Rossel (Victor). Soubigou (François-Louis). Tassel.

GARD. — Béchard (Ferdinand). Bousquet. Chapot. Demians (Auguste). Favend (Étienne-Édouard-Charles-Eugène). Labruguière-Carme. Larcy (de). Reboul (Jean). Roux-Carbonnel. Teulon.

HAUTE-GARONNE. — Azerm (Louis). Calès (Godefroi). Dabeaux. Espinasse (Ernest de l'). Gatien-Arnoult (Adolphe-Félix). Joly (Henri). Malbois (Jean-François). Marrast (Armand). Mulé (Bernard). Pagès de l'Ariège (Jean-Baptiste). Pegot-Ogier (Jean-Baptiste). Rémusat (Charles de).

GERS. — Alem-Rousseau. Aylies. Boubée (Théodore). Carbonneau. David (Irénée). Gavarret. Gounon. Panat (de).

GIRONDE. — Billaudel (Jean-Baptiste-Basilide). Denjoy. Desèze (Aurélien). Ducos (Théodore). Feuilhade-Chauvin. Hovyn-Tranchère. Hubert-Delisle. Lagarde. Larrieu. Molé. Richier. Servière. Simiot. Thomas (Clément).

HÉRAULT. — André (Jules). Bertrand (Jean-Pierre-Louis-Toussaint). Brives. Carion-Nisas (André). Cazelles (Brutus). Charamaule (Hippolyte). Laissac. Reboul-Coste (Aristide). Renouvier (Jules). Vidal.

ILLE-ET-VILAINE. — Andigné de la Chasse (d'). Bertin. Bidard. Fresneau (Armand). Garnier-Kéruault. Jouin (Pierre). Kerdrel (Vincent-Audren de). Legeard de La Diriays. Legraverend. Marion (Jean-Louis). Méaulle (Charles). Rabuan (Paul). Roux-Lavergne (Pierre-Célestin). Trédern (de).

INDRE. — Bertrand (Henri). Charlemagne (Édouard). Delavau (François-Charles). Fleury. Grillon (Eugène-Victor-Adrien). Rollinat.

INDRE-ET-LOIRE. — Crémieux (Isaac-Adolphe). Foucqueteau.

LIVRE QUATORZIÈME.

Gouin (Alexandre). Julien. Jullien (Amable). Luminais. Taschereau (Jules). Bacot.

Isère. — Bertholon. Blanc (Alphonse). Brillier. Cholat. Clément (Auguste). Crépu. Durand-Savoyat. Farconnet. Froussard. Marion de Faverges (André). Renaud. Repellin. Ronjat. Saint-Romme. Tranchand.

Jura. — Chevassu. Cordier (Joseph). Gréa. Grévy (Jules). Huot (Césaire). Jobez (Alphonse). Tamisier. Valette.

Landes. — Bastiat (Frédéric). Dampierre (Élie de). Duclerc (Eugène). Duprat (Pascal). Lefranc (Victor). Marrast (François). Turpin (Numa).

Loir-et-Cher. — Ducoux. Durand de Romorantin. Gérard. Normant (Antoine). Salvat. Sarrut (Germain).

Loire. — Alcock. Baune. Callet (Pierre-Auguste). Chavassieu. Devillaine. Favre (Jules). Fourneyron (Benoist). Levet (Henri). Martin-Bernard. Point. Verpilleux.

Haute-Loire. — Avond (Auguste). Badon. Breymand. Grellet (Félix). Lafayette (Edmond). Lagrevol (Alexandre). Laurent (Aimé). Rullière.

Loire-Inférieure. — Bedeau (Marie-Alphonse). Billaut. Braheix. Camus de la Guibourgère (Alexandre-Prosper). Desmars. Favre (Ferdinand). Favreau (Louis-Jacques). Fournier (Félix). Granville (Aristide de). Lanjuinais. Rochette (Ernest de la). Sesmaisons (Olivier de). Waldeck-Rousseau.

Loiret. — Abbatucci. Arbey. Considérant (Victor). Martin (Alexandre). Michot. Péan (Émile). Roger. Rondeau.

Lot. — Ambert Carla. Cavaignac (le général Eugène). Labrousse (Émile). Murat (Lucien). Rolland. Saint-Priest (de).

Lot-et-Garonne. — Baze. Bérard. Boissié. Dubruel (Gaspard). Luppé (Irène de). Mispoulet. Radoult-Lafosse. Tartas (Émile). Vergnes (Paul).

Lozère. — Comandré (Édouard). Desmolles. Renouard (Fortuné). M. l'abbé Fayet.

Maine-et-Loire. — Bineau. Cesbron-Lavau (Charles). David d'Angers. Dutier. Falloux (de). Farran. Freslon (Alexandre).

Gullier de la Tousche. Jouneaulx. Lefrançois. Louvet (Ch.). Oudinot. Tessié de la Motte.

Manche. — Abraham-Dubois. Boulatignier. Delouche. Demésange. Diguet. Dudouyt. Essars (des). Gaslonde. Havin. Laumondais. Lempereur. Perrée (Louis). Tocqueville (Henry-Alexis de). Vieillard (Narcisse). M. Reibell.

Marne. — Aubertin. Bailly. Bertrand (Jean). Dérodé (L.-Émile). Faucher (Léon). Ferrand. Leblond. Pérignon. Soullié.

Haute-Marne. — Chauchard. Couvreux. Delarbre. Milhoux. Montrol. Toupot-de-Besvaux. Walferdin.

Mayenne. — Bigot. Boudet. Chambolle. Chenais. Dubois. Fresney (Joseph). Dutreil. Goyet-Dubignon. Jamet (Émile). Roussel (Jules).

Meurthe. — Adelswaerd (d'). Charron fils. Deludre. Ferry. Laflize. Leclerc. Liouville. Marchal. Saint-Ouen. Viox. Vogin.

Meuse. — Buvignier (Isidore). Chadenet. Étienne. Gillon (Paulin). Launois. Moreau. Salmon. M. Dessaux.

Morbihan. — Beslay. Crespel de la Tousche. Dahirel. Daniélo. Dubodan. Fournas (de). Harscouet de Saint-Georges. Leblanc. Parisis. Perrien (Arthur de). Pioger (de). Rochejacquelein (de La).

Moselle. — Antoine. Bardin. Deshayes. Espagne (d'). Jean-Reynaud. Labbé. Poncelet. Rolland (Gustave). Totain. Valette. Woirhaye.

Nièvre. — Archambault. Dupin. Gambon. Girerd. Grangier de la Marinière. Lafontaine. Manuel. Martin (Émile).

Nord. — Antony-Thouret. Aubry. Bonte-Pollet. Boulanger. Choque. Corne. Delespaul. Descat. Desmoutiers. Desurmont. Dollez. Dufont. Duquesne. Farez. Giraudon. Hannoye. Heddebault. Huré. Lemaire (André). Lenglet. Loiset. Malo. Mouton. Négrier. Pureur. Regnard. Serlooten. Vendois.

Oise. — Barillon. Désormes. Flye. Gérard. Lagache. Leroux (Émile). Marquis (Donatien). Mornay (Jules de). Sainte-Beuve. Tondu-du-Metz.

Orne. — Charencey (de). Corcelles (de). Curial. Druet-Desvaux. Gigon-Labertrie. Guérin. Hamard. Piquet. Tracy (Destut de). Simphor-Vaudoré. Ballot.

Pas-de-Calais. — Bellart-Dambricourt. Cary. Cornille. Degeorge. Denissel. Emmery. Fourmentin. Fhéchon. Hérembault (d'). Lantoine-Harduin. Lebleu. Olivier. Petit (de Bryas). Piéron. Pierret. Saint-Amour. Lenglet.

Puy-de-Dôme. — Altaroche. Astaix. Baudet-Lafarge. Bravard (Toussaint). Bravard-Veyrières. Charras. Combarel de Leyval. Girot-Pouzol. Gouttai. Jouvet. Jusserand. Lasteyras. Lavigne. Rouher. Trélat.

Basses-Pyrénées. — Barthe (Marcel). Boutoey. Condou. Dariste. Etcheverry. Laussat (de). Leremboure. Lestapis. Nogué. Renaud. Saint-Gaudens.

Hautes-Pyrénées. — Cenac. Deville. Dubarry. Lacaze (Bernard). Recurt. Vignerte.

Pyrénées-Orientales. — Arago (Emmanuel). Arago (Étienne). Guiter. Lefranc. Picas.

Bas-Rhin. — Boussingault. Bruckner. Champy. Chauffour. Dorlan. Engelhardt. Foy. Gloxin. Kling. Lauth. Liechtemberger. Martin (de Strasbourg). Schlosser. Westercamp. Culmann.

Haut-Rhin. — Hardy. Dollfus. De Heeckeren. Heuchel. Kestner. Kœnig. Prudhomme. Rudler. Stoeklé. Struch. Yves. Chauffour.

Rhône. — Auberthier. Benoit. Chanay. Doutre. Ferrouillat. Gourd. Greppo. Lacroix (J.). Laforest. De Mortemart. Mouraud. Paullian. Pelletier. Rivet.

Haute-Saône. — Angar. Dufournel. Grammont (de). Guerrin. Lélut. Millotte. Minal. Noirot. Signard.

Saone-et-Loire. — Bourdon. Bruys. Dariot. Jeandeau. Lacroix (A.) Martin-Rey. Mathey. Mathieu. Menand. Petit-Jean. Pézerat. Reverchon. Rolland. Thiard (de).

Sarthe. — Beaumont (Gustave de). Chevé. Degousée. Gasselin (de Chantenay). Gasselin (de Fresnay). Hauréau. Lamoricière. Langlais. Lebreton. Lorette. Saint-Albin (Hortensius de). Trouvé-Chauvel.

SEINE. — Albert. Arago (François). Berger. Blanc (Louis). Boissel. Buchez. Carnot. Caussidière. Changarnier. Coquerel. Corbon. Cormenin (de). Flocon. Fould (Achille). Garnier-Pagès. Garnon. Goudchaux. Guinard. Hugo (Victor). Lagrange. Lamartine (Alphonse de). Lamennais (de). Lasteyrie (Ferdinand de). Ledru Rollin. Leroux (Pierre). Marie. Moreau. Perdiguier (Agricol). Peupin. Proudhon. Raspail. Vavin. Wolowski.

SEINE-INFÉRIEURE. — Bautier. Cécille. Dargent. Démarest. Desjobert. Dupin (Charles). Germonière. Girard. Grandin (Victor). Lebreton (Th.). Lefort-Gonssolin. Levavasseur. Loyer. Morlot. Osmont. Randoing. Sénard. Thiers.

SEINE-ET-MARNE. — Aubergé. Bastide (J.). Bavoux. Chappon. Drouyn de Lhuis. Lafayette (G.). Lafayette (Oscar). Lasteyrie (J. de). Portalis (A.).

SEINE-ET-OISE. — Albert de Luynes (d'). Barthélemy Saint-Hilaire. Berville. Bezanson. Durand. Flandin. Landrin. Lécuyer. Lefebure. Pagnerre. Pigeon. Rémilly.

DEUX-SÈVRES. — Baugier. Blot. Boussi. Charles (aîné). Chevallon. Demarçay. Maichain. Richard (J.).

SOMME. — Allart. Beaumont (de). Creton. Defourment. Delatre. Dubois (Am.). Gaultier de Rumilly. Labordère. Magniez. Morel-Cornet. Blin de Bourdon.

TARN. — Boyer. Garayon-Latour. Marliave (de). Mouton. Puységur (de). Rey. Saint-Victor (de). Voisins (de).

TARN-ET-GARONNE. — Cazalès (de). Delbrel. Detours. Faure-Dère. Maleville (de). Rous.

VAR. — Alleman. André (Marius). Arène. Arnaud (Ch.). Baune (Edm.). Cazy. Guigues (Luc.). Maurel (Marc.). Philibert.

VAUCLUSE. — Bourbousson. Gent. La Boissière (de). Pin (Elz.). Raspail (Eug.). Reynaud-Lagardette.

VENDÉE. — Bouhier de l'Écluse. Défontaine (Guy). Grelier-Dufougeroux. Lespinay (de). Luneau. Mareau. Parenteau. Rouillé. Tinguy (de).

VIENNE. — Barthélemy. Bérenger. Bonnin. Bourbeau. Junyen. Pleignard. Drault. Jeudy.

Haute-Vienne. — Allègre. Bac (Théodore). Brunet. Coralli. Dumas. Frichon. Maurat-Ballange. Tixier.

Vosges. — Braux. Buffet. Doublat. Falatieu. Forel. Hingray. Houel. Huot. Najean. Turck. Boulay (de la Meurthe).

Yonne. — Carreau. Charton. Guichard. Larabit. Rampont. Rathier. Raudot. Robert (L.). Vaulabelle.

Algérie. — Barrot (Ferdinand). Didier. Prébois (de). Rancé (de).

Martinique. — Mazulime. Pory-Papy. Schœlcher.

Guadeloupe. — Dain (Charles). Louisy-Mathieu. Perrinon.

Sénégal. — Durand-Valentin.

L'Assemblée nationale s'ouvrit le 4 mai. Jamais solennité plus majestueuse dans sa simplicité n'avait installé la souveraineté d'un grand peuple. La garde nationale, le peuple, quelques brillantes députations de l'armée appelées à Paris pour assister au retour de la souveraineté étaient debout dès le matin. Le gouvernement réuni au ministère de la justice s'avança à pied par les boulevards, au milieu d'une haie de cent mille hommes et précédé du général de la garde nationale et de son état-major qui ouvrait la foule devant les dictateurs allant abdiquer. Les fenêtres et les toits des quartiers traversés par le cortége retentissaient de cris, d'applaudissements. Jamais gouvernement faisant son entrée dans une capitale, précédé de l'espérance enthousiaste de tout un peuple, n'entendit se lever sous ses pas plus d'acclamations, que ce gouvernement qui allait expirer dans une heure n'en reçut à son dernier moment. On oubliait ses faiblesses, ses fautes, ses insuffisances, son illégitimité; on lui tenait compte de ses efforts; on lui savait gré de son désintéressement. Ses membres n'affichaient aucun éclat : c'étaient de simples citoyens humblement vêtus, ayant eu l'autorité mais non le luxe du pouvoir. On se montrait Dupont de l'Eure à droite, puis Lamartine à gauche, puis Louis Blanc, Arago entouré d'un noble respect par la science et la politique, Garnier Pagès, probité et simplicité antiques, Crémieux, Marie, Marrast, noms respectés pour leurs services, Flocon, Ledru Rollin, Albert, noms plus chers aux républicains d'ancienne date, qui rattachaient à eux plus de souvenirs ou plus d'espérances, Carnot et Bethmont, qui avaient partagé quoique simples ministres les travaux, les dangers, les responsabilités du gouvernement. Chacun de ces noms recevait sa part de reconnaissance ou d'estime : ils allaient abdiquer, on ne les craignait plus, on les acclamait toujours.

VI.

Le gouvernement introduit dans la salle, les neuf cents représentants le reçurent debout. Un immense cri de *Vive la République!* révéla à la France que ce gouvernement voté provisoirement le 25 février par le pressentiment de Paris était adopté et ratifié à l'unanimité et d'acclamation par la réflexion du pays.

Le président du gouvernement provisoire, Dupont de l'Eure, monte à la tribune; il est accueilli avec le respect qui s'attache à de longs jours dévoués à la patrie. On voit en lui un de ces vieillards qui lèguent des institutions à une famille humaine et dont la Providence semble avoir prolongé la vie pour que cette vie serve de transition à deux époques.

« Citoyens », dit-il, d'une voix où la gravité n'enlève rien à l'énergie, « le gouvernement provisoire de la « République vient s'incliner devant la nation et ren- « dre hommage au pouvoir souverain dont vous êtes « seuls investis. Enfin, le moment est arrivé pour le « gouvernement de déposer entre vos mains le pou- « voir illimité dont la révolution l'avait revêtu. Vous « savez si pour nous cette dictature a été autre chose « qu'une puissance morale exercée au milieu des « circonstances difficiles que la nation vient de traver- « ser. *Vive la République!* »

Ce cri sorti des lèvres du vieillard retentit d'échos en échos par trois cent mille voix jusque sur la place de la Concorde; le canon des Invalides le salue de ses salves. Dupont de l'Eure descend de la tribune; il tombe dans les bras de Béranger, précurseur sage et patient, comme son ami, de l'ère républicaine, Tyrtée de la gloire de nos armes dans sa jeunesse, représentant du peuple et modérateur de son pays sous ses cheveux blancs.

L'Assemblée procède trois jours à la vérification des pouvoirs et choisit pour président M. Buchez en reconnaissance des services qu'il avait rendus et du courage qu'il avait déployé pendant trois mois dans l'administration de l'Hôtel de Ville.

Le 7, Lamartine monta à la tribune à la place et au nom du président du gouvernement provisoire : il rendit compte en ces termes des actes de la Révolution :

« Citoyens représentants du peuple, au moment où
« vous entrez dans l'exercice de votre souveraineté;
« au moment où nous remettons entre vos mains les
« pouvoirs d'urgence que la révolution nous avait
« provisoirement confiés, nous vous devons d'abord
« compte de la situation où nous avons trouvé et où
« vous trouvez vous-mêmes la patrie.

« Une révolution a éclaté le 24 février, le peuple a
« renversé le trône, il a juré sur ses débris de régner
« désormais seul et tout entier par lui-même. Il nous
« a chargés de pourvoir provisoirement aux dangers
« et aux nécessités de l'interrègne qu'il avait à tra-
« verser pour arriver en ordre et sans anarchie à son
« régime unanime et définitif. Notre première pensée
« a été d'abréger cet interrègne, en convoquant aussi-
« tôt la représentation nationale en qui seule réside le
« droit et la force. Simples citoyens, sans autre appel
« que le péril public, sans autre titre que notre
« dévouement, tremblant d'accepter, pressés de resti-
« tuer le dépôt des destinées de la patrie, nous n'avons
« eu qu'une ambition, celle d'abdiquer la dictature
« dans le sein de la souveraineté du peuple.

« Le trône renversé, la dynastie s'écroulant d'elle-
« même, nous ne proclamâmes pas la République, elle
« s'était proclamée elle-même par la bouche de tout

« un peuple, nous ne fîmes qu'écrire le cri de la nation.

« Notre première pensée, comme le premier besoin
« du pays après la proclamation de la République, fut
« le rétablissement de l'ordre et de la sécurité dans
« Paris. Dans cette œuvre, qui eût été plus difficile et
« plus méritoire dans un autre temps et dans un autre
« pays, nous fûmes aidés par le concours des citoyens.
« Pendant qu'il tenait encore d'une main le fusil dont
« il venait de foudroyer la royauté, ce peuple magna-
« nime relevait de l'autre main les vaincus et les bles-
« sés du parti contraire. Il protégeait la vie et la pro-
« priété des habitants; il préservait les monuments
« publics; chaque citoyen de Paris était à la fois sol-
« dat de la liberté et magistrat volontaire de l'ordre.
« L'histoire a enregistré les innombrables actes d'hé-
« roïsme, de probité, de désintéressement, qui ont
« caractérisé ces premières journées de la République.
« Jusqu'ici, on avait quelquefois flatté le peuple en
« lui parlant de ses vertus, la postérité, qui ne flatte
« pas, trouvera toutes les expressions au-dessous de
« la dignité du peuple de Paris dans cette crise.

« Ce fut lui qui nous inspira le premier décret des-
« tiné à donner sa vraie signification à la victoire, le
« décret d'abolition de la peine de mort en matière
« politique. Il l'inspira, il l'adopta, il le signa par une
« acclamation de deux cent mille voix sur la place et
« sur le quai de l'Hôtel de Ville; pas un cri de colère
« ne protesta. La France et l'Europe comprirent que
« Dieu avait ses inspirations dans la foule, et qu'une

« révolution inaugurée par la grandeur d'âme serait
« pure comme une idée, magnanime comme un senti-
« ment, sainte comme une vertu.

« Le drapeau rouge, présenté un moment non
« comme un symbole de menaces ou de désordre,
« mais comme un drapeau momentané de victoire,
« fut écarté par les combattants eux-mêmes pour
« couvrir la République de ce drapeau tricolore qui
« avait ombragé son berceau et promené la gloire de
« nos armées sur tous les continents et sur toutes les
« mers.

« Après avoir établi l'autorité du gouvernement
« dans Paris, il fallait faire reconnaître la République
« dans les départements, dans les colonies, dans l'Al-
« gérie, dans l'armée : des nouvelles télégraphiques
« et des courriers y suffirent. La France, les colonies,
« les armées, reconnurent leur propre pensée dans la
« pensée de la République. Il n'y eut résistance ni
« d'une main, ni d'une voix, ni d'un cœur libre en
« France à l'installation du gouvernement nouveau.

« Notre seconde pensée fut pour le dehors. L'Eu-
« rope indécise attendait le premier mot de la France :
« ce premier mot fut l'abolition de fait et de droit des
« traités réactionnaires de 1815, la liberté rendue à
« notre politique extérieure, la déclaration de paix
« aux territoires, de sympathie aux peuples, de jus-
« tice, de loyauté et de modération aux gouverne-
« ments. La France, dans ce manifeste, se désarma de
« son ambition, mais ne se désarma pas de ses idées.

« Elle laissa briller son principe : ce fut toute la
« guerre. Le rapport particulier du ministre des
« affaires étrangères vous dira ce que ce système de
« la diplomatie au grand jour a produit et ce qu'il
« doit produire de légitime et de grand pour les
« influences de la France.

« Cette politique commandait au ministre de la
« guerre des mesures en harmonie avec ce système
« de négociation armée : il rétablit avec énergie la
« discipline à peine ébranlée; il rappela honorable-
« ment dans Paris l'armée un moment éloignée de
« nos murs pour laisser le peuple s'armer lui-même;
« le peuple désormais invincible ne tarda pas à rede-
« mander à grands cris ses frères de l'armée, non-
« seulement comme une sûreté, mais comme une déco-
« ration de la capitale. L'armée ne fut plus dans Paris
« qu'une garnison honoraire destinée à prouver à nos
« braves soldats que la capitale de la patrie appartient
« à tous ses enfants.

« Nous décrétâmes, de plus, la formation de quatre
« armées d'observation : l'armée des Alpes, l'armée
« du Rhin, l'armée du Nord, l'armée des Pyrénées.

« Notre marine, confiée aux mains du même
« ministre comme la seconde armée de la France, fut
« ralliée sous ses chefs dans une discipline comman-
« dée par le sentiment de sa vigilance. La flotte de
« Toulon alla montrer nos couleurs aux peuples amis
« de la France sur le littoral de la Méditerranée.

« L'armée d'Alger n'eut ni une heure ni une pensée

« d'hésitation. La République et la patrie se confon-
« dirent à ses yeux dans le sentiment d'un même
« devoir. Un chef dont le nom républicain, les senti-
« ments et les talents étaient des gages à la fois pour
« l'armée et pour la révolution, le général Cavaignac,
« reçut le commandement de l'Algérie.

« La corruption qui avait pénétré les institutions
« les plus saintes obligeait le ministre de la justice à
« des épurations demandées par le cri public. Il fallait
« promptement séparer la justice de la politique : le
« ministre fit avec douleur mais avec inflexibilité la
« séparation.

« En proclamant la République, le cri de la France
« n'avait pas proclamé seulement une forme de gou-
« vernement, elle avait proclamé un principe. Ce
« principe c'était la démocratie pratique, l'égalité par
« les droits, la fraternité par les institutions ; la révo-
« lution accomplie par le peuple devait s'organiser,
« selon nous, au profit du peuple par une série d'in-
« stitutions fraternelles et tutélaires propres à conférer
« régulièrement à tous les conditions de dignité indi-
« viduelle, d'instruction, de lumière, de salaire, de
« moralité, d'éléments de travail, d'aisance, de secours,
« et d'avénement à la propriété, qui supprimassent le
« nom servile de prolétaire, et qui élevassent le tra-
« vailleur à la hauteur de droit, de devoir et de bien-
« être des premiers-nés à la propriété. Élever et enri-
« chir les uns sans abaisser et sans dégrader les autres,
« conserver la propriété, et la rendre plus féconde et

« plus sacrée en la multipliant et en la parcellant dans
« les mains d'un plus grand nombre, distribuer l'impôt
« de manière à faire tomber son poids le plus lourd
« sur les plus forts, en allégeant et en secourant les
« plus faibles, créer par l'État le travail qui manque-
« rait accidentellement par le fait du capital intimidé,
« afin qu'il n'y eût pas un travailleur en France à qui
« le pain manquât avec le salaire ; enfin étudier avec
« les travailleurs eux-mêmes le phénomène pratique
« et vrai de l'association et les théories encore pro-
« blématiques des systèmes pour y chercher conscien-
« cieusement les applications, pour en constater les
« erreurs, telle fut la pensée du gouvernement provi-
« soire dans tous les décrets dont il confia l'exécution
« ou la recherche au ministre des finances, au ministre
« des travaux publics, enfin à la commission du
« Luxembourg, laboratoire d'idées, congrès prépa-
« ratoire et statistique du travail et des industries,
« éclairé par des délégués studieux et intelligents de
« toutes les professions laborieuses, et présidé par
« deux membres du gouvernement lui-même.

« La chute soudaine de la monarchie, le désordre
« des finances, le déclassement momentané d'une
« masse immense d'ouvriers manufacturiers, les
« secousses que ces masses de bras inoccupés pou-
« vaient donner à la société, si leur raison, leur
« patience et leur résignation pratique n'avaient pas
« été le miracle de la raison du peuple et l'admiration
« du monde ; la dette exigible de près d'un milliard

« que le gouvernement déchu avait accumulée sur les
« deux premiers mois de la République; la crise des
« industries et du commerce, universelle sur le con-
« tinent et en Angleterre, coïncidant avec la crise poli-
« tique de Paris; l'énorme accumulation d'actions de
« chemins de fer ou d'autres valeurs fictives saisies à
« la fois dans les mains des porteurs et des banquiers
« par la panique des capitaux; enfin, l'imagination
« du pays qui se frappe toujours au delà du vrai
« aux époques d'ébranlement politique et de terreur
« sociale; avaient tari le capital travaillant, fait dis-
« paraître le numéraire, suspendu le travail libre et
« volontaire, seul travail suffisant à trente-cinq mil-
« lions d'hommes : il fallait y suppléer provisoire-
« ment ou mentir à tous les principes, à toutes les
« prudences, à toutes les nécessités secourables de la
« République. Le ministre des finances vous dira
« comment il fut pourvu à ces évanouissements du
« travail et du crédit, en attendant le moment enfin
« arrivé où la confiance rendue aux esprits rendra le
« capital à la main des manufacturiers, le salaire aux
« travailleurs, et où votre sagesse et votre puissance
« nationale seront à la hauteur de toutes les diffi-
« cultés.

« Le ministère de l'instruction publique et des
« cultes, remis dans la même main, fut pour le gou-
« vernement une manifestation d'intention et pour le
« pays un pressentiment de la situation nouvelle que
« la République voulait et devait prendre dans la

« double nécessité d'un enseignement national et
« d'une indépendance plus réelle des cultes égaux et
« libres devant la conscience et devant la loi.

« Le ministère de l'agriculture et du commerce,
« ministre étranger par sa nature à la politique, ne
« put que préparer avec zèle et ébaucher avec saga-
« cité les institutions nouvelles appelées à féconder le
« premier des arts utiles. Il étendit la main de l'État
« sur les intérêts souffrants du commerce que vous
« seuls vous pouvez relever par la sécurité.

« Telles furent nos différentes et incessantes sollici-
« tudes. Grâce à la Providence, qui n'a jamais plus
« évidemment manifesté son intervention dans la cause
« des peuples et de l'esprit humain, grâce au peuple
« lui-même, qui n'a jamais mieux manifesté les tré-
« sors de raison, de civisme, de générosité, de
« patience, de moralité, de véritable civilisation que
« cinquante ans de liberté imparfaite ont élaborés
« dans son âme, nous avons pu accomplir, bien impar-
« faitement sans doute, mais non sans bonheur pour-
« tant, une partie de la tâche immense et périlleuse
« dont les événements nous avaient chargés.

« Nous avons fondé la République, ce gouverne-
« ment déclaré impossible en France à d'autres condi-
« tions que la guerre étrangère, la guerre civile,
« l'anarchie, les prisons et l'échafaud ; nous avons
« montré la République heureusement compatible avec
« la paix européenne, avec la sécurité intérieure, avec
« l'ordre volontaire, avec la liberté individuelle, avec

« la douceur et la sérénité des mœurs d'une nation
« pour qui la haine est un supplice et pour qui l'har-
« monie est un instinct national.

« Nous avons promulgué les grands principes
« d'égalité, de fraternité, d'unité, qui doivent, en
« se développant de jour en jour, dans nos lois, faites
« par tous et pour tous, accomplir l'unité du peuple
« par l'unité de la représentation.

« Nous avons universalisé le droit de citoyen en
« universalisant le droit d'élection, et le suffrage uni-
« versel nous a répondu.

« Nous avons armé le peuple tout entier dans la
« garde nationale, et le peuple tout entier nous a
« répondu en vouant l'arme que nous lui avons con-
« fiée à la défense unanime de la patrie, de l'ordre et
« des lois.

« Nous avons passé l'interrègne sans autre force
« exécutive que l'autorité morale entièrement désar-
« mée dont la nation voulait bien reconnaître le droit
« en nous, et ce peuple a consenti à se laisser gou-
« verner par la parole, par nos conseils, par ses pro-
« pres et généreuses inspirations.

« Nous avons traversé plus de deux mois de crise de
« cessation de travail, de misère, d'éléments d'agita-
« tion politique, d'angoisses sociales, de passions,
« accumulées en masses innombrables dans une capi-
« tale d'un million et demi d'habitants, sans que les
« propriétés aient été violées, sans qu'une colère ait
« menacé une vie, sans qu'une répression, une pro-

« scription, un emprisonnement politique, une goutte
« de sang répandue en notre nom ait attristé le gou-
« vernement dans Paris. Nous pouvons redescendre
« de cette longue dictature sur la place publique et
« nous mêler au peuple sans qu'un citoyen puisse
« nous dire : « Qu'as-tu fait d'un citoyen? »

« Avant d'appeler l'Assemblée nationale à Paris,
« nous avons assuré complétement sa sécurité et son
« indépendance en armant, en organisant la garde
« nationale, et en vous donnant pour garde tout un
« peuple armé. Il n'y a plus de faction possible dans
« une République où il n'y a plus de division entre
« les citoyens politiques et les citoyens non politiques,
« entre les citoyens armés et les citoyens désarmés.
« Tout le monde a son droit, tout le monde a son
« arme. Dans un pareil État l'insurrection n'est plus
« le droit extrême de résistance à l'oppression, elle
« serait un crime. Celui qui se sépare du peuple n'est
« plus du peuple! Voilà l'unanimité que nous avons
« faite; perpétuez-la, c'est le salut commun.

« Citoyens représentants! notre œuvre est accom-
« plie, la vôtre commence. La présentation même d'un
« plan de gouvernement ou d'un projet de constitu-
« tion eût été de notre part une prolongation téméraire
« de pouvoir ou un empiétement sur votre souverai-
« neté. Nous disparaissons dès que vous êtes debout
« pour recevoir la République des mains du peuple;
« nous ne nous permettrons qu'un seul conseil et un
« seul vœu, à titre de citoyens, et non à titre de mem-

« bres du gouvernement provisoire. Ce vœu, citoyens,
« la France l'émet avec nous, c'est le cri de la circon-
« stance; ne perdez pas le temps, cet élément prin-
« cipal des crises humaines. Après avoir absorbé en
« vous la souveraineté, ne laissez pas un interrègne
« nouveau allanguir les ressorts du pays. Qu'une com-
« mission de gouvernement, sortie de votre sein, ne
« permette pas au pouvoir de flotter un seul instant
« de plus, précaire et provisoire sur un pays qui a
« besoin de pouvoir et de sécurité. Qu'un comité de
« constitution, émané de vos suffrages, apporte sans
« délai à vos délibérations et à votre vote, le méca-
« nisme simple, bref et démocratique de la constitu-
« tion, dont vous délibérerez ensuite à loisir les lois
« organiques et secondaires.

« En attendant, comme membres du gouvernement
« nous vous remettons nos pouvoirs.

« Nous remettons avec confiance aussi à votre juge-
« ment tous nos actes. Nous vous prions seulement
« de vous reporter au temps, et de nous tenir compte
« des difficultés. Notre conscience ne nous reproche
« rien comme intention. La Providence a favorisé nos
« efforts. Amnistiez notre dictature involontaire ! nous
« ne demandons qu'à rentrer dans les rangs des bons
« citoyens.

« Puisse seulement l'histoire inscrire avec indul-
« gence au-dessous, et bien loin des grandes choses
« faites par la France, le récit de ces trois mois passés
« sur le vide entre une monarchie écroulée et une

« république à asseoir, et puisse-t-elle, au lieu de
« noms obscurs et oubliés des hommes qui se sont
« dévoués au salut commun, inscrire dans ses pages
« deux noms seulement : le nom du peuple qui a tout
« sauvé, et le nom de Dieu qui a tout béni sur les fon-
« dements de la République. »

VII.

Ces derniers mots furent couverts d'applaudissements presque unanimes par les représentants et par les tribunes.

Lamartine revenu à son banc fut obligé de se lever trois fois pour s'incliner devant l'Assemblée qui s'était levée elle-même sur son passage. Tout indiquait que la popularité qui s'était attachée à son nom dans Paris et caractérisée par deux millions trois cent mille suffrages dans les départements, l'envelopperait encore dans l'Assemblée nationale, s'il ne s'en dépouillait pas lui-même.

Chaque ministre apporta et lut successivement à la tribune le compte-rendu spécial des actes de son département : tous reçurent la sanction des applaudissements de l'Assemblée. Lamartine développa plus que ses collègues le tableau de la situation de la nouvelle République vis-à-vis de l'Europe. La France attendait impatiemment ce tableau comme elle avait attendu le manifeste à l'Europe. Elle savait que sa destinée au dedans dépendait de son attitude au dehors : elle brûlait de s'en rendre compte pour conjecturer son avenir. Voici le discours du ministre. C'était son manifeste en action vérifié par trois mois d'épreuves.

« Citoyens ! dit-il, il y a deux natures de révolu-
« tions dans l'histoire : les révolutions de territoire et
« les révolutions d'idées. Les unes se résument en
« conquêtes et en bouleversement de nationalités et
« d'empires; les autres se résument en institutions.
« Aux premières la guerre est nécessaire ; aux secondes
« la paix mère des institutions du travail et de la
« liberté est précieuse et chère. Quelquefois cependant,
« les changements d'institutions qu'un peuple opère
« dans ses propres limites deviennent une occasion
« d'inquiétude et d'agression contre lui de la part des
« autres peuples et des autres gouvernements, ou
« deviennent une crise d'ébranlement et d'irritation
« chez les nations voisines. Une loi de la nature veut
« que les vérités soient contagieuses, et que les idées
« tendent à prendre leur niveau comme l'eau. Dans ce
« dernier cas, les révolutions participent pour ainsi
« dire des deux natures de mouvements que nous
« avons signalées : elles sont pacifiques comme les
« révolutions d'idées, elles peuvent être forcées de
« recourir aux armes comme les révolutions de terri-
« toire. Leur attitude extérieure doit correspondre à
« ces deux nécessités de leur situation. Elles sont inof-
« fensives, mais elles sont debout : leur politique peut
« se caractériser en deux mots, une diplomatie armée.

« Ces considérations, citoyens, ont déterminé dès la

« première heure de la République les actes et les
« paroles du gouvernement provisoire dans l'ensemble
« et dans les détails de la direction de nos affaires exté-
« rieures. Il a voulu et il a déclaré qu'il voulait trois
« choses : la République en France, le progrès naturel
« du principe libéral et démocratique avoué, reconnu,
« défendu dans son existence et dans son droit et à
« son heure, enfin la paix, si la paix était possible,
« honorable et sûre à ces conditions.

« Nous allons vous montrer quels ont été depuis le
« jour de la fondation de la République jusqu'à aujour-
« d'hui, les résultats pratiques de cette attitude de
« dévouement désintéressé au principe démocratique
« en Europe, combiné avec ce respect pour l'inviola-
« bilité matérielle des territoires, des nationalités et
« des gouvernements. C'est la première fois dans l'his-
« toire qu'un principe désarmé et purement spiritua-
« liste se présente à l'Europe organisée, armée, et alliée
« par un autre principe, et que le monde politique
« s'ébranle et se modifie de lui-même devant la puis-
« sance non d'une nation mais d'une idée. Pour mesu-
« rer la puissance de cette idée dans toute son étendue
« remontons à 1815.

« 1815 est une date qui coûte à rappeler à la France.
« Après l'assaut de la coalition contre la République,
« après les prodiges de la Convention et l'explosion
« de la France armée pour refouler la ligue des puis-
« sances ennemies de la révolution, après l'expiation
« des conquêtes de l'Empire, dont la France ne veut

« revendiquer que la gloire, la réaction des nationa-
« lités violées et des rois humiliés se fit contre nous.

« Le nom de la France n'avait plus de limites; les
« limites territoriales de la France géographique furent
« encore rétrécies par les traités de 1814 et de 1815 :
« elles parurent disproportionnées au nom, à la sécu-
« rité, à la puissance morale d'une nation qui avait
« tant grandi en influence, en renommée, en liberté.
« La base du peuple français semblait d'autant plus
« restreinte que le peuple lui-même était devenu plus
« grand.

« Le traité de 1814, qui liquida notre gloire et nos
« malheurs, nous avait enlevé en colonies Tabago,
« Sainte-Lucie, l'île de France et ses dépendances, les
« Séchelles, l'Inde française, réduite à des proportions
« purement nominales, Saint-Domingue enfin, dont
« nous étions expropriés de fait et qu'il fallait reven-
« dre ou reconquérir.

« En territoire annexe au sol national, le traité de
« 1814 adjoignait comme compensation à la France,
« au nord, quelques enclaves de frontières consistant
« en une dizaine de cantons annexés aux départe-
« ments de la Moselle et des Ardennes; à l'est, une
« banlieue de quelques districts autour de Landau;
« au midi, la partie principale de la Savoie, consistant
« dans les arrondissements de Chambéry et d'Annecy;
« enfin le comté de Montbéliard, Mulhouse et les
« enclaves allemandes enfermées dans la ligne de nos
« frontières.

« Les traités de 1815, représailles de cent jours de
« gloire et de revers, nous dépouillèrent presque aus-
« sitôt de ces faibles indemnités des guerres de la
« coalition. Ils restituèrent la Savoie française tout
« entière à la Sardaigne; ils firent ainsi de Lyon,
« capitale commerciale de la France, une place de
« guerre exposée et fortifiée. Les Pays-Bas reprirent
« de notre ancien sol Philippeville, Marienbourg, le
« duché de Bouillon, où nous avions autrefois le droit
« d'occupation et de garnison; la Prusse Sarrebourg,
« dont le cœur seul resta français; la Bavière quel-
« ques districts; la Suisse cette langue du pays de
« Gex qui nous donnait un port sur le lac de Genève
« à Versoix; la démolition des fortifications d'Hunin-
« gue, l'entière interdiction de fortifier notre frontière
« à moins de trois lieues de Bâle; enfin on nous fit
« renoncer, en faveur du roi de Sardaigne, au droit
« de protection et de garnison que nous possédions
« avant la révolution sur la principauté de Monaco;
« une occupation humiliante de nos places fortes et
« une indemnité de près d'un milliard, amende de nos
« triomphes, décimèrent en outre la puissance exté-
« rieure et la puissance reproductive de la nation. La
« Restauration accepta le trône à ces conditions. Ce
« fut sa faute et sa perte : la paix et la Charte même,
« cette première pierre de la liberté, n'y furent pas
« une compensation suffisante. Une dynastie ne peut
« grandir impunément de l'affaiblissement du pays.
« Cependant, à ne considérer que les intérêts inté-

« rieurs de la nation, la Sainte-Alliance était un sys-
« tème anti-populaire, mais n'était pas essentiellement
« un système anti-français.

« La dynastie de la branche aînée des Bourbons en
« se liant comme dynastie à ce système, pouvait y
« trouver un point d'appui pour sa légitime influence
« ou pour des compléments de territoire autour d'elle.
« Si l'Italie, sur laquelle l'Autriche s'obstinait à domi-
« ner seule, défendait au cabinet français toute alliance
« solide et sympathique avec l'Autriche, l'alliance
« russe s'ouvrait à la France. Cette alliance, favorable
« à l'agrandissement oriental de la Russie dont la
« pente est vers l'Orient, pouvait donner à l'équilibre
« continental dont l'axe eût été l'Allemagne, deux
« poids égaux et prépondérants à Saint-Pétersbourg
« et à Paris. La Restauration eut quelquefois l'ébau-
« che confuse de ces pensées, elle osa avouer des amis
« et des ennemis, elle se sentit soutenue contre les jalou-
« sies de la Grande-Bretagne par l'esprit continental.
« Avec cet appui secret, elle contesta persévéramment
« la suprématie de l'Autriche en Italie, elle fit la guerre
« impopulaire, mais non anti-française de l'Espagne,
« elle conquit Alger. Sa diplomatie fut moins anti-
« nationale que sa politique.

« La révolution de Juillet, révolution avortée avant
« terme, constituait une monarchie révolutionnaire,
« une royauté républicaine. La France n'eut pas le
« courage tout entier de ses idées. Le caractère à la
« fois incomplet et contradictoire de cette révolution

« donnait au gouvernement sorti des trois jours les
« inconvénients de la royauté dynastique, sans aucun
« des avantages de la royauté légitime. C'était la Sainte-
« Alliance encore, moins le dogme, et moins le roi :
« monarchie entachée d'un principe électif et républi-
« cain aux yeux des rois, république suspecte de
« monarchie et de trahison du principe démocratique
« aux yeux des peuples.

« La politique extérieure et intérieure de ce gouver-
« nement mixte, devait être, dedans et dehors, une
« perpétuelle lutte entre les deux principes contraires
« qu'il représentait. L'intérêt dynastique lui comman-
« dait de rentrer à tout prix dans la famille des dynas-
« ties classées. Il fallait acheter cette tolérance des
« trônes, par des complaisances incessantes ; il fallait
« conquérir au dedans le droit d'être faible au dehors,
« de là le système du gouvernement de Juillet, une
« France abaissée au rang de puissance secondaire en
« Europe, une oligarchie achetée à force de faveurs
« et de séductions au dedans : l'un entraîne l'autre;
« de plus l'esprit de famille, vertu domestique, peut
« devenir un vice politique dans le chef d'une nation.
« Le népotisme tue le patriotisme.

« La monarchie de Juillet pesait sur notre politique
« étrangère du poids des trônes et des parentés qu'elle
« préparait à ses princes. Une seule de ses pensées
« était vraie, parce qu'elle correspondait à un grand
« besoin de l'humanité : la paix ! c'est de cette pensée
« juste qu'elle a vécu dix-sept ans. Mais la paix qui

« convient à la France n'est pas cette paix subalterne
« qui achète les jours et les années en se faisant petite,
« en ajournant ses influences, en voilant ses principes,
« en rétrécissant le nom, en raccourcissant le bras de
« la France; celle-là humilie un peuple en l'affai-
« blissant.

« Pour que la paix soit digne d'elle, la Répu-
« blique doit grandir par la paix. Or, pour grandir
« en Europe, il manquait à la monarchie de Juillet
« le drapeau d'une idée : son drapeau monarchique,
« il était taché d'usurpation : son drapeau démocra-
« tique, elle le cachait et le déteignait tous les jours.

« Sa politique extérieure était forcée d'être incolore
« comme son principe : ce fut une politique de néga-
« tion. Elle évitait les périls, elle ne pouvait affecter
« la grandeur.

« Voici ce règne au dehors : le royaume des Pays-
« Bas se brisa de lui-même en deux, au contre-coup
« des journées de juillet. Une moitié forma cette puis-
« sance neutre et intermédiaire devenue utilement
« pour la France le royaume de Belgique. Aucune
« autre modification dans les circonscriptions territo-
« riales de l'Europe au bénéfice de la France n'eut lieu
« pendant ces dix-huit ans.

« La Russie lui témoigna une répulsion constante et
« personnelle qui ne s'adressait pas à la France elle-
« même, mais qui rejaillissait de la dynastie sur la
« nation. En vain les plus pressants intérêts de la
« Russie l'entraînaient-ils vers une alliance française,

« l'antipathie des rois s'interposait entre les sympathies
« des peuples. Cette cour employa à s'assimiler vio-
« lemment la Pologne, et à chercher patiemment par
« le Caucase la route des Indes, les dix-huit ans de la
« monarchie de Juillet.

« L'Autriche lui fit tour à tour des caresses et des
« injures. La France ainsi caressée et repoussée par la
« main habile, mais vieillie, du prince de Metternich,
« sacrifia l'Italie entière et l'indépendance des États
« confédérés de l'Allemagne, aux sourires de la cour
« de Vienne. En 1831, l'insurrection réprimée de con-
« cert en Italie, en 1846, Cracovie effacée de la carte,
« mesurèrent l'échelle toujours descendante de ces
« obséquiosités du cabinet des Tuileries à la politique
« de l'Autriche.

« La Prusse, dont la sécurité et la grandeur sont
« dans l'alliance de la France, fit une alliance dés-
« espérée et contre nature avec la Russie. Elle se fit
« ainsi l'avant-garde de la puissance russe contre
« l'Allemagne, dont elle est le poste avancé : elle y
« perdit cette popularité germanique que le grand Fré-
« déric lui avait laissée.

« Les États de la confédération du Rhin ainsi né-
« gligés par la Prusse, intimidés par l'Autriche, tra-
« vaillés par la Russie, flottèrent de l'alliance prus-
« sienne à l'alliance autrichienne, selon l'heure et la
« circonstance, repoussés de l'alliance française par
« les souvenirs de 1813 et par la connivence du ca-
« binet des Tuileries qui les abandonnait à l'omnipo-

« tence autrichienne. Mais pendant ces oscillations des
« États secondaires de la confédération germanique, un
« tiers-état, ce germe de la démocratie, se formait en
« Allemagne, il n'attendait pour éclore qu'une occa-
« sion d'émancipation des États secondaires et qu'un
« retour de la pensée française aux vrais principes
« d'alliance et d'amitié avec les États allemands du
« Rhin.

« Les Pays-Bas irrités du démembrement de la Bel-
« gique conservaient par ressentiment des préventions
« contre la France : ils s'unissaient sur le continent à
« la Russie, sur l'Océan à l'Angleterre. A ces deux
« titres la France était exclue de leur système d'al-
« liance.

« Quels étaient nos rapports avec l'Angleterre? Sa
« politique, toute maritime avant la révolution fran-
« çaise, était à la fois maritime et continentale depuis
« la guerre de 1808 en Espagne et de 1813 partout.
« Sans répugnance pour la dynastie de Juillet, l'An-
« gleterre avait prêté à cette royauté un concours utile
« aux conférences de Londres en 1830 et 1831. Par
« cette espèce de médiation continentale qu'elle avait
« exercée entre la France, l'Allemagne et la Russie,
« l'Angleterre avait maintenu l'équilibre du conti-
« nent; cet équibre, c'était la paix. M. de Talleyrand
« avait converti cette paix en une ébauche d'alliance
« du principe libéral constitutionnel : c'est ce qu'on a
« appelé la quadruple alliance entre la France,
« l'Angleterre, l'Espagne, le Portugal. Si ce germe

« n'eût point été étouffé dès l'origine, s'il se fût dé-
« veloppé énergiquement en s'étendant à l'Italie, à la
« Suisse, aux puissances rhénanes germaniques, il
« pouvait se changer en un système de progrès libéral
« des peuples du midi et de l'est, et créer une famille
« de nations et de gouvernements démocratiques in-
« vulnérable aux puissances absolues. Mais, pour
« cela, il fallait à la France un gouvernement qui osât
« avouer son principe : la cour des Tuileries ne tra-
« vaillait qu'à effacer ou qu'à faire oublier le sien.
« Des ambitions purement dynastiques couvées et ré-
« vélées souvent par le gouvernement français relati-
« vement à l'Espagne, ne devaient pas tarder à ruiner
« au détriment de la France et des peuples libres cette
« alliance anglaise briguée par tant de complaisances,
« trahie par tant d'égoïsme.

« La question d'Orient, sur laquelle la politique
« entière du monde pivota de 1838 à 1841, fut la
« première occasion de refroidissement et bientôt de
« conflit diplomatique et d'aigreur entre les deux
« gouvernements. Vous connaissez cette négociation
« qui ébranla la paix, qui arma l'Europe et qui finit
« par la honte et par la séquestration de la France.

« L'empire ottoman se décomposait. Le pacha
« d'Égypte, profitant de sa faiblesse, envahissait la
« moitié de l'empire, substituant la tyrannie arabe à
« la tyrannie turque. Le vide creusé en Orient par la
« disparition de la Turquie, allait être inévitablement
« comblé ou par l'islamisme sous un autre nom, celui

« d'Ibrahim, ou par l'omnipotence russe, ou par l'om-
« nipotence anglaise. La France avait trois manières
« d'envisager la question d'Orient et de la résoudre :
« ou soutenir franchement l'empire ottoman contre le
« pacha révolté et contre tout le monde ; ou s'allier
« avec la Russie en la livrant à sa pente vers Constan-
« tinople, et obtenir à ce prix une alliance russe et
« des compensations territoriales sur le Rhin ; ou s'al-
« lier avec l'Angleterre en lui cédant le pas en Égypte,
« sa route obligée vers les Indes, et resserrer à ce prix
« l'alliance anglaise, en recevant en échange des avan-
« tages continentaux et de grands protectorats fran-
« çais en Syrie.

« Le cabinet des Tuileries ne sut pas être franc, et
« n'osa pas être ambitieux. Il abandonna la Turquie à
« son agresseur, puis il abandonna cet agresseur
« lui-même à la Russie, à l'Angleterre, à l'Autriche ;
« il s'aliéna à la fois tout le monde : empire ottoman,
« Russie, Angleterre, Prusse, Autriche. Il reforma
« par sa propre folie la coalition morale du monde
« contre nous. Tout finit par la mise hors l'Europe du
« cabinet français, et par la note du 8 octobre, aveu
« de faiblesse après des actes de défi, acceptation
« d'isolement au milieu de l'Europe reliée en un seul
« faisceau de ressentiments contre nous.

« Le traité de réconciliation du 30 juillet 1841,
« pallia en vain cette situation. Le mariage d'un
« prince de la dynastie française avec une héritière éven-
« tuelle de la couronne d'Espagne, était dès lors la

« pensée unique de la politique dynastique à laquelle
« la France était subordonnée. L'accomplissement de
« ce vœu devait déchirer bientôt ces derniers liens
« d'amitié entre l'Angleterre et la France. Trop peu
« ambitieux pour la nation, le cabinet des Tuileries
« affectait deux trônes à la fois pour une famille. La
« politique posthume de la maison de Bourbon se
« substituait témérairement à la politique de liberté et
« de paix sur le continent. La France ne recueillait
« de ce mariage que l'inimitié permanente du cabinet
« britannique, la jalousie des cours, les ombrages de
« l'Espagne, et la certitude d'une seconde guerre de
« succession. A ce premier vertige de la royauté, les
« hommes d'État purent conjecturer d'autres pro-
« chains vertiges, et prévoir sa chute.

« De nouveaux symptômes ne tardèrent pas à con-
« firmer celui-ci ; suspecte à l'Espagne, odieuse à la
« Russie, déshonorée en Turquie, indifférente à la
« Prusse, menaçante pour l'Angleterre, la politique
« dynastique du cabinet français se tourna contre
« nature vers l'Autriche. Ce contre-sens ne lui coûtait
« pas seulement sa grandeur et sa sécurité, il lui coû-
« tait l'honneur. Pour obtenir de l'Autriche le pardon
« de la maison de Bourbon, en Espagne, il fallait
« abaisser partout devant l'Autriche le drapeau de la
« révolution, et lui sacrifier à la fois l'Italie, la Suisse,
« le Rhin, l'indépendance et le droit des peuples; il
« fallait former avec l'Autriche la ligue de l'absolu-
« tisme en étouffant à son profit et à notre honte les

« germes d'indépendance, de libéralisme et de force
« nationale qui se manifestaient du détroit de la Sicile
« jusqu'au cœur des Alpes. Le cabinet français osa
« pratiquer cette politique servile et la défendre devant
« une Chambre française. L'âme révolutionnaire de la
« France se souleva d'indignation dans son sein. Le
« ministère dynastique acheta le vote d'une majorité,
« pour vendre impunément le principe national et le
« principe démocratique dans les négociations rela-
« tives à la Suisse et à l'Italie. Il entraîna quelques jours
« après dans l'abîme la royauté qui l'avait entraîné
« lui-même dans sa personnalité.

« Ainsi, après dix-huit ans de règne et d'une diplo-
« matie qu'on croyait habile parce qu'elle était inté-
« ressée, la dynastie remettait la France à la Répu-
« blique, plus cernée, plus garrottée de traités et de
« limites, plus incapable de mouvement, plus dénuée
« d'influences et de négociations extérieures, plus
« entourée de pièges et d'impossibilités qu'elle ne le
« fut à aucune époque de la monarchie, emprisonnée
« dans la lettre si souvent violée contre elle des traités
« de 1815, exclue de tout l'Orient, complice de l'Au-
« triche en Italie et en Suisse, complaisante de l'An-
« gleterre à Lisbonne, compromise sans avantage à
« Madrid, obséquieuse à Vienne, timide à Berlin, haïe
« à Saint-Pétersbourg, discréditée pour son peu de
« foi à Londres, désertée des peuples pour son aban-
« don du principe démocratique en face d'une coali-
« tion morale reliée partout contre la France, et qui

« ne lui laissait que le choix entre une guerre extrême
« d'un contre tous, ou l'acceptation du rôle subal-
« terne de puissance secondaire en surveillance dans
« le monde européen; condamnée à languir et à s'hu-
« milier un siècle sous le poids d'une dynastie à faire
« pardonner aux rois, et d'un principe révolution-
« naire à faire amnistier ou à faire trahir aux peuples.

« La République en trouvant la France dans ces con-
« ditions d'isolement et de subalternité avait deux
« partis à prendre : faire explosion contre tous les
« trônes et contre tous les territoires du continent,
« déchirer la carte de l'Europe, déclarer la guerre, et
« lancer le principe démocratique armé partout, sans
« savoir s'il tomberait sur un sol préparé pour y ger-
« mer, ou sur un sol impropre pour y être étouffé dans
« le sang.

« Ou bien, déclarer la paix républicaine et la fra-
« ternité française à tous les peuples, afficher le respect
« des gouvernements, des lois, des caractères, des
« mœurs, des volontés, des territoires, des nations;
« élever bien haut, mais d'une main amie, son principe
« d'indépendance et de démocratie sur le monde, et
« dire aux peuples sans contraindre et sans presser les
« événements :

« Nous n'armons pas l'idée nouvelle du fer ou du
« feu comme les Barbares : nous ne l'armons que de
« sa propre lueur. Nous n'imposons à personne des
« formes ou des imitations prématurées ou incompa-
« tibles peut-être avec la nature; mais si la liberté de

« telle ou telle partie de l'Europe s'allume à la nôtre,
« si des nationalités asservies, si des droits refoulés, si
« des indépendances légitimes et opprimées surgissent,
« se constituent d'elles-mêmes, entrent dans la famille
« démocratique des peuples et font appel en nous à la
« défense des droits, à la conformité des institutions,
« la France est là. La France républicaine n'est pas
« seulement la patrie, elle est le soldat du principe
« démocratique dans l'avenir.

« C'est cette dernière politique, citoyens, que le
« gouvernement provisoire a cru devoir adopter una-
« nimement, en attendant que la nation résumée en
« vous s'emparât de ses propres destinées.

« Quels ont été en soixante-douze jours les résultats
« de cette politique de diplomatie armée sur le conti-
« nent? vous les connaissez; et l'Europe les regarde
« avec un étonnement qui tient moins de la crainte
« que de l'admiration.

« L'Italie, déjà remuée dans son patriotisme par
« l'âme italienne et démocratique de Pie IX, s'ébranle
« successivement, mais tout entière au contre-coup
« du triomphe du peuple à Paris. Rassurée sur toute
« ambition française hautement et franchement désa-
« vouée par nous, elle embrasse avec passion nos
« principes, et s'abandonne avec confiance à l'avenir
« d'indépendance et de liberté où le principe français
« sera son allié.

« La Sicile s'insurge contre la domination de Naples;
« elle réclame d'abord sa Constitution. Irritée du refus,

« elle reconquiert héroïquement son sol et ses cita-
« delles; les concessions tardives ne l'apaisent plus,
« elle se sépare complétement et convoque elle-même
« son parlement, elle se proclame seule maîtresse de
« ses destinées : elle se venge de son long assujettis-
« sement à la maison de Bourbon en déclarant que
« les princes de la maison de Naples seront à jamais
« exclus des éventualités du trône constitutionnel en
« Sicile.

« A Naples même, la Constitution promulguée par
« le roi la veille de la République française paraît
« illusoire le lendemain; la monarchie assiégée par les
« démonstrations du peuple, descend de concessions
« en concessions jusqu'au niveau d'une royauté démo-
« cratique de 1791.

« Pie IX, acceptant le rôle de patriote italien, ne
« retient que la domination du pontife et fait de Rome
« le centre fédératif d'une véritable République dont
« il se montre déjà moins le chef couronné que le pre-
« mier citoyen. Il se sert de la force du mouvement
« qui l'emporte au lieu de le combattre; ce mouve-
« ment s'accélère.

« La Toscane suit cet exemple. Palerme, Plaisance,
« Modène, tentent vainement de s'appuyer sur l'Au-
« triche pour lutter avec l'esprit de vie de l'Italie, leurs
« princes cèdent, la nationalité triomphe; la dynastie
« de Lucques est emportée, Venise proclame sa propre
« République, indécise encore si elle s'isolera dans
« ses lagunes ou si elle se ralliera au faisceau répu-

« blicain ou constitutionnel de l'Italie septentrionale.

« Le roi de Sardaigne, longtemps l'espérance de
« l'unité nationale en Italie, en même temps que son
« gouvernement était la terreur de l'esprit libéral à
« Turin, fait cesser au contact de la Révolution fran-
« çaise cette contradiction fatale à sa grandeur. Il
« donne en gage une Constitution populaire au libé-
« ralisme italien.

« La Lombardie comprend à ce signe que l'heure de
« l'indépendance a sonné. Milan désarmé triomphe
« dans une lutte inégale de l'armée d'occupation qui
« l'enchaîne. La Lombardie tout entière se lève contre
« la maison d'Autriche. Elle ne proclame encore que
« son affranchissement, pour ne pas mêler une ques-
« tion d'institution à une question de guerre. Le cri
« de l'Italie force le roi de Sardaigne à se dégager
« comme le pape et comme la Toscane des vieux trai-
« tés anti-nationaux avec l'Autriche. Il marche en
« Lombardie; les contingents affluent de toutes parts
« sur ce champ de bataille. La campagne de l'indé-
« pendance italique se poursuit lentement par l'Italie
« seule, mais devant la Suisse et devant la France
« armées, prêtes à agir si l'intérêt de leur principe ou
« la sûreté de leurs frontières leur semblent compromis.

« Passez les Alpes; les résultats de la politique du
« principe français désarmé ne s'y développent pas
« avec moins de logique dans les événements et de
« rapidité dans les conséquences. Ils éclatent au foyer
« même du principe contraire.

« Dès le 14 mars, la Révolution éclate à Vienne :
« les troupes sont vaincues, le palais des empereurs
« est ouvert par le peuple pour en expulser le vieux
« système, dans la personne de son homme d'État le
« plus inflexible, le prince de Metternich. L'assemblée
« des notables de la Monarchie est convoquée, toutes
« les libertés, armes de la démocratie, sont accordées ;
« la Hongrie se nationalise et s'isole par une sépara-
« tion presque complète de l'Empire, elle abolit les
« droits féodaux, elle vend les biens ecclésiastiques,
« elle se nomme un ministère à elle, elle se donne pour
« signe de sa complète séparation un ministère même
« des affaires étrangères.

« La Bohême s'assure, de son côté, une Constitution
« fédérale à part.

« Par ces trois affranchissements divers de la Hon-
« grie, de la Bohême et de l'Italie, l'Autriche révolu-
« tionnée au dedans, restreinte au dehors, ne règne
« plus que sur douze millions d'hommes compactes.

« Trois jours après les événements de Vienne, le 18
« mars, le peuple combat et triomphe dans les rues de
« Berlin. Le roi de Prusse, dont l'esprit éclairé et le
« cœur populaire semblaient d'intelligence avec ceux-
« là même qui combattaient ses soldats, se hâte de tout
« concéder. Une loi complétement démocratique d'é-
« lection est promulguée, avant même que l'Assem-
« blée constituante soit réunie. La Pologne prussienne
« réclame sa nationalité distincte à Posen. Le roi y
« consent et commence à ébaucher ainsi la première

« base d'une nationalité polonaise, que d'autres évé-
« nements auront à grandir et affermir d'un autre côté.

« Dans le royaume de Wurtemberg, le roi abolit, le
« 3 mars, la censure, concède la liberté de la presse
« et l'armement du peuple.

« Le 4 mars, le grand-duc de Bade, trop voisin de la
« France pour ne pas laisser prendre leur niveau aux
« idées qui traversent le Rhin, accorde la liberté des
« journaux, l'armement du peuple, l'abolition des
« féodalités et enfin la promesse de concourir à l'éta-
« blissement d'un parlement unitaire allemand, ce
« congrès de la démocratie germanique d'où peut sor-
« tir l'ordre nouveau.

« Le 5 mars, le roi de Bavière abdique et remet le
« trône après des combats de rues, à un prince qui
« unit sa cause à la cause populaire à Munich.

« Du 6 au 11 mars, même abdication du souverain
« de Hesse-Darmstadt, armement du peuple, droit
« d'association, presse, jury, Code français à Mayence,
« tout est accordé.

« L'électeur de Hesse-Cassel, dont la résistance à
« l'introduction du principe démocratique était célèbre
« en Allemagne, accorde à son peuple en armes les
« mêmes gages ; il y ajoute la concession du principe
« d'un parlement allemand.

« L'insurrection arrache au duc de Nassau la sup-
« pression des dîmes, l'organisation politique, l'arme-
« ment du peuple, le parlement allemand.

« Le 15 mars, Leipzig s'insurge et obtient du roi de

« Saxe, prince déjà constitutionnel, l'accession au
« principe du parlement allemand.

« Le même jour, une démonstration populaire impé-
« rieuse oblige le prince d'Oldembourg à convoquer
« une représentation.

« Le peuple de Mecklembourg s'arme quelques jours
« après et nomme une assemblée préparatoire pour
« élire le parlement germanique.

« Hambourg réforme plus démocratiquement sa
« Constitution déjà républicaine.

« Brême réforme son sénat et accède au parlement
« allemand.

« Lubeck, après des troubles violents, conquiert le
« même principe.

« Enfin le 18 mars le roi des Pays-Bas abolit les
« institutions restrictives de la liberté dans le grand-
« duché de Luxembourg, où le drapeau tricolore flotte
« de lui-même comme une démonstration spontanée
« du principe français.

« Toutes ces décompositions de l'ancien système,
« tous ces éléments d'unité fédérale se résument mo-
« mentanément à Francfort.

« Jusqu'ici la diète de Francfort avait été l'instru-
« ment obéissant de l'omnipotence des deux grandes
« puissances germaniques, Vienne et Berlin, sur leurs
« faibles alliés de la Confédération. L'idée d'un parle-
« ment constituant, en permanence au cœur de l'Al-
« lemagne, surgit au contact de nos idées. Ce parlement
« des nations, représentant désormais des peuples au

« lieu de représenter des cours, devient le fondement
« d'une nouvelle fédération germanique qui émancipe
« les faibles, qui forme le noyau d'une démocratie
« diverse mais unitaire. La liberté de plus en plus
« démocratique de l'Allemagne prendra nécessaire-
« ment son appui sur une puissance démocratique,
« aussi sans autre ambition que l'alliance des prin-
« cipes et la sûreté des territoires : c'est nommer la
« France.

« Je ne poursuivrai pas dans les autres États de
« l'Europe la marche plus ou moins rapide du prin-
« cipe national et du principe libéral accélérés par la
« révolution de Février. Les idées envahissent leur lit
« partout, et ces idées portent votre nom. Partout vous
« n'aurez à choisir qu'entre une paix assurée et hono-
« rable ou une guerre partielle avec des nations pour
« alliées.

« Ainsi, par le seul fait d'un double principe, le
« principe démocratique et le principe sympathique,
« la France extérieure appuyée d'une main sur le
« droit des peuples, de l'autre sur le faisceau ina-
« gressif mais imposant de quatre armées d'observa-
« tion, assiste à l'ébranlement du continent sans ambi-
« tion comme sans faiblesse, prête à négocier ou à
« combattre, à se contenir ou à grandir, selon son
« droit, selon son honneur, selon la sécurité de ses
« frontières.

« Ses frontières? je me sers d'un mot qui a perdu
« une partie de sa signification sous la République,

« c'est le principe qui devient la véritable frontière de
« la France, ce n'est pas son sol qui s'élargit, c'est son
« influence, c'est sa sphère de rayonnement et d'at-
« traction sur le continent, c'est le nombre de ses alliés
« naturels, c'est le patronage désintéressé et intellec-
« tuel quelle exercera sur ces peuples, c'est le système
« français enfin substitué en trois jours et en trois
« mois au système de la Sainte-Alliance.

« La République a compris du premier mot la poli-
« tique nouvelle que la philosophie, l'humanité, la
« raison du siècle devaient inaugurer enfin par les
« mains de notre patrie entre les nations. Je ne vou-
« drais pas d'autre preuve que la démocratie a été
« l'inspiration divine et qu'elle triomphera en Europe
« aussi rapidement et aussi glorieusement qu'elle a
« triomphé à Paris. La France aura changé de gloire,
« voilà tout.

« Si quelques esprits encore arriérés dans l'intelli-
« gence de la véritable force et de la véritable gran-
« deur, ou impatients de presser la fortune de la
« France, reprochaient à la République de n'avoir pas
« violenté les peuples pour leur offrir à la pointe des
« baïonnettes une liberté qui aurait ressemblé à la
« conquête, nous leur dirons : Regardez ce qu'une
« royauté de dix-huit ans avait fait de la France,
« regardez ce que la République a fait en moins de
« trois mois ! comparez la France du 23 juillet à la
« France du 6 mai ! et prenez patience même pour la
« gloire, et donnez du temps au principe qui travaille,

« qui combat, qui transforme et qui assimile le monde
« pour vous!

« La France extérieure était emprisonnée dans des
« limites qu'elle ne pouvait briser que par une guerre
« générale. L'Europe, peuples et gouvernements
« étaient un système d'une seule pièce contre nous;
« nous avions cinq grandes puissances compactes et
« coalisées par un intérêt anti-révolutionnaire com-
« mun contre la France. L'Espagne était placée comme
« un enjeu de guerre entre ces puissances et nous; la
« Suisse était trahie, l'Italie vendue, l'Allemagne
« menacée et hostile; la France était obligée de voiler
« sa nature populaire et de se faire petite, de peur
« d'agiter un peuple ou d'inquiéter un roi; elle s'af-
« faissait sous une paix dynastique et disparaissait du
« rang des premières individualités nationales, rang
« que la géographie, la nature et surtout son génie
« lui commandent de garder.

« Ce poids soulevé, voyez quelle autre destinée lui
« fait la paix républicaine. Les grandes puissances
« regardent avec inquiétude d'abord, et bientôt avec
« sécurité, le moindre de ses mouvements, aucune
« d'elles ne proteste contre la révision éventuelle et
« légitime des traités de 1815 qu'un mot de nous a
« aussi bien effacés que les pas de cent mille hommes.
« L'Angleterre n'a plus à nous soupçonner d'ambition
« en Espagne. La Russie a le temps de réfléchir sur
« la seule revendication désintéressée qui s'élève entre
« ce grand empire et nous : la reconstruction consti-

« tutionnelle d'une Pologne indépendante. Nous ne
« pouvons avoir de choc au Nord qu'en y défendant
« en auxiliaires dévoués, le droit et le salut des peu-
« ples slaves et germaniques. L'empire d'Autriche ne
« traite plus que de la rançon de l'Italie. La Prusse
« renonce à grandir autrement que par la liberté.
« L'Allemagne échappe tout entière au tiraillement de
« ces puissances et constitue son alliance naturelle
« avec nous. C'est la coalition prochaine des peuples
« adossée par nécessité à la France, au lieu d'être
« tournée contre nous comme elle l'était par la poli-
« tique des cours. La Suisse se fortifie en se concen-
« trant, l'Italie entière est debout et presque libre, un
« cri de détresse y appellerait la France, non pour
« conquérir mais pour protéger. La seule conquête
« que nous voulions au delà du Rhin et des Alpes,
« c'est l'amitié des populations affranchies.

« En un mot, nous étions trente-six millions
« d'hommes isolés sur le continent; aucune pensée
« européenne ne nous était permise, aucune action
« collective ne nous était possible, notre système était
« la compression, l'horizon était court, l'air manquait
« comme la dignité à notre politique : notre système
« d'aujourd'hui, c'est le système d'une vérité démo-
« cratique qui s'élargira aux proportions d'une foi
« sociale universelle; notre horizon c'est l'avenir des
« peuples civilisés, notre air vital c'est le souffle de la
« liberté dans les poitrines libres de tout l'univers.
« Trois mois ne se sont pas écoulés, et si la démocratie

« doit avoir la guerre de trente ans comme le protes-
« tantisme, au lieu de marcher à la tête de trente-six
« millions d'hommes, la France en comptant dans son
« système d'alliés, la Suisse, l'Italie, et les peuples
« émancipés de l'Allemagne, marchera à la tête de
« quatre-vingt-huit millions de confédérés et d'amis.
« Quelle victoire aurait valu à la République une
« pareille confédération conquise sans avoir coûté une
« vie d'homme et cimentée par la conviction de notre
« désintéressement! La France à la chute de la royauté
« s'est relevée de son abaissement comme un vaisseau
« chargé d'un poids étranger se relève aussitôt qu'on
« l'en a soulagé.

« Tel est, citoyens, le tableau exact de notre situa-
« tion extérieure actuelle. Le bonheur ou la gloire de
« cette situation sont tout entiers à la République.
« Nous en acceptons seulement la responsabilité, et
« nous nous féliciterons toujours d'avoir paru devant
« la représentation du pays en lui remettant la paix,
« en lui assurant la grandeur, les mains pleines d'al-
« liances, et pures de sang humain. »

De longues salves d'applaudissements suivirent ce discours. On demanda l'impression et l'envoi à tous les départements et aux puissances étrangères.

L'Assemblée vota que le gouvernement provisoire avait bien mérité de la patrie.

VIII.

Tandis que Paris s'enivrait de la sécurité et de la joie que lui inspiraient le retour de la souveraineté nationale et l'harmonie entre les représentants et les dictateurs, une grande question s'agitait dans l'esprit public et surtout dans l'âme de Lamartine.

Il y avait un intervalle à passer entre l'avénement de l'Assemblée nationale et le vote de la Constitution. Qui décréterait la forme du pouvoir exécutif nouveau? Quelle serait la nature de ce pouvoir intérimaire? Les dictateurs continueraient-ils à l'exercer en présence et sous la sanction de l'Assemblée? L'Assemblée l'exercerait-elle directement et par l'organe de comités sans cesse renouvelés du gouvernement? enfin l'Assemblée le déléguerait-elle? et en ce cas le déléguerait-elle à un seul ou à plusieurs? telles étaient les trois hypothèses qui se partageaient les esprits.

Le premier parti? c'était encore la dictature. Le second? c'était l'anarchie et la confusion du pouvoir : le troisième seul était praticable. On était d'accord presque à l'unanimité sur la nécessité de faire déléguer les pouvoirs par l'Assemblée. Mais là on se divisait : les uns, et c'étaient les hommes récemment arrivés à Paris, les moins instruits de l'état des choses, les plus impatients d'un retour aux formes antiques, voulaient que l'Assemblée nommât un seul dictateur temporaire, premier ministre en même temps, qui nommerait les autres ministres et qui gouvernerait pour elle.

Le plus petit nombre voulait que l'Assemblée nommât elle-même au scrutin un conseil ou une commission exécutive du gouvernement, pouvoir intermédiaire et fixe entre l'Assemblée et l'administration. Cette commission nommerait et révoquerait les ministres; elle serait, en attendant la Constitution, non plus la dictature, mais la présidence collective de la République.

Cette question intéressait surtout Lamartine, et c'était à lui seul qu'il appartenait en réalité de la résoudre. La France, Paris, l'Assemblée, l'Europe, avaient les yeux en ce moment sur lui : on attendait sa résolution, les uns pour l'applaudir et l'encourager à la dictature; les autres pour l'accuser et le maudire, s'il n'acceptait pas le rôle que l'immense majorité lui décernait.

Il ne pouvait se dissimuler que sa popularité à Paris, accrue jusqu'à la passion au lieu d'avoir été usée par trois mois de gouvernement heureux pendant tant de tempêtes, que les dix élections qui venaient de lui imprimer une sorte de titre représentatif universel, que les sept ou huit millions de voix qu'on lui offrait au besoin sur toute la surface de la République, et enfin la faveur de six ou sept cents représentants sur neuf cents, le désignaient et l'imposaient, pour ainsi dire, au choix de l'Assemblée, comme l'homme de la circonstance et comme le chef unique et prédestiné du pouvoir.

Il comprenait mieux qu'un autre, après l'épreuve d'un gouvernement divisé et orageux, les avantages de l'unité du pouvoir intérimaire dans une seule main. Il se sentait la force et se croyait la prudence nécessaire pour manier doucement et fermement ce pouvoir à la satisfaction de l'Assemblée. Il tenait seul les fils de l'Europe : il se flattait de donner à la République un ascendant immense sans allumer la guerre, et par un seul geste énergique préparé et accompli à propos au delà des Alpes. La popularité de tous les bons sentiments publics qui s'attachait à lui, l'attendrissait plus qu'elle ne l'enorgueillissait. Il rougissait d'avoir l'apparence de l'ingratitude envers sa patrie en se refusant froidement à son appel. La gloire d'asseoir l'Assemblée nationale après l'avoir évoquée, et d'être le premier pouvoir légal après avoir été le premier pouvoir révolutionnaire de son pays, le tentait, le renom de fondateur et de protecteur de la Constitution naissante lui apparaissait séduisant et lumineux dans le lointain de l'histoire.

Il n'avait donc en ce qui le concernait que de l'entraînement vers ce rôle. Mais l'ambition et la gloire n'étouffaient pas chez lui le bon sens et l'honnêteté. Il pensait avant tout à la République et à son pays. Or voici ce qu'il se disait à lui-même, et ce qu'il répondait à ses conseillers, pendant les trois ou quatre nuits d'insomnie où il délibéra avec lui-même en présence de sa conscience et de l'avenir :

« Le sentiment républicain est faible en France. Ce

« sentiment est mal représenté à Paris et dans les dé-
« partements par des hommes qui éloignent de la
« République, et qui en font horreur ou peur aux
« populations. La République est une surprise dont
« nous avons fait un miracle, par la sagesse du peuple
« de Paris et par le caractère de mansuétude, d'una-
« nimité et de concorde que nous lui avons imprimé.
« Mais les impressions sont mobiles et courtes dans
« les peuples, surtout en France. A peine la majorité
« de la population qui s'est jetée par l'enthousiasme
« de la peur dans le sein de la République modérée,
« aura-t-elle repris ses esprits, qu'elle accusera ce qui
« l'a sauvé et qu'elle se retournera contre les répu-
« blicains. S'il n'y a point de républicains d'ancienne
« date alors dans le gouvernement, ou si ces républi-
« cains déjà en petit nombre sont divisés devant leurs
« ennemis communs, que deviendra la République?
« et si la République, seul asile actuel de la société,
« succombe devant quelques retours précaires et fac-
« tices des monarchies usées, que deviendra la France?
« Il ne faut donc à aucun prix diviser les républicains
« à l'origine même de l'institution républicaine : il
« faut continuer à les contenir, à les modérer, à les ral-
« lier le plus longtemps possible, jusqu'à ce que la
« République ait pris assez de racines dans les faits et
« dans les idées pour employer indifféremment des
« républicains de toutes les dates avec les républicains
« de la première heure.

« Or, si je prends seul le pouvoir des mains d'une

« assemblée non républicaine ou peu républicaine,
« que va-t-il se passer? une de ces deux choses : ou
« j'expulserai mes principaux collègues du pouvoir,
« et alors ce pouvoir épuré sera suspect et odieux à
« tous les républicains d'hier : ou bien j'appellerai
« ces collègues au pouvoir, et alors je serai suspect et
« odieux à l'Assemblée nationale. Car je ne puis pas
« me dissimuler que l'Assemblée ne me nomme qu'à
« la condition tacite de les exclure. Ainsi, d'un côté,
« je ruine la République en la scindant trop tôt; ou je
« déclare la guerre à la représentation nationale en
« lui imposant des hommes dont elle a défiance et
« peur. C'est là une alternative qu'un homme poli-
« tique ne peut accepter, à moins de vouloir perdre la
« la République ou opprimer la représentation natio-
« nale de son pays.

« D'ailleurs cette alternative même n'est pas ad-
« missible : car quels sont ceux de mes collègues du
« gouvernement provisoire, mes égaux d'hier, qui
« consentiront à être mes subordonnés demain, et à
« engager leur nom, leur honneur, leur responsabilité
« dans mes actes? aucun. Je serai déserté par eux im-
« médiatement, et forcé de prendre mes ministres,
« soit parmi des hommes inconnus, soit parmi des ad-
« versaires avérés de la République.

« Mais je suppose, ajoutait Lamartine, que j'accepte
« cette alternative fatale, et que je prenne le pouvoir
« unitaire qu'on me décerne par les mains de l'Assem-
« blée, que va-t-il se passer demain? le voici:

« Tous mes rivaux dans la minorité du gouvernement
« provisoire, tous mes amis même dans la majorité,
« tous les républicains, socialistes, terroristes ou mo-
« dérés, tous les représentants au nombre de trois ou
« quatre cents qui ont été élus sous les auspices de ces
« opinions plus démocratiques, vont se constituer en
« opposition puissante dans l'Assemblée, dans la
« presse, dans le Luxembourg, dans les clubs, dans
« l'opinion, dans les ateliers nationaux. L'Assemblée
« divisée devient à l'instant une Assemblée orageuse.
« Les discours et les votes n'y ébranlent pas seulement
« l'enceinte, ils ébranlent la capitale et le pays. Les
« partis atterrés et muets devant la représentation
« unanime ou presque unanime aujourd'hui, devien-
« nent audacieux et insurrectionnels devant une re-
« présentation séparée en deux camps. Avant huit
« jours d'un tel spectacle donné à Paris, les opinions
« seront armées dans Paris même. La représentation
« sera menacée.

« Où est ma force avant un certain temps pour la
« couvrir? dans l'armée? je n'ai que six mille hommes
« dans Paris, et avant que j'y puisse rassembler trente
« ou quarante mille soldats, le signal que l'Assemblée
« donnera pour les appeler sera le signal de l'insur-
« rection contre elle et de sa dispersion.

« Dans la garde nationale? mais plus de la moitié
« de la nouvelle milice est dans les mains des répu-
« blicains socialistes ou conventionnels : cette moitié
« de la garde nationale s'armera pour eux contre

« l'Assemblée et contre l'ancienne milice qui voudra
« protéger la représentation : c'est la guerre civile au-
« tour du berceau de la constitution.

« Je sais bien, poursuivait Lamartine, que je pourrai
« sauver l'Assemblée en la conduisant hors de Paris,
« la replier sur l'armée du Nord, l'envelopper en quinze
« jours d'autres corps venus du Rhin, de gardes na-
« tionaux des départements, submerger Paris d'un
« million d'hommes et y rétablir le règne de la repré-
« sentation un moment violée; mais à quel prix? au
« prix de flots de sang que j'aurai à répandre pour re-
« conquérir la capitale, et au prix des proscriptions
« que j'aurai à exercer contre les républicains. Ce prix
« peut être indifférent à un ambitieux, il ne l'est pas à
« un honnête homme. Le sang n'est innocent que quand
« il est nécessaire à la loi qui se défend. Ici ce serait
« du sang gratuit, c'est-à-dire criant à jamais devant
« Dieu et devant les hommes contre mon ambition.

« Mais ce n'est pas tout : après être rentrée à Paris
« dans le sang des républicains, l'Assemblée aura la
« colère et la réaction naturelle contre le mouvement
« qui l'aura expulsée. Cette réaction conservera-t-elle
« la République pour frapper des républicains? évi-
« demment non. Elle m'engloutira moi-même si je
« me refuse à servir ses vengeances, ou elle me décer-
« nera la dictature pour la délivrer de la République.
« Dans le premier cas, je suis un *Cromwell;* dans le
« second, je suis un *Monck* : un tyran ou un traître,
« voilà l'option que je me prépare en montant témé-

« rairement au pouvoir et en expulsant mes collègues
« et les républicains de la République à la voix d'une
« passagère popularité ! Pour l'Assemblée un péril,
« pour le pays une guerre civile, pour moi un nom
« flétri, pour l'avenir la République proclamée et
« perdue en trois mois par le même homme ! Voilà
« mes augures ! Il faudrait être criminel, inepte ou
« fou pour les accepter. Le devoir d'un vrai républi-
« cain et d'un vrai patriote est de tout sacrifier pour
« que la République ne se divise pas à son origine, et
« pour que l'Assemblée nationale obtenue avec tant
« d'efforts, à peine introduite par nous dans un milieu
« qui la repousse, soit acceptée, assise, sauvée, et
« s'empare insensiblement de l'autorité et de la force
« qui lui appartiennent. Cette force lui manque tota-
« lement encore; il faut la lui donner par toutes les
« mains et par les mains mêmes de ceux qui auraient
« voulu l'écarter sans moi. Ces hommes disposent de
« cent vingt mille hommes des ateliers nationaux,
« armée aujourd'hui docile et patiente, demain insur-
« gée à leur voix; ils disposent des délégués du
« Luxembourg et des cinquante mille ouvriers fana-
« tisés par leur prédication; ils disposent de la partie
« prolétaire de la garde nationale nouvelle qui compte
« au moins soixante mille baïonnettes; ils disposent
« des clubs ameutés en une nuit par eux; ils dispo-
« sent en outre, par la préfecture de police et par
« l'Hôtel de Ville, du corps des *Montagnards*, des
« *Lyonnais*, de la *garde républicaine*, des *gardiens de*

« *Paris*, des *guides* et de tous ces rassemblements
« révolutionnaires armés qui ne reçoivent le mot d'or-
« dre que des républicains les plus ombrageux. Le
« lendemain du jour où j'aurai exclu ces républicains
« jaloux de leur part légitime dans le gouvernement,
« l'Assemblée nationale sera assiégée, vaincue, violée,
« contrainte de devenir l'instrument avili des vain-
« queurs ou d'ensanglanter l'enceinte où je ne l'aurai
« appelée que pour la livrer à ses bourreaux! »

Cette évidence frappait tellement l'esprit de Lamartine, qu'il ne comprenait pas qu'elle ne frappât pas également tous les hommes d'État qui lui donnaient des conseils plus ambitieux. Mais ces hommes imprégnés de l'esprit des départements ne connaissaient pas l'état vrai de Paris et les forces respectives de l'Assemblée et des factions.

« Les départements accourront, » disaient-ils.

Lamartine ne l'ignorait pas. Mais entre l'arrivée des départements à Paris et le salut de l'Assemblée nationale, il y avait huit jours, et ces huit jours étaient le piége de l'Assemblée et la perte de la République.

Enfin, il y avait un parti fortement conseillé à Lamartine par des hommes plus préoccupés de lui et de sa popularité que de la patrie.

« Retirez-vous, » lui disait-on, « déclarez que vous
« avez besoin de repos, que vous ne voulez pas faire
« partie du gouvernement, que votre œuvre est accom-
« plie, et que c'est à la France maintenant debout et
« réunie à faire la sienne.

« — Ce parti serait le plus doux et le plus sage pour
« moi, répondait Lamartine, je m'envelopperais d'une
« popularité facile qui en se désintéressant des diffi-
« cultés, des fautes et des catastrophes inévitables
« pendant ces premiers mois, me réserverait des regrets
« et de puissants retours de fortune. Je le sais, je con-
« nais le branle du temps : mais si je m'efface, l'As-
« semblée qui a surtout confiance en moi, épurera à
« l'instant tous mes collègues de février. Elle donnera
« le pouvoir à un homme nouveau ou ancien suspect
« aux républicains. Cette réaction soudaine exaspérera
« à l'instant la République. Paris s'insurgera au nom
« des républicains proscrits du gouvernement. Les
« mêmes malheurs se réaliseront : ils ne porteront pas
« mon nom, voilà tout. Mais dans ma conscience, ma
« lâcheté et mon égoïsme en seront également la cause.
« Je me serai sauvé et grandi en perdant l'Assemblée,
« la République et mon pays : c'est le contraire qu'il
« faut faire. Il faut me perdre et sauver l'Assemblée
« nationale. »

Et il prit sa résolution sans se faire aucune illusion
sur les conséquences de son sacrifice.

Il savait, comme s'il l'avait lu d'avance, qu'on tra-
duirait son courage en lâcheté, son abnégation en soif
du pouvoir, son esprit de concorde en complicité, sa
prudence en aveuglement. Il n'ignorait pas qu'un
gouvernement collectif pressé entre les impatiences
naturelles de l'Assemblée et les résistances séditieuses
du peuple, n'était qu'un expédient temporaire, bientôt

usé et répudié par tous les partis. Mais cet expédient était le seul qui pût amortir les chocs entre la représentation et le peuple de Paris et donner du temps à la reconstitution des forces et des moyens de salut. Le prix qu'il donna pour acheter ce temps, ce fut lui-même. Il ne s'en repentit jamais, malgré le jugement universellement contraire qu'on porta de sa conduite. En se rendant à l'Assemblée pour accomplir sa résolution, il rencontra un groupe de représentants républicains sur la place de la Concorde, ils le conjurèrent de céder à leurs instances et de se laisser investir du pouvoir unique : « Non, leur dit-il, j'ai bien réfléchi. Il y a un « abîme que vous ne voyez pas entre l'Assemblée « nationale et le jour où la République sera armée. Il « faut un Décius pour le combler. Je m'engloutis, mais « je vous sauve. » Et il entra dans le palais de l'Assemblée nationale.

IX.

L'Assemblée, longtemps rebelle, finit par adopter à sa voix, de lassitude plutôt que de conviction, ce parti, mauvais, mais nécessaire, d'une commission exécutive composée de cinq membres nommés au scrutin, pour exercer le pouvoir intérimaire jusqu'à la constitution définitive du pouvoir constitutionnel.

Ce scrutin témoigna immédiatement à Lamartine qu'il avait perdu la confiance d'une grande partie de l'Assemblée nationale par le sacrifice même qu'il faisait de sa popularité et de son ambition. Son nom, sorti dix fois de l'urne des départements avec plus de deux millions de suffrages, ne sortit que le quatrième de l'urne de l'Assemblée constituante. On le punissait de son dévouement, on se vengeait de ce qu'il ne voulait pas servir l'impatience et l'aveuglement de sa patrie. Il courba la tête et accepta le signe de son impopularité qui commençait.

L'Assemblée avait nommé MM. Arago, Garnier-Pagès, Marie, Lamartine, Ledru Rollin, membres de la commission exécutive.

Les membres du gouvernement se réunirent chez leur président, M. Arago. Ils nommèrent les ministres; les choix furent inspirés par le même esprit de transition, de prudence et de fusion qui avait animé la résolution de Lamartine. M. Crémieux eut la justice, M. Bastide les affaires étrangères, M. Jules Favre, talent supérieur de parole, intelligence pénétrante et multiple, fut adjoint à ce ministre comme sous-secrétaire d'État pour soutenir les discussions si difficiles et si fréquentes sur les intérêts extérieurs du pays. M. Charras, en attendant l'arrivée du général Cavaignac, administra la guerre, M. l'amiral Casy la marine, M. Recurt l'intérieur, avec M. Carteret, esprit d'élite, pour sous-secrétaire d'État, M. Trélat les travaux publics, ministère dont les ateliers nationaux faisaient en ce moment un ministère politique, M. Flocon l'agriculture et le commerce, M. Bethmont les cultes, M. Carnot l'instruction publique, où il était secondé par un esprit philosophique, aventureux, mais de haute portée, M. Reynaud; M. Duclerc les finances.

M. Pagnerre, qui s'était signalé depuis le 24 février par d'infatigables services rendus au gouvernement dans le rôle modeste, mais principal, de secrétaire général du gouvernement, conserva cet emploi avec voix délibérative. M. Marrast garda la mairie de Paris, jusqu'à ce que le gouvernement eût modifié cette institution révolutionnaire. M. Caussidière conserva la préfecture de police. Il y avait à la fois témérité et prudence dans ce dernier choix, nul ne pouvait plus nuire ou mieux servir l'Assemblée nationale que Caussidière. Lamartine le croyait capable des deux rôles; mais il pensait qu'il préférerait loyalement le second. Il y a une telle différence entre servir des factions et servir la représentation de son pays, qu'une telle grandeur devait, selon Lamartine, tenter un caractère comme celui de Caussidière. L'exclure c'était le rejeter dans la conspiration, son élément natal; l'admettre c'était le conquérir à l'ordre par une honorable ambition satisfaite. Caussidière fut maintenu.

X.

A peine le gouvernement ainsi constitué avait-il eu le temps de saisir les rênes de l'administration brisées et confuses, que les prévisions de Lamartine se réalisèrent et prouvèrent trop à l'Assemblée combien sa sécurité était trompeuse et combien le sol révolutionnaire de Paris pouvait aisément engloutir une souveraineté qui lui répugnait.

Le gouvernement provisoire avait décrété une fête militaire et nationale pour le jour où la représentation serait installée dans Paris. Il voulait que Paris debout et armé accueillît la France dans ses représentants par un salut solennel : il voulait que la représentation souveraine passât la revue des innombrables baïonnettes civiques qui devaient se courber devant elle et la protéger ensuite contre les factions : il voulait qu'une acclamation mémorable s'élevât d'un million de voix pour reconnaître la souveraineté de la France dans ses représentants. Des dispositions mal calculées par les exécuteurs des préparatifs de cette cérémonie au Champ-de-Mars l'avaient fait proroger au 14 mai. Le sol du Champ de la fédération mal nivelé aurait fait courir des dangers à la masse immense de population que cette fête devait rassembler.

Le 12 mai, le ministre de l'intérieur, M. Recurt, annonça de nouveau que la fête serait ajournée par nécessité au 21 mai. Les députations de gardes nationaux des départements déjà arrivées à Paris, s'irritèrent, murmurèrent, portèrent leurs plaintes dans les lieux publics, agitèrent légèrement la surface de Paris. Les chefs du parti de l'agitation épièrent de l'œil ces symptômes, y virent quelques éléments auxiliaires de perturbation. Les meneurs des clubs, les démagogues partisans de la guerre, jusque-là déçus dans leurs plans d'incendie générale de l'Europe, cherchaient un mot d'ordre pour soulever le peuple; ils le trouvèrent dans le nom de la Pologne.

Le peuple, depuis quinze ans, était accoutumé à répondre à ce nom. Ce mot signifiait pour le peuple oppression d'une race humaine et vengeance de la tyrannie. Des hommes importants de l'Assemblée nationale, tels que MM. Vavin, Volowski, de Montalembert, étaient les patrons de cette cause. Ces patronages au dedans encourageaient les réclamations du dehors. Cette cause, en ce qu'elle avait de juste et de généreux, comptait sur des intelligences généreuses dans l'Assemblée. Les factieux s'emparèrent de ces dispositions du peuple pour lui conseiller une manifestation en faveur de la Pologne. Ils donnèrent rendez-vous pour le 15 mai à tous les clubs et à tous les amis de la Pologne sur la place de la Bastille. De là, après avoir signé une pétition à l'Assemblée pour demander la déclaration de guerre à la Russie, c'est-à-dire la conflagration du continent et la coalition de toutes les puissances contre la République, ils se mettraient en marche par les boulevards, rallieraient en passant les masses encore tumultueuses de Paris, et viendraient apporter à la barre de l'Assemblée la pétition du peuple.

Les Polonais eux-mêmes, quoique ayant obtenu déjà d'immenses rapatriations par l'influence de la République dans le duché de Posen et dans la Gallicie, n'étaient pas étrangers à ce mouvement. Lamartine était informé par des lettres de ses agents confidentiels en Pologne, que des émissaires des clubs polonais de Cracovie partaient avec la mission de susciter une pression sur l'Assemblée nationale à Paris, pour la contraindre à déclarer la guerre en leur faveur. Après avoir formé ce rassemblement tumultueux, les meneurs de clubs et les démagogues se proposaient de demander à défiler dans l'Assemblée à l'imitation des défilés insurrectionnels dans la Convention les jours de crime.

Le gouvernement était résolu à s'y opposer. Une pétition apportée par cent mille hommes est une oppression et non un vote. Les partis politiques, les républicains exaltés ou modérés, voyaient avec la même horreur ce projet d'émeute déguisée. Ce complot n'avait aucune intelligence dans la garde nationale ni dans la garde mobile. C'était une tentative des partis désespérés, une saturnale de la plus basse démagogie. Elle affligeait plus qu'elle n'alarmait le gouvernement.

Informé la veille, mais sans précision par le ministre de l'intérieur, M. Recurt, le gouvernement manda le préfet de police. Caussidière fit répondre qu'il était malade et qu'il ne connaissait rien qui fût de nature à donner des craintes sérieuses pour le lendemain. Son absence, son silence, et son inaction, avant et pendant le mouvement du 15 mai, éveillèrent des soupçons de connivence ou de tolérance que rien n'a justifiés, ni vérifiés depuis. Caussidière était en effet retenu par les suites d'un accident de cheval. Il était de plus en lutte d'attribution et de rivalité avec la mairie de Paris et avec le ministre de l'intérieur. Louis Blanc, Albert et tout le parti socialiste, exclus du gouvernement par Lamartine et par ses collègues, devaient chercher à aigrir Caussidière contre une Assemblée qui se séparait d'eux. Les montagnards au nombre de deux ou trois mille hommes qui occupaient la Préfecture de police, et qui s'y étaient fortifiés, tenaient par leurs opinions et par leurs relations aux clubs les plus agitateurs. C'était la démagogie armée, frémissante de se subordonner à la représentation régulière du pays.

Le milieu dans lequel vivait ainsi Caussidière était un milieu d'opposition aigrie par les socialistes détrônés, de faction occulte affiliée aux démagogues. Caussidière fut-il lui-même instigateur et complice? je ne le crois pas. Fut-il aussi vigilant et aussi actif qu'il l'eût été dans une autre disposition d'esprit? je n'oserai pas l'affirmer non plus. Il ne crut sans doute qu'à une légère émotion qui inquiéterait l'Assemblée, et qui ferait sentir son importance aux nouveaux venus des départements. Il fut étonné le lendemain de la gravité du résultat; il se désintéressa trop; il renferma ses forces à la Préfecture de police pour attendre : non complice, non coupable, mais non suffisamment indigné peut-être d'une humiliation de la représentation nationale.

Le gouvernement employa une partie de la nuit à donner les ordres les plus circonstanciés au général

Courtais, commandant de la garde nationale, et aux généraux Tempoure et Foucher, le premier commandant la garde mobile, le second commandant des troupes de Paris.

LIVRE QUINZIÈME.

Le 15 mai. — Marche de la manifestation. — Son irruption dans le palais. — Résistance de Lamartine. — Invasion de la salle. — Excès et scandales des envahisseurs. — Usurpation de la tribune. — Ordres et contre-ordres de rappel. — Le général Courtais. — Ovation de Louis Blanc. — Proclamation par les factieux de la dissolution de l'Assemblée nationale et d'un gouvernement révolutionnaire. — Leur course à l'Hôtel de Ville. — Le rappel. — Expulsion de l'émeute par la garde mobile. — Rentrée de l'Assemblée nationale. — Discours de Lamartine. — Sa marche contre les factieux sur l'Hôtel de Ville. — Enthousiasme de la population. — La place de Grève. — Entrée de Lamartine à l'Hôtel de Ville. — Arrestation des chefs de l'insurrection. — Retour triomphal à l'Assemblée nationale. — Décret d'épuration des montagnards. — Leur résistance. — Démission de Caussidière. — Siége de la Préfecture de police. — Capitulation des Montagnards. — Le général Cavaignac au ministère de la guerre. — Revue du 21 mai. — Les ateliers nationaux. — Leur dissolution préparée par la commission exécutive. — Attroupements bonapartistes. — Proposition d'ostracisme temporaire de M. Louis-Napoléon Bonaparte. — Pressentiment des journées de juin par Lamartine. — Dispositions militaires de la commission exécutive. — Les journées de juin. — Chute de la commission exécutive. — Conclusion.

I.

A l'aube du jour, le 15 mai, les généraux et le ministre de l'intérieur furent appelés au Luxembourg, siége du gouvernement, pour rendre compte des dispositions qu'ils avaient prises et pour en concerter de nouvelles. Rien ne fut négligé de ce qui pouvait écarter le rassemblement de l'Assemblée, et couvrir, même par le feu, l'inviolabilité de la représentation. Le général Courtais reçut le commandement général. Il fut convenu que douze mille hommes de la garde nationale seraient appelés autour du palais Bourbon, et que les bataillons de garde mobile stationneraient comme réserve sous les arbres des Champs-Élysées. Des gardes mobiles et de l'artillerie furent, en outre, postés dans les cours.

La séance de l'Assemblée s'ouvrit à midi. Ledru Rollin et Lamartine y assistaient, ainsi que les ministres. MM. Arago, Marie, Garnier-Pagès et Pagnerre étaient en permanence au Luxembourg pour aviser aux éventualités du jour, dans le cas où leurs collègues viendraient à être cernés dans le palais Bourbon. Une agitation confuse régnait dans la salle, un immense bourdonnement s'élevait du dehors. On lisait la pétition en faveur de la Pologne; des orateurs la soutenaient. Lamartine monta les degrés de la tribune pour leur répondre. On vint lui annoncer qu'une colonne immense de peuple, précédée des clubs, et ramassant sur son passage l'écume flottante de la population d'une grande capitale, s'avançait sur l'Assemblée, et menaçait de forcer le pont. Lamartine feignit, pour ne point alarmer l'Assemblée, de ne pas vouloir répondre avant que d'autres orateurs eussent parlé. Il se pencha à l'oreille du président, M. Buchez, et l'avertit de prendre les mesures que son autorité lui donnait sur les troupes dans le rayon du palais de la représentation.

Le général Courtais, évidemment surpris de la masse et de la rapidité de la démonstration, manquant de bataillons sous la main, redoutant un choc qu'il croyait pouvoir encore éviter en ouvrant le passage du pont et en laissant défiler la colonne des pétitionnaires devant le péristyle et par le quai, flottait indécis et cherchait des conseils conformes à sa pensée. Pendant cette indécision de la défense, la colonne écartant un demi-bataillon de gardes nationaux sur la place de la Concorde, et faisant refluer le petit nombre de gardes mobiles insuffisant pour défendre le pont, déboucha comme un torrent débordé sur le quai, en face du péristyle, et s'engouffra dans la rue de Bourgogne, aux cris de Vive la Pologne.

Les questeurs dénués de force, par l'absence des gardes nationaux à l'intérieur, vinrent engager Lamartine et Ledru Rollin à se présenter au peuple et à le haranguer du haut des marches du palais. Le général Courtais y était déjà, cherchant vainement de la voix et du geste à dominer le tumulte.

Des milliers d'hommes en costumes divers, la plupart en haillons, la figure fanatisée, le geste menaçant, la bouche pleine d'écume et de cris, pesaient de tout le poids d'une multitude contre les grilles, et s'efforçaient de les ébranler ou de les escalader pour violer l'enceinte. Ledru Rollin, accueilli par quelques applaudissements, ne put se faire entendre. A l'aspect de Lamartine, que la foule savait être ministre des affaires étrangères et énergiquement opposé à la guerre,

une clameur immense s'éleva. Quelques voix crièrent :
Mort à Lamartine!

La foule protesta avec indignation contre ces cris :
elle arracha de la grille les deux forcenés qui les
avaient poussés, elle les foula aux pieds et cria: Non!
vive Lamartine! Au moment où Lamartine se faisait
apporter une chaise pour parler au peuple, quinze ou
vingt hommes hissés sur les piques de la grille les
franchirent et tombèrent à ses pieds dans l'intervalle
qui sépare les grilles des marches du péristyle. La
porte de la grille fut ouverte ou forcée, et un premier
flot de foule se précipita par cette ouverture. « C'en est
« fait, dit Lamartine, non! la raison n'y peut rien; il
« n'y a plus qu'à se défendre. Eh bien! aux armes et
« défendons-nous! »

En disant ces mots, il se replia suivi de quelques
députés et de quelques soldats sur la porte de la seconde cour séparée par une autre grille du parvis du
péristyle. Cette seconde cour était occupée par un
demi-bataillon de gardes mobiles. Les soldats paraissaient résolus à faire leur devoir, quand un ordre
qu'on attribue au général Courtais leur fit remettre les
baïonnettes dans le fourreau. Lamartine, en voyant ce
mouvement de désarmement des soldats au milieu
du tumulte, leva les bras au ciel et s'écria : Tout est
perdu!

Il rentra avec le groupe de questeurs et de députés
dans l'enceinte et attendit consterné l'événement. Cependant, il se flattait toujours que les gardes natio-

naux qui étaient dans les autres cours, ralliés par quelque commandement énergique, préviendraient du moins la violation de la salle même des séances, et que l'invasion dont il avait été témoin par le côté du quai, se bornerait à un défilé tumultueux dans les corridors et dans les jardins du Palais. Après avoir averti le président de ce qui se passait, il ressortit seul et désespéré, pour faire face aux séditieux qui tenteraient de franchir le dernier seuil.

Après avoir fait quelques pas dans la salle des colonnes, il se trouva en face d'un groupe de chefs de clubs qui s'avançaient sur cinq ou six de front en se donnant le bras. Un membre du gouvernement provisoire Albert, ami de Louis Blanc, était du nombre. C'était le seul qui fût connu de vue par Lamartine.

Derrière ce premier rang marchaient d'autres citoyens, le visage en feu, le geste égaré.

Lamartine, résolu à faire son devoir sans considérer son impuissance et son isolement, s'avança de quelques pas au-devant de cette tête de colonne, et étendant les deux bras en croix comme pour leur opposer une barrière :

« Citoyens, leur dit-il, vous ne passerez pas, ou « vous ne passerez que sur mon corps ! — Et à quel « titre nous empêcheriez-vous de passer? lui dirent « les premiers qui l'abordèrent. — Au titre, répondit « Lamartine, de membre du gouvernement, chargé de « défendre à tout prix l'inviolabilité de l'Assemblée « nationale. — Que nous importe l'Assemblée natio-

« nale, répliquèrent-ils, nous sommes le peuple? nous
« voulons présenter nous-mêmes nos pétitions et nos
« volontés à nos mandataires; avez-vous donc oublié
« déjà que le peuple communiquait librement, direc-
« tement et toujours avec le gouvernement de l'Hôtel
« de Ville?

« — Citoyens, reprit Lamartine, nous étions alors
« en révolution; nous sommes aujourd'hui en gouver-
« nement. L'Assemblée nationale est autant au-dessus
« de nous que la nation est au-dessus de vous! Elle
« ne peut recevoir de pétitions des mains d'une frac-
« tion attroupée du peuple sans perdre sa liberté et
« sa majesté. Je vous répète que vous ne passerez que
« sur mon corps. »

Alors des vociférations s'élevèrent du sein des
hommes qui formaient le second rang du groupe : des
apostrophes ironiques et dédaigneuses furent adressées
à Lamartine; mais aucun outrage, aucune violence
n'attristèrent ce dialogue entre ses interlocuteurs et lui.
L'altercation dégénéra en discussion sur les droits res-
pectifs du peuple et de l'Assemblée; quelques citoyens
étrangers à la représentation, au nombre desquels le
jeune Lagrange de Mâcon, Thomasson, Ernest Gré-
goire, quelques représentants courageux et indignés,
M. de Mornay, M. de Montreuil et d'autres, étaient
accourus au bruit de la querelle et s'étaient rangés
derrière Lamartine. Il adressèrent des représentations
dans le même sens que lui aux groupes des envahisseurs; ces groupes encore en petit nombre hésitèrent,

flottèrent, et finirent par se replier sur la salle des pas perdus.

Lamartine rentra dans l'assemblée et s'assit à son banc pour s'associer aux résolutions et aux actes que la représentation nationale allait prendre dans cette extrémité. Il croyait que les grilles avaient été refermées après le passage de ce premier flot d'insurgés, et que les pétitions apportées par des représentants allaient l'appeler à la tribune.

Mais à peine avait-il repris sa place, pénétré d'une horreur et d'une douleur qu'il avait peine à dissimuler sur ses traits, que les portes des tribunes publiques, ouvertes ou brisées avec fracas dans tout le pourtour de la salle, donnèrent passage à une invasion d'hommes en vestes, en chemises, en blouses de travail, en haillons, qui s'élancèrent comme à l'assaut des galeries, écartant brutalement du geste, des mains, des pieds, les spectateurs paisibles et les femmes, enjambant les balcons, se suspendant par les bras aux corniches, pour se laisser glisser sur la tête des représentants, et remplissant en un moment la salle entière de foule, de cris, de drapeaux, de poussière et de confusion : véritable et atroce image d'une invasion de barbares dans une société civilisée. Lamartine reconnaissait ce même peuple souterrain, ces mêmes chefs, ces mêmes costumes, ces mêmes visages, ces mêmes vociférations dont il avait été submergé pendant soixante heures à l'Hôtel de Ville pendant les journées du drapeau rouge. L'Assemblée pouvait se croire reportée aux jours sinistres de septembre 1793.

Les représentants furent à l'unanimité sublimes de fermeté, d'attitude impassible et d'indignation. Pas un cri d'effroi ne sortit d'une bouche, pas une pâleur ne couvrit un front, pas un regard ne s'abaissa devant l'audace et le cynisme des figures et des actes qui souillaient la salle. Ces neuf cents citoyens intrépides avaient accepté sciemment dans leurs départements, le mandat des dangers suprêmes qu'ils allaient courir en venant apporter la loi républicaine à une démagogie qui tenterait de leur imposer la sédition et la terreur. Ils étaient résolus à mourir dignes de leurs départements.

Le peuple fut intimidé lui-même de leur attitude, il parut honteux de ses excès. Cependant quelques luttes hideuses déshonoraient l'enceinte entre ces hommes enivrés des prédications démagogiques qui les avaient lancés jusque-là. Des forcenés agitant un drapeau armé d'une lance de fer voulaient aller le planter sur la tribune; d'autres les contenaient. Ils se renversaient, ils se relevaient dans la poussière sous les yeux des représentants. D'autres s'efforçaient de gravir les degrés de la tribune, que des huissiers et des députés dévoués couvraient de leurs corps, d'autres s'élançaient par les escaliers extérieurs au bureau et autour du fauteuil du président, pour lui imposer des ordres ou des motions. Des dialogues partiels, terribles, sinistres, s'établissaient entre la foule et quelques députés héroïques qui la bravaient en se levant de leurs bancs, en découvrant leurs poitrines, et en faisant des gestes de défi aux séditieux. Des interpellations tragiques s'échangeaient de toutes parts entre les chefs démagogues qui se pressaient au pied de la tribune et les représentants de tous les côtés. Il n'y avait alors ni gauche ni droite dans l'Assemblée; aucune intelligence secrète n'était établie encore entre les démagogues du dehors et les représentants : il n'y avait d'autre parti que celui de l'indignation. Ledru Rollin, Barbès, Louis Blanc, exprimaient par leur contenance et par leurs gestes autant d'affliction et de dégoût contre cette saturnale du peuple, que les membres des autres partis de l'Assemblée. On voyait ces députés, populaires de nom, abordés par les envahisseurs et cherchant à les apaiser, à les dissuader de leurs mauvais desseins. On faisait appel à leur intervention, comme pour s'interposer entre le peuple et l'Assemblée. Ces représentants sollicités ainsi par leurs collègues jetaient quelques mots dans un esprit de répression; mais le tumulte couvrait toutes les voix et confondait tous les rôles. C'était une mêlée de gestes et de cris, une bataille d'hommes désarmés, un tourbillon d'éléments confus qui emportait tout, même ceux qui l'avaient créé. Plus d'une heure s'écoula ainsi avant qu'un silence de lassitude pût permettre à la foule et à la représentation confondues, l'apparence, non d'une délibération, mais d'un dialogue, ou d'une protestation quelconques. L'excès de l'anarchie avait paralysé l'action de l'anarchie elle-même.

II.

Pendant que ces scènes se déroulaient dans la salle, d'autres scènes se passaient, plus scandaleuses et plus sinistres encore, autour du bureau et du fauteuil du président. Des insurgés s'en étaient emparés en se hissant des mains et des pieds sur la tribune; les uns y agitaient des sabres nus, les autres des drapeaux de clubs; deux hommes en uniforme, l'un d'officier de garde nationale, l'autre de pompier, s'y faisaient remarquer par l'insolence et par le cynisme de leurs gestes et de leurs vociférations. Des bandes de démagogues à figure velues, avinées, se disputaient la tribune, essayaient d'y jeter quelques mots étouffés dans les applaudissements ou dans les clameurs, et s'y renversaient tour à tour. D'autres donnant un perpétuel assaut au bureau des secrétaires et au fauteuil, proféraient d'horribles menaces contre le président : ils lui enjoignaient de donner la parole à leurs orateurs, ils lui défendaient, sous peine de massacre de l'Assemblée, d'appeler la garde nationale au secours de la représentation.

Le président, digne, calme et intrépide pour lui-même, était placé dans une anxiété et dans une contrainte d'esprit qui explique son inaction apparente. S'il n'appelait pas la force publique, il manquait à sa responsabilité devant l'Assemblée; s'il l'appelait, il compromettait peut-être la vie de neuf cents représentants à la merci d'une horde innombrable. D'ailleurs la force publique existait-elle quelque part? On disait que la colonne du peuple entrée dans l'enceinte n'était que la tête d'une colonne de cent mille hommes s'étendant du pont de la Concorde jusqu'à la Bastille. Le général Tempoure commandant la garde mobile était retenu dans une tribune publique, spectateur immobile de ces violences, séparé de ses troupes auxquelles il ne pouvait plus donner d'ordre. Le commandant général Courtais errait dans l'enceinte, entouré des flots du peuple qui lui interdisait d'appeler ses bataillons. Le chef de l'administration de la guerre Charras était immobile et consterné. Le gouvernement était ou emprisonné avec Lamartine et Ledru Rollin; ou éloigné du lieu de la scène au Luxembourg, avec Arago, Garnier-Pagès, Marie : il ne restait à chacun des bons citoyens que son action individuelle. Chacun l'employait selon son inspiration et ses conjectures sur la nature et la masse du mouvement extérieur dont personne ne connaissait exactement la portée. Le président signait tour à tour des ordres portant de ne pas faire battre le rappel et l'ordre secret de marcher sur l'Assemblée; il remettait les premiers aux séditieux pour les apaiser; les seconds à des citoyens affidés pour qu'ils les transmissent aux colonels des légions. Ces colonels recevant ainsi des ordres contraires ne prenaient conseil que du hasard. Lamartine envoya coup sur coup par des amis qu'il avait dans la foule, l'ordre de faire battre le rappel et de rassembler les légions. M. de Chamborand, homme d'initiative et d'audace, ami de Lamartine, parvint à travers mille dangers à faire exécuter par une légion, sous sa responsabilité et en se livrant lui-même en otage, l'ordre de battre le rappel. Mais ces ordres n'étaient que des avis, portés par des représentants ou par des complices apparents de l'invasion, qui pouvaient être détournés ou désobéis. L'Assemblée captive était livrée au hasard de l'événement : un coup de feu, un coup de poignard pouvant changer la saturnale populaire en massacre de la représentation.

III.

Cependant, la masse du peuple, plus entraînée que coupable, semblait avoir une honte instinctive de ses excès et rougir de son propre désordre. Lamartine s'étant porté sur la terrasse du petit jardin qui domine le quai et la rue de Bourgogne, pour juger du nombre et des dispositions du peuple au dehors, fut accueilli par des applaudissements et des cris de vive Lamartine! Rentré dans les salles qui précèdent l'enceinte et submergé dans les groupes qui s'y déroulaient comme des vagues, il ne fut l'objet d'aucun outrage. — « Parlez-nous! conseillez-nous! assistez-nous! lui criaient ces hommes incertains de leur propre esprit. Ne craignez rien, nous vous couvrirons de nos bras pour écarter les poignards de votre poitrine! »

Il leur répondait avec calme et avec sévérité; il leur montrait du geste les scandales de l'enceinte violée; il leur annonçait l'indignation et la vengeance certaine des départements outragés dans leur représentation, et la guerre civile inévitable, s'ils ne se réprimaient pas d'eux-mêmes en se retirant et en signant un acte de repentir et de réparation à l'Assemblée. Ces paroles trouvaient partout des échos. Le peuple ne semblait demander qu'à se retirer et à réparer sa faute, un petit nombre seulement de démagogues et d'agents forcenés des clubs, perpétuaient les tumultes, portaient en triomphe, de salle en salle, Louis Blanc, accompagné de Barbès et d'Albert.

Louis Blanc, quoi qu'on en ait dit depuis, paraissait plus humilié que satisfait de ces triomphes subis, plutôt qu'obtenus sur la décence publique. Lamartine, qui fut toujours coudoyé dans ce tourbillon de l'émeute par les ovations de son ancien collègue et de son adversaire, entendit du sein de la foule plusieurs des allocutions de Louis Blanc. Ces paroles respiraient la joie de voir le nombre et l'enthousiasme des socialistes imposer le respect à leurs ennemis et se caractériser en puissance d'opinion irrésistible; mais tout en les félicitant, ils les conjurait de se retirer, de se modérer et de rendre la liberté à la représentation générale du peuple. Le général Courtais, passant de groupe en groupe, ne cessait d'adresser les mêmes adjurations.

IV.

Mais pendant que Lamartine haranguait de salle en salle la foule de plus en plus flexible à sa voix, les chefs des clubs se disputant la tribune, y montaient, y lisaient des pétitions et des discours; Blanqui, applaudi par ses sectaires, y appelait par une fatale rivalité de popularité Barbès son ennemi et jusque-là plus adversaire que complice des séditieux. Enfin, un conspirateur plus entreprenant nommé Huber, visage avéré dans toutes les agitations extrêmes du peuple depuis février, proclamait la dissolution de la représentation nationale et le gouvernement révolutionnaire.

Applaudie par les hordes qui se pressaient autour de la tribune, cette motion fut proclamée de bouche en bouche comme un plébiscite. Les membres de l'Assemblée se dispersèrent pour aller chercher justice et vengeance dans le sein de la garde nationale et du véritable Paris. Les factieux précédés de Barbès et leurs complices marchèrent en colonne sur l'Hôtel de Ville, s'en emparèrent sans résistance, et s'y entourèrent de huit mille hommes armés, les uns complices, les autres spectateurs entraînés des triomphes des factions.

A ce moment, Ledru Rollin retenu par les séditieux dans une loge de concierge du palais, et sollicité par eux de les suivre à l'Hôtel de Ville, et d'y accepter la place qu'on lui avait décernée dans ce gouvernement, leur résistait obstinément, et déclarait qu'il ne se laisserait à aucun prix imposer un pouvoir surpris par une sédition contre la représentation nationale.

Au même instant, Lamartine, pressé par une foule tumultueuse dans la salle des Conférences, haranguait le peuple qui commençait à se retirer à ses sommations. Le mouvement de retraite qui se fit après la proclamation de la dissolution de l'Assemblée interrompit ses paroles. Un groupe de sept ou huit bons citoyens mêlés au peuple pour l'inspirer et le contenir entoura Lamartine et le conduisit à travers le jardin dans le palais en construction de la présidence. On le fit monter dans le bureau de l'administration du bâtiment; on ferma les portes; on plaça quelques braves ouvriers en sentinelle au bas de l'escalier pour détourner les pas de la multitude, si elle venait à s'y présenter; on résolut d'attendre dans l'enceinte même de l'Assemblée nationale, le mouvement qui allait ou consommer ou réprimer l'attentat du jour.

« Si dans trois heures, dit Lamartine à ses amis
« inconnus, nous n'entendons pas battre le rappel de
« l'autre côté du fleuve, j'irai coucher à Vincennes, ou
« je serai fusillé !

— « Cela ne durera pas tant, s'écrièrent ces jeunes
« gens indignés, il n'est pas possible que la France
« subisse trois heures une pareille parodie de gouver-
« nement. »

Lamartine épuisé de voix et ruisselant de sueur, s'assit devant une petite table où les ouvriers avaient oublié une bouteille de vin : on but à la prochaine délivrance de la République.

Le général Courtais, instruit de l'asile où s'était retiré Lamartine, vint frapper à la porte du cabinet; on le fit entrer. Rien dans ses traits ni dans son langage ne trahissait la joie ouverte ou même la satisfaction secrète d'un complice; tout révélait au contraire en lui, le désordre et la consternation d'un homme flottant entre deux dangers, celui de manquer à son devoir envers la représentation, celui de faire couler le premier sang après une révolution jusque-là sans tache. Courtais demanda conseil à Lamartine devant ces huit témoins : Lamartine lui conseilla de s'évader par les jardins, de se mettre à la tête de la première légion qu'il pourrait réunir et de marcher sur le palais pour y rétablir l'Assemblée. Il remercia Lamartine, but un verre de vin debout, et s'élança pour faire son devoir.

Un instant après, il rentra; son uniforme de général l'avait fait entourer par le peuple qui inondait les jardins, les cours, et fermait toutes les issues. Lamartine lui conseilla de tenter un dernier effort; le général redescendit, fendit les attroupements, et voulut sortir par la rue de Bourgogne. Mais pendant qu'il cherchait un moyen d'aller rejoindre et diriger ses légions, les légions soulevées d'elles-mêmes par la rumeur publique et par les émissaires de Lamartine et de ses collègues du Luxembourg, se rassemblaient, marchaient, et allaient arrêter bientôt leur propre général.

V.

Un bourdonnement immense de peuple montait d'en bas dans l'asile où Lamartine comptait les minutes avec ses amis, l'oreille collée aux fenêtres. Un silence morne et complet régnait sur le reste de Paris. On ne savait ce qui allait sortir de ce silence. Les conspirateurs avaient, disait-on, dix mille complices armés et du canon à l'Hôtel de Ville. Le ministère de l'intérieur était pris, celui de la guerre abandonné; la garde nationale était sans commandant général. On flottait entre les éventualités les plus étranges. Tout était possible en un pareil moment.

Soudain, un pas de charge lointain, imperceptible, battu de différents côtés sur les deux rives de la Seine, vient frapper l'oreille. A ce bruit, un bataillon de garde mobile emprisonné dans les jardins de la présidence qui dominent le quai, court aux armes et se reforme en bataille sous les murs du palais. Lamartine sort avec ses amis de sa retraite, descend l'escalier, traverse le bâtiment en construction, passe par une fenêtre sur une planche jetée en pont du palais dans le jardin, se précipite dans les rangs de la garde mobile qui l'accueille par les cris de *Vive Lamartine! vive la représentation nationale!* et rentre avec eux et les gardes nationaux par la grande porte du quai dans le palais. Les séditieux qui remplissaient l'enceinte des salles, les cours et les jardins, se dispersent par toutes les issues devant les baïonnettes. Les représentants ramenés par les détachements des légions reprennent leurs places; Lamartine, à demi étouffé par l'encombrement des salles et des corridors, est porté jusque sur les premières marches de la tribune. Il y monte salué des mêmes cris, et il y attend longtemps en silence que le tumulte des armes soit apaisé, et qu'un certain nombre de représentants aient repris leur place.

« Citoyens, s'écria-t-il alors : le premier devoir de
« l'Assemblée nationale, rentrée libre dans son enceinte
« à l'ombre des baïonnettes, c'est de voter la recon-
« naissance de la patrie, à la garde nationale de Pa-
« ris, à la garde mobile! à l'armée! » On ratifie cette proposition par des applaudissements.

« Mais nous manquerions au premier de nos devoirs,
« continue-t-il, si, dans cette reconnaissance publique,
« nous ne signalions pas une partie, la principale,
« l'immense majorité de la population de Paris, indignée
« des scandales qui ont un moment déshonoré cette en-
« ceinte, et qui s'est soulevée tout entière pour réta-
« blir la représentation.

« Mais, citoyens, dans les circonstances urgentes où
« nous sommes placés, la tribune n'est pas la place
« de l'homme politique que vous avez désigné avec
« ses collègues pour veiller au salut de la patrie. Pen-
« dant qu'un gouvernement de faction, pendant qu'un
« gouvernement de violence, substitué pour un in-
« stant à la grande et unanime expression de l'élec-

« tion universelle du peuple, va chercher ailleurs un
« siége de gouvernement qui se brisera sous ses pieds,
« nous allons partir pour l'Hôtel de Ville !

« Je ne vous dirai pas que les moments sont pré-
« cieux, car j'ai, comme vous, la confiance et la con-
« viction que, plus le peuple de peuple de Paris aurait
« le temps pour réfléchir, plus il rougirait de l'attentat
« commis contre vous ! En présence du malentendu
« terrible qui pourrait s'élever entre les départements,
« isolés dans leurs représentants, et Paris, gardien
« de la sécurité de l'Assemblée, il faut aviser. Eh
« bien ! nous allons, nous, au nom du gouvernement
« que vous avez proclamé il y a peu de jours ; nous
« allons, assistés par l'unanimité de la garde natio-
« nale, et de la garde mobile, et de cette armée qu'il
« est impossible de séparer...; nous allons nous réu-
« nir avec les membres du gouvernement, qui tous,
« je n'en doute pas, sont animés de la même indigna-
« tion, des mêmes sentiments que moi ; oui ! ceux-là
« même que le choix des factions a tenté de désho-
« rer ! Nous allons ratifier au plus tôt l'acclamation
« que vous avez faite, du brave chef de la garde na-
« tionale que vous avez nommé d'enthousiasme, le
« citoyen Clément Thomas. » (On applaudit.)

« Citoyens, encore un mot, un seul mot.

« Dans un moment pareil, le gouvernement n'est
« plus dans un conseil, la place du gouvernement
« est à votre tête, citoyens et gardes nationaux ! sa
« place est sur le champ de bataille ! marchons ! »

La salle retentit d'acclamations. Les soldats et la garde nationale élèvent leurs baïonnettes vers la tribune, comme pour en faire un rempart à la représentation. Lamartine descend, s'avance vers Ledru Rollin qui venait de rentrer aussi dans la salle, et lui dit : « Marchons à l'Hôtel de Ville. On a porté votre « nom sur la liste du gouvernement des factions, « donnez le démenti aux factieux en marchant avec « moi contre eux! »

Les deux membres du gouvernement sortent accompagnés d'une foule de gardes mobiles, de représentants et de citoyens parmi lesquels M. Murat fils du héros de Naples, Mornay, et Falloux, hommes qui aspirent l'action. Arrivé sur le quai, Lamartine s'élance sur le cheval d'un dragon ; on amène à Ledru Rollin le cheval d'un officier ; un bataillon de gardes nationaux de la 10ᵉ légion parmi lesquels on distingue sous le simple habit du soldat, les fils des plus hautes familles de l'aristocratie française, se groupe autour d'eux ; un bataillon de garde mobile les suit. Le régiment de dragons du brave colonel Goyon prend la tête de la colonne ; on s'avance par le quai aux cris de vive l'Assemblée nationale! guerre aux factieux !

La colonne était faible de nombre, invincible d'impulsion : on proposait d'attendre la réunion d'autres forces. Lamartine s'y oppose, certain qu'en révolution, le temps perdu compte plus que les forces attendues ne profitent. Au milieu du tumulte de voix, de cris, de conseils, de sabres, de baïonnettes qui se pressaient autour de son cheval, il se souvenait du 9 thermidor où le parti de Robespierre, quoique le plus nombreux, fut étouffé dans ce même Hôtel de Ville par son inertie et par la rapide résolution de la Convention et de Barras. Il connaissait Barbès pour un homme d'action; il ne doutait pas qu'entouré déjà de sept à huit mille complices, il n'eût dans la soirée une armée et un gouvernement révolutionnaires, si on laissait trois heures seulement à la sédition.

VI.

Le général Courtais venait d'être insulté, destitué, fait prisonnier par ses soldats trompés et indignés de son inaction qu'ils croyaient un calcul. Le général Tempoure avait été séparé de ses bataillons tout le jour et on ignorait s'il était libre. Le gouvernement absent siégeait au Luxembourg assailli par un détachement de l'émeute, auquel Arago, Garnier-Pagès, Marie, opposaient une résistance ferme et triomphante. Le ministère de la guerre était vide. Aucun ministre, aucun général n'était investi du commandement universel et soudain nécessaire pour ce moment extrême. Lamartine prit sur lui la dictature commandée par cette éclipse totale de pouvoirs militaires réguliers. Il envoya chercher quatre pièces de canon pour forcer au besoin les portes de l'Hôtel de Ville. Ledru Rollin et lui s'entendirent d'un mot, à cheval, pour donner le commandement verbal de Paris au général Bedeau, qu'on fit chercher sur le quai du Louvre. Le général Foucher, commandant de Paris, homme modeste, mais de sang-froid et de devoir intrépide, n'avait pas attendu les ordres de Lamartine pour agir. Se portant seul de sa personne au-devant des colonnes de gardes nationaux qui se dirigeaient au hasard sur l'Assemblée, il les avait retournées et conduites au pas de course vers l'Hôtel de Ville, centre de l'insurrection. Il était entré déjà dans les cours avec quelques grenadiers pour étouffer la révolution dans son germe et affronter les factieux. En attendant, l'enthousiasme unanime guidait, inspirait, régularisait la colonne d'attaque; elle se grossissait en marchant. Toutes les portes versaient un combattant de plus dans ses rangs, toutes les fenêtres applaudissaient, invoquaient, bénissaient par la main des femmes, des vieillards, des enfants, les vengeurs de la représentation nationale. Paris, consterné, frémissait du triomphe d'une démagogie un moment victorieuse et dont les excès prévus se comparaient, dans l'imagination du peuple, aux crimes de 1793. Ce retour si soudain de courage et de succès probable aux bons citoyens relevait le cœur et faisait éclater l'âme en invocations et transports.

VII.

A la hauteur de la place du Châtelet, la tête de colonne s'arrêta refoulée un moment par les masses qui obstruaient l'angle de la place de Grève et du

quai. Des dragons vinrent annoncer que l'Hôtel de
Ville était formidablement défendu, que les conjurés
avaient du canon et qu'on apercevait aux fenêtres des
préparatifs de décharges meurtrières sur la colonne,
quand elle déboucherait du quai sous le feu de la
façade. Lamartine fait dire au général de faire avancer
une seconde colonne par les rues qui sont parallèles
au quai et qui débouchent du côté opposé au fleuve
sur la place : même manœuvre encore que celle du
9 thermidor, quand Bourdon de l'Oise marcha sur
Robespierre par ces rues latérales, pendant que Barras
marchait par le quai.

Enfin, après un moment donné à l'exécution de ce
mouvement, Lamartine et son collègue débouchèrent
à cheval en tête de la colonne d'attaque sur la place
de Grève, aux cris de Vive la représentation nationale!
Un mouvement de confusion les sépara. Les artilleurs
et les gardes nationaux qui entouraient Lamartine le
conjuraient de descendre de cheval, de peur que son
élévation au-dessus de la foule ne le fît choisir pour
but des décharges qu'on s'attendait à recevoir au pied
de l'édifice : « Non, non, s'écria Lamartine; si quel-
« qu'un doit tomber le premier pour la cause de
« l'Assemblée nationale, c'est moi ! » et il traversa,
sous un rideau de baïonnettes, de sabres et de drapeaux, la place. Son cheval ne marchait plus, il était
soulevé et porté jusque dans la cour du palais. Pas
un coup de fusil n'avait été tiré.

Les gardes nationaux qui avaient devancé la tête

de colonne, et les gardes mobiles se précipitèrent à l'assaut des escaliers. Ils s'emparèrent déjà sans résistance de Barbès et de ses complices. Ce fut une mêlée sans combat. On ignorait en bas ce qui se passait en haut; on s'attendait à des scènes tragiques de résistance désespérée, de meurtres ou de suicides comme ceux qui signalèrent l'arrestation d'Henriot ou de Couthon. La foule était tellement épaisse dans la cour, que Lamartine ne pouvait descendre de son cheval. « Parlez-nous ! parlez-nous, » lui criait-on en élevant les mains et les armes vers lui.

-« Citoyens, s'écria Lamartine, la première tribune
« du monde, c'est la selle d'un cheval quand on rentre
« ainsi dans le palais du peuple, entouré de ce cortège
« de bons citoyens armés, pour y étouffer les factions
« démagogiques et pour y réinstaller la vraie Répu-
« blique et la représentation nationale avec vous ! »

VIII.

Lamartine, après ces paroles, fut moins entraîné que porté sur les bras des gardes mobiles, des gardes nationaux et des citoyens, à travers les vestibules, les escaliers et les corridors, jusqu'à une petite salle du premier étage où la même affluence, le même tumulte, les mêmes armes et la même exaltation régnaient.

Quelques-uns des chefs de l'insurrection, et Barbès leur complice par entraînement, étaient déjà enfermés dans une pièce voisine. Ils n'avaient fait aucune résis-

tance, la promptitude de résolution et la rapidité de
la marche de la colonne d'attaque dirigée par les deux
membres du gouvernement, n'avaient pas laissé aux
conspirateurs le temps de grossir leur nombre, d'appeler leurs partisans, et d'organiser leur défense. Les
cinq à six mille hommes qui étaient entrés avec eux
à l'Hôtel de Ville s'étaient débandés et dispersés à l'aspect des premières compagnies de garde nationale à
pied et à cheval et des dragons de M. de Goyon, colonel actif prenant ordre de lui-même et adoré de son
régiment.

Réunis en conseil tumultueux dans la salle de toutes
les révolutions à l'Hôtel de Ville, leur triomphe n'avait
duré que deux heures. Ils les avaient employées à se
constituer par une sorte de scrutin populaire en dictature révolutionnaire collective, composée de Barbès,
Louis Blanc, Albert, Blanqui, Raspail, Huber, Sobrier,
Proudhon, Pierre Leroux, Cabet. C'était le gouvernement des clubs proscrivant le gouvernement de la nation, la coalition des sectes contre la représentation
du pays. Beaucoup de membres de ce gouvernement
ignoraient même qu'on avait usurpé leurs noms. Lamartine et Ledru Rollin signèrent révolutionnairement
aussi et sans autre titre que l'urgence et la vindicte
publique, l'ordre d'arrêter les conjurés présents, et de
les conduire à Vincennes.

Mais la foule immense et armée qui se pressait de
minute en minute sur la place, et l'indignation de Paris
qui s'exaltait par l'horreur et par la répression soudaine

de l'attentat, firent craindre à Ledru Rollin, à Lamartine et à Marrast, que les coupables ne pussent traverser impunément pendant le jour les rues et les places soulevées contre eux. Ils ne voulaient pas qu'une révolution pure jusque là fît couler une première goutte de sang, même le sang de ceux qui avaient voulu la corrompre et la souiller. Ils savaient que la pire des corruptions pour un peuple, c'est la corruption par le sang versé sous ses yeux. D'accord avec M. Marrast, qui était resté intrépide, quoique emprisonné par la sédition dans l'Hôtel de Ville, ils pourvurent de sangfroid à ce danger, en ordonnant que les prisonniers ne fussent conduits qu'à une heure avancée de la nuit et sous une forte escorte à Vincennes.

IX.

Ces mesures prises, la foule croissante et tumultueuse dans le palais sépara les deux membres du gouvernement.

Lamartine se hâta de sortir pour aller rassurer l'Assemblée nationale en permanence. Pendant le peu d'instants qu'il avait passés à l'Hôtel de Ville, la place et les quais s'étaient couverts de baïonnettes de toutes les légions de Paris. De ses deux chevaux qu'il avait envoyés chercher chez lui pendant la marche de la colonne, l'un, monté par M. de Forbin Janson, avait été arrêté avec ce brave volontaire, qu'on avait pris pour un insurgé et jeté au cachot; l'autre, monté par un jeune garde national, M. Guillemeteau, avait renversé son cavalier sur le Pont-Neuf; ce cheval avait été ramené sur la place par un dragon. Lamartine, presque étouffé au sortir de l'Hôtel de Ville par l'élan passionné vers lui, des gardes nationaux et du peuple, cherchait un cheval pour échapper à la foule, et pour respirer au-dessus de la multitude dans laquelle il était submergé. En passant devant le front du régiment de dragons, il reconnut son cheval et s'élança en selle.

Il revint par les quais à l'Assemblée nationale. Des groupes de peuple enivrés de cette victoire de la vraie république sur une anarchie de quelques heures l'entouraient en battant des mains. La bride de son cheval était tenue par des artilleurs; il était suivi d'un cortége de garde nationale à cheval, de gardes nationaux à pied, de dragons et de citoyens qui se relayaient pour l'acclamer, l'applaudir, serrer sa main, toucher ses habits. Les trottoirs, les débouchés des ponts, les fenêtres, les toits, les terrasses du Louvre et des Tuileries, étaient couverts d'hommes de toutes conditions, de femmes, de vieillards, d'enfants qui battaient des mains sur son passage, qui versaient des larmes, qui le saluaient de leurs mouchoirs agités de loin, qui jetaient des fleurs sur son cheval. Un seul cri de : Vive la République, Vive l'Assemblée nationale, Vive Lamartine, le poursuivit en se renouvelant depuis les degrés de l'Hôtel de Ville jusqu'aux degrés de la chambre des députés. Jamais le nom d'un simple citoyen adopté pour symbole de l'ordre rétabli, ne fut porté plus haut par un peuple pour redescendre quelques jours après plus soudainement dans l'impopularité. On voyait que, de tous les triomphes, celui qui enivrait le plus le peuple français, c'était le triomphe sur l'anarchie.

X.

Lamartine en descendant de cheval monta à la tribune. Il annonça à l'Assemblée que son règne était rétabli, et que le gouvernement allait prendre des mesures pour punir et prévenir de tels attentats : l'Assemblée se sépara aux cris de vive la République. Les gardes nationaux des banlieues et des départements voisins de la capitale affluèrent d'eux-mêmes la nuit et le lendemain dans Paris, pour venger au besoin la représentation. Dans la nuit le gouvernement réuni au Luxembourg régularisa ce mouvement, interrogea le préfet de police Caussidière, fit arrêter les complices de la sédition, nomma M. Clément Thomas commandant général de la garde nationale de Paris, remplaça les généraux dont l'indécision et l'étonnement avaient paralysé l'énergie ; il leur substitua des chefs plus actifs et plus populaires dans l'armée.

Le lendemain, il ne restait plus de trace du mouvement révolutionnaire qui avait consterné la France, si ce n'est parmi les *Montagnards* à la Préfecture de police, et dans les casernes de la garde républicaine.

Ces corps révolutionnaires armés, que Caussidière

avait sous la main pour la sûreté de Paris, mal inspirés par leur connivence avec les clubs ou mal dirigés par Caussidière, avaient manqué la veille à tous leurs devoirs : leur inertie au moins avait abandonné l'Assemblée nationale à ses envahisseurs, l'Hôtel de Ville à la conspiration. Le gouvernement ordonna leur épuration. Les gardes républicaines obéirent aux premières sommations et remirent leurs armes en murmurant. Le corps des *Montagnards* se fortifia au nombre de trois mille hommes dans la Préfecture de police, ne voulant reconnaître d'autre autorité que celle de Caussidière, et menaçant de soutenir un siége désespéré et de verser des flots du sang de la garde nationale, si on tentait de les déloger de force. Le général Bedeau reçut ordre d'entourer la Préfecture avec six mille hommes de troupe et vingt-cinq mille hommes de garde nationale, pour contraindre ces soldats indisciplinés ou rebelles à la soumission, et pour opérer leur désarmement.

Le général Bedeau les cerna dès le matin. L'exaspération de la garde nationale contre ces complices présumés ou ces partisans secrets des clubs, était extrême : on demandait à grands cris l'assaut; les canons menaçaient les portes. Ces trois mille soldats de Caussidière avaient des munitions considérables : ils étaient déterminés à faire acheter leur reddition au prix de beaucoup de sang versé, et à faire à l'extrémité sauter le quartier.

A deux heures, Caussidière appelé une seconde fois

au Luxembourg par la commission exécutive refusa de donner sa démission volontaire. Il tint un langage ambigu où l'obéissance et la menace sourde se confondaient sous l'équivoque des expressions et des gestes. Lamartine, qui la veille encore avait été d'avis de garder Caussidière, comme un homme utile, courageux et facile à rattacher par ses bons sentiments et par son ambition au parti de l'ordre dans la République, n'hésite plus. Il sort avec Caussidière, il monte dans sa voiture, il prend avec lui le chemin de la Préfecture de police, il lui représente en route le péril de sa situation, la grandeur de sa responsabilité, la nécessité absolue de donner sa démission, l'estime qui s'attachera à son nom, s'il parvient, comme il le doit, à obtenir la soumission de son armée sans effusion de sang.

Caussidière savait que de tous les membres du gouvernement, Lamartine, quoique tout à fait étranger à ses antécédents révolutionnaires, avait été le plus confiant dans son caractère, et le plus disposé à le soutenir. Il cède à ses représentations empreintes d'un intérêt non suspect ; il autorise Lamartine à reporter sa démission au gouvernement ; il s'engage à faire les suprêmes efforts pour dissoudre les Montagnards. Lamartine de son côté, idole ce jour-là de la garde nationale de Paris et des départements, s'engage à suspendre l'attaque, et à disposer les citoyens à la temporisation et à l'indulgence pour les assiégés.

Sur le pont Saint-Michel, la voiture qui conduisait

les deux négociateurs tombe au milieu des vingt mille gardes nationaux faisant le blocus de la Préfecture. Ils reconnaissent Lamartine, ils l'arrachent de la voiture, ils le couvrent d'acclamations, ils l'étouffent d'enthousiasme, ils l'entourent d'une telle foule et de tels transports, qu'il ne peut traverser de longtemps le pont pour aller les passer en revue et les exhorter à la concorde. Tous les rangs se rompent à son nom et se précipitent vers lui aux cris de vive Lamartine. Il est obligé pour se soustraire à leur ivresse de se réfugier dans une rue latérale. La foule des gardes nationaux s'y élance sur ses pas; il échappe difficilement à la multitude en se jetant dans une maison d'imprimeur. Quelques officiers barricadent la porte en dedans contre l'élan passionné de la garde nationale et du peuple. Là, il fait appeler successivement quelques-uns des commandants; il les charge de répandre le bruit d'un accommodement prochain dans les rangs; l'irritation se calme dans les assaillants. Caussidière, de son côté, raisonne et apaise les Montagnards; le général Bedeau les dissout sans concession et sans résistance : le sang de Paris est encore une fois épargné. Le 15 mai imprime plus de confiance à l'Assemblée nationale et plus d'énergie au gouvernement. On louvoie encore, mais des mains plus fermes tiennent le timon.

XI.

Le général Cavaignac, à son arrivée à Paris, reçoit le ministère de la guerre qui l'attendait, comme on l'a vu plus haut. Il s'en saisit avec cette assurance ferme, quoique modeste, qui indique dans un homme la confiance dans son aptitude. Lamartine, qui prévoit des journées prochaines et inévitables à l'établissement de la République placée à son berceau entre deux natures d'ennemis, étudie d'un coup d'œil le général et n'hésite pas à se confier du salut de la République à son caractère. Il le presse de profiter de la popularité de son nom et de demander au gouvernement les forces disciplinées suffisantes pour couvrir l'Assemblée nationale contre les tentatives prochaines des factions. On évalue de concert ces forces à cinquante-cinq mille baïonnettes dans Paris, savoir : quinze mille hommes de garde mobile, deux mille six cents hommes de garde républicaine épurée et réorganisée, deux mille cinquante gardiens de Paris, vingt mille hommes de troupes de ligne dans les casernes; enfin quinze mille hommes de troupes de ligne dans la division de Paris, pouvant être rendus en quelques heures sur le champ de bataille.

Ces précautions militaires plus que suffisantes, vivement réclamées par Lamartine, n'éprouvèrent aucune opposition dans le conseil. Tout le monde y voulait, avec la même sincérité, une République fortement armée contre l'anarchie, danger des Républiques naissantes. On supposait toujours au dehors entre les membres du gouvernement, entre Lamartine et Ledru-Rollin surtout, des dissentiments et des divisions : ces divisions n'existaient plus depuis le grand acte de concorde qui avait rallié à l'Assemblée nationale les trois principales nuances du gouvernement républicain, moins les socialistes. Tous les membres du gouvernement et tous les ministres avaient non-seulement le même devoir, mais le même intérêt d'ambition à servir loyalement la République, le gouvernement et l'Assemblée. Les dissentiments énergiques et profonds qui, avant cette période et depuis, séparèrent les pensées et les sentiments de Lamartine, des pensées et des sentiments de quelques-uns de ses collègues, ne doivent pas déteindre sur la vérité de l'histoire. Lamartine ne vit pas alors un seul symptôme qui n'attestât dans tous la plus parfaite identité de vues et la plus irréprochable loyauté de concours pour l'affermissement régulier de la République. Il n'y avait pas d'alliance, mais il n'y avait pas d'ombrages.

Il n'en était pas de même de quelques agents de l'administration et de quelques membres de l'Assemblée nationale autour du gouvernement. On entrevoyait dans leurs actes un esprit de secte, de prosélytisme personnel, et d'accaparement de la République dans leurs mains et dans les mains de leurs amis : esprit de prosélytisme étroit, jaloux, petit, et tout à fait contraire au véritable esprit de gouvernement. Il n'échappait point à Lamartine que les choix administratifs se concertaient et se faisaient d'avance dans ces cénacles de gouvernement : ils étaient souvent contraires à ses vues; mais indifférent aux hommes, et sans aucune prétention de prédominance personnelle, il affecta de ne pas voir pour ne pas diviser.

XII.

La revue préparée par le gouvernement en l'honneur de l'Assemblée nationale, et remise par suite de la sédition du 15 mai, eut lieu au Champ-de-Mars, le 21 mai. Trois cent mille baïonnettes et dix mille sabres enlacés de fleurs défilèrent devant l'estrade occupée par l'Assemblée, les ministres et le gouvernement. Un seul cri de Vive l'Assemblée nationale et la République s'éleva vers le ciel depuis huit heures du matin jusqu'à la nuit. Ce fut l'adoption de l'Assemblée par le peuple, par l'armée, par la garde nationale, le sacre de la souveraineté républicaine.

Cette fête donna le sentiment de leur inviolabilité aux représentants, et de sa force à la patrie. Lamartine y assista; il y reçut encore quelques acclamations et quelques couronnes de chêne des mains des gardes nationaux et du peuple des départements. Mais déjà sa popularité aussi rapide dans sa chute, qu'elle avait été lente à monter, se perdait sous les ressentiments du parti de la monarchie déchue, sous les ingratitudes des prolétaires et sous les agitations menaçantes des ateliers nationaux. Les uns lui reprochaient de ne leur avoir pas rendu un trône, les autres de ne pas avoir mis l'Assemblée nationale sous le joug, et de ne pas leur livrer la société.

XIII.

Il faut le reconnaître, la situation du gouvernement était fausse, et cependant fatale. L'unité lui manquait, et la nécessité de ne pas couper la République au commencement en deux partis hostiles, rendait impossible alors le rétablissement immédiat de l'unité. Tout gouvernement collectif est faible, indécis et vacillant, parce qu'il est irresponsable. La responsabilité collective est anonyme, et la responsabilité anonyme n'existe pas. Sans doute, si un seul homme eût été alors à la tête du pouvoir exécutif, il aurait pu prévoir, pourvoir, et vouloir, avec une bien autre énergie, que ces cinq hommes obligés de combiner entre eux leurs intelligences, leurs opinions, leur action : ces cinq hommes ne se le dissimulaient pas à eux-mêmes ; ils se sentaient de plus écrasés entre l'Assemblée nationale qui leur demandait le rétablissement de l'ordre sans transition, et les événements convulsifs d'une immense révolution qui leur commandait des prudences et des ménagements, de peur d'amener un choc inévitable avant d'avoir la force d'y résister. Aussi ce gouvernement n'était-il et ne pouvait-il être autre chose qu'un *intérim* péniblement accompli par ceux qui en avaient accepté la mission ingrate et impossible. Combler l'abîme d'un mois ou deux entre la révolution terminée et le pouvoir constitutionnel mis en vigueur; subir la responsabilité de l'Assemblée nationale devant le peuple, et du peuple devant l'Assemblée nationale; mécontenter les deux; parer jour par jour aux difficultés; préparer les éléments de force au pouvoir futur; résister aux derniers assauts des factions dépossédées et désespérées par l'installation de la souveraineté nationale; voir venir de prochaines et menaçantes insurrections, les suspendre le plus longtemps possible, leur faire face le jour où elles éclateraient, périr de responsabilité dans la défaite, ou d'ingratitude dans la victoire, tel était le rôle tout tracé de ce gouvernement de temporisation. Il n'était beau dans le cœur de ceux qui s'y étaient dévoués, que parce qu'ils l'avaient apprécié d'avance, et que leur prétendue ambition dans ce moment n'était qu'un sacrifice volontaire et méritoire de leur popularité, un martyre de leur nom.

Aussi ne m'étendrai-je pas sur les actes de la commission exécutive. Ils furent une interposition active, vigilante, désintéressée, souvent inefficace entre les soulèvements du peuple et l'Assemblée. Un nuage chargé de tempêtes était sans cesse devant les yeux du gouvernement : c'étaient les ateliers nationaux.

Cette armée de cent vingt mille ouvriers composée en grande partie d'oisifs et d'agents turbulents, était le dépôt de misères, d'oisiveté, de vagabondage, de vices, et bientôt de sédition, qu'une population de trente-six millions d'hommes agités par une révolution laissait sur ses bords en se retirant.

Le gouvernement provisoire, en alimentant cette masse d'indigence pendant le chômage de quatre mois d'une multitude industrielle accumulée dans une capitale en feu, n'avait jamais eu, comme on l'a cru, la pensée d'en faire une institution. Ce n'était pas une institution, c'était un secours; secours à la fois d'assistance et de politique : car sans ce subside des riches pour nourrir les pauvres que seraient devenues à la fois la propriété et l'indigence? L'une eût été ravagée, ou l'autre serait morte de faim; deux crimes dont un gouvernement prudent pour les riches, cordial pour les pauvres, ne pouvait être l'exécuteur.

Mais, jamais non plus le gouvernement provisoire ne s'était dissimulé que le jour où il faudrait transformer cette institution temporaire, dissoudre ce bloc, déverser cette masse inoccupée, impérieuse, et soldée, sur d'autres parties du territoire et sur des travaux réels, il y aurait une résistance, un conflit, un choc, une sédition formidable; peut-être du sang répandu.

C'est à cet événement que la commission exécutive se préparait en silence; avant d'y exposer l'Assemblée, son devoir était double : adoucir ce choc en opérant d'abord de fortes dérivations par le salaire offert ailleurs, par le travail préparé en grand, par des lois de paupérisme larges et d'une intention évidente d'assistance aux misères réelles; et ensuite attaquer la difficulté avec vigueur, et se prémunir d'une force armée irrésistible pour dissoudre le dernier noyau qui tenterait de résister à la loi, et qui prendrait son oisiveté sans excuse pour prétexte de la rébellion.

Quelques membres de la commission exécutive s'occupaient activement de la réalisation de cette première pensée, avec M. Trélat, ministre connu et aimé de la partie souffrante du peuple; Lamartine s'occupait surtout de la seconde avec le ministre de la guerre.

Mais l'Assemblée nationale, récemment arrivée de ses départements, excitée par les ressentiments des hommes aigris contre la République, témoin des vagabondages scandaleux de cette armée nomade des ateliers, peu initiée encore aux difficultés de la situation de la capitale, impatiente des temporisations et des ménagements nécessaires pour amener une dissolution sans catastrophe, s'irritait des lenteurs de la commission. Les journaux des partis monarchiques ne cessaient de dire que les hommes du gouvernement provisoire, dépossédés de leur ambition par la présence de la souveraineté nationale, gardaient, grossissaient, soldaient cette armée du paupérisme pour peser sur la représentation, pour l'intimider, et pour l'assujettir par une menace visible à leur coupable cupidité de domination.

L'Assemblée n'était pas éloignée de prêter foi à ces calomnies. Pendant que le gouvernement se consumait en veilles, en efforts, en prudence, en préparatifs, pour licencier sans effusion de sang, une milice dont il déplorait l'existence et dont il réprimait le débordement, l'Assemblée voyait dans les principaux membres de ce gouvernement des complices pervers de la sédition. Lamartine et Ledru Rollin étaient les plus accusés par ces insinuations. Leur présence simultanée dans la commission, malgré leur dissentiment connu sur la marche à imprimer dans le principe à la République, était la preuve, disait-on, d'une odieuse alliance dans laquelle ils avaient sacrifié leurs principes pour associer leurs ambitions.

De là quelques réclamations trop vives, et quelques motions trop téméraires à la tribune de l'Assemblée. Ces motions retentissaient intempestivement au dehors, et elles servaient de texte aux clubs, aux journaux démagogiques et aux orateurs d'attroupements pour calomnier à leur tour l'Assemblée nationale et pour animer le peuple contre l'égoïsme prétendu de la bourgeoisie.

Les factions anti-républicaines et les ambitions cachées sous les dénominations dynastiques, paraissaient concourir aussi au travail de démoralisation et de sédition qui se manifestait dans l'armée des ateliers nationaux à mesure que le moment de leur licenciement approchait. Le préfet de police, M. Trouvé Chauvel, homme nouveau dans ces difficiles fonctions, mais intrépide, infatigable, impartialement hostile à toute faction, et dévoué avec un sens supérieur et calme au salut de la patrie, ne se dissimulait rien des dangers de chaque lendemain. Il voyait poindre une nouvelle faction. Cette faction semblait vouloir grandir avec le germe de la jeune République pour s'y confondre ou pour l'étouffer : c'était la faction Bonapartiste.

Cette faction avait, disait-on, beaucoup d'agents dans l'armée des ateliers nationaux. Ces agents étaient-ils soldés par des subsides volontaires empruntés à des dévouements individuels à la mémoire de l'Empereur? Étaient-ils soudoyés simplement par leur fanatisme pour un grand nom? Était-ce une secte? Était-ce la propagande naturelle et spontanée d'un souvenir vivant dans le peuple et se ranimant de lui-même dans un moment où toutes les pensées se heurtaient dans toutes les imaginations? On est porté à croire que l'immense popularité du nom de Napoléon était toute la conspiration. Mais cette popularité, traduite en cris de : *Vive l'Empereur!* et en aspirations ouvertes à une dictature militaire, proclamée par la démagogie, devenait une menace à la République. De nombreux attroupements se formaient tous les soirs sur les boulevards parcourus et harangués par les partisans de Napoléon. Le gouvernement employait avec énergie la garde mobile, la garde nationale, pour les dissoudre : ils renaissaient tous les jours. M. Clément Thomas, commandant général de la garde nationale, prodiguait sa parole, sa personne et sa vie au milieu de ce peuple ameuté. Le gouvernement s'y portait lui-même. Il proclama la loi contre les attroupements : en une seule nuit, M. Clément Thomas arrêta cinq cents de ces agitateurs. Les attroupements cessèrent, mais le double levain de sédition qui couvait dans la faction Bonapartiste et dans la faction prolétaire, ne cessa pas d'envenimer l'esprit des ateliers nationaux.

XIV.

Lamartine sentit le danger : il résolut de le combattre avec énergie, avant qu'il eût pris des proportions irrésistibles. Il était ennemi des proscriptions, mais non des précautions sévères qui, en éloignant temporairement un individu, préservent une institution et un pays. Il prit auprès de ses collègues l'initiative du décret qui tendait à maintenir pendant la fondation de la République l'ostracisme du prince Louis-Napoléon Bonaparte. C'était, de tous les membres de cette dynastie proscrite, celui qui était le plus signalé par la faveur populaire. Héritier d'un trône impérial en vertu d'un sénatus-consulte, ce prince peu connu et mal représenté alors en France, était le seul qui eût tenté de faire valoir ce titre à la souveraineté de la France par deux tentatives qui avaient à la fois répandu et exilé son nom.

Le gouvernement tout entier partageant la sollicitude de Lamartine pour la République, signa le décret. Lamartine porta le décret à l'Assemblée ; il se proposait de le lire à la fin de la séance. Une discussion sur l'intérieur l'amena inopinément à la tribune. Pendant qu'il y répondait à un discours d'opposition, on vint lui annoncer que les attroupements bonapartistes couvraient la place de la Concorde, et qu'un coup de feu tiré sur le commandant général Clément Thomas, venait de percer la main d'un de ses officiers. Lamartine indigné suspendit son discours, tira de sa poitrine le décret de proscription temporaire de Louis-Napoléon, le plaça sur la tribune, et reprenant la parole :

« Citoyens, dit-il, une circonstance fatale vient d'in-
« terrompre le discours que j'avais l'honneur d'adres-
« ser à cette Assemblée. Pendant que je parlais des
« conditions de reconstitution de l'ordre et des garan-
« ties que nous étions tous disposés à donner au raf-
« fermissement de l'autorité, un coup de feu, plusieurs
« coups de fusil, dit-on, étaient tirés, l'un sur le com-
« mandant de la garde nationale de Paris, l'autre sur
« un des braves officiers de l'armée, un troisième enfin,
« assure-t-on, sur la poitrine d'un officier de la garde
« nationale. Ces coups de fusil étaient tirés aux cris
« de : *Vive l'Empereur !*

« Messieurs, c'est la première goutte de sang qui ait
« taché la révolution éternellement pure et glorieuse
« du 24 Février. Gloire à la population ! gloire aux
« différents partis de la République ! du moins ce sang
« n'a pas été versé par leurs mains. Il a coulé, non
« pas au nom de la liberté, mais au nom du fanatisme
« des souvenirs militaires, et d'une opinion naturelle-
« ment, quoique involontairement peut-être, ennemie
« invétérée de toute république.

« Citoyens ! en déplorant avec vous le malheur qui
« vient d'arriver, le gouvernement n'a pas eu le tort
« de ne s'être pas armé, autant qu'il était en lui,

« contre ces éventualités. Ce matin même, une heure
« avant la séance, nous avons signé d'une main una-
« nime une déclaration que nous nous proposions de
« vous lire à la fin de la séance, et que cette circon-
« stance me force à vous lire à l'instant même. Lorsque
« l'audace des factions est prise en flagrant délit, et
« prise la main dans le sang français, la loi doit être
« appliquée d'acclamation. (On applaudit unanime-
« ment.)

« La déclaration que je vais avoir l'honneur de lire
« à l'Assemblée, continue Lamartine, ne porte autre
« chose que l'exécution de la loi existante. Il était
« nécessaire pour la vérification des pouvoirs qui
« peut avoir lieu demain, il était indispensable pour
« que les esprits fussent préparés à la délibération
« d'une autre proposition faite sur le même sujet, et
« qui devait être discutée demain ou après-demain, il
« était nécessaire, dis-je aussi, que l'Assemblée natio-
« nale connût les intentions de la commission exécu-
« tive à l'égard de Charles-Louis Bonaparte.

« Voici le texte du décret que nous vous propo-
« sons :

« La commission du pouvoir exécutif, vu l'art. 3 de
« la loi du 13 janvier :

« Considérant que Charles-Louis-Napoléon Bona-
« parte est compris dans la loi de 1832, qui exile du
« territoire français les membres de la famille Bona-
« parte;

« Considérant que s'il a été dérogé de fait à cette loi

« par le vote de l'Assemblée nationale, qui a admis
« trois membres de cette famille à faire partie de l'As-
« semblée, ces dérogations tout individuelles ne s'é-
« tendent ni de droit ni de fait aux autres membres de
« la même famille ;

« Considérant que la France veut fonder en paix
« et en ordre le gouvernement républicain sans
« être troublée dans son œuvre par les prétentions
« ou les ambitions dynastiques de nature à former
« des partis et des factions dans l'État, et par suite
« à fomenter, même involontairement, des guerres
« civiles ;

« Considérant que Charles-Louis Bonaparte a fait
« deux fois acte de prétendant en revendiquant une
« République dérisoire, au nom du sénatus-consulte
« de l'an XIII ;

« Considérant que des agitations attentatoires à la
« République populaire que nous voulons fonder,
« compromettantes pour la sûreté des institutions et
« pour la paix publique, se sont déjà révélées au nom
« de Charles-Louis-Napoléon Bonaparte ;

« Considérant que ces agitations, symptômes de
« manœuvres coupables, pourraient créer une diffi-
« culté à l'établissement pacifique de la République,
« si elles étaient autorisées par la négligence ou par la
« faiblesse du gouvernement ;

« Considérant que le gouvernement ne peut accepter
« la responsabilité des dangers que courraient la forme
« républicaine des institutions et la paix publique,

« s'il manquait au premier de ses devoirs, en n'exécu-
« tant pas une loi existante, justifiée plus que jamais
« pendant un temps indéterminé par la raison d'État
« et par le salut public;

« Déclare : qu'il fera exécuter en ce qui concerne
« Louis Bonaparte la loi de 1832 jusqu'au jour où
« l'Assemblée nationale en aura autrement décidé. »
(L'Assemblée entière se lève au cri de Vive la République! à l'exception de huit ou dix membres de la
représentation.)

« Vous sentez, citoyens, reprend l'orateur, que l'é-
« motion bien légitime produite dans cette enceinte
« par l'événement qui vient d'avoir lieu, m'oblige
« d'interrompre et de supprimer la plus grande partie
« de la discussion que je désirais ouvrir avec l'As-
« semblée nationale. J'arrive tout de suite aux der-
« nières considérations que cet événement suscite dans
« ma pensée.

« D'après la déclaration que vous venez d'entendre,
« d'après le décret précédent, d'après ceux qui arri-
« veront avec autant de mesure et de modération que
« de fermeté pour faire rentrer toutes les factions, s'il
« y en a, dans la limite de la légalité, de l'ordre répu-
« blicain, vous n'accuserez pas, je l'espère, le gou-
« vernement intérimaire de faiblesse ou de négligence
« de ses devoirs. Quel que soit le nom glorieux dont
« se couvre une faction dans la République, nous sau-
« rons déchirer le voile, pour ne voir derrière le nom
« que la faction s'il en existe.

« La France a pris la République au sérieux, elle la
« défendra contre tous.

« Oui, nous l'avons prise au sérieux, nous la défen-
« drons de tous les périls qui pourraient lui être sus-
« cités, je le répète, au nom même des souvenirs les
« plus glorieux et les plus légitimes. Nous ne laisse-
« rons jamais la France s'avilir; elle ne s'avilira pas
« jusqu'à permettre, comme dans les temps malheu-
« reux du Bas-Empire, qu'on achète la République
« sous un nom quelconque des mains de quelques
« vociférateurs ! » (L'Assemblée se lève de nouveau à
ces paroles et ratifie par ses acclamations générales la
résolution énergique du gouvernement.)

XV.

Quelques jours après, les attroupements pressant
de nouveau l'Assemblée nationale, le gouvernement
résolut de recevoir la bataille. Il réunit des forces et
du canon autour de l'Assemblée, convaincu qu'il
valait mieux résister de vive force à la capricieuse
injonction du peuple, que de livrer la République au
hasard d'une faction qui paraissait alors vouloir substituer un nom au peuple lui-même : mais cette fois
l'Assemblée céda. Ce fut une de ses rares faiblesses
pendant cette longue et orageuse session de quinze
mois. Le gouvernement, abandonné par l'Assemblée
dans ce défi énergique qu'il portait à deux factions à
la fois, en gémit. La concession de l'Assemblée ne

calma que pour un jour les exigences et les turbulences des ateliers nationaux. Ces turbulences changèrent seulement de drapeau.

Lamartine, appuyé par M. Trouvé-Chauvel, esprit ferme, et par l'amiral Casy, brave et noble militaire, conjura le gouvernement de résigner son pouvoir et de remettre à l'Assemblée une autorité affaiblie désormais puisqu'elle était brisée par elle-même. Il insista plusieurs jours ; il ne consentit à rester que le temps nécessaire pour subir la bataille prochainement annoncée par les ateliers nationaux.

Quelques mois après, l'éloignement temporaire que Lamartine demandait pour écarter Louis-Napoléon du berceau de la République, se changea en une élection par six millions de voix à la place de Président de la République. Les prévisions de Lamartine parurent, au début, heureusement démenties par ce premier magistrat. Lamartine se félicita d'avoir été trompé par ses craintes.

Les tentatives et les scandales de l'anarchie se multipliaient dans Paris. Le gouvernement y résistait avec les seules armes de la persuasion, de la vigilance, de la police et de la garde nationale. Les lois répressives anciennes étaient brisées, des lois d'ordre républicain n'étaient pas faites. Lamartine était convaincu que les scandales des clubs, du journalisme et de la place publique étaient les plus sûres armes à laisser aux ennemis de la République. La France est un pays de décence ; le scandale l'humilie, et ce qui l'humilie la désaffectionne. Il pensait que la République ne pouvait se légitimer que par l'ordre promptement rétabli, inflexiblement maintenu. Il fallait rassurer avant tout l'imagination de la France.

Plein de ces idées, il vint proposer au conseil, ou sa démission, ou l'adoption d'une série de décrets temporaires nommés par lui lois républicaines de transition et destinés à pourvoir aux nécessités impérieuses de sécurité des esprits, de discipline, de force armée, et d'ordre, pendant la fondation toujours agitée d'une institution nouvelle, surtout quand cette institution est populaire.

« La physionomie de la République depuis quelques
« jours m'afflige, dit-il à ses collègues. Je ne veux pas
« assumer sur mon nom la responsabilité d'une situa-
« tion de faiblesse et de désarmement de la société, qui
« pourrait dégénérer en anarchie. Je demande deux
« choses : des lois de sécurité publique sur les attrou-
« pements, sur les clubs, sur les abus du criage des
« journaux anarchiques, sur la faculté d'éloigner de
« Paris dans leurs communes les agitateurs convaincus
« de troubles publics, et enfin un camp de vingt mille
« hommes sous les murs de Paris, pour prêter main-
« forte à l'armée de Paris et à la garde nationale dans
« la campagne certaine, imminente, que nous aurons
« inévitablement à faire contre les ateliers nationaux et
« contre des factions plus coupables qui peuvent surgir
« et s'emparer de cette armée de toutes les séditions. A
« aucun autre prix je ne resterai au gouvernement. »

« — Ni nous non plus, » s'écrièrent unanimement ses collègues. M. Marie, assidu, infatigable, énergique, fut chargé de rédiger les projets de décrets. Le général Cavaignac reçut l'invitation de combiner les mouvements de ses troupes de manière à pouvoir faire refluer sur Paris au premier ordre les divisions auxiliaires de l'armée des Alpes.

Ce général et Lamartine avaient de fréquents entretiens sur la nature des mesures militaires à prendre pour prévenir ou pour surmonter les périls croissants de la République. Peu de jours se passaient sans que Lamartine, à l'issue du conseil, ne s'informât du nombre précis et de la marche des troupes qui, d'après les ordres du gouvernement, occupaient les casernes ou les cantonnements autour de Paris, du nombre d'heures nécessaire pour que l'armée fût debout, et réunie aux postes convenus, enfin du système de défense que le général se proposait d'adopter en cas de lutte dans la capitale.

Lamartine, instruit par la chute de tous les gouvernements précédents qui avaient péri pour avoir disséminé leurs bataillons sur tous les points de Paris, et pour avoir lutté avec des tronçons d'armée contre des masses, était convaincu qu'une lutte dans une capitale de quinze cent mille âmes devait être une bataille conforme à toute la théorie des batailles en rase campagne, seulement sur un terrain plus accidenté. Il pensait donc que l'armée devait avoir une base d'opération, un centre fixe, et des ailes; que chacun des corps d'opération devait pouvoir rayonner de cette base, ou se replier sur ce centre sans être jamais coupé de sa réserve. Il avait interrogé avec précision sur leur pensée à cet égard depuis trois mois, tous les généraux qui avaient eu une force quelconque à manœuvrer éventuellement dans Paris, Négrier, Bedeau, Oudinot, Cavaignac; il les avait heureusement trouvés tous dans la même pensée que lui. Il soutint donc le général Cavaignac dans l'adoption de ce système contre le système contraire, soutenu par ceux qui voulaient considérer une insurrection comme une émeute, et la saisir partout sous peine de ne l'étouffer nulle part.

« Ne vous y trompez pas, disait-il à ceux-là, nous
« ne marchons pas à une émeute, mais à une bataille,
« non seulement à une bataille, mais à une campagne
« contre de grandes factions. Si la République veut se
« sauver et sauver la société, il faut qu'elle ait les
« armes à la main pendant les premières années de sa
« fondation, et qu'elle dispose ses troupes non-seu-
« lement ici, mais sur la surface de l'empire, dans la
« prévision de grandes guerres civiles, qui embrassent
« non des quartiers de Paris, mais des provinces,
« comme aux jours de César et de Pompée. »

Il interrogeait de plus fréquemment sur l'effectif de Paris, le sous-secrétaire d'État de la guerre Charras et le général de division Foucher. Leurs réponses lui paraissaient pleinement rassurantes. La calomnie a accusé de négligence le gouvernement à cette époque; ces officiers et ces généraux auraient pu accuser, au contraire, l'excessive prévoyance de Lamartine. Il n'avait depuis l'ouverture de l'Assemblée qu'une pensée : dissoudre, s'il était possible, puis vaincre, s'il était nécessaire, l'insurrection des ateliers nationaux. Pour que la victoire fût prompte, décisive, écrasante, et par conséquent moins sanglante, il fallait imposer par la masse des baïonnettes à la masse des séditieux.

XVI.

Tous les symptômes présageaient un mouvement : il éclata le 22 juin à dix heures du soir. Le gouvernement, averti des attroupements et des clameurs que ses premières mesures pour faire déverser une partie des ouvriers sur les départements avaient suscités, se réunit au Luxembourg. Des bandes nombreuses et forcenées avaient déjà plusieurs fois dans la soirée assailli le palais, aux cris de : *A bas Marie! à bas Lamartine!* Ces deux membres du gouvernement passaient pour les plus décidés à dissoudre cette armée de la sédition. Le général Cavaignac reçut le commandement général des troupes et de la garde nationale des mains du gouvernement afin de concentrer le plan, la volonté et l'unité de l'exécution dans un seul chef. Clément Thomas, aussi désintéressé que brave, concourut lui-même à cette unité; il ne se réserva que l'honneur de l'obéissance, de l'abnégation et du péril.

La nuit fut calme; elle s'écoula dans la préméditation de la défense et de l'attaque. Ni le parti socialiste ni le parti ultra-républicain ne participèrent par leurs chefs ou même par leurs principaux sectaires à l'insurrection. Ces hommes alors, ou faisaient partie du gouvernement, ou le servaient de conviction et d'espérance. Tout indique que ce mouvement indécis, faible, incohérent dans son principe, ne fut organisé, soldé et accompli que dans le sein des ateliers nationaux eux-mêmes : mouvement de plèbe et non de peuple : conspiration de subalternes et non de chefs : explosion de guerre servile et non de guerre civile. Lamartine, en instituant la concorde des républicains dans le conseil, avait soutiré prudemment l'électricité politique de ce nuage anti-social : la masse y était, l'âme y manquait. Voilà pourquoi il avorta, mais il avorta dans trop de sang.

XVII.

A sept heures du matin, le 23 juin, le gouvernement fut informé que des rassemblements de huit à dix mille hommes se formaient sur la place du Panthéon pour attaquer le Luxembourg. Il fit aborder ces rassemblements par quelques bataillons de la 11ᵉ légion, dont le colonel était M. Quinet, et par des bataillons de ligne. M. Arago, connu du quartier, voulut se présenter de sa personne sur la place déjà barricadée. Il harangua les séditieux flottants entre leur respect pour lui et leur fureur contre le gouvernement. A dix heures les rassemblements se dissipèrent, entraînant avec eux des masses faméliques du 12ᵉ arrondissement; ils se répandirent en criant aux armes dans les quartiers riverains de la Seine, dans le Faubourg-Saint-Antoine et sur les boulevards.

A leur aspect et à leurs cris, les faubourgs s'émeuvent, les rues se remplissent, les ateliers nationaux descendent des barrières, la populace excitée par quelques chefs armés élève des barricades. Ces chefs étaient en général des brigadiers des ateliers nationaux, suppôts de séditions et de clubs, irrités du licenciement de leur corps, dont le salaire passant par leurs mains et détourné, dit-on, pour cet usage par quelques-uns, solda la révolte. Depuis les barrières de Charenton, de Bercy, de Fontainebleau, de Ménilmontant, jusqu'au cœur de Paris, la capitale presque entière était désarmée et au pouvoir de quelques milliers d'hommes. Le rappel appelait aux armes une garde nationale de deux cent mille hommes dix fois suffisante pour contenir ces pelotons de séditieux et pour effacer du sol leurs fortifications. Mais, il faut le dire, à l'humiliation de cette journée et à l'instruction de l'avenir, les gardes nationaux ne répondirent pas d'abord en masse assez décisive à l'appel du gouvernement. Leur lenteur, leur mollesse, leur inertie dans quelques quartiers laissèrent les rues à la sédition. Ils voyaient s'élever d'un œil impassible ces milliers de barricades qu'ils auraient à reconquérir de leur propre sang.

Le gouvernement avait quitté le Luxembourg pour se rapprocher de l'Assemblée nationale et pour la couvrir. Il s'était établi à la fois en conseil et en camp, avec le général Cavaignac dans le logement du président de l'Assemblée.

XVIII.

Le général fit, de concert avec le gouvernement, son plan d'opération. Il résolut de masser ses troupes comme il avait été convenu d'avance dans le jardin des Tuileries, aux Champs-Élysées, sur la place de la Concorde, sur l'Esplanade des Invalides et autour du palais des représentants. Il fit occuper l'Hôtel de Ville par quinze ou seize bataillons, sous les ordres du général Duvivier, en maintenant ses communications libres par les quais. Il donna au brave général Damesme, que le gouvernement venait de nommer commandant de la garde mobile, le commandement du quartier immense et populeux qui s'étend du Panthéon à la Seine. Le général Lamoricière, avec un petit nombre de bataillons, fut chargé de couvrir toute la rive gauche de la Seine, depuis le Château-d'Eau jusqu'à la Madeleine : superficie immense qui eût demandé à elle seule une armée.

XIX.

Cependant le combat venait de s'engager de lui-même sur le boulevard. Deux détachements d'intrépides volontaires de l'ordre, de la 1re et de la 2e légions, abordèrent d'assaut deux barricades avancées jusque-là, et moururent héroïquement à ses pieds sous le premier feu des insurgés.

Je ne raconterai pas les différents combats de ces journées, pendant lesquelles les généraux, les gardes nationaux d'élite, les soldats, les gardes mobiles surtout, les représentants et l'archevêque de Paris lui-même versèrent leur sang, couvrirent leur patrie de deuil et leur nom de gloire. Négrier, Duvivier, Lamoricière, Bedeau, Bréa, Bixio, Dornès, Lafontaine, Lebreton, Foucher, François et tant d'autres ont marqué d'une tache de leur généreux sang les pages où l'histoire retrouvera leur dévouement. Je ne dirai que ce que j'ai vu.

Dès le milieu du jour, les troupes prévenues de si loin, et appelées depuis si longtemps, paraissaient manquer. A chaque minute des citoyens, des maires, des aides de camp, des représentants, accouraient au siége du gouvernement; introduits auprès du général, ils imploraient des renforts pour défendre ou reconquérir les différents quartiers qu'ils représentaient. Le général ne pouvait donner ce qu'il n'avait pas. Lamartine et ses collègues, tout en approuvant la haute prudence du chef militaire qui se refusait à disséminer ses bataillons, ne pouvaient s'empêcher de s'apercevoir de l'insuffisance évidente des troupes. Où étaient les vingt mille hommes de ligne dans les casernes de

Paris? les quinze mille hommes des garnisons circonvoisines? les vingt mille hommes de l'armée des Alpes, sollicités comme réserve depuis treize jours par Lamartine? Le général Cavaignac a parfaitement justifié depuis que le nombre des troupes de ligne dans Paris, était conforme au nombre fixé par le gouvernement; mais dans ce premier moment de confusion, où les exigences de la guerre sur une telle surface absorbaient et engloutissaient les bataillons, les régiments paraissaient fondre sous les mains. Le camp sous Paris n'était pas même en marche. Les garnisons voisines ne pouvaient pas être en si peu d'heures aux barrières, les nécessités prévues la veille n'avaient pas paru assez graves au commandant général pour qu'il eût appelé encore à lui les soldats du rayon de Paris. On avait compté sur la garde nationale que le rappel incessant ne parvenait pas à faire sortir en masse de ses maisons, ou que la sédition emprisonnait dans ses quartiers. En résumé, il faut l'avouer, soit fatalité, soit lenteur, l'armée était loin de paraître répondre par sa masse à l'imminence et à l'universalité du danger. Sa faiblesse numérique allait aggraver ce danger.

Duvivier contint le cœur de Paris, à l'Hôtel de Ville. Damesme et Lamoricière se multiplièrent et firent des prodiges de résolution et de mouvement avec les poignées de soldats dont ils disposaient. A quatre heures du soir Damesme avait déblayé et reconquis toute la rive gauche de la Seine, et tenait en respect la population, insurgée en masse, du quartier du Panthéon, ses rapports arrivés d'heure en heure au gouvernement répondaient de la nuit et du lendemain.

Lamoricière occupait, invincible quoique cerné par des masses croissantes d'heure en heure, toute la surface qui s'étend de la rue du Temple à la Madeleine, et de Clichy au Louvre. Sans cesse à cheval, volant de sa personne au premier coup de feu, deux chevaux déjà tués sous lui, le visage noirci de poudre, le front ruisselant de sueur, la voix rauque et brisée par le commandement, l'œil fier et serein du soldat qui respire au milieu de son élément natal, il rendait l'élan à ses soldats, la confiance aux gardes nationaux consternés. Ses rapports respiraient l'intrépidité de son âme, mais il ne dissimulait pas son insuffisance de troupes, l'immensité des assaillants, le prolongement des barricades entre la Bastille et le Château-d'Eau, entre les barrières et le boulevard. Il implorait des renforts que le gouvernement ne cessait d'appeler par le télégraphe et par les officiers d'ordonnance. Les gardes nationaux de la banlieue commençaient à arriver par détachements ; à la voix des généraux, ils se rangeaient autour de l'Assemblée et se mêlaient aux gardes nationaux de Paris auxquels ils donnaient l'exemple. Dès que le gouvernement vit arriver ces gardes nationaux de la campagne autour de Paris, il eut le sentiment de la victoire au milieu même des transes du combat.

XX.

Le général Cavaignac parut tranquillisé sur le résultat définitif de l'événement en lisant les derniers rapports que ses aides de camp apportaient. L'insurrection était de toutes parts refoulée ou contenue à l'exception du faubourg du Temple, du faubourg Saint-Antoine et des immenses quartiers adjacents, centre d'une population touffue, jadis turbulente, aujourd'hui convulsive. Les soldats, qui combattaient depuis le matin, étaient fatigués; la nuit devait amener les renforts appelés par le gouvernement. « C'est assez pour « aujourd'hui, dit-il au conseil. Il faut laisser reposer « les soldats, garder nos positions, recruter nos « forces; demain nous délivrerons la partie de la « rive gauche qui résiste encore. » — Cet avis avait des motifs plausibles; les troupes étaient rares, décimées, exténuées; mais si la nuit devait amener des défenseurs, elle devait aussi entraîner tous les quartiers populeux dans la sédition, multiplier les barricades, les changer en forteresses et nécessiter des flots de sang de la garde nationale et de l'armée pour les reconquérir. Lamartine en fit l'observation au général et au conseil : « Nous avons encore quatre heures « de jour, dit-il, et toute une longue nuit; ne les lais- « sons pas à l'insurrection. Prévenons-la, étouffons-la, « resserrons-la du moins le plus étroitement possible « avant les ténèbres; si les troupes nous manquent,

« enlevons par notre exemple la garde nationale qui
« flotte et qui tarde; formons avec le peu de batail-
« lons groupés autour de l'Assemblée une dernière
« colonne d'attaque, et conduisons-la nous-mêmes à
« l'assaut des barricades du faubourg du Temple,
« position la plus forte et la plus décisive des insur-
« gés. »

Le général Cavaignac adopta avec vigueur ce sentiment : il donna des ordres, et se leva pour rassembler et conduire lui-même la masse de la colonne. Lamartine se fit amener ses chevaux sellés et bridés dès le matin pour les éventualités du jour. Il en monta un; il donna l'autre à Pierre Bonaparte, intrépide jeune homme, fils de Lucien, héritier du républicanisme de son père. Le ministre des finances Duclerc, aussi calme au feu que bouillant au conseil, voulut se joindre à eux. Lamartine et ses amis, parmi lesquels un garde national de la 10ᵉ légion, ancien militaire, nommé Blanc, qu'il retrouvait à ses côtés dans toutes les occasions de péril, ainsi que l'aventureux Château-Renaud, se placèrent dans les rangs des premiers pelotons de la garde mobile, et marchèrent par la place de la Concorde et la rue de la Paix en se grossissant en route. Le général Cavaignac, avec la masse de la colonne, les rejoignit à l'embouchure des boulevards. Le représentant breton, M. de Tréveneuc, à cheval et armé, demanda à Lamartine l'autorisation de se joindre à lui. Sa physionomie inconnue alors au membre du gouvernement respirait le patriotisme et le combat. Un orage d'été éclatait en ce moment sur Paris. Le général Cavaignac, entouré de son état-major, Lamartine, Duclerc, Pierre Bonaparte, suivis d'environ deux mille hommes, s'avancèrent à la lueur des éclairs, au fracas de la foudre et aux applaudissements des bons citoyens, jusqu'à la hauteur du Château d'Eau. Pendant que le ministre de la guerre envoyait chercher du canon et formait sa colonne confiée au général Foucher, commandant de Paris, Lamartine alla passer en revue l'artillerie de la garde nationale au Temple. Ces braves citoyens n'étaient qu'une poignée d'hommes noyés dans une population debout, convulsive, inflammable, indécise entre la sédition et la République. Le nom de Lamartine, sa présence, ses gestes la continrent à peine. Elle l'entoura et le suivit de ses cris et de sa foule jusqu'au boulevard. La colonne était formée et reçut l'ordre de charger.

Lamartine et ses amis s'élancèrent avec les bataillons de garde mobile et de ligne aux cris de *Vive la République!* Ces jeunes soldats semblaient soulevés du sol par l'esprit d'Austerlitz. Après trois quarts d'heure d'assauts répétés, et sous une grêle de boulets et de balles qui décimèrent les généraux, les officiers et les soldats, ces fortifications furent emportées. Lamartine désirait la mort, pour se décharger de l'odieuse responsabilité du sang qui allait peser si injustement, mais inévitablement sur lui. Trois fois il s'élança de son cheval pour aller au pied de la barricade chercher à tomber en victime au premier rang de ces généreux soldats, trois fois les gardes de l'Assemblée l'entourèrent de leurs bras et le retinrent par la violence. Son cheval, monté par Pierre Bonaparte, fut tué à côté de lui, le sien blessé; le canon de plus gros calibre envoyé par le général Cavaignac, démolit la dernière fortification des insurgés sur ce point. Quatre cents braves tués ou mutilés jonchaient le faubourg. Lamartine revint au Château d'Eau rejoindre le général Cavaignac.

Accompagné de Duclerc et d'un garde national nommé Lassaut qui s'attacha à lui ce jour-là, il franchit seul la ligne des avant-postes pour aller reconnaître les dispositions du peuple sur le boulevard de la Bastille. Une foule immense de peuple s'ouvrit encore à son nom, et l'accueillit de ses acclamations, de ses enthousiasmes et de ses larmes. Il s'entretint longtemps avec cette foule en la fendant au petit pas, du poitrail de son cheval. Cette confiance au milieu des masses insurgées le préservait seule de leur colère. Ces hommes dont la pâleur, l'accent fébrile, les larmes mêmes, attestaient l'émotion, lui parlaient de leurs griefs contre l'Assemblée, de leur douleur de voir la révolution se tacher de sang; de leurs dispositions à lui obéir, lui qu'ils connaissaient pour leur conseil, pour leur ami et non pour leur flatteur; de leur misère, de leur faim, du dénuement de leurs enfants et de leurs femmes. « Nous ne sommes pas de mau-
« vais citoyens, Lamartine! lui disaient-ils, nous ne
« sommes pas des assassins, nous ne sommes pas des
« factieux! nous sommes des malheureux, nous som-

« mes des ouvriers honnêtes qui demandent seulement
« qu'on s'occupe de nous, de notre travail, de nos
« misères ! Gouvernez-nous vous-même ! sauvez-nous !
« commandez-nous ! Nous vous aimons, vous ! nous
« vous connaissons ! nous désarmerons nos frères !

En parlant ainsi, ces hommes amaigris par quatre mois de chômage et d'agitation touchaient les habits et les mains de Lamartine. Quelques-uns d'entre eux couraient dépouiller des étalages des bouquetières et lançaient des fleurs sur la crinière de son cheval. De temps en temps seulement un conjuré à figure sinistre passait sur les trottoirs et jetait le cri de guerre étouffé sous les cris plus nombreux de *Vive Lamartine !*

Tel était l'aspect de ce peuple, que la nuit, faute de troupes pour occuper ces quartiers, allait jeter tout entier dans l'insurrection.

XXI.

Lamartine revint, sans avoir été ni attaqué, ni insulté, rejoindre le général sur le boulevard. Il lui exposa la situation d'esprit de ce peuple ; il s'entendit tout en marchant avec lui, sur les ordres pressants à donner aux troupes hors de Paris pour les appeler en masse et immédiatement par toutes les routes ; il laissa le général à la porte Saint-Martin disposer sa défense et revint communiquer ses ordres concertés au ministère de la guerre et au conseil.

Il était nuit. Le feu avait cessé partout. Pendant l'absence de Lamartine, ses collègues, Arago, Garnier-Pagès, Marie, Pagnerre, étaient allés visiter les mairies, et animer les gardes nationaux de leur exemple et de leurs exhortations. Ledru Rollin était resté à la présidence pour l'expédition des ordres d'urgence, et pour surveiller les dangers éventuels de l'Assemblée.

A minuit, les régiments les plus rapprochés et les gardes nationaux des villes voisines entraient en masse par toutes les barrières. La victoire pouvait être lente encore, mais elle était désormais assurée.

XXII.

Cependant la confiance rentrée dans l'esprit du gouvernement n'était pas rentrée dans l'Assemblée nationale. Un parti ombrageux voulait profiter de cette crise pour renverser la commission exécutive, dont on continuait de se défier sans fondement. Le lendemain, à huit heures, un certain nombre de représentants força la porte du conseil et engagea officieusement les membres du gouvernement à donner leur démission. Les membres du gouvernement à l'unanimité ne demandaient depuis longtemps qu'à sortir d'une situation où le dévouement seul les retenait contre toutes leurs convenances et contre toutes leurs ambitions. Néanmoins, ils ne voulurent pas se retirer au milieu d'une tempête, ni quitter le champ de bataille en lâches qui désertent le pouvoir pendant le combat.

Lamartine, Garnier-Pagès et Barthélemy Saint-Hilaire, se soulevèrent avec énergie contre cette insinuation :

« Que l'Assemblée nous destitue et nous remplace,
« dirent-ils, nous obéirons en bons citoyens, la desti-
« tution sera un ordre. Mais notre retraite volontaire
« en un pareil moment serait un déshonneur ! »

A dix heures, l'Assemblée en permanence donna tous les pouvoirs civils au général Cavaignac, à qui ils avaient confié eux-mêmes la veille tous les pouvoirs militaires. Lamartine écrivit au nom de ses collègues la lettre suivante à l'Assemblée :

« Citoyens représentants,

« La commission du pouvoir exécutif aurait man-
« qué à la fois à ses devoirs et à son honneur en se
« retirant devant une sédition et devant un péril public.
« Elle se retire seulement devant un vote de l'Assem-
« blée. En vous remettant le pouvoir dont vous l'aviez
« investie, elle rentre dans les rangs de l'Assemblée
« nationale pour se dévouer avec vous au danger
« commun et au salut de la République. »

Tel est le récit des principaux événements auxquels j'ai participé pendant les deux premières périodes de la révolution de 1848 et de la fondation des institutions républicaines en France. Les destinées de la

République ont passé depuis dans d'autres mains. C'est à l'avenir de rétribuer selon les actes. De grands services ont été rendus, des fautes ont été commises. Je prie Dieu, mes contemporains et la postérité de me pardonner les miennes. Puisse la Providence suppléer aux erreurs et aux faiblesses des hommes! Les républiques semblent plus directement gouvernées par la Providence parce qu'on n'y voit point de main intermédiaire entre le peuple et sa destinée. Que la main invisible protége la France! qu'elle la soutienne à la fois contre les impatiences et contre les découragements, ce double écueil du caractère de notre race! Qu'elle préserve la République de ces deux écueils : la guerre et la démagogie! et qu'elle fasse éclore d'une République conservatrice et progressive, la seule durable, la seule possible, ce qui est en germe dans cette nature d'institution : la moralité du peuple et le règne de Dieu.

FIN DU TOME SECOND ET DERNIER.

ANNEXE.

RÉFUTATION DE QUELQUES CALOMNIES CONTRE LA RÉPUBLIQUE.

(Mai 1849).

I.

Un écrit étrange vient de paraître dans une revue anglaise d'une immense publicité. L'origine qu'on lui donne ne permet pas de le confondre avec ces innombrables pamphlets anonymes ou pires qu'anonymes par lesquels on déverse l'odieux, le ridicule ou la calomnie sur les premiers actes de la Révolution et sur les hommes qui l'ont saisie à sa première heure et qui l'ont dirigée et transformée en gouvernement. Une autre revue française très-répandue et justement accréditée, *la Revue Britannique*, transmet aujourd'hui à ses lecteurs cette pièce importante. On ne peut la comparer qu'à l'opuscule royal publié par Louis XVIII, en 1817, sur sa fuite de Paris et sur ses aventures de Paris à Bruxelles en compagnie du comte d'Avaray. De pareils livres, authentiques ou non, ont toujours un immense retentissement, ils deviennent quelquefois des documents adoptés de confiance par l'opinion et par l'histoire. Il importe donc de ne pas les laisser passer sans examen et sans rectification.

Voici textuellement la note dans laquelle la *Revue Britannique* explique au public la filiation et le degré d'authenticité de ce curieux document. Nous n'y ajoutons rien, nous n'en retranchons rien, nous laissons à son savant et spirituel rédacteur, M. Amédée Pichot, la responsabilité entière de ses informations.

ANNEXE.

DOCUMENTS HISTORIQUES.

LE DÉPART DE LOUIS PHILIPPE APRÈS LA RÉVOLUTION DE 1848.

(*Note du directeur de la* REVUE BRITANNIQUE.)

« Le lecteur aura bientôt compris pourquoi l'article que nous allons reproduire textuellement et *in extenso*, a toute l'importance d'un document historique.

« Les journaux de Londres et notre correspondance particulière nous ont confirmé simultanément l'authenticité des détails qu'on y trouve révélés pour la première fois. Nous pouvons sans indiscrétion dire ici que l'auteur anglais est M. Croker, ex-secrétaire de l'amirauté, un des rédacteurs les plus anciens de la grande revue des torys, la *Quarterly Rewiev*, tory exalté lui-même, et se déclarant *légitimiste* (ce qui n'est pas être hostile à la dynastie régnante, depuis qu'il n'y a plus de prétendants en Angleterre).

« Avec ses opinions bien connues, M. Croker avait plus d'une fois, de son propre aveu, jugé sévèrement les actes de Louis Philippe pendant les dix-sept ans de son règne : mais, habitant une campagne dans le voisinage du château de Claremont, il a rencontré Louis Philippe, lui a été présenté, et, en l'écoutant, il n'a pas tardé, comme il l'avoue, à modifier son opinion sur le caractère et la politique du monarque exilé..... S'étant chargé de rendre compte, dans la *Quarterly Rewiev*, des ouvrages qui forment le texte de son article, M. Croker avait prié le roi et les personnes de sa famille de lui fournir quelques notes. Louis Philippe lui a communiqué son propre journal. C'est cette communication qui prête une authenticité historique aux détails du départ du roi, formant la seconde partie de cet article, la première appartenant plutôt à la polémique.

« Notre intention avait été d'abord d'élaguer du récit même de M. Croker tout ce qui répugne à nos propres habitudes de critique ; mais en altérant la pensée et les expressions de l'auteur anglais, nous contractions avec lui une solidarité qu'il ne nous convient d'accepter directement ni indirectement.

« Tout en regrettant ce qui pourra blesser ici quelques personnes et quelques opinions, par une condamnation souvent trop collective, nous restons fidèle à l'impartialité du recueil dont la direction nous est confiée, fidèle à nos propres jugements sur les hommes et sur les choses, toujours prêt, par conséquent, à accorder à tous les bénéfices de notre publicité périodique. Nous réfutons d'ailleurs ainsi l'assertion de M. Croker, qui croit la liberté de la presse bâillonnée par la République.

« M. Croker traduit généralement en anglais les extraits des ouvrages français qu'il cite, soit pour les réfuter, soit pour fortifier par ce témoignage ses renseignements particuliers. C'était un devoir de rétablir le texte de ces citations, sans égard pour quelques légères inexactitudes verbales de la traduction anglaise, inexactitudes qu'il faut croire involontaires. Nous espérons que notre propre traduction, œuvre de deux plumes, mais revue et coordonnée par une, sera reconnue aussi exacte que possible par M. Croker lui-même. Nous avons quelque droit de dire, lorsque nous nous sommes plus d'une fois fait violence pour ne pas affaiblir certaines invectives qui répugnaient à notre style et surtout à nos affections sincères pour un de ces noms glorieux, puissants hier, impopulaires aujourd'hui, que nous n'avons pas flagornés *hier*, que nous n'insulterions pas *aujourd'hui*. »

M. de Lamartine, objet principal de ces *calomnies* et de ces *invectives*, supportant tout sans récrimination pour lui-même, mais ne supportant rien pour la Révolution qu'on veut déshonorer, a été sommé de répondre à cet écrit. Il l'a fait dans la lettre suivante adressée à la *Revue Britannique* et à la revue anglaise.

A M. AMÉDÉE PICHOT

Rédacteur de la Revue Britannique.

« Monsieur et ancien ami,

« Si le document que vous empruntez à la revue anglaise émanait réellement d'une main ou d'une conversation royale, voici ce que j'y répondrais :

« Les cœurs honnêtes ne connaissent pas le *væ victis !* Si j'ai respecté le roi dans sa puissance, je le respecte bien plus dans sa déchéance. La majesté a des droits, l'infortune a des saintetés. C'est dans ce sentiment que je vais examiner le document dont vous cherchez la source si haut. Mais ce sentiment ne doit pas aller jusqu'à laisser fausser des faits historiques et avilir des hommes qui, s'ils n'ont pas de place dans les chronologies royales, en ont une qu'ils veulent conserver dans l'estime des honnêtes gens.

« Je passe donc sur soixante pages de ce que vous appelez si justement *invectives* et je croirais faire la plus cruelle offense au prince qui fut roi, si j'en attribuais une seule ligne à son inspiration. Les princes détrônés ont le droit trop chèrement acquis de maudire les révolutions qu'ils ont faites et de rejeter leurs fautes sur ceux qui ont eu à porter le poids des ruines de leur trône et de leur gouvernement écroulés. Mais ces princes ont pour excuse les erreurs et les illusions qui assiègent les cours; ils ont pour vengeance le bien qu'ils ont pu faire, le mal qu'ils ont pu empêcher pendant leur règne; ils ont pour asile le silence et la dignité historique de ces grandeurs qui ne se dégradent pas même en tombant. Je suis convaincu que ce prince n'en cherchera jamais d'autres; mais en fût-il autrement, cela ne changerait rien à mon langage. Aux imputations d'un roi sur le trône, je répondrais par la fierté des représailles; aux insultes d'un roi sans couronne, je répondrais encore en m'inclinant.

« Passons donc aux faits : ils exigent seuls qu'on s'inscrive en faux contre l'écrivain, quel qu'il soit, qui les a si mal connus ou si odieusement altérés.

« L'écrivain accuse Lamartine « d'avoir évoqué et déchaîné, de
« concert avec les conspirateurs, les instruments de massacre et de
« pillage en février 1848 (page 11); d'avoir créé un règne de terreur
« n'admettant d'autre désordre que le sien; d'avoir enrôlé dans la
« *garde mobile* vingt-quatre mille des pires émeutiers ou bandits de
« la révolution (page 25); d'avoir eu pour second, lors de l'inva-
« sion de la Chambre des députés, un garçon boucher brandissant un
« couteau (page 47); de n'avoir aboli l'échafaud et repoussé la ter-
« reur que parce qu'il sentait l'avoir mérité pour lui-même, et de
« n'avoir été humain que par conscience (page 53); d'avoir cherché
« à faire obstacle au départ du duc de Nemours, des princes, des prin-
« cesses, du roi lui-même (page 55); il affirme que des ordres du
« gouvernement provisoire étaient donnés, *enjoignant aux gardes-
« côtes d'apporter la plus grande vigilance à empêcher l'évasion
« des fugitifs politiques;* de n'avoir pas donné avis à Louis Philippe
« et à ses amis de la sauvegarde que le gouvernement provisoire
« leur avait au contraire préparée; un message bien intentionné
« aurait sans doute, ajoute l'écrivain, pu trouver ce prince dans les

« huit jours de son royal pèlerinage. M. de Lamartine ne paraît avoir
« rien fait non-seulement pour procurer des moyens de fuite au roi,
« mais même pour les faciliter au besoin ; la famille royale ne vit
« aucune trace de la protection de M. de Lamartine ; *mais au con-*
« *traire*, après avoir subi une foule de persécutions et de dangers
« sans exemple dans l'histoire, à moins de nous reporter au règne de
« la terreur no 1, etc. (page 67). Pourquoi tous ces sentiments géné-
« reux restèrent-ils enfermés dans le sein ou dans le pupitre de M. de
« Lamartine, et ne furent-ils révélés que lorsqu'ils ne pouvaient plus
« servir qu'à la satisfaction de sa vanité personnelle?... Le roi courait
« le danger presque certain d'un assassinat; tous les actes publics du
« gouvernement, cette circulaire envoyée aux ports, ces mandats
« d'arrêt lancés simultanément à Paris contre la duchesse d'Orléans
« et contre les ex-ministres, tous ces actes, disons-nous, tendaient à
« pousser la population à des violences de ce genre ; les sentinelles
« furent doublées sur toute la côte, les routes qui conduisaient au port
« soumises à une surveillance plus rigoureuse (pages 67, 69). » Enfin
l'écrivain, forcé de reconnaître les termes de respect dans lesquels
M. de Lamartine parle des malheurs et même des fautes du roi, per-
vertit jusqu'à ce respect et l'attribue à la prudence de la peur qui
demande grâce d'avance à l'éventualité des restaurations. « Nous soup-
« çonnons, dit-il textuellement dans plusieurs endroits, et entre autres
« page 27, un autre motif à ce panégyrique presque sans distinc-
« tion. M. de Lamartine n'a peut-être pas sérieusement renoncé
« au jeu des révolutions ; il a disparu dans la vague, mais il peut
« remonter à la surface : encore quelques tours de la roue de fortune,
« le comte de Paris peut rentrer aux Tuileries, etc. Si la politique de
« M. de Lamartine n'est pas très-profonde, elle est conforme du moins
« à la célèbre maxime de La Rochefoucault : « Vivez avec vos amis
« comme s'ils devaient un jour devenir vos ennemis, et avec vos enne-
« mis comme s'ils devaient un jour devenir vos amis. » Bridonne,
« dans ses *Voyages*, parle d'un Anglais original qui, à Rome, ne man-
« quait jamais d'ôter son chapeau à la statue de Jupiter. Quelqu'un
« lui ayant demandé pourquoi : — Qui sait, répondait-il, si cette divi-
« nité ne pourra pas être un jour réintégrée dans son temple? Peut-
« être alors se souviendra-t-il de ceux qui auront été polis envers lui
« dans sa disgrâce? — C'est ainsi que M. de Lamartine ôte son cha-
« peau à Jupiter, » etc. (page 28).

« Voyons si ces imputations odieuses ou ridicules, en ce qui touche
les actes du gouvernement provisoire relativement à la famille royale,

ont d'autres fondements que la malveillante et la plus ingrate récrimination de la part de M. Croker. Voyons comment M. de Lamartine, entre autres, si spécialement cité, a créé le désordre du 24 février, évoqué le meurtre et le pillage, favorisé les desseins sinistres contre la famille royale, envoyé des ordres pour l'arrestation des fugitifs, prolongé leurs anxiétés dans leur fuite, suspendu l'exécution des mesures secrètes et protectrices décrétées par le gouvernement provisoire pour préserver cette famille d'un outrage, la République d'une honte. Voyons s'il a gardé dans son sein ou dans son pupitre les ordres préparés pour la sécurité du roi et des princes, et par la faute de qui ce prince a erré plusieurs jours sur la côte de France dans l'appréhension des poursuites d'un gouvernement qui ne cherchait sa trace que pour hâter, protéger et entourer de sécurité et de dignité son départ. Voyons enfin si M. de Lamartine, qui n'avait pas ôté son chapeau pendant quinze ans à Jupiter régnant, dispensateur des dons et des faveurs du trône, n'a pas ôté son chapeau à la fortune tombée, et n'a pas fait tout ce qui était en lui pour enlever tout péril et toute aspérité à la triste route de l'exil. C'était son devoir plus qu'à tout autre acteur de cette révolution. On va voir pourquoi:

« Je rétablis les faits et je n'en cite aucun sans citer en même temps les témoins et sans provoquer le témoignage.

II.

« Ma famille maternelle était attachée, avant 1789, à la maison d'Orléans. Elle en avait reçu des honneurs, des titres, des bienfaits dont le souvenir s'était transmis en moi avec le sang. Ces souvenirs me commandaient une reconnaissance, contre laquelle le cours des générations ne prescrit pas dans les cœurs bien faits. La famille de mon père ne devait rien à ces princes. Elle était dévouée, au contraire, aux rois légitimes, à leur malheur, à leurs échafauds ; elle nourrissait contre la maison d'Orléans ces ressentiments et ces répugnances imméritées (puisque les fautes sont personnelles), mais instinctives, que cette branche révolutionnaire de la maison de Bourbon avait inspirés aux royalistes.

« En 1830, au moment de l'avénement au trône du duc d'Orléans, je servais dans la diplomatie. Je venais d'être nommé ministre en Grèce ; j'appris à l'étranger la Révolution de juillet. Le caractère de cette révolution, qui se contentait de prendre un trône au neveu pour le donner à l'oncle, me répugnait. Je ne voulus pas y tremper, même par le silence. Je vins à Paris, je me rendis chez M. le comte Molé, ministre des affaires étrangères. Je le priai de faire accepter, au nouveau roi, ma démission. « Je reconnais, dis-je, le droit des nations de changer leurs dynasties, je ne conteste pas avec les faits, mais je ne me prostitue pas à leurs caprices ; je ne veux pas être un parasite de la fortune. »

« M. Molé m'engagea à écrire moi-même, si je persistais, une lettre au roi pour lui faire agréer ma démission. Je le fis. Le ministre remit ma lettre à ce prince au conseil. Le roi la lut, loua la convenance des termes, et me fit dire qu'il désirait me voir. Je remerciai le ministre de la communication qu'il me fit de la part du roi. Mais je m'abstins d'aller aux Tuileries ; je quittai la France et je voyageai trois ans.

« A mon retour, je fus nommé député. Je ne m'associai ni à l'opposition, ni à la majorité. Je restai isolé pour rester libre, laissant à part toute question de dynastie et votant tantôt pour et tantôt contre les projets du gouvernement, selon qu'ils me paraissaient utiles ou nuisibles aux intérêts généraux et permanents du pays. Je m'abstins avec un scrupule sévère de tout rapport avec la cour, le roi, la dynastie. Je reçus des reproches de cette réserve. Ces reproches ne changèrent rien à mon attitude.

« Deux fois, dans des circonstances graves, le roi me fit appeler. Dans des entretiens très-longs, très-intimes et très-bienveillants, ce prince déploya cette rare puissance de parole, de discussion et de séduction, dont la nature et l'expérience l'ont doué, pour me déterminer à me rattacher à son gouvernement et à paraître à sa cour. Je fus ému, reconnaissant, mais inflexible. « J'aurais moins de force,
« lui dis-je, pour servir mon pays, et même votre gouvernement, si je
« consentais à aliéner mon indépendance. Les convictions désintéres-
« sées sont quelquefois des appuis utiles pour un gouvernement ; les
« autres convictions paraissent des complaisances. Je ne suis point
« hostile, mais je veux rester indépendant. »

III.

« La coalition parlementaire, véritable date de l'ébranlement de la monarchie, se forma. C'était la ligue confuse de tous les éléments les plus incompatibles et les plus dissolvants, de toutes les oppositions radicales et de tous les mécontentements personnels ralliés pour saper, dans une agression commune, la prérogative constitutionnelle du roi et le ministère de M. Molé. Je combattis presque seul, pendant deux ans, la coalition, dont je pressentais nettement la portée qu'elle ne sentait pas elle-même. Je défendis gratuitement le ministère Molé sans m'engager avec lui, et blâmant même hautement à la tribune quelques-uns de ses actes. La Constitution ne fut défendue par personne plus énergiquement que par moi. Le roi m'en fit faire des remerciements ; il m'appela pour me les adresser lui-même. Je montrai dans cet entretien la même sensibilité à sa bienveillance et la même inflexibilité à ses entraînements.

« Enfin la coalition triompha. Je la combattis victorieuse, comme je l'avais combattue agressive. Je parlai avec force et obstination contre les fortifications de Paris, prélude de despotisme militaire. Le roi m'appela de nouveau pour me convaincre de la nécessité de cette œuvre de prédilection de sa pensée. Il me retint une matinée entière ; il me charma par les ressources de sa dialectique, il ne me convainquit pas.

IV.

« Après le renversement du ministère de la coalition par moi et par les 221 députés constitutionnels, on me conjura d'accepter ma part dans les dépouilles en prenant un ministère dans la nouvelle administration. Je refusai.

« M. Guizot revint de Londres. A son retour, et après avoir pris possession de la direction des affaires, il me fit l'honneur de venir chez moi, à deux reprises, pour m'engager à faire acte d'adhésion au gouvernement en acceptant une des grandes ambassades qu'il était autorisé à m'offrir de la part du roi. Je le remerciai et je lui dis :
« Assurez le roi que mon intention est de soutenir le nouveau minis-
« tère contre les assauts et les ressentiments de la coalition, si elle se
« reforme, parce que je crois cette ligue un principe de crise pour le
« pays ; mais je veux le faire de mon propre mouvement et dans la
« plénitude de ma liberté. Je ne serais plus libre, si je me laissais lier
« par une reconnaissance quelconque envers la couronne ; gardez ces
« ministères ou ces ambassades pour les hommes importants que vous
« aurez besoin de retenir ou de rallier au gouvernement par des liens
« de cette nature. Je n'accepterai rien. »

« M. Guizot insista. Il me représenta avec raison que l'appui d'un homme politique n'était constaté aux yeux de l'opinion qu'autant que cet homme politique acceptait une solidarité officielle avec le gouvernement. Il ne négligea rien pour me convaincre ; enfin il ajouta : « Le roi m'autorise à vous dire que si ces ambassades, les plus hautes « qu'il y ait à offrir à un diplomate, ne vous paraissent pas équiva- « lentes à l'importance du rôle que vous venez de remplir, ou même « aux convenances personnelles de votre fortune, il est prêt à y ajou- « ter en dignités ou en appointements de surérogation, tout ce qui « pourra compléter à vos yeux ces situations. » — Je répétai à M. Guizot ce que j'avais dit au roi, c'est-à-dire que je ne voulais me lier à aucun prix au gouvernement. Tout fut dit.

V.

« Je continuai à soutenir, pendant quelques sessions, le ministère contre la coalition qui se dissolvait. Puis le ministère me paraissant s'égarer et reprendre la voie des abîmes, je le combattis de mon point de vue de démocratie progressive, mais sans aucune affiliation avec l'opposition.

« Les choses en étaient là quand les oppositions parlementaires, débris de la coalition, et les journaux coalisés ouvrirent, en 1847, la campagne de l'agitation du pays par les banquets. Non-seulement je ne m'y associai pas, mais, quoique adversaire de la politique anti-réformiste, aveugle et incorrigible du gouvernement, je parlai et j'écrivis contre cette *mêlée* des oppositions qui, ne pouvant rien produire de concordant comme ministère, ne pouvait produire qu'une révolution. Je déclarai que cette agitation sans formule commune me paraissait confuse, téméraire, extra-constitutionnelle. Je n'assistai à aucun banquet politique dans mon propre département. Je protestai contre ceux de Dijon, de Châlon, d'Autun. (Voir mon discours et mes articles de septembre et octobre 1847.) Je ne parus qu'au banquet personnel et littéraire qui me fut offert par mes concitoyens de Mâcon, à la condition que le maire de la ville et moi nous aurions seuls la parole. On peut lire mon discours ; partout on y verra que j'y combats les tendances anti-réformistes du gouvernement, mais en insistant sur la nécessité et sur la possibilité de ramener ce gouvernement au vrai de sa situation par l'action parlementaire, sans l'ébranler ni le renverser par une agitation désespérée.

« Revenu à Paris quelques jours avant le 24 février, je persiste dans la même ligne. Je demande seulement, avec M. Duvergier de

Hauranne et les hommes qui voient s'amonceler l'orage, que le gouvernement vide le conflit en présentant une loi sur le droit de réunion, contesté alors aux députés eux-mêmes. Le gouvernement s'y refuse. — Je me range alors du côté des députés et des pairs qui refusent de céder sans loi le droit de réunion à l'arbitraire des ministres. Nous sommes abandonnés par l'opposition elle-même. On renonce à tout acte de protestation. Tout semble fini. Cependant l'agitation s'accroît; l'opposition, la garde nationale et le peuple prennent pour mot d'ordre le cri de : *Vive la réforme!* L'insurrection, vague et divergente, paraît apaisée par un changement de ministère, sous la pression d'un soulèvement, le 23 au soir. Étranger à tous les éléments dont l'insurrection se compose, et ne sachant les événements que par la rumeur publique, je me réjouis de l'apaisement de l'émotion populaire. L'événement du boulevard la réveille. Paris est couvert de troupes; la nuit fait trêve au combat; je crois comme tout le monde le gouvernement armé de forces surabondantes et maître de la situation.

« Le 24, à midi, on vient m'annoncer que la Chambre des députés est menacée d'être envahie; quoique malade, je m'y rends pour partager le sort ou le danger de mes collègues; les troupes s'ouvrent ou se replient; les chefs, sans ordres, hésitent à prendre sur eux la direction que nul ne leur donne; la garde nationale intervient entre le peuple et l'armée; le roi se retire avec sa famille; la Chambre est forcée; plus de royauté dans Paris, plus de gouvernement dehors, plus de ministres dedans, plus de constitution nulle part, plus de forces militaires pour couvrir la représentation nationale; le peuple en armes dans l'enceinte; la duchesse d'Orléans exclue de la régence par la loi imprévoyante de son beau-père, sans titre légal par conséquent pour revendiquer le gouvernement; le duc de Nemours, régent de droit, mais ne pouvant même faire valoir son titre, et se bornant à couvrir courageusement de sa personne sa belle-sœur et son neveu; le président de l'Assemblée mis en joue et expulsé par la violence de son siége; les députés se retirant dans l'impossibilité de délibérer constitutionnellement; deux des pouvoirs politiques anéantis; le troisième envahi et asservi; des orateurs à la tribune ou sur leurs bancs, demandant d'urgence un gouvernement provisoire; moi, immobile, muet, spectateur de cette scène de ruine, réfléchissant en moi-même sur le meilleur parti à prendre pour saisir cette anarchie et sauver des dernières catastrophes cet empire. Voilà littéralement ma situation à deux heures après midi, le 24 février 1848. Je réfléchis, je suis appelé par mon nom à la tribune; je n'hésite plus, j'y monte, je me prononce d'instinct et d'urgence pour la création immédiate d'un gouvernement de nécessité, d'un gouvernement provisoire chargé d'étancher le sang, de contenir l'anarchie, de gouverner la crise, de prendre les mesures de salut public, de consulter la nation, de renvoyer la souveraineté abdiquée et perdue à sa source, la Nation, et de préserver la société par la seule main assez forte pour le faire, par la main du peuple lui-même.

« Voilà mon rôle exact et complet avant et pendant les journées de Février. Une fois la Constitution renversée sous le trône d'un roi qui n'avait pas su la défendre, y avait-il en France un homme politique, un citoyen plus libre que moi de tout engagement, de tout lien, de toute dépendance d'esprit ou de cœur envers la dynastie d'Orléans? Je le demande à tout homme de bonne foi, je le demanderais au prince lui-même.

« J'avais passé quinze ans à réserver cette indépendance aux dépens de toutes mes ambitions, de toutes mes fortunes politiques. Je m'étais refusé obstinément aux avances du roi et de ses ministres ; je n'avais voulu avoir aucun rapport avec les princes et avec la cour ; je ne connaissais la duchesse d'Orléans que par la renommée, par l'intérêt qu'elle inspirait à tous et par l'attendrissement sur ses infortunes; convaincu le 24 février, à deux heures, que la proclamation tardive d'un gouvernement de femme et d'enfant serait la perpétuité d'une révolution irritée par ce faible obstacle et qui l'emporterait trois jours ou trois mois après dans des flots de sang, avais-je le droit de sacrifier une nation à un attendrissement? Avais-je une couronne à donner à tel héritier de branche illégitime contre tel autre? Avais-je l'obligation de reconstituer une dynastie de 1830 contre une dynastie de 1815 proscrite? Étais-je l'homme-lige d'une usurpation ou d'une légitimité? Non. Je ne devais de dynastie à personne; et je dirai plus, moi qui n'avais jamais désavoué mes respectueux souvenirs pour l'enfant proscrit en 1830, si j'avais eu une dynastie à donner, ce n'est pas à la branche illégitime que j'aurais restitué la propriété vacante d'un trône.

« Mais il était évident pour moi qu'il ne fallait restituer tout qu'à la souveraineté imprescriptible de la nation.

« C'est ce qui fut fait, non par moi, mais par le cri du bon sens et du salut public.

« Quel droit l'écrivain auquel je m'adresse, a-t-il donc de me contester une liberté de détermination qui ne relevait que de ma conscience et non de lui?

VI.

« Maintenant suivons l'écrivain dans ses souvenirs sur la route du roi vers la côte d'Angleterre et voyons de quelles persécutions comparables à celle de *la terreur* n° 1, selon ses expressions, la République s'est souillée envers sa famille et lui !

« Voyons s'il est vrai que la révolution, acharnée contre un prince fugitif et contre une famille innocente, se soit déshonorée envers la majesté, la vieillesse, l'enfance, le malheur, le sexe, par des sévices qui rappellent les profanations du sang royal à d'autres époques? Voyons si *les dictateurs de Février ont cherché à faire obstacle au départ du duc de Nemours, des princes, des princesses, des enfants, du roi lui-même? Voyons s'ils ont donné les ordres les plus sévères pour empêcher l'évasion des fugitifs? Voyons si Lamartine, entre autres, est coupable de n'avoir pas donné avis au roi de la sauvegarde qu'il avait demandée au gouvernement pour ce prince par un message bien intentionné? s'il n'a rien fait pour procurer au roi des moyens de fuite? Voyons si ces sentiments généreux restèrent enfermés dans le sein ou dans le pupitre de Lamartine? et s'il n'en a parlé depuis que pour la satisfaction de sa vanité personnelle?* (Page 8 du récit.) Voyons enfin *si tous les actes de ce gouvernement, cette circulaire envoyée aux ports, ces mandats d'arrêt lancés à Paris contre la duchesse d'Orléans et contre les ex-ministres ne tendaient pas à pousser la populace aux violences et à faire courir au roi le danger presque certain d'un assassinat?* etc., etc. Quand on imprime de pareilles accusations pour l'Angleterre, à trente mois des événements et à quelques lieues de Paris, il faut trop compter sur la crédulité de l'Angleterre et sur le silence de Paris. Mais la France ne doit pas se laisser dénaturer à ce point dans sa révolution devant l'Europe. Si l'écrivain est mal informé, il faut qu'il apprenne; s'il est le calomniateur d'une nation, il faut qu'il soit démenti. Il ne le sera pas par des assertions, mais par des faits et des témoignages. Voici les faits et voici les témoins.

VII.

« Aussitôt que les quarante-huit premières heures de l'explosion et de la confusion révolutionnaires, heures pendant lesquelles le gou-

ANNEXE.

vernement, englouti dans le foyer de l'Hôtel de Ville, était sans communication avec l'extérieur de Paris et uniquement absorbé dans ses efforts pour arrêter le sang, éteindre le feu, assurer les subsistances, recréer un ordre instantané, se faire reconnaître et obéir lui-même ; dès que ces heures, disons-nous, furent passées, le gouvernement s'occupa du sort du roi fugitif et de sa famille. Il savait déjà par des confidences vagues que la duchesse d'Orléans, protégée par des députés courageux, par quelques officiers fidèles de sa maison, par quelques citoyens dévoués et par le général Courtais lui-même, nommé commandant de la garde nationale, avait trouvé un premier asile aux Invalides ; que cette princesse était partie de là nuitamment avec son fils sous la garde de M. de Montesquiou ; on supposait que c'était dans l'intention de rejoindre le roi ; on ne voulut pas s'en assurer d'une manière plus précise dans la crainte d'ébruiter la résidence temporaire de cette princesse, de contrarier les mesures que ses amis prenaient sans doute pour son *incognito* et pour son départ définitif ; on détourna les yeux et l'attention publique pour laisser s'accomplir sans inquiétude et sans obstacle le voyage d'une femme et de ses enfants qui n'inspiraient que respect et douleur à tout le monde. Quelques voix dans la foule qui entourait le gouvernement demandaient, sans intention de violence, qu'on s'emparât de la famille royale et qu'on la retînt en otage jusqu'au dénouement de la révolution, par mesure de sûreté contre les entreprises du dehors. Le gouvernement fit taire énergiquement ces voix mal inspirées. Il déclara à plusieurs reprises, devant des centaines de témoins, qu'il ne voulait point d'une prudence d'État qui serait une cruauté envers des innocents et une humiliation pour un grand peuple. Non-seulement il ne fut point question à l'Hôtel de Ville de lancer des mandats d'arrêt contre les membres de cette famille, de les poursuivre sur les routes, de leur fermer les frontières et les ports ; mais, au contraire, le gouvernement se félicita unanimement de ce qu'aucune malveillance du peuple, aucune indiscrétion de zèle ne remettaient entre les mains de la révolution des personnes royales ou des personnages ministériels, contre lesquels il n'avait ni le droit, ni la volonté de sévir, et qu'il eût été peut-être embarrassé dans les premières heures de remettre en sûreté ou en liberté [1].

---

[1]. On me communique à l'instant une page de l'*Histoire du Gouvernement Provisoire*. Cette histoire, qui ne paraît certes pas écrite dans une intention de malveillance contre moi, contient cependant la plus étrange, et je la crois la plus involontaire, imputation qui

« Ce ne fut que huit ou dix jours après que je fus informé d'un mandat contre les ministres émané d'un magistrat de Paris, à mon insu et à l'insu, je crois, de tous les membres du gouvernement. Je me hâtai d'appeler ce magistrat pour l'interroger sur ce mandat et pour lui recommander de le retirer sans bruit et de ne donner aucune suite à cette mesure, contraire à nos vues. Ce magistrat m'expliqua la cause de cet acte, formalité judiciaire émanée de la cour de justice, formalité sans opportunité et sans valeur ; il pensait comme moi, et il me donna l'assurance qu'il allait étouffer dans le silence et dans l'inexécution un excès de zèle, une mauvaise habitude de parquet sans fondement et sans politique. Jamais, à ma connaissance, il ne fut question de mandat d'arrêt contre la duchesse d'Orléans : j'en entends parler pour la première fois dans le récit de l'écrivain de Londres ; une pareille idée eût soulevé tous les esprits et tous les cœurs comme le mien ; jamais aucun ordre de fermer les routes, les frontières, les ports aux personnes qui se retiraient de France, ne fut donné par le gouvernement. Par quelle inconséquence le gouvernement qui abolissait les échafauds aurait-il pourchassé des victimes ? et quelles victimes !...

« Il y a à Paris cent témoins et à l'Assemblée nationale plusieurs amis dévoués de la duchesse d'Orléans ; ils peuvent dire s'ils n'ont pas été appelés par moi au plus fort de la crise, non pour leur arracher le secret des asiles qu'ils avaient donnés, mais pour leur offrir

ait jamais rejailli sur mon nom par suite de je ne sais quelle aberration de faits, de sens ou de mémoire. Voici cette page :

« Le 27 février, on informa le gouvernement que la duchesse d'Orléans était arrêtée à
« Mantes. M. Jules de Lasteyrie accourut à l'Hôtel de Ville pour obtenir un ordre d'élar-
« gissement. Tous les membres du gouvernement y consentirent, un seul excepté. C'était
« M. de Lamartine. « Le Peuple seul, disait-il, a le droit de prononcer. » Aux instances
« de M. de Lasteyrie, il répondit : « Le salut du pays repose sur ma popularité, je ne
« veux pas la risquer. » Ce fut M. Albert qui, par une chaleureuse intervention, décida
« M. de Lamartine à se relâcher de ses rigueurs. »

Et plus loin, après une citation aussi controuvée d'une soi-disant conversation à ce moment entre l'envoyé de Russie, M. de Kisseleff, et M. de Lamartine :

« M. de Lamartine proposait, dit l'écrivain si mal informé, de mettre en arrestation la
« princesse, et d'attendre les circonstances pour la garder ou la relâcher ; ses collègues
« refusèrent. »

Répondre à de pareils renversements de sens et de faits serait aussi puéril à moi que de répondre à l'accusation d'avoir présenté le drapeau rouge, le fusil à la main, à l'Hôtel de Ville, pendant que je le repoussais, ou d'avoir demandé qu'on élevât la guillotine sur la place de la Révolution, pendant que je rédigeais l'abolition de l'échafaud. C'est à mes collègues, aux ministres présents, aux témoins et aux faits de répondre. On n'a qu'à lire le récit ci-dessus, et à évoquer les témoignages cités, vivants et présents en si grand nombre autour de moi : tout est là.

les moyens d'assurer, de concert avec eux, la sortie de France des princes, des princesses et des enfants, objets de leur respectueux dévouement. Voilà la vérité sur cette partie de l'accusation.

VIII.

« En ce qui touche le roi, la reine et les personnes de la famille d'Orléans qui s'étaient retirées de Paris le 24 février, au matin, par la route de Saint-Cloud, le gouvernement, enfermé à l'Hôtel de Ville et dans Paris, était sans nouvelles. Les communications n'étaient point rétablies; l'administration, révolutionnée partout, n'était recréée encore nulle part; les rumeurs les plus diverses arrivaient à l'Hôtel de Ville; les uns disaient que le roi s'était retiré dans le Nord, les autres dans la Normandie ou dans l'Ouest, qu'il avait replié les troupes et se disposait à marcher sur Paris; les autres affirmaient qu'il s'était embarqué au Havre ou à Boulogne, et qu'il était déjà à Londres. La plus complète incertitude régnait les premiers jours sur ses intentions, sur son sort et sur sa direction. On ne tarda pas à apprendre qu'il avait pris la route du château de Dreux et qu'il y attendait vraisemblablement les résolutions du gouvernement. Quelques heures après, on apprit confusément qu'il était reparti de ce dernier asile et qu'il cherchait sous un déguisement à se rapprocher de la côte, dans l'intention sans doute de se réfugier en Angleterre.

« Le gouvernement, dans la première séance régulière et *intérieure* qu'il eût pu avoir jusque-là au milieu des tumultueuses affluences à l'Hôtel de Ville, se posa alors pour la première fois la question de la conduite qu'il avait à tenir à l'égard du roi détrôné. Il n'y eut qu'une voix, comme il n'y avait qu'une convenance et qu'un sentiment : éviter à la révolution une occasion, un prétexte, un danger de se flétrir à ses propres yeux et aux yeux de l'histoire par une apparence de rigueur, de persécution, d'irrespectuosité même envers le prince qui avait gouverné la France, envers sa famille innocente, envers l'infortune. Laisser fuir le roi, prêter même secours et dignité à sa retraite du sol français, garantir sa personne de toute violence, de toute insulte, ses biens personnels de toute confiscation, le faire escorter et embarquer, s'il venait à être découvert, avec la vigilance d'un gouvernement humain, avec la décence d'un peuple qui se respecte dans l'homme qui fut son chef. Telles furent les résolutions, telles les paroles unanimes; plus de cinquante témoins de cette séance les entendirent et sont là pour les attester.

« L'exécution voulait des prudences et des ménagements extrêmes avec l'émotion du peuple partout debout, partout armé, et dont l'irréflexion, au premier moment, pouvait confondre les égards avec la trahison. Rien ne fut écrit. Je me chargeai seul et personnellement de toutes les mesures, confidentielles de leur nature, qui devaient assurer l'accomplissement des vues d'humanité du gouvernement et la préservation de la sûreté du roi et de l'honneur de la nation.

« J'ai une grande popularité en ce moment, dis-je à mes collègues,
« je prends sur moi de la compromettre et de la perdre au besoin
« avec bonheur pour éviter un grand péril et une grande honte à la
« révolution, si elle venait à manquer à ce qu'elle se doit à elle-même
« en manquant aux sûretés et aux égards qu'elle doit au roi détrôné.
« Je prends la responsabilité, s'il y en a, tout entière. Je ne crains
« pas d'encourir les soupçons et la colère de ce peuple, pour lui épar-
« gner plus tard un regret et un embarras. Je vais chercher les traces
« du roi là où elles doivent être connues. Je vais choisir des personnes
« sûres et dévouées pour les envoyer sur son passage, pour respecter
« son incognito s'il n'est pas révélé, et pour se montrer, en cas de
« nécessité, avec un caractère officiel, s'il est besoin de protéger
« les fugitifs contre une émotion du peuple.

« Ce n'est pas assez : dans leur fuite soudaine, le roi et sa famille
« sont partis, dit-on, dépourvus d'argent ; il ne faut pas qu'une
« famille qui fut royale en France arrive à l'étranger dans le dénue-
« ment d'une hospitalité mendiée : nous lui ferons passer dans quel-
« ques jours sa fortune ; mais, en attendant, il faut des fonds suffi-
« sants pour assurer le départ, l'arrivée et l'existence du roi dans le
« séjour qu'il aura choisi. Donnez ordre verbal, ici, au ministre des
« finances d'ordonnancer une somme de 300,000 fr. qu'il tiendra à
« ma disposition pour cet usage, afin qu'il n'y ait pas une heure de
« retard entre le moment où je découvrirai l'asile du roi et le moment
« où je ferai partir mes commissaires confidentiels sur ses traces. »

Cela fut fait. M. Goudchaux est là pour attester l'existence de cet ordre. Je quittai un moment l'Hôtel de Ville. Dans la soirée, je rentrai chez moi ; je fis appeler deux hommes fermes, courageux, libéraux, et respectueux à la fois pour le trône, portant l'un et l'autre un nom agréable au peuple et non suspect à la liberté, *M. Oscar de Lafayette* et *M. Ferdinand de Lasteyrie ;* je leur communiquai la mission de vrai patriotisme et d'humanité dont je les chargeais ; ils l'acceptèrent. Je leur adjoignis deux hommes de mon intimité personnelle, d'opinions indépendantes et de sentiments très-élevés, dont j'étais sûr

comme de moi-même, M. de Champeaux, ancien officier de la garde
royale, et M. Dargaud, attaché par moi au cabinet des affaires étrangères ; je leur donnai l'ordre de se tenir jour et nuit à ma disposition,
afin de partir à la minute pour le lieu que je leur indiquerais suivant
l'itinéraire du roi, quand je serais parvenu à le connaître ; je rédigeai et *signai* leurs instructions ; je fis charger ma voiture de voyage,
et je la tins avec la somme nécessaire (50,000 fr.), à la disposition
de ces commissaires. Cela fait et la nuit venue, je sortis et je me
rendis, accompagné de M. de Champeaux, chez *M. de Montalivet*,
ministre de la maison du roi et ami de ce prince. Je savais que le roi
avait écrit de Versailles et de Dreux à M. de Montalivet pour quelques dispositions personnelles. Je ne doutais pas que ce ministre
n'eût des confidences plus explicites des intentions du roi et qu'il ne
connût sa retraite ; je lui fis part des dispositions du gouvernement
provisoire et des miennes ; je lui communiquai les mesures que je
venais de prendre pour faire suivre et protéger au besoin contre tout
obstacle et contre toute insulte la famille royale ; je le conjurai de
s'ouvrir avec une pleine confiance à moi et de me révéler la retraite
de Louis-Philippe. « Vous voyez, lui dis-je, que je ne crains pas de me
« compromettre pour cette œuvre de salut pour le roi et de dignité
« pour la France, puisque je viens moi-même, seul et nuitamment,
« m'exposer aux soupçons du peuple en recherchant un entretien
« avec le ministre confident du prince contre lequel ce peuple est
« animé en ce moment. Cette démarche hardie, dans une telle cir-
« constance, doit vous être un gage de ma sincérité. »

IX.

« M. de Montalivet, qui avait montré tant de courage et tant de zèle
d'humanité lui-même en 1830, pour épargner un remords à son pays,
à l'époque du procès des ministres, parut vivement touché de mon
procédé ; il m'assura qu'il était jusque-là dans la même ignorance que
moi sur la route ultérieure du roi et sur le lieu où il se dérobait aux
regards ; il me promit de m'informer aussitôt que des renseignements
précis l'auraient instruit lui-même de la retraite du roi, ne mettant à
cela d'autres réserves que celles qui lui seraient commandées par la
discrétion obligatoire, dans le cas où les ordres du roi lui interdiraient
de rien révéler.

« Ceci se passait le troisième jour après la révolution accomplie à

Paris. Je rentrai chez moi en attendant d'heure en heure un avis de M. de Montalivet. Je m'abstins avec grand soin, pendant cet intervalle, de faire faire aucune recherche personnelle dans les lieux où je présumais que la famille royale pouvait s'être cachée, craignant avec raison que cette recherche du gouvernement, bien qu'elle n'eût pour objet que le salut de cette famille, ne révélât trop sa retraite et ne donnât lieu à des émotions et à des pressions populaires que nous voulions, au contraire, éviter à tout prix aux fugitifs.

« Le sixième jour, ne voyant arriver aucune information de M. de Montalivet, et madame de Montalivet étant venue elle-même me communiquer ses anxiétés d'esprit sur ce qui pouvait arriver au roi dans sa fuite : « Le roi, lui dis-je, s'expose en ne faisant pas révéler à
« M. de Montalivet et à moi sa retraite. Il serait dangereux ou pénible
« que cette retraite fût découverte par des hasards malheureux ou
« des fureteurs officieux ; le pays peut s'alarmer pour sa sûreté
« nationale d'une résidence plus prolongée sur son territoire, on peut
« y soupçonner des intentions d'agression contre la révolution ; au
« nom du prince que vous aimez et du pays, dont je sais que M. de
« Montalivet est un citoyen irréprochable, mettez-moi sur la voie et
« laissez-moi faire partir les hommes sûrs et prudents qui sont char-
« gés de pourvoir honorablement à tout. »

« Madame de Montalivet m'affirma encore que son mari n'avait pu rien apprendre de positif sur la demeure du roi. Je pensai que ce prince craignait peut-être de devoir quelque chose au gouvernement révolutionnaire ; qu'il préférait sans doute devoir tout à la discrétion de ses amis et à la Providence. Je compris ces raisons ; je crus entrevoir que M. de Montalivet lui-même avait ordre de ne rien révéler à ceux que le roi regardait sans doute comme ses ennemis. Je respectai ces susceptibilités de la dignité et du malheur ; je n'insistai pas et je prévins toute recherche ultérieure.

« Deux jours après je fus informé des circonstances plus précises de l'évasion du roi. Peu m'importait comment la famille royale était en sûreté, pourvu qu'elle n'eût eu à subir ni poursuite, ni insulte, ni captivité par le fait de la France. Je fis remettre les 50,000 fr. au trésor, décharger ma voiture, et je remerciai les commissaires du dévouement qu'ils avaient accepté inutilement, mais honorablement.

« Tels sont les détails authentiques de ma conduite personnelle et de celle du gouvernement provisoire, relativement au départ du roi. On voit que les témoins ne manquent pas pour me démentir, si l'écrivain veut en consulter ; on voit que ces témoins sont tous ici ; on voit de plus, encore, qu'ils ne sont pas choisis parmi les ennemis du roi ni bien loin de sa personne; on voit, pour répondre catégoriquement à l'écrivain, que M. de Lamartine ne garda, ni dans son sein ni dans son cabinet, les bonnes intentions du gouvernement et les siennes propres, quant à la liberté, à la sûreté, à la dignité de la sortie du roi du territoire; on voit enfin que, si les mesures prises à cet égard (mesures qui ne pouvaient être ébruitées sans causer une émotion au moins pénible autour de la famille royale) n'eurent pas l'effet que le gouvernement et M. de Lamartine en atendaient, ce n'est pas à M. de Lamartine ni au gouvernement qu'il faut s'en prendre, mais à la susceptibilité très-digne et très-naturelle du roi lui-même, et à la discrétion peut-être excessive, mais obligatoire, de son ministre et de son ami.

« Du moment où le roi refusait de laisser connaître son asile pour y recevoir les sauf-conduits, les sûretés et les respects même qu'une nation sans colère, un gouvernement sans haine, un ministre attentif et des commissaires bienveillants lui offraient, qu'avaient à faire le gouvernement et M. de Lamartine? A fermer les yeux et à éviter autant qu'il dépendait d'eux qu'une indiscrétion ou une surprise ne compromissent malgré eux l'*incognito* d'une évasion qui ne devait être qu'un départ.

« A qui l'écrivain d'outre-mer persuadera-t-il, après ce qu'on vient de lire, que si le gouvernement, à demi informé et pouvant l'être davantage, avait voulu fermer les routes, murer les côtes, surveiller les embarcations, émouvoir ses agents et les populations autour de la retraite probable du roi, il n'eût pas pu, en huit jours, apporter obstacle au départ de la famille royale? Mais, indépendamment de tout sentiment de respect de soi-même et du malheur, du sang, de l'âge et du sexe des fugitifs, et en supposant un gouvernement de sbires et d'inquisiteurs au pouvoir, pourquoi M. de Lamartine et le gouvernement humain et de sang-froid du 24 février l'auraient-ils fait? Que pouvait-il en revenir d'utile et de glorieux à la patrie ou à la République? Le gouvernement voulait-il rouvrir la prison du Temple, ou reposer devant une nation généreuse et pure l'horrible question d'un 21 janvier? Ah! si cela fait honte à penser à ceux qui le réfutent, cela devrait faire horreur à supposer à celui qui l'écrit. L'écrivain d'outre-mer se reporte à des années et à des actes dont nous sommes séparés par des abîmes de temps, de sang et de larmes. Il ne connaît pas la France, il n'est pas de son époque; le fantôme de 1793 lui est apparu! Qu'il le chasse et qu'il se rappelle qu'il parle de 1848! S'il y a eu des faiblesses et des égarements à cette dernière date, ce ne furent du moins que des faiblesses de cœur et des égarements d'humanité!

X.

« Et si cette conduite de Lamartine et du gouvernement fut telle quant aux personnes de la famille royale couvertes par le gouvernement, de réserve, de discrétion, de facilité de retraite et de silence, elle fut telle aussi quant aux biens.

« Aussitôt que l'autorité, perdue dans le sang, eut été ramassée, reconquise et reconstituée d'urgence et de nécessité dans le tumulte de l'Hôtel de Ville et dans la fumée des coups de feu, le gouvernement, aidé par l'immensité des bons citoyens, envoya arrêter le sac de Neuilly ravagé par des bandes qui ne sont que l'écume des révolutions, et préserver les Tuileries et les maisons royales des désordres qui menaçaient les propriétés nationales et les propriétés personnelles des membres de la famille royale. On vint plusieurs fois du dehors poser devant le gouvernement la question de la confiscation politique des deux ou trois cents millions de biens possédés par une maison royale, adversaire-née de la République, et pouvant, par des masses de fortunes si disproportionnées aux fortunes des simples citoyens, donner des inquiétudes à la liberté et acheter au besoin le pouvoir suprême, en corrompant l'élection ou en soldant l'opinion. Le gouvernement s'y refusa avec un impassible respect du droit commun.

« Résolus à préserver pour tous le droit sacré et fondamental de pro-
« priété héréditaire, nous ne voulons pas, dirent ses membres, déca-
« piter la propriété personnelle même dans la personne des préten-
« dants momentanément écartés, non proscrits. Un principe meurt par
« une seule exception, quelles que soient les raisons spécieuses qui
« la motivent. Nous voulons que le principe de propriété vive et sur-
« vive dans l'intérêt des familles à tous les changements de forme dans
« les gouvernements. La démocratie n'est que la propriété mieux
« assurée et plus accessible à tous. Une confiscation serait un contre-
« sens à la démocratie. Nous préviendrons pendant quelque temps,
« par une prudente tutelle, l'usage de guerre civile qui pourrait être
« fait de ces revenus et de ces capitaux accumulés dans des mains
« hostiles, mais nous n'y toucherons pas et nous les restituerons
« comme un dépôt au roi et à sa famille, aussitôt que la crise sera
« traversée et la nation reconstituée dans sa souveraineté. »

« Cela fut dit textuellement et cela fut fait. Nous nommâmes deux hommes irréprochables et que le roi lui-même aurait acceptés, d'abord M. Lherbette, puis sur son refus, M. Vavin, administrateur des biens royaux. Ces noms étaient une garantie d'incorruptibilité pour la nation, de bienveillante impartialité pour le roi. Nous lui fîmes donner l'assurance souvent répétée, ainsi qu'à ses enfants, qu'aussitôt après la réunion de l'Assemblée constituante, ses revenus et ses biens lui seraient remis intégralement.

XI.

« Si l'écrivain d'outre-mer veut s'obstiner maintenant à douter de ces actes et de ces paroles, nous lui nommerons les généraux, les aides de camp du roi, les chargés d'affaires de France à Londres, les personnages de son intimité la plus immédiate venus plusieurs fois à Paris, pendant les mois de mars et d'avril et chargés d'exprimer, en exprimant d'eux-mêmes à Lamartine, la justice que le prince exilé lui-même rendait alors aux égards et aux sentiments de ses prétendus *persécuteurs*. Aujourd'hui il est de bon goût, à Londres comme à Paris, d'invectiver un homme inutile et d'accuser une *terreur* de fantaisie qui n'a ni confisqué un centime, ni emprisonné un citoyen, en six mois de toute-puissance. Mais il y a un lendemain de vérité, même à ces lendemains de l'oubli. Les heures emportent les pensées des hommes, elles n'emportent ni les faits ni les témoins. Ce sont des témoins et des faits que nous opposons aux oublis de l'écrivain d'outre-mer. Le cabinet de l'hôtel des affaires étrangères a entendu à ce sujet des paroles qui ne me permettront jamais de croire à la sûreté de la mémoire de M. Croker. On ne remercie pas par tant d'organes ceux qu'on se réserve de flétrir devant l'avenir.

XII.

« Je n'irai pas plus loin dans l'examen de cet écrit. Je craindrais que la plus involontaire récrimination contre l'écrivain d'outre-mer ne fît rejaillir une peine de plus sur l'exil. Ce n'est pas pour demander grâce aux retours éventuels de fortune que je retiens ma rectification dans les limites d'une simple discussion des faits ; c'est pour faire le sacrifice de mon émotion même, au malheur et à l'ostracisme, les deux puissances que je vénère le plus parce qu'elles sont des puissances désarmées, des toutes-puissances sur le cœur.

« Et quelle grâce aurais-je à demander à la dynastie de Juillet, si jamais pour son malheur elle revenait affronter et provoquer de pires révolutions sur le trône de 1830 ? Ce n'est pas moi qui lui ai offert ce trône ou qui l'ai engagée à y monter à la place d'un pauvre exilé ! Ce n'est pas moi qui ai mendié ou même accepté une seule de ses faveurs ! Ce n'est pas moi qui ai fait la coalition parlementaire contre cette dynastie que je ne préférais pas, mais que j'acceptais. Ce n'est pas moi qui ai précipité le roi du trône en 1848. Je ne me suis jeté dans l'événement qu'après que le trône était brûlé aux Tuileries et que la royauté de 1830, entourée la veille de cinq cent mille soldats fidèles et d'un gouvernement en apparence invincible, s'exilait d'elle-même au bruit du canon de Paris. Ce n'est pas moi qui l'ai poursuivie dans sa retraite ou insultée dans son exil !

« Mais c'est moi qui ai dit à la nation, après la révolution accomplie : « Sauvez-vous vous-même sous le grand droit de nation et sous
« la grande souveraineté de tous ! mais sauvez-vous sans crime, sans
« spoliation, sans offense même à la pitié. Soyez République provi-
« soire trois mois pour vous reconnaître et vous consulter, soyez
« ensuite ce que Dieu vous inspirera et ce que la volonté nationale
« proclamera de meilleur pour vous ; et en attendant, soyez irrépro-
« chable envers les vaincus, et montrez au monde une République
« innocente que tout le monde aura le droit de haïr, mais que per-
« sonne n'aura le droit d'incriminer ! Vous aurez fait faire ainsi un pas
« d'un siècle à la démocratie. »

« C'est là mon crime, sans doute, aux yeux de l'écrivain d'outre-mer ; il aimerait bien mieux que la République naissante se fût souillée, sous notre inspiration, par des sévices, des outrages au malheur, des persécutions, des barbaries ; et ne pouvant trouver ces actes sauvages en nous, il les invente. Notre grand crime, je vais le lui dire, c'est d'avoir préservé la révolution de tout crime ! Mais malgré le plaisir qu'il se promet de me voir demander grâce un jour à la dynastie de 1830, je lui promets, moi, de ne demander grâce de ce crime-là ni à lui, ni à la dynastie de 1830, ni à la République, ni à l'histoire ! Il faut qu'il en prenne son parti, je vivrai et je mourrai dans l'impénitence finale, et je ne cesserai de répéter à la République : « Votre force est dans votre
« innocence. Restez irréprochable et vous serez impérissable ! Quelle
« est la monarchie récente qui puisse en dire autant ? »

« Quoi qu'il en soit de cet acte si tardif d'accusation, nous persistons à croire qu'il n'émane pas de la source si haute à laquelle on le fait remonter. Si les révolutions, et surtout les révolutions involontaires, inattendues, sans préméditation et sans colère, comme celle de 1848, sont tenues d'être magnanimes, respectueuses et même consolatrices envers les royautés victimes de leurs propres fautes et envers les familles royales, victimes plus innocentes encore des fautes de ces royautés, les princes précipités ou descendus d'eux-mêmes du trône et relégués temporairement, sans aucune autre injure que celle de la destinée, dans un honorable et splendide exil, sont tenus de leur côté à la justice de leurs griefs et à la décence de leur malheur. La République de 1848 n'a pas manqué à son devoir, le prince ne manquera pas à sa situation. L'histoire les regarde l'un et l'autre ; ils se souviendront, pour leur dignité mutuelle, qu'ils sont en face du temps.

FIN DE L'ANNEXE.

TABLE DES SOMMAIRES

DU

SECOND VOLUME.

LIVRE NEUVIÈME.

Pages.

Unanimité d'acceptation de la République. — Lamartine au ministère des affaires étrangères. — Situation diplomatique de l'Europe. — Éloignement de Lamartine pour la guerre. — Son danger pour la République. — Rappel des ambassadeurs de la monarchie. — Envoi d'agents secrets. — Instructions diplomatiques de Lamartine. — Bienveillance des ambassadeurs étrangers pour la République. — Manifeste à l'Europe. — Le gouvernement décrète la formation de l'armée des Pyrénées, de l'armée des Alpes et de l'armée du Rhin. — Création d'un comité de défense. — État de l'armée. — La garde mobile et son commandant le général Duvivier. — La marine et les finances. — Crise. — Démission de M. Goudchaux. — Garnier-Pagès accepte le portefeuille des finances.. 1

LIVRE DIXIÈME.

Fuite du roi. — Son arrivée à Dreux. — Ses illusions. — Il apprend la proclamation de la République. — Séparation de la famille royale. — Le roi se cache dans les environs d'Évreux. — Son embarquement pour l'Angleterre. — Évasion de la duchesse d'Orléans de la Chambre des députés. — Sa retraite au château de Ligny. — Son passage à Lille. — Son arrivée en Allemagne. — La duchesse de Montpensier chez madame de Lasteyrie. — Incidents de sa fuite. — Sauvegarde de la fortune de la famille royale par le Gouvernement provisoire. — Départ du duc d'Aumale de l'Algérie. — Le congrès des travailleurs au Luxembourg. — Crise financière. — Charges du Trésor. — La Banque de France. — L'impôt des 45 centimes. — Projet de rachat des chemins de fer. — Insurrection des invalides. — Enlèvement du général Petit. — Répression énergique de cet attentat. — Intrigue contre le général Subervie. — Il est remplacé par M. Arago. — Les ateliers nationaux. — Leur danger et leur fatalité. — M. Carnot au ministère de l'instruction publique. — Envoi de commissaires dans les départements. — Circulaire imprudente du ministère de l'intérieur. — Caussidière. — Entrevue de madame Sand et de Lamartine. — Les élections fixées au 23 avril.. 59

LIVRE ONZIÈME.

Les clubs. — Leur influence neutralisée par leur antagonisme. — Barbès. — Blanqui. — Raspail. — Cabet. — Les réfugiés étrangers. — Acceptation du manifeste par l'Europe. — Négociations verbales de Lamartine avec le corps diplomatique. — Nomination des ambassadeurs. — Leurs rôles et leurs missions diverses. — MM. d'Harcourt, Aupick, de Tallenay, Bellocq, de Thiard, Bixio, Champy, de Lesseps, de Circourt... 131

LIVRE DOUZIÈME.

Circulaire du ministre de l'intérieur sur les élections. — Irritation et ombrages du pays. — Lamartine la désavoue à l'Hôtel de Ville et dans une proclamation au peuple. — Manifestation des compagnies d'élite de la garde nationale. — Journée du 17 mars. — Ses meneurs. — Sa pensée secrète. — Rassemblement immense sur la place de Grève. — Les chefs de clubs devant le Gouvernement provisoire. — Sommations menaçantes de Blanqui. — Discours de Louis Blanc et de Ledru Rollin. — Interpellation jetée à Lamartine. — Sa réponse. — Évacuation de l'Hôtel de Ville. — Défilé de la manifestation dans Paris. — Inquiétudes de Lamartine sur l'avénement de l'Assemblée nationale. — Sa résolution de l'obtenir à tout prix. — Ses rapports secrets avec le général Négrier. — Ses intelligences avec Barbès, Raspail, Lamennais, Sobrier, Cabet et les chefs des clubs. — Son entrevue avec Blanqui. — Échauffourée de *Risquons-Tout*. — Tentative des réfugiés contre la Savoie. — Députations des Polonais et des Irlandais à l'Hôtel de Ville. — Discours de Lamartine... 167

LIVRE TREIZIÈME.

Pages.

Contre-coups européens du manifeste. — Révolutions de Vienne. — Insurrection de Berlin. — Soulèvement de la Lombardie, de Venise et de la Sicile. — Charles Albert proclame la guerre de l'indépendance italienne. — Neutralité de la diplomatie française en Piémont et en Allemagne. — Rôle éventuel des armées des Alpes et du Rhin. — Tentatives de désordre à Paris. — Irritation des factions et des clubs à l'approche de l'Assemblée nationale. — Ajournement des élections au 27 avril. — Projets d'organisation militaire de Lamartine. — Décret de création de trois cents bataillons de garde mobile départementale. — Lamartine offre au général Cavagnac le ministère de la guerre. — Conspiration des clubs et des partis contre la réunion de l'Assemblée nationale. — Popularité de Lamartine. — Ses pressentiments. — Journée du 16 avril. — Dispositions de Lamartine. — Rassemblement de la manifestation au Champ-de-Mars. — Le général Changarnier à l'Hôtel de Ville. — Le rappel. — Intervention unanime de la garde nationale. — Déroute de la manifestation. — Revue de la fraternité......................... 252

LIVRE QUATORZIÈME.

Émeute des ouvriers à Rouen. — Plan de constitution immédiate. — Élections générales. — Calme et inspiration du suffrage universel. — Liste des neuf cents représentants du peuple. — Ouverture de l'Assemblée nationale. — Abdication du Gouvernement provisoire. — Son rapport des actes de la Révolution. — Rapport de Lamartine sur les affaires étrangères. — Problèmes du pouvoir exécutif intérimaire. — Lamartine repousse l'investiture du pouvoir unique. — Ses raisons d'honneur et de conscience politique. — Ressentiments de l'Assemblée. — Nomination de la commission exécutive. — MM. Arago, Garnier-Pagès, Marie, Lamartine, Ledru Rollin. — Nomination des ministres. — Complot des factieux. — Préparatifs d'une manifestation en faveur de la Pologne. — Dispositions de la commission exécutive. — Indécision de Caussidière. 316

LIVRE QUINZIÈME.

Le 15 mai. — Marche de la manifestation. — Son irruption dans le palais. — Résistance de Lamartine. — Invasion de la salle. — Excès et scandales des envahisseurs. — Usurpation de la tribune. — Ordres et contre-ordres de rappel. — Le général Courtais. — Ovation de Louis Blanc. — Proclamation par les factieux de la dissolution de l'Assemblée nationale et d'un gouvernement révolutionnaire. — Leur course à l'Hôtel de Ville. — Le rappel. — Expulsion de l'émeute par la garde mobile. — Rentrée de l'Assemblée nationale. — Discours de Lamartine. — Sa marche contre les factieux sur l'Hôtel de Ville. — Enthousiasme de la population. — La place de Grève. — Entrée de Lamartine à l'Hôtel de Ville. — Arrestation des chefs de l'insurrection. — Retour triomphal à l'Assemblée nationale. — Décret d'épuration des Montagnards. — Leur résistance. — Démission de Caussidière. — Siége de la Préfecture de police. — Capitulation des Montagnards. — Le général Cavaignac au ministère de la guerre. — Revue du 21 mai. — Les ateliers nationaux. — Leur dissolution préparée par la commission exécutive. — Attroupements bonapartistes. — Proposition d'ostracisme temporaire de M. Louis-Napoléon Bonaparte. — Pressentiment des journées de juin par Lamartine. — Dispositions militaires de la commission exécutive. — Les journées de juin. — Chute de la commission exécutive. — Conclusion... 391

ANNEXE... 457

FIN DE LA TABLE.

www.ingramcontent.com/pod-product-compliance
Lightning Source LLC
Chambersburg PA
CBHW060229230426
43664CB00011B/1590